Prestasi yang Lebih Besar – 1

– Edisi 2026 – 2

Menampilkan - John G. Lake – Kathryn Kuhlman – Lester Sumrall – Frank dan Ida Mae Hammond – Derek Prince – Novel Hayes – Joseph Ayo Babalola - Robert Schambach

Anda Dilahirkan untuk Ini – Penyembuhan, Pembebasan, dan Pemulihan – Temukan caranya dari Para Tokoh Hebat

Seri Eksploitasi yang Lebih Besar 1

Oleh Duta Besar Monday O. Ogbe; Zacharias Godseagle

AF756255

Table of Contents

Eksploitasi yang Lebih Besar - 1

- Tentang buku

Eksploitasi yang Lebih Besar – 1 (Edisi 2026)
Anda Dilahirkan untuk Ini — Penyembuhan, Pembebasan, dan Pemulihan
Kini telah diterjemahkan ke dalam 50 bahasa.

Bagaimana jika mukjizat-mukjizat dalam Alkitab bukanlah sejarah… melainkan warisan Anda?
Dalam *Greater Exploits – 1* , Anda diundang untuk mengikuti perjalanan penyembuhan, pembebasan, dan pemulihan yang penuh kuasa dan didorong oleh iman — yang berlandaskan Kitab Suci dan diterangi oleh kehidupan beberapa pelayan penyembuhan paling berpengaruh dalam 100 tahun terakhir.
Menampilkan kisah hidup dan kesaksian dari:
John G. Lake
Kathryn Kuhlman
Lester Sumrall
Frank & Ida Mae Hammond
Derek Prince
Norvel Hayes
Joseph Ayo Babalola
Robert Schambach
Buku ini lebih dari sekadar bercerita. Buku ini membekali Anda.
Apakah Anda Siap untuk Kebebasan?

- Apakah Anda lelah dengan perasaan tak berdaya, tanpa harapan, atau siklus kekalahan?
- Apakah Anda sedang berjuang melawan penindasan fisik, emosional, atau spiritual?
- Apakah doa-doa terasa tidak terkabul?
- Apakah Anda memiliki kerinduan untuk melayani penyembuhan dan pemulihan bagi orang lain?

Buku ini ditulis untukmu.

Apa yang Akan Anda Temukan di Dalamnya:

✓ Lebih dari 80 kesaksian luar biasa tentang penyembuhan dan pembebasan

✓ Pedoman praktis untuk pelayanan penyembuhan dan pemulihan

✓ Landasan Alkitabiah yang berakar pada Markus 16:15–20 dan Yohanes 14:12

✓ Jawaban atas pertanyaan umum tentang penyembuhan dan pembebasan

✓ Tujuh kondisi spiritual penting yang mengaktifkan terobosan

✓ Kisah nyata perjalanan iman yang menunjukkan komitmen yang teguh

Para pembaca menggambarkan buku ini sebagai:

"Landasan yang kuat dan berlandaskan iman bagi para pembaca yang ingin memperdalam perjalanan spiritual mereka."

"Menginspirasi melampaui agama — pelajaran universal tentang tanpa pamrih dan komitmen."

"Dipenuhi dengan kesaksian iman dan penyembuhan yang sejati… penuh kuasa dan memperkaya."

Ini Bukan Teori. Ini Aktivasi.

Penyembuhan. Pembebasan. Pemulihan.

Bukan teologi abstrak — tetapi iman yang dapat ditindaklanjuti.

Anda akan menerima:

- Doa

- Kitab Suci
- Wawasan spiritual strategis
- Langkah-langkah praktis yang dapat Anda terapkan segera

Ini adalah buku panduan pengaktifan pelayanan yang dibangun berdasarkan sejarah kebangunan rohani dan kesaksian hidup.

Kamu Dilahirkan untuk Ini

Yesus menyatakan dalam Yohanes 14:12 bahwa orang-orang yang percaya akan melakukan pekerjaan yang sama — dan pekerjaan yang lebih besar.

Pertanyaannya bukanlah apakah eksploitasi yang lebih besar dimungkinkan.

Pertanyaannya adalah apakah Anda akan mengatakan ya.

Jika Anda mendambakan iman yang lebih dalam…

Jika Anda mendambakan kebebasan…

Jika Anda ingin membantu orang lain berjalan dalam pemulihan…

Lalu melangkah maju.

Eksploitasi yang lebih besar dimulai sekarang.

Ulasan Amazon

https://www.amazon.com/product-reviews/B0C7KY958F/

Dari Amerika Serikat

***5,0 dari 5 bintang* Landasan yang kuat dan berlandaskan iman bagi pembaca yang ingin memperdalam perjalanan spiritual mereka**
Diulas di Amerika Serikat pada 22 Oktober 2024.
Format: **Pembelian Terverifikasi Kindle**
Tema-tema penyembuhan, pembebasan, dan pemulihan dieksplorasi dengan sangat mendalam dan penuh semangat. Buku ini membahas dasar-dasar spiritual yang diperlukan untuk pembebasan dari kekuatan negatif, menemukan penyembuhan batin, dan memulihkan kedamaian dan sukacita dalam hidup. Ini bukan sekadar konsep abstrak; penulis membekali pembaca dengan doa, ayat-ayat suci, dan langkah-langkah praktis untuk menerapkan pelajaran-pelajaran ini dalam kehidupan mereka sendiri.
Bermanfaat

Ponn Virulrak

***4,0 dari 5 bintang* Pelajaran Universal tentang Sikap Tanpa Pamrih dan Komitmen**
Diulas di Amerika Serikat pada 6 Oktober 2024.
Format: **Pembelian Terverifikasi Kindle**
Sebagai seseorang yang bukan seorang Kristen, awalnya saya mengambil buku Greater Exploits - 1 murni karena sampul dan judulnya yang menarik. Saya penasaran tentang apa arti "perbuatan besar". Saat mulai membaca, saya menemukan kisah-kisah di dalamnya sangat menarik, bukan hanya dari perspektif agama, tetapi juga dari

perspektif kemanusiaan yang mendalam.

Konsep tanpa pamrih yang menjadi inti buku ini adalah sesuatu yang melampaui agama. Terlepas dari keyakinan, gagasan untuk mendahulukan orang lain daripada diri sendiri dan peduli terhadap kesejahteraan orang lain adalah nilai universal. Individu-individu yang ditampilkan dalam buku ini—orang-orang yang beriman teguh—mendedikasikan hidup mereka untuk membantu orang lain. Yang paling membuat saya terkesan adalah betapa teguhnya komitmen mereka. Dari awal perjalanan hidup mereka hingga akhir hayat, mereka tidak pernah ragu, tidak pernah kehilangan fokus. Keteguhan seperti itulah yang mengubah orang biasa menjadi legenda.

Saya tidak bisa tidak memikirkan bagaimana hal ini berlaku di luar ranah agama. Dedikasi yang sama untuk melayani orang lain dapat dilihat pada para filantropis, perawat, guru, dan banyak individu yang bekerja diam-diam untuk membuat dunia lebih baik. Entah orang-orang ini berdampak pada jutaan orang atau menyentuh kehidupan satu per satu, prinsipnya tetap sama—membantu orang lainlah yang benar-benar meninggalkan warisan abadi.

Banyak kisah dalam buku ini sangat menginspirasi, dan saya mendapatkan perspektif baru tentang Kekristenan, perspektif yang belum pernah saya ketahui sebelumnya. Saya memuji penulis karena telah menulis buku ini dan memberikan pembaca seperti saya, yang mungkin belum familiar dengan agama ini, sekilas tentang belas kasih dan komitmen yang mendalam dari individu-individu ini.

Saya akan memberikan buku ini empat bintang karena isinya yang menggugah pikiran dan menginspirasi.
Satu orang menganggap ini bermanfaat.

Kasih karunia yang melampaui

***5,0 dari 5 bintang* Saya suka kisah-kisah tentang Penyembuhan!**
Diulas di Amerika Serikat pada 24 Oktober 2024.
Format: **Pembelian Terverifikasi Kindle**
"Greater Exploits—1: You are Born for This—Healing, Deliverance, and Restoration" sungguh luar biasa! Saya suka cara penulis memulai kisah penyembuhannya sendiri dan kemudian beralih ke kisah-kisah lain dengan kesaksian iman dan penyembuhan. Ada beberapa kesaksian iman yang benar di sini. Sangat menarik dan penuh kuasa. Saya merekomendasikan "Greater Exploits—1: You are Born for This—Healing, Deliverance, and Restoration" untuk memperkaya iman Anda.
Satu orang menganggap ini bermanfaat.

Eksploitasi yang Lebih Besar - 1

- Tentang Penulis

Duta Kristus, Monday Ogwuojo Ogbe adalah duta Kristus di tengah masyarakat dengan hati yang tulus untuk persatuan dalam tubuh Kristus. Perjumpaannya secara langsung dengan Tuhan Yesus Kristus pada hari Sabtu, 22 April 2006 pukul 5 pagi mengubah arah hidupnya selamanya.

Duta Besar Monday O. Ogbe adalah seorang pendeta yang ditahbiskan oleh Tuhan di Open Ministries, San Diego, sebuah pelayanan non-denominasional yang meluncurkan orang-orang kudus untuk pekerjaan pelayanan tanpa batas. Monday terdaftar sebagai pembelajar seumur hidup di Christian Leadership Institute (CLI) https://www.christianleadersinstitute.org/ dan anggota Christian Leadership Alliance (CLA) Spring Lake, Michigan, AS.

Sebagai seorang ahli TIK, ia menggunakan keahliannya untuk menjangkau para pencari kebenaran secara daring dan memperlengkapi jemaat untuk pekerjaan pelayanan melalui situs pelayanannya otakada.org – Seorang Pelayan di Otakada Cyber Church Ministries, sebuah gereja tanpa tembok, batas, dan denominasi di mana lebih dari 2 juta konten yang berfokus pada Kekristenan kini dihosting dan didistribusikan kepada audiens di seluruh dunia, baik para pencari kebenaran maupun umat Kristen.

Konten Otakada.org menjangkau lebih dari setengah juta audiens online setiap bulannya dan terus bertambah!

Hari Senin akan diadakan seri khotbah "Cukup Sudah dengan Penawanan dan Selamat Datang dalam Kebebasan di dalam Kristus dalam Penyembuhan, Pembebasan, dan Pemulihan" di mana ia mengajar dan memperlengkapi orang-orang kudus untuk melayani penyembuhan, pembebasan, dan pemulihan diri sendiri dan orang lain di dalam dan di luar lingkaran mereka – Penyembuhan adalah roti anak-anak dan tanda bagi orang-orang yang tidak percaya untuk mengesahkan dukungan Allah atas pengharapan panggilan kita. Kita telah melihat penyembuhan, pembebasan, dan pemulihan yang luar biasa terjadi untuk kemuliaan Allah!

Ia telah menulis beberapa buku, antara lain: Sekolah Praktis Roh Kudus dalam 8 Subjudul; Berita Nubuat Terkini 2020 Bagian 1 dari 4; 2 dari 4; 3 dari 4; Seks di Bait Allah – 15 Cara Mudah untuk Memahami, Mengidentifikasi, dan Mengatasi Perzinahan dan Perangkap Emosional dalam Hidup Anda; Tanpa Batas – Membayangkan dan mengalami satu komunitas gereja orang percaya tanpa tembok, batas, dan denominasi; Melarikan Diri ke Dunia Pemahaman – Penawar Kebencian terhadap Muslim, Kristen, dan orang-orang di mana pun; Bingung: – Pergilah dan Jadikan Murid, sebuah buku praktis tentang cara menjadikan murid; Menangkan Pertempuran Hidup Setiap Hari – sebuah deklarasi harian dari Kitab Suci yang ditujukan untuk memenangkan hidup setiap hari; Terlibat dengan Allah yang Supernatural – Allah ingin berbicara, apakah kita lapar untuk mendengar dan menanggapi? Kobarkan kekuatan api yang dahsyat di dalam dirimu – Di mana Roh Kudus siap melakukan perbuatan-perbuatan besar melalui kita dan bebaskan diri dari doa-doa kebangkitan rohani dalam 12 seri dari Januari hingga Desember – Berdoa untuk kebangkitan rohani dalam hidup kita di komunitas gereja di sekitar kita dan sejumlah judul lainnya yang diterjemahkan ke dalam beberapa bahasa.

Dia menerbitkan blog mingguan yang menjangkau audiens melalui media sosial, siaran satelit, dan situs web penerbitannya, otakada.org.

Tautan blog:
https://www.otakada.org/category/blog/

Penulis Amazon, Monday O. Ogbe Page, dengan Seri Greater Exploits
https://www.amazon.com/~/e/B07MSBPFNX

Amazon Zacharias Godseagle Page

https://www.amazon.com/stores/Zacharias-Godseagle/author/B0FCZ89D4K

Ia menikah dengan Comfort dan memiliki empat anak, yaitu ***Diana Odjo, Joseph – Ojima, David – Ojonogwa, dan Isaac – Unekwu.***

Eksploitasi yang Lebih Besar - 1

– Bagaimana saya terjerumus dan terdorong ke dalam Pelayanan Penyembuhan, Pembebasan, dan Pemulihan

Teman-teman, saya tidak tahu bagaimana memulai bagian ini. Tetapi, intinya adalah bahwa sejak saya dikandung, penyembuhan, pembebasan, dan pemulihan telah mulai terjadi – tepat dari rahim ibu saya. Bagaimana bisa begitu?

Ibuku, seorang perawat bidan terlatih, setelah mengetahui bahwa dia hamil dengan seorang pria yang bukan suaminya – karena dia telah berpisah dari suami pertamanya selama sekitar 4 tahun – memutuskan untuk menggugurkan kehamilan tersebut.

Dengan bantuan dokter lain, mereka mencoba segala cara untuk mengeluarkan saya dari rahim sebelum waktunya, tetapi Tuhan menyelamatkan saya dari mereka – atau lebih tepatnya, dari iblis yang ingin menggugurkan takdir ilahi dalam hidup saya. Itulah pembebasan pertama dari cengkeraman Setan.

Pembebasan dan pemulihan kedua terjadi beberapa bulan setelah saya lahir, ketika terjadi kasus pengadilan antara ayah kandung saya dan suami pertama ibu saya untuk menentukan siapa yang sebenarnya berhak atas saya. Ayah kandung saya memenangkan kasus tersebut. Itulah pembebasan dan pemulihan kedua.

Penyembuhan, pembebasan, dan pemulihan ketiga terjadi ketika saya tinggal bersama nenek saya sekitar usia lima (5) tahun. Saya melihat soda kimia yang dibeli nenek saya untuk membuat sabun – bentuknya seperti gula. Saya mengambil banyak soda itu dan menelannya. Lidah saya mulai meleleh, darah berceceran di mana-mana. Lidah saya bengkak. Saya tidak bisa berbicara selama berhari-hari! Syukur kepada Tuhan atas kuasa penyembuhan-Nya. Saya kembali disembuhkan, dibebaskan, dan dipulihkan. Lidah saya sembuh. Saya bisa berbicara hari ini seolah-olah tidak terjadi apa pun pada lidah saya.

Penyelamatan dan pemulihan keempat datang dari nenek saya. Dia menolak menyerahkan saya kepada ayah kandung saya. Itulah alasan saya tinggal bersamanya. Tetapi syukurlah, pada usia 6 tahun, dia mengizinkan saya untuk bergabung dengan ayah saya.

Penyembuhan, pembebasan, dan pemulihan kelima terjadi di rumah ayah saya. Ayah kandung saya berpoligami – Ia memiliki empat istri. Suatu hari, saat bersamanya, salah satu istrinya memanggil saya ke kamarnya. Saat masuk, ada seorang lelaki tua berjanggut panjang. Istrinya menunjuk saya dan berkata kepada lelaki tua itu, "inilah anak yang kuceritakan kepadamu." Saya meninggalkan mereka. Di malam hari, saat bermimpi, saya melihat lelaki tua itu menunggangi saya seperti kuda. Itulah awal dari banyak masalah saya.

Saat terbangun dari mimpi itu, saya mulai muntah-muntah. Saya tidak bisa menahan makanan di perut saya. Cobaan ini berlanjut selama berbulan-bulan, saya menjadi kurus kering – setipis bulu.

Ibu kandungku datang ke kota, membawaku bersama ayahku, kami menuju ke rumah penyembuhan dan pembebasan di kota lain. Saat mereka berdoa untukku, sebuah wahyu datang. Roh Kudus mengungkapkan bahwa salah satu istri ayahku, melihat ke masa depan dan merasa bahwa anak laki-laki ini akan menjadi anugerah besar bagi anak-anaknya sendiri. Jadi, dia menyerahkanku ke alam kejahatan, agar mereka bisa membuatku gila dan menggagalkan takdir ilahi. Saat berdoa untuk pembebasan, sehelai rambut manusia, yang dikemas dalam bentuk bola kecil dan diikat dengan dua jarum, tercabut dari kepalaku. Malam itu, selama pembebasan, rambut dan jarum itu dibakar.

Itulah akhir dari penyakit itu dan di sekolah, aku menjadi anak paling pintar di kelas. Sebelumnya aku selalu berada di posisi kedua dari bawah di kelas sebelum pembebasan ini. Aku tidak mengerti apa pun yang diajarkan di kelas. Dalam satu malam, aku sembuh, aku dibebaskan, dan aku dipulihkan. Haleluya? Amin

Pembebasan dan pemulihan keenam terjadi ketika saya akan diterima di universitas. Ayah saya, seorang pria kaya, mengalami kesulitan keuangan. Saya memang diterima, tetapi sulit untuk mendapatkan dana biaya hidup. Saya melamar beasiswa luar negeri dan dalam cara pemulihan Tuhan, negara saya dan negara asing tersebut memutuskan untuk membiayai pendidikan saya hingga program magister teknik – apa yang saya lakukan hari ini dalam pelayanan, di mana sebagian pengetahuan yang saya peroleh adalah hasil dari beasiswa yang Tuhan sendiri fasilitasi. Hari ini, saya dididik oleh yang terbaik dari yang terbaik. Puji Tuhan!

Pembebasan dan pemulihan ketujuh terjadi dalam pernikahan pertama saya hingga pernikahan kedua saya. Mantan istri saya suatu hari bangun dan berkata bahwa dia tidak lagi mencintai saya dan ingin bercerai. Saya memohon, saya melakukan semua yang saya bisa untuk menahannya, tetapi dia pergi bersama putri saya. Hari ini, Tuhan memulihkan pernikahan itu dengan memberi saya istri yang telah ditentukan-Nya untuk saya. Kenyamanan telah menjadi penghiburan bagi saya dengan ketiga anak laki-laki saya.

Penyembuhan, pembebasan, dan pemulihan ketujuh terjadi pada putri saya. Di Prancis, ia didiagnosis menderita depresi dan skizofrenia. Itu terjadi setahun setelah program universitas kami dimulai. Ia beberapa kali dirawat di rumah sakit jiwa. Suatu hari, sekitar 24 jam sebelum ulang tahunnya, saya mulai berseru kepada Tuhan, menyatakan bahwa ia tidak akan menghabiskan satu hari pun lagi di rumah sakit dan bahwa ia akan disembuhkan pada hari ulang tahunnya. Keesokan harinya, para dokter terkejut dengan transformasi dan pemulihan yang luar biasa dan memulangkannya pada hari ulang tahunnya. Sejak itu, ia tidak pernah lagi melihat burung rumah sakit.

Saya melewatkan peristiwa pembebasan dan pemulihan selama sengatan listrik yang hampir merenggut nyawa saya, keracunan makanan, beberapa kecelakaan mobil yang saya alami tanpa luka sedikit pun, berbagai kegagalan bisnis dan pemulihan selanjutnya untuk kemuliaan Tuhan Yang Mahakuasa – Terlalu banyak untuk dicantumkan dalam tulisan ini!

Sekarang, saya melayani Tuhan Yang Mahakuasa dengan sepenuh hati.

Aku telah disembuhkan, aku telah dibebaskan dan aku telah dipulihkan - Kemuliaan!

Keberadaanku sepenuhnya bergantung pada Tuhan Yang Mahakuasa. Sungguh menakjubkan bagaimana Tuhan menempatkan kita dalam pelayanan yang telah Dia tetapkan untuk kita melalui berbagai cobaan hidup. Cobaan-cobaan itu menjadi medan pelatihan yang melahirkan pelayanan. Jadi, jangan sia-siakan penderitaanmu. Jangan meremehkan perjuanganmu. Jangan menyimpan sedikit pun rasa malu karena jika kamu dapat melihat melalui cobaan-cobaan itu, kamu akan mengalami sedikit gambaran tentang apa yang Tuhan siapkan untukmu. Kristus belajar ketaatan melalui penderitaan yang Dia alami. Dia duduk di tempat kita duduk sekarang, Dia hidup untuk menjadi perantara bagi kita. Dia menunjukkan penyembuhan, pembebasan, dan pemulihan kepada kita selama Dia bersama kita dan memerintahkan kita untuk melakukan hal yang sama (Markus 16:15-20).

Markus 16:15-20
Alkitab Amplifikasi, Edisi Klasik
15 Dan Ia berkata kepada mereka, Pergilah ke seluruh dunia dan beritakanlah serta sebarkanlah kabar baik (Injil) secara terbuka kepada setiap makhluk [dari seluruh umat manusia].

16 Barangsiapa percaya [yang berpegang teguh pada Injil dan Dia yang dinyatakan di dalamnya] dan dibaptis, ia akan diselamatkan [[b] dari hukuman mati kekal]; tetapi barangsiapa tidak percaya [yang tidak berpegang teguh pada Injil dan Dia yang dinyatakan di dalamnya] akan dihukum.

[17] *Dan tanda-tanda yang membuktikan ini akan menyertai*
orang-orang yang beriman: dalam nama-Ku mereka akan
mengusir setan; mereka akan berbicara dalam bahasa-
bahasa baru;
[18] *Mereka akan mengambil ular; dan sekalipun mereka*
meminum sesuatu yang mematikan, itu tidak akan
membahayakan mereka; mereka akan menumpangkan
tangan pada orang sakit, dan mereka akan sembuh.
[19] *Maka setelah Tuhan Yesus berbicara kepada mereka, Ia*
diangkat ke surga dan duduk di sebelah kanan Allah.
[20] *Lalu mereka pergi dan memberitakan Injil ke mana-*
mana, sementara Tuhan terus bekerja bersama mereka
dan meneguhkan pemberitaan itu dengan tanda-tanda dan
mukjizat yang menyertainya. Amin.

Perjuanganmu adalah medan pelatihan otentik untuk tujuan hidupmu. Lakukan introspeksi diri hari ini. Itu pun jika kamu kesulitan menemukan tujuan ilahi Tuhan untuk hidupmu.

Untuk memberi semangat kepada Anda, sebagai tentara Allah yang hidup, saya membawa ke mimbar kesaksian hari ini pengalaman Imam Besar kita - Yesus Kristus dalam

Ibrani 5:7-10
Alkitab Amplifikasi, Edisi Klasik
[7] *Pada masa hidup-Nya di dunia, [Yesus] mempersembahkan permohonan-permohonan khusus [untuk apa yang bukan hanya Ia inginkan [a] tetapi juga Ia butuhkan] dan permohonan dengan tangisan dan air mata yang deras kepada Dia yang [selalu] mampu menyelamatkan-Nya dari kematian, dan Ia didengar karena rasa hormat-Nya kepada Allah [ketakutan-Nya akan Allah, kesalehan-Nya, [b] karena Ia gentar menghadapi kengerian perpisahan dari hadirat Bapa yang terang].*

8 ***Meskipun Ia adalah seorang Putra, Ia belajar ketaatan [aktif, khusus] melalui penderitaan yang Ia derita***
9 ***Dan, [pengalaman-Nya yang sempurna] menjadikan-Nya [lengkap] dengan sempurna, Ia menjadi Pencipta dan Sumber keselamatan kekal bagi semua orang yang memperhatikan dan menaati-Nya,***
10 ***Ditunjuk dan diakui serta disapa oleh Allah sebagai Imam Besar menurut tata (dengan pangkat) Melkisedek .***

Saat ini, Otakada.org Cyber Church Ministries melayani penyembuhan, pembebasan, dan pemulihan melalui lebih dari 2 juta konten kepada sebanyak mungkin orang yang mau membuka diri untuk mukjizat di dalam Kristus Yesus. Pelayanan ini adalah pelayanan yang Roh Kudus tanamkan dalam roh saya pada tanggal 14 Juni 2003 ketika saya tinggal di Inggris. Dia berkata kepada saya, "Aku ingin kamu menggunakan internet untuk menyebarkan firman-Ku ke ujung bumi." Pada waktu itu, belum ada ponsel pintar. Sekarang, sudah ada dan firman itu tersebar tanpa hambatan. Otakada.org lahir pada Januari 2013, sepuluh tahun setelah instruksi ilahi tersebut.

Jika ada satu hal yang saya doakan untuk tubuh Kristus, itu adalah ini - Semoga setiap orang secara pribadi mengalami perjumpaan dengan Kristus dengan cara yang luar biasa yang akan mengubah arah hidup mereka selamanya! Amin

Berikut adalah perjumpaan dengan Kristus yang bangkit pada tahun 2006. Semoga Anda diberkati karenanya.
Ini diambil dari buku saya – ***Terlibat dengan Tuhan yang supernatural!*** - Selamat membaca

https://www.amazon.com/~/e/B07MSBPFNX

Halaman Amazon terbaru -
https://www.amazon.com/stores/Zacharias-Godseagle/author/B0FCZ89D4K

Kisah Nyata: Perjumpaan Saya dengan Roh Kudus di London, Sabtu, pukul 5 pagi, 22 April 2006

Saya lahir dalam keluarga Kristen, tetap menjadi seorang Kristen, sibuk pergi ke gereja, mengikuti kegiatan, dan melayani sebaik yang saya bisa sampai pertemuan yang mengubah hidup saya ini. Pada tanggal 16 Maret 2006, saya mondar-mandir di lorong rumah sakit di London karena istri saya sudah mengalami persalinan selama tiga hari. Para dokter akhirnya menyimpulkan bahwa jika ia tidak melahirkan secara alami hingga pagi hari, ia harus menjalani operasi caesar. Tanpa sepengetahuan kami, ibu mertua saya telah melihat dalam sebuah penglihatan bahwa ia mungkin tidak akan selamat melewati persalinan ini. Syukurlah atas ibu mertua yang saleh. Tentu saja, saya dan istri saya tidak mengetahui hal ini.

Saat mondar-mandir itulah saya menerima kesan kuat dalam pikiran saya untuk memulai puasa empat puluh (40) hari yang dimulai keesokan harinya, yaitu tanggal 17 Maret 2006. Saya merasa khawatir karena saya belum pernah melakukan puasa empat puluh hari sebelumnya. Beginilah cara kita membedakan pikiran-pikiran duniawi dan pikiran-pikiran yang ditanamkan dalam hati kita ke pikiran kita oleh Roh Kudus di dalam diri kita. Dia akan memberitahu kita untuk melakukan sesuatu yang sesuai dengan Alkitab yang tidak akan kita ikuti secara alami. Saya memulai percakapan dengan pikiran spontan yang muncul dalam pikiran saya, pikiran sebagai respons terhadap kesan-kesan pikiran, saya meminta untuk mengetahui apa yang akan saya doakan selama empat puluh hari.

Instruksi selanjutnya adalah saya harus mengambil buku catatan dan pena, dan saya mulai menulis di bangsal rumah sakit tentang kesan-kesan yang saya terima. Alih-alih berdoa untuk istri saya, saya menemukan bahwa poin-poin doa yang muncul di benak saya adalah tentang para pendeta, gereja-gereja, persatuan dalam tubuh Kristus, dan semuanya. Saat itulah saya bertanya kepada Tuhan, jika saya harus melaksanakan tugas ini, saya ingin melihat-Nya sebelum puasa 40 hari ini berakhir. Saya percaya sekarang bahwa tidak ada jawaban karena syarat agar Dia menampakkan diri akan bergantung pada ketaatan saya terhadap instruksi pertama untuk berpuasa 40 hari.

Sebelum melanjutkan cerita, perlu dicatat bahwa Tuhan tidak akan mengambil langkah selanjutnya setelah titik ketaatan terakhir Anda. Jika Dia memerintahkan Anda untuk melakukan sesuatu, Anda tidak melakukannya, Dia akan berhenti sampai Anda kembali ke titik ketidaktaatan terakhir dan menaati-Nya. Bacalah kisah Yunus. Yunus berlari ke arah yang berlawanan dengan perintah Tuhan. Di tengah badai, selama Yunus tidak taat, Tuhan tidak pernah berbicara, sampai Yunus, setelah upayanya yang sia-sia untuk bunuh diri gagal, berseru kepada Tuhan.

Yunus 2:1-10

1 Kemudian Yunus berdoa kepada TUHAN, Allahnya, dari dalam perut ikan itu.
2 Lalu ia berkata: "Aku berseru kepada TUHAN karena kesengsaraan yang menimpaku, dan Ia menjawabku. "Dari dalam perut Sheol aku berseru, dan Engkau mendengar suaraku.

3 Karena Engkau melemparkan aku ke dalam jurang yang dalam, ke tengah lautan, dan banjir mengelilingi aku; semua gelombang dan ombak-Mu melanda aku.
4 Lalu aku berkata, 'Aku telah dibuang dari hadapan-Mu; namun aku akan kembali memandang ke arah bait suci-Mu yang kudus.'
5 Air mengelilingiku, bahkan sampai ke jiwaku; kedalaman menutup di sekelilingku; rumput laut melilit kepalaku.
6 Aku turun ke dasar gunung-gunung; bumi dengan palang-palangnya tertutup di belakangku untuk selama-lamanya; namun Engkau telah mengangkat hidupku dari liang kubur, ya TUHAN, Allahku.
7 "Ketika jiwaku lemah di dalam hatiku, aku teringat akan TUHAN; dan doaku naik kepada-Mu, ke dalam bait-Mu yang kudus.
8 "Orang-orang yang menyembah berhala-berhala yang tidak berharga, meninggalkan belas kasihan mereka sendiri.
9 Tetapi aku akan mempersembahkan kurban kepada-Mu dengan suara syukur; aku akan membayar apa yang telah aku nazarkan. Keselamatan berasal dari TUHAN."
10 Maka TUHAN berfirman kepada ikan itu, dan ikan itu memuntahkan Yunus ke daratan.

Sepatah Kata untuk Seseorang

"Dengarkan, wahai anak perempuan dan anak laki-laki terkasih dari Allah yang hidup dan penuh kasih. Allah itu penuh kasih dan belas kasihan, tetapi Allah juga memainkan sepak bola yang keras dan kokoh. Apakah kalian ingin melibatkan-Nya dalam pertandingan sepak bola yang kasar? Jangan pernah memikirkannya. Kalian akan berakhir dengan anggota tubuh yang bengkak. Meskipun begitu, Dia mengasihi kalian dan terus mengasihi kalian dan aku dengan kasih yang kekal.

Kalian membawa Roh-Nya di dalam diri kalian. Kalian diciptakan menurut gambar dan rupa-Nya."

Kamu adalah proyek kesayangan-Nya, Dia sangat bersemangat untukmu bahkan ketika kamu terjerumus dalam dosa yang sangat dalam, Dia memandangmu dengan belas kasihan, menyelidiki, mengatur keadaan dan situasi yang akan membawamu kembali kepada kasih karunia-Nya. Kamu bukan milikmu sendiri, kamu telah dibeli dengan harga yang mahal, kamu adalah milik Kristus, di dalam Allah. Kamu adalah biji mata-Nya, kamu adalah bangsawan, kamu adalah imam bagi-Nya, kamu istimewa. Dia berkata jika kamu dapat mempertimbangkan betapa terangnya bintang-bintang, kamu lebih terang daripada bintang-bintang di langit. Dia berkata tidak ada sehelai rambut pun yang jatuh dari kepalamu yang tidak Dia ketahui. Dia menghitungnya dan mengetahui jumlahnya.

Lukas 12:4-7

4 "Dan Aku berkata kepadamu, hai sahabat-sahabat-Ku, janganlah takut kepada mereka yang membunuh tubuh, dan sesudah itu tidak ada lagi yang dapat mereka lakukan.
5 Tetapi Aku akan menunjukkan kepadamu siapa yang harus kamu takuti: Takutlah kepada Dia yang, setelah membunuh, mempunyai kuasa untuk melemparkan ke neraka; ya, Aku berkata kepadamu, takutlah kepada Dia!
6 "Bukankah lima burung pipit dijual dengan harga dua keping tembaga? Dan tidak satu pun dari mereka dilupakan di hadapan Allah.
7 Tetapi rambut di kepalamu pun semuanya terhitung. Karena itu, jangan takut; kamu lebih berharga daripada banyak burung pipit.

Kisah perjumpaan berlanjut: Lihatlah, pada tanggal 22 April 2006, tiga hari sebelum berakhirnya puasa empat puluh hari, tepat pukul 5 pagi, Tuhan menepati janji-Nya. Saya setengah sadar ketika Sosok ini, dalam wujud manusia, dengan tangan terlipat di belakang punggung, sedikit membungkuk, menatap saya yang sedang duduk di lantai, berjalan perlahan, selangkah demi selangkah, tidak terburu-buru, berjalan ke arah saya menuju ruang tamu melalui jendela. Saya dapat melihat wujud-Nya tetapi tidak dapat melihat wajah-Nya dengan jelas.

Anda tahu jenis pakaian yang dikenakan Yesus dalam film-film Timur Tengah yang kita tonton. Begitu Dia mendekati saya, area di sekitar kaki saya tempat Dia berdiri mulai bergetar dengan sangat kuat seolah-olah tidak pernah ada, lebih seperti area itu tiba-tiba menghilang. Saat Dia bergerak ke arah dada, leher, dan kepala saya, hal yang sama terjadi dan Dia terus bolak-balik. Setiap area yang Dia tinggalkan menyatu kembali seperti semula dan prosesnya berlanjut seperti sebelumnya. Tidak ada kata-kata yang dapat menggambarkan kekuatan dahsyat dari pengalaman itu; saya kehilangan jejak waktu dan saya menjadi takut dan mulai memohon agar Dia berhenti dan memberi tahu saya apa yang Dia inginkan saya lakukan untuk-Nya sambil berguling-guling tak terkendali di lantai. Itulah perjumpaan saya dengan kekuatan nyata Bapa surgawi kita.

Setelah pengalaman trans itu, saya mulai melihat visi yang berbeda tentang tubuh Kristus. Pada suatu kesempatan, dalam mimpi itu, Tuhan Yesus Kristus berjalan masuk, tubuh-Nya tampak terpisah-pisah tetapi terhubung dengan ligamen kulit yang tipis. Setiap bagiannya adalah pelayanan gereja. Saya dapat mengenali pelayanan-pelayanan yang saya kenal. Hubungan antar bagian tubuh itu tidak kuat. Sekarang saya mengerti bahwa lembaga-lembaga gereja atau pelayanan-pelayanan seperti yang kita kenal sekarang, memecah belah tubuh-Nya, anggota-anggota gereja-Nya yang membentuk tubuh-Nya karena kesombongan, ego yang picik, dan semua nafsu yang ditimbulkan oleh daging. Hal ini termanifestasi sebagai persaingan antar gereja, perebutan kepemimpinan, pengalihan anggota, merendahkan pelayanan lain, pertengkaran antar anggota gereja, pencurian kepemimpinan, dan gaya hidup mewah yang tidak mencerminkan standar hidup anggota, dan daftarnya terus berlanjut. Jika Anda seperti itu, jauhilah kejahatan, karena Allah kita adalah api yang menghanguskan dan ingatlah dosa Bileam yang karena nafsu akan uang, menyalahartikan Allah dan menyerahkan anak-anak Allah yang diberkati kepada setan melalui nasihat jahat kepada musuh.

Lalu aku bertanya kepada Tuhan di mana aku harus menempatkan diri dalam tubuh-Nya yang terhubung secara longgar dan terpecah-pecah ini. Dia menyuruhku mencari gereja-gereja yang menjadikan manusia sebagai murid dan bahwa aku tidak boleh terpengaruh oleh jumlah jemaat.

Selebihnya adalah sejarah. Saya menyadari bahwa kepercayaan saya kepada-Nya telah dibangun setelah perjumpaan itu, saya sekarang memiliki tujuan dan misi. Semua tugas yang Tuhan berikan kepada saya dalam mimpi-mimpi selanjutnya konsisten dengan tugas pertama ini. Tidak ada kontroversi sama sekali. Saya memang kadang-kadang menyimpang, tetapi Dia dengan penuh kasih menuntun saya kembali dan kadang-kadang dengan luka sebagai bukti ketidaktaatan. Kuasa dan kehadiran Roh Kudus telah memungkinkan saya untuk mencapai hal-hal yang secara alami tidak akan mampu saya lakukan dalam menjangkau area tugas tertentu. Tuhan memenuhi kita dengan Roh Kudus-Nya untuk memperlengkapi kita untuk pelayanan. Jangan pernah mengambil tugas apa pun untuk Tuhan tanpa kemampuan dan penugasan ilahi.

Wahyu ini memberi saya keyakinan dan kepastian bahwa Tuhan selalu siap dan sangat ingin terlibat dalam percakapan dengan kita, jika kita bersedia menyelaraskan diri dengan frekuensi-Nya dan meminta kepada-Nya dengan iman. Dia berbicara melalui trans (penglihatan terbuka) seperti dalam kasus ini, melalui mimpi, melalui kesan gambar, pikiran spontan yang muncul di benak kita, melalui keadaan yang kita hadapi, orang-orang yang kita temui, pria dan wanita yang ditahbiskan oleh Tuhan, melalui anak-anak, melalui keheningan dan melalui firman Tuhan. Sangat penting untuk dicatat bahwa kesaksian batin dan firman Tuhan harus sesuai dengan apa yang telah kita lihat, dengar, atau yang terpatri dalam pikiran kita. Setan dan roh jahat juga berbicara, membekas dalam pikiran kita. Yesus telah mengingatkan kita tentang hal ini dalam:

Yohanes 10:27

27 Domba-domba-Ku mendengarkan suara-Ku, dan Aku mengenal mereka, lalu mereka mengikuti Aku.

Tugas 1

Pernahkah Anda mengalami perjumpaan dengan Bapa Surgawi seperti yang baru saja saya ceritakan? Jika belum, saya mendorong Anda untuk memintanya. Bukan untuk pamer, tetapi karena Anda ingin membangun hubungan yang lebih kuat dengan-Nya daripada yang Anda miliki sekarang. Mulailah dari titik di mana Anda berada. Apakah Anda meleset dari sasaran? Mulailah dari sana. Ingatlah anak yang hilang, sang ayah menerimanya meskipun ia berdosa. Itulah hati seorang ayah. Terkadang, kita terjerumus ke dalam masalah karena kita tidak merasakan kehadiran Tuhan dalam hidup kita. Dia sedang menunggu, menunggu untuk terlibat dengan Anda dan saya.

Berhentilah sekarang juga dan berdoalah, mintalah Dia untuk menyatakan Diri-Nya kepadamu, maksudku manifestasi yang nyata. Bukan sekadar pertemuan-pertemuan yang tidak berguna yang akan kamu lupakan dalam beberapa hari. Setiap kali aku mengingat pengalaman di atas, itu terasa segar seperti sebelumnya. Itu terukir dalam DNA-ku selamanya. Mintalah Dia untuk menyatakan Diri-Nya kepada orang yang kamu cintai, istri, suami, pasangan, dan lain sebagainya, dan percayalah. Lihat apa yang terjadi. Tuhan ingin dipercaya, Dia merindukan untuk dipercaya. Iman kita mengatakan, "Aku percaya kepada-Mu dan mengandalkan-Mu untuk melakukan apa yang ingin Engkau lakukan."

Selain serangkaian penyembuhan, pembebasan, dan pemulihan yang saya alami secara pribadi, beberapa peristiwa berikut ini memicu kemarahan saya terhadap pendeta ini - Ibu saya meninggal pada usia 44 tahun karena tekanan darah tinggi - Kakak perempuan tertua saya meninggal pada usia 44 tahun karena kanker payudara dan ayah saya pada usia 77 tahun karena kanker prostat. Jadi, saya marah kepada setan karena telah mencuri dari orang-orang yang saya cintai dan saya sangat ingin mendapatkan yang terbaik dari Tuhan. Bukan hanya untuk diri saya sendiri tetapi juga untuk orang lain agar mereka tidak perlu kehilangan orang tua atau saudara kandung mereka di usia muda dan mereka dapat menjalani hari-hari mereka dengan sehat dan sempurna dalam nama Yesus, amin.

Tuhan menjanjikan ini kepada saya dan kepada Anda:

Keluaran 23:25-27
Alkitab Amplifikasi, Edisi Klasik
25 Engkau harus melayani Tuhan, Allahmu; Ia akan memberkati roti dan airmu, dan Aku akan menjauhkan penyakit dari tengah-tengahmu.

26 ***Tidak seorang pun akan kehilangan anaknya karena keguguran atau menjadi mandul di negerimu; Aku akan menggenapi jumlah hari-harimu.***
27 ***Aku akan mengirimkan kengerian-Ku di hadapanmu dan akan membuat bingung semua orang yang akan kamu datangi, dan Aku akan membuat semua musuhmu berbalik [melarikan diri].***

Bersama Anda, saya bermaksud untuk menepati janji itu dalam nama Yesus, Amin. Dalam buku ini ***"Prestasi yang Lebih Besar - 1 – Anda Dipersiapkan untuk Ini – Penyembuhan, Pembebasan, dan Pemulihan – Temukan dari Para Tokoh Besar*** dari catatan lebih dari 100 tahun prestasi pria dan wanita Tuhan, yang Tuhan gunakan pada zamannya. Ini juga untuk kita. Buku ini akan menunjukkan kepada Anda caranya. Kita sudah melihat hasilnya melalui penerapan pembelajaran dan Anda pun harus demikian. Amin

Eksploitasi yang Lebih Besar - 1

- Tentang Penerbit

Tentang Kami – God's Eagle Ministries (GEM)

Menabur Benih di Seluruh Bangsa. Mengubah Kehidupan.
"Supaya mereka semua menjadi satu..." — Yohanes 17:21-23
Visi Tata Kelola Kami
Dunia Kristen yang Bersatu — Dibentuk, Bukan Sekadar Dikumpulkan
God's Eagle Ministries hadir untuk berpartisipasi dalam tujuan kekal Allah:
sebuah Gereja yang bersatu, hidup dalam ketaatan, kedewasaan, dan transformasi yang nyata , berakar di dalam Kristus dan dibimbing oleh Roh Kudus.
Kami membayangkan Tubuh Kristus global yang tidak dipersatukan oleh keseragaman, platform, atau kepribadian—tetapi oleh **ketaatan bersama kepada kebenaran, pemuridan berdasarkan ketaatan, dan kehidupan yang diubahkan** .
Bagi kami, persatuan bukanlah sekadar slogan.
Itu adalah buah dari **keselarasan** , **pembaharuan** , dan **Kristus yang terwujud dalam diri manusia** .
Mandat Dasar Kami
Transformasi Menurut Roma 12:1-2

Semua yang kita lakukan—buku, renungan, ajaran, film, audio, video, platform digital, dan teknologi masa depan—ada untuk **satu tujuan utama** :
Pembaharuan pikiran yang menghasilkan transformasi nyata dan terukur.
Komunikasi kami **tidak dirancang untuk konsumsi informasi** , stimulasi emosional, atau inspirasi pasif.
Alat-alat ini dirancang untuk:

- Pertobatan dan penataan ulang
- Pembaharuan pemikiran
- Ketaatan kepada Kitab Suci
- Perubahan karakter yang terlihat
- Kedewasaan spiritual yang berkelanjutan

Transformasi bukanlah sesuatu yang diasumsikan.
Transformasi dirancang **, dikelola, diukur, dan dilaksanakan hingga tuntas** .
"Ukuran Keberhasilan Kami"
Dengan bahasa seperti:

- Kami tidak mengukur keberhasilan hanya berdasarkan lalu lintas saja.
- Kami mengukur keberhasilan berdasarkan perubahan hidup yang terjadi.
- Kami lebih menghargai kepatuhan daripada keterlibatan.
- Kami menghargai pembaharuan daripada viralitas.

Misi Kami
Menabur Benih di Seluruh Bangsa — Satu Kehidupan pada Satu Waktu
Pelayanan Elang Tuhan (God's Eagle Ministries) hadir untuk:

- **Buat, kumpulkan, dan sebarkan sumber daya yang berakar pada Kitab Suci** yang mengarah pada transformasi, bukan sekadar pengetahuan.
- **Terlibat dalam penginjilan, pemuridan, penyembuhan, pembebasan, pemulihan, dan konseling** , roh, jiwa, dan tubuh.

- **Menjalankan program pemuridan terstruktur** yang menggerakkan orang percaya dari perjumpaan menuju ketaatan.
- **Mendukung ketaatan profetik dan pengabdian wilayah** , sebagaimana dipimpin oleh Roh Kudus.
- **Mengelola sistem digital skala besar** di bawah otoritas alkitabiah dan pengawasan manusia.

Mandat kami bukanlah skala demi skala itu sendiri, melainkan **kesetiaan dalam skala besar** .

Nilai-Nilai Inti Kami

Nilai-nilai ini mengatur **pelayanan, penerbitan, kepemimpinan, dan teknologi sekaligus** :

- **Keberanian dan tanpa rasa takut di dalam Kristus**
- **Kepemimpinan pelayan**
- **Keunggulan dengan akuntabilitas**
- **Integritas dan transparansi**
- **Kecepatan dengan kebijaksanaan**
- **Kreativitas yang berlandaskan kebenaran**
- **Kemurahan hati yang dipimpin oleh Roh Kudus**

Semangat Kami

Kami sangat berkomitmen pada:

- **Kesatuan Roh dan kesatuan iman** (Efesus 4:3, 13)
- **Memperlengkapi orang-orang kudus untuk kedewasaan dan perbuatan baik** (Efesus 4:11-16)
- **Penyembuhan, pembebasan, dan pemulihan** yang berkelanjutan—bukan siklus.
- **Pemuridan yang menghasilkan ketaatan, bukan ketergantungan.**
- **Membesarkan orang percaya yang mampu berdiri teguh, membedakan, dan memuridkan orang lain.**

Tujuh Ekspresi Inti dari Pekerjaan Kami

1. **Keterlibatan Persatuan Gereja**
   Membangun persatuan relasional dan formasional di seluruh denominasi, budaya, dan bangsa.
2. **Doa dan Puasa Global Tahunan Selama**
   empat puluh hari (17 Maret – 26 April) didedikasikan untuk persatuan, kebangkitan rohani, keselarasan, dan pemuridan. Berdoa secara khusus untuk Gereja dan para pemimpinnya di seluruh dunia. Di mana pun mereka berada di tujuh gunung pengaruh!
3. **Penerbitan & Tata Kelola Konten**
   - judul yang ditulis dan diterbitkan
   - Didistribusikan di lebih dari 66 negara
4. **Distribusi Konten Global:**
   Lebih dari **2 juta sumber daya Kristen** dikelola dan diedarkan di berbagai platform digital.
5. **Perjalanan Pemuridan Terstruktur**
   Termasuk jalur otomatis dan terpandu yang diselenggarakan melalui platform Otakada.
6. **Konseling, Penyembuhan & Pemulihan.**
   Berbasis web dan tatap muka, menangani keseluruhan pribadi.
7. **Ketaatan Nubuat & Dedikasi Teritorial**
   Dilaksanakan hanya sesuai tuntunan Roh Kudus, di bawah pertanggungjawaban.
8. **Doa dan Puasa yang Berkelanjutan untuk Bangsa-Bangsa**

Kita berkumpul dalam doa dan puasa:

• Setiap hari Kamis

• Tiga hari terakhir setiap bulan

Setiap benua didoakan dua kali setiap tahun, memohon pemerintahan Kerajaan Allah di seluruh **Tujuh Gunung Pengaruh** , sesuai dengan Matius 21:13, Yesaya 56:7, dan Yeremia 7:11.

Kami mengajak Anda untuk berpartisipasi dengan penuh kesetiaan.

Platform Kami (Satu Ekosistem, Satu Etos)

- **Otakada.org** — Pemuridan, pengajaran kenabian, perjalanan transformasi
- **Store.Otakada.org** — Perpustakaan digital, buku, serial, dan konten masa depan yang dinamis.
- **shop.otakada.org – Tampilan depan toko buku**
- **Saluran Penerbitan** — lebih dari 40.000 distributor global di seluruh dunia
- **Saluran Media** — Pengajaran, kesaksian, film, dan konten pemuridan.

Semua platform beroperasi di bawah **satu piagam transformasi** , bukan agenda yang saling bersaing.

Jangkauan dan Tata Kelola Global

- Jangkauan bulanan: **500.000+**
- Sumber daya yang didistribusikan: **2 juta+**
- Kehadiran aktif: **66+ negara**
- Cakupan pemuridan: **100 juta jiwa pada tahun 2045**

Siapa Kami

Pelayanan Elang Tuhan adalah:

- **Dipimpin oleh Roh Kudus**
- **Tanpa batas**
- **Tidak terikat pada denominasi tertentu tetapi berpegang teguh pada doktrin.**
- **Berkomitmen kepada Kristus, dibentuk dalam diri manusia.**
- **Sebuah Gereja tanpa dinding, tetapi tidak tanpa keteraturan.**

"Kristus di dalam kamu, pengharapan akan kemuliaan." — Kolose 1:27

Persatuan, dengan Kejelasan Alkitabiah

- **Kesatuan Roh** (Efesus 4:3)
  Suatu realitas masa kini yang kita jaga melalui kerendahan hati dan kasih.

- **Kesatuan Iman** (Efesus 4:13)
  Suatu hasil pertumbuhan yang dicapai melalui pemuridan berdasarkan ketaatan.

Kesatuan bersifat **relasional dan membentuk karakter** , tidak pernah dangkal.

Platform Pelayanan Kami

- **Otakada.org** – Pemuridan, sumber daya, pelayanan kenabian
- **Shop.otakada.org** – Buku dan alat-alat pemuridan digital
- **Halaman Penulis Amazon 1** – https://www.amazon.com/stores/Zacharias-Godseagle/author/B0FCZ89D4K Zacharias Godseagle/ Ambassador Monday O. Ogbe Halaman Penulis
- **Halaman Penulis Amazon 2** – https://www.amazon.com/stores/author/B07MSBPFNX/allbooks . Halaman Penulis Ambassador Monday O. Ogbe
- **Saluran YouTube – UTAMA** – https://www.youtube.com/@godseagleministries — Pengajaran, kesaksian & pelayanan
- **Saluran YouTube – Terbaru** – https://www.youtube.com/@AmbassadorMondayogbe — Film dan Konten Lainnya untuk Pemuridan dan Penginjilan Global

Terhubung dengan Komunitas Pemberdayaan Kami

- **Komunitas Doa Syafaat Gerakan 10 Juta – Bergabunglah di Facebook**
- **Pemuridan Sekolah Roh Kudus – Bergabunglah di Facebook | Bergabunglah di Telegram**
- **10 Juta Pendoa Syafaat – Bergabunglah di WhatsApp**

Komunitas WhatsApp Pelayanan Elang Tuhan

- **Komunitas 1**
- **Komunitas 2**

Inisiatif Unggulan

- **Doa dan Puasa Global 40 Hari Tahunan: 17 Maret – 26 April**
- **Doa dan Puasa Bulanan untuk Bangsa-Bangsa:** Berfokus pada **Afrika, Amerika, Eropa, Asia, Timur Tengah, Oseania, dan Kawasan Kutub**
- **Seri Eksploitasi yang Lebih Besar: Lebih dari 20 jilid** tentang penyembuhan, kebangkitan rohani, dan pembekalan spiritual.

Siapa Kami

God's Eagle Ministries adalah **gerakan tanpa batas yang dipimpin oleh Roh Kudus dan** berkomitmen untuk:

- Membangun **bait suci rohani** di dalam hati orang-orang beriman.
- **Memulihkan kehidupan** : Roh, Jiwa, dan Tubuh
- Mendorong **kesatuan Roh** dan **kesatuan iman** *(Efesus 4:3,13)*

"Kristus di dalam kamu, pengharapan akan kemuliaan!" — Kolose 1:27

Mari Terhubung

E-mail: ambassador@otakada.org

Telepon/WhatsApp: +1 804-778-2759 (Whatsapp) | +1 302-492-2440 | +2348032835348 (Whatsapp)

Blog: otakada.org/blog

Kemitraan & Donasi: Klik disini

Kehadiran Global Kami

Pantai Timur AS: 3825 Lancaster Pike, Wilmington, DE;

Pantai Timur AS: 4510 Burkes Promise Drive, Bowie, Maryland

Pantai Barat AS: 1985 Del Amo Blvd, Torrance, CA

Kantor Pusat Afrika Barat: 8 Sahaba Residence, Lugbe Abuja |

Kantor Pusat Afrika Barat: 14 Olalere Close, Off Millionaire Quarters, Jos North, Jos, Negara Bagian Plateau

Kepemimpinan

Duta Besar Monday O. Ogbe
(Nama samaran: Zacharias Godseagle)
Pendiri, Penulis,
God's Eagle Ministries —
Gereja Tanpa Tembok, Batas, atau Denominasi

Mandat yang Hidup

Pernyataan ini tidak statis.
Ini mengatur:

- Pembuatan konten
- Standar penerbitan
- Sistem pemuridan
- Persalinan dengan bantuan AI
- Keterlibatan masyarakat
- Akuntabilitas dan pengawasan

Ekspresinya akan berkembang , tetapi **kebenaran atau tujuannya tidak akan pernah berubah** , seiring dengan meluasnya pekerjaan Tuhan ke seluruh bangsa.

Eksploitasi yang Lebih Besar - 1

- Ucapan Terima Kasih

Buku ini tidak akan terwujud tanpa kontribusi dari orang-orang hebat hamba Tuhan berikut melalui materi-materi yang telah memperkaya buku ini:

- ***John G. Lake***
- ***Kathryn Kuhlman***
- ***Lester Sumrall***
- ***Frank dan Ida Mae Hammond***
- ***Derek Prince***
- ***Novel Hayes***
- ***Joseph Ayo Babalola***
- ***Robert W. Shambach***
- ***Ashish Raichur***
- ***Curry Blake***
- ***Cindy Trimm***
- ***Dan masih banyak lagi orang lain yang telah saya pelajari selama bertahun-tahun.***

Saya juga ingin menyampaikan penghargaan kepada istri saya – Comfort dan keempat anak saya – Diana, Joseph, David, dan Isaac yang telah memberikan kontribusi berharga melalui pengalaman hidup kami. Perjuangan, suka duka, keberhasilan dan kegagalan telah membantu mengarahkan kami kepada tujuan ilahi di dalam Kristus. Semoga Tuhan memberkati kalian semua dengan limpah ruah dalam berbagai cara yang tak tertandingi dalam nama Yesus, Amin!

Eksploitasi yang Lebih Besar - 1

– Dedikasi

Saya persembahkan buku ini kepada Tuhan Bapa karena telah menciptakan saya dan memelihara hidup saya.
Saya mempersembahkan buku ini kepada Tuhan Yesus Kristus atas pengorbanan tertinggi yang telah memberikan saya akses tanpa batas dan tanpa hambatan kepada Bapa dan persekutuan dengan Allah Bapa, Putra, dan Roh Kudus.
Saya persembahkan buku ini kepada Allah Roh Kudus, untuk kuasa dan pemberdayaan, untuk pengajaran, untuk bimbingan dan untuk kehadiran yang menghibur selalu sehingga saya dapat menjadi semua yang Kristus berikan dan jadikan bagi saya melalui kematian-Nya.
Saya mendedikasikan buku ini untuk istri saya – Comfort dan anak-anak – Diana, Joseph, David, dan Isaac dalam perjalanan hidup bersama saya dengan sedikit atau tanpa pilihan menuju hal yang tidak diketahui di dalam Tuhan.

Eksploitasi yang Lebih Besar - 1

- Perkenalan

Dalam buku ini, ***"Greater Exploits - 1 – You are Born for this – Healing, Deliverance and Restoration – Find out How from the Greats,"*** Anda akan menemukan kisah-kisah, kisah nyata dan lebih banyak kisah serta lebih dari delapan puluh (80) kesaksian untuk memperkuat pesan dan memperkokoh pembelajaran Anda ke depannya untuk diterapkan dalam hidup Anda dan kehidupan orang lain.

Anda akan menemukan ***tautan unggahan podcast audio dan video dari bab 1 hingga bab 10 untuk dinikmati saat mendengarkan dan menonton di mana pun Anda berada.***

Anda akan menemukan ***doa-doa perjanjian, penyembuhan diri, pembebasan, dan pemulihan di akhir bab 2, 4, 5, 6, 7, 8, 9, dan 10 karena ini adalah buku panduan praktis tentang cara melakukannya sendiri.***

Anda akan menemukan ***biografi para tokoh besar dan apa yang membuat mereka hebat sehingga Anda dapat mempelajari prosesnya dan menjadi hebat sendiri.***

Anda akan menemukan ***kesaksian sepanjang tahun untuk memperkuat iman Anda kepada Tuhan karena Dia masih ada dan siap sedia seperti di zaman Alkitab untuk melakukan hal-hal yang luar biasa, berlimpah ruah melebihi semua yang dapat Anda pikirkan, renungkan,***

atau bayangkan sesuai dengan kuasa yang bekerja di dalam diri Anda jika Anda mengizinkan-Nya.

Anda akan menemukan ***cara untuk dibaptis dalam Roh Kudus dan mulai memancarkan terang Tuhan ke dunia yang sedang sekarat dan membusuk.***

Anda *akan menemukan* **"Cukup sudah untuk penindasan dan selamat datang kebebasan di dalam Kristus" - Memancarkan terang Tuhan di dunia yang sesat ini + Doa untuk Baptisan dalam Roh Kudus + 2 Kisah oleh Trevor Farrell dari Trevor Place dan Robert W. Schambach tentang Kehidupan Seorang Pria yang Selamat dari Kursi Listrik - Pendahuluan**

Anda *akan menemukan* **Cukup Sudah, Kita Terperangkap dalam Tawanan Setan dan Selamat Datang dalam Kebebasan di dalam Kristus – Didorong oleh Rasa Lapar untuk MENERIMA dari Tuhan dan Kemarahan terhadap Iblis karena MERAMPOK warisan kita secara membabi buta! + Dua (2) Kisah – Kisah pertama: oleh Norvel Hayes: Terjadinya Mukjizat – Mukjizat kreatif di tangan putrinya dan Eksploitasi Robert Schambach di India + Naskah Doa Pembebasan Diri + Doa Perjanjian Penyembuhan, Pembebasan, dan Pemulihan Bagian 1**

Anda *akan menemukan* **"Cukup Sudah dengan Penawanan dan Selamat Datang di Kebebasan – Cara Menyembuhkan atau Disembuhkan dari COVID-19, Kanker & Lainnya – Bagian 2"**

Anda *akan menemukan* **bahwa sudah cukup bagi Anda yang DIJEBAK oleh iblis dan Selamat Datang di KEBEBASAN dalam Kristus Yesus – Pengaktifan ke dalam Perang Harian – Doa Deklarasi Harian untuk**

Pemberdayaan Praktis di Tempat Doa – Bagian 3 - Naskah oleh Cindy Trimm

Anda *akan menemukan* ***Cukup Sudah untuk Tawanan Setan dan Selamat Datang di Kebebasan dalam Kristus – Dapatkah Orang Kristen Dirasuki Setan? Kebohongan yang Disebarluaskan Setan, Sang Penawan, untuk Menahan Banyak Orang Kristen dalam Tawanan Melalui Ketidaktahuan. Bagaimana Menemukan Kehadiran Mereka dalam Hidup Anda dan Mengusir Mereka + Kisah Nyata dari Kesaksian Seorang Asisten Kongres Terkemuka tentang Pembebasan Diri yang Dibimbing seperti yang Diceritakan oleh Derek Prince Bagian 4 + Naskah Doa Pembebasan Diri + Doa Perjanjian Penyembuhan, Pembebasan, dan Pemulihan***

Anda *akan menemukan* ***Cukup Sudah untuk Tawanan Setan dan Selamat Datang di Kebebasan dalam Kristus Yesus - Tujuh (7) langkah penting menuju pembebasan + Cara Mengidentifikasi dan Mengusir Kelompok Setan dan Visi Konflik Akhir dan Cara untuk menang secara Strategis di Empat (4) Garis Depan Keterlibatan seperti yang diceritakan oleh Frank dan Ida Mae Hammond – Bagian 5 & Bagian 6 + Naskah Doa Pembebasan Diri + Doa perjanjian Penyembuhan, Pembebasan dan Pemulihan***

Anda *akan menemukan* ***"Cukup Sudah" untuk Perbudakan Setan dan Selamat Datang di Kebebasan dalam Kristus Yesus – Kuasa Roh Kudus yang berdiam di dalam DIRI ANDA dalam kata-kata yang ditransfer melalui udara ke dalam AIR dan MINYAK sebagai agen untuk PENYEMBUHAN, PEMBEBASAN, DAN PEMULIHAN dalam hidup Anda dan Orang Lain – Contoh Skrip Doa disertakan atas air dan minyak + 2 Kisah tentang PEMBEBASAN seorang Pendeta dan***

seorang Gadis berusia 6 tahun dari Skizofrenia dan sejumlah setan lainnya sebagai pembelajaran bagi ANDA oleh Frank dan Ida Mae – Bagian 7 + Doa kesepakatan untuk penyembuhan, pembebasan, dan pemulihan

Anda akan menemukan ***Cukup Sudah untuk Tawanan Setan dan Selamat Datang di Kebebasan dalam Kristus Yesus – Di manakah di bumi ini KEHENDAK dan KEDAULATAN Allah dalam semua pembicaraan tentang KEBEBASAN ini? Mengapa tidak SEMUA orang yang kita doakan DISEMBUIHKAN, DIBEBASKAN, atau DIPULIHKAN? Mengapa sebagian BERTAHAP atau SEBAGIAN? Apa saja Hambatan untuk PENYEMBUHAN, PEMBEBASAN, dan PEMULIHAN? Dan Beberapa Hal yang Boleh dan Tidak Boleh Dilakukan + Satu (1) Kisah untuk Mendukung judul ini dan mematahkan cengkeraman roh ketakutan oleh Saudara Robert Schambach – Bagian 8 + Naskah Pembebasan Diri dan doa kesepakatan untuk Penyembuhan, Pembebasan, dan Pemulihan***

Anda akan menemukan ***Cukup Sudah untuk Terperangkap dalam Tawanan Setan dan Selamat Datang dalam Kebebasan di dalam Kristus Yesus – Menerima Jawaban atas Pertanyaan Umum tentang penyembuhan, pembebasan, dan pemulihan + Pedoman Praktis untuk Melayani Penyembuhan, Pembebasan, dan Pemulihan + Sintesis Skizofrenia sebagaimana diungkapkan oleh Roh Kudus kepada Ida Mae Hammond dan bagaimana menghadapi roh jahat bagian 9***

Anda akan menemukan ***kesimpulan untuk memastikan apakah buku ini telah memenuhi kebutuhan Anda, dan juga, tautan halaman keselamatan dan perjalanan pemuridan 40 hari disertakan.***

Menikmati!

Eksploitasi yang Lebih Besar - 1

Biografi Singkat - John G. Lake – Kathryn Kuhlman – Lester Sumrall – Frank dan Ida Mae Hammond – Derek Prince – Novel Hayes – Joseph Ayo Babalola - Robert Schambach

Untuk mulai menghargai orang-orang dan apa yang telah Tuhan gunakan untuk mereka di generasi kita, Anda dan saya perlu mulai melihat kembali sejarah mereka. Jika ada sesuatu yang telah gagal dilakukan umat manusia secara besar-besaran, itu adalah ini – Ketidakmampuan untuk melihat ke belakang dengan minat yang sama dan belajar dari sejarah sehingga kita dapat mulai merencanakan tindakan yang positif dan berdasarkan informasi yang baik ke depan.

Oleh karena itu, saya memasukkan dalam Greater Exploits - 1 apa yang membentuk pemikiran mereka yang mendorong mereka untuk mencapai hal-hal di luar kebiasaan demi Tuhan.

Jadi, perhatikan hal ini, pelajari jika perlu dan terapkan ke depannya dalam hidup Anda dan kehidupan orang lain di dalam dan di luar lingkaran Anda untuk kemuliaan Tuhan!

John G. Lake

"Yesus Sang Penyembuh"

John Graham Lake lahir pada 18 Maret 1870 di Ontario, Kanada. Ketika masih kecil, keluarganya pindah ke Michigan, Amerika Serikat. Saat masih muda, Lake menghadiri pertemuan Bala Keselamatan dan merasa yakin akan kebutuhannya akan seorang Juruselamat, dan ia mengundang Yesus untuk menjadi Tuhan dalam hidupnya. Lake sangat terpengaruh oleh penyakit. Ia adalah salah satu dari enam belas bersaudara, dan selama masa mudanya delapan di antaranya meninggal. Ia tumbuh membenci penyakit, kesedihan, dan kematian yang begitu menjadi bagian dari kehidupan keluarganya.

Lake merasa terpanggil untuk melayani, dan belajar untuk menjadi pendeta Metodis. Ia menghayati ajaran Metodis tentang pengudusan dan mencarinya dengan penuh semangat. Namun, setelah studinya selesai, ia memutuskan untuk terjun ke dunia bisnis dan memulai sebuah surat kabar di Illinois. Kemudian ia kembali ke Michigan dan memulai karier di bidang real estat. Ia bertemu Jennie Stevens dan menikahinya.

Penyakit terus menghantui Lake. Saudara laki-lakinya sakit-sakitan, salah satu saudara perempuannya menderita kanker stadium lanjut, saudara perempuan lainnya mengalami masalah pendarahan, dan istrinya menderita tuberkulosis dan penyakit jantung. Pada tahun 1899, keluarga tersebut mendengar tentang John Alexander Dowie di Chicago, karena ia mendapat perhatian media yang cukup besar. Mereka membawa saudara laki-laki Lake ke tempat penyembuhan di Chicago, dan ia langsung sembuh. Kedua saudara perempuannya kemudian juga pergi ke sana, dan juga sembuh.

Akhirnya, Lake menghubungi orang-orang untuk mendoakan istrinya pada bulan Juni 1899, dan istrinya pun sembuh. Ia membuka kitab suci dan melihat Kisah Para Rasul 10:38 *"Kamu tahu tentang Yesus dari Nazaret, bagaimana Allah mengurapi Dia dengan Roh Kudus dan dengan kuasa, dan bagaimana Ia berkeliling melakukan kebaikan dan menyembuhkan semua orang yang tertindas oleh iblis; karena Allah menyertai Dia."* (NASB) Ia melihat dengan jelas bahwa Yesus adalah penyembuh dan Setan adalah penindas manusia. Lake menjadi anggota Gereja Katolik Kristen Dowie dan sebuah cabang dibuka di Sault Ste Marie, tempat ia tinggal saat itu. Lake menjadi diaken di gereja baru tersebut. Pada Agustus 1900, istri Lake, Jennie, secara tidak sengaja tertembak oleh putranya yang berusia 4 tahun. Mengikuti ajaran Dowie, keluarga Lake menolak bantuan medis dan bergantung pada doa. Peristiwa itu begitu mengejutkan sehingga sebuah artikel ditulis di Chicago Daily Tribune, yang secara teratur melaporkan kegiatan Dowie.

Pada tahun 1904, Lake pindah ke Chicago untuk bekerja dengan Dowie. Melihat kuasa Tuhan, Lake mulai berseru meminta lebih banyak Roh Kudus. Ia menghabiskan sembilan bulan untuk mencari tingkat kehadiran Tuhan yang lebih penuh. Lake pergi, bersama seorang pria lain, untuk berdoa bagi seorang wanita yang sakit. Kehadiran Tuhan turun atas dan meliputi dirinya seperti yang belum pernah ia alami sebelumnya. Enam bulan berikutnya ditandai dengan keyakinan, pertobatan, dan pembersihan hati. Karunia Roh menjadi semakin besar, dan karunia kebijaksanaan dan penyembuhan meningkat secara dramatis. Lake menerima pelatihan di bawah John Alexander Dowie, tetapi tidak selalu setuju dengan cara kerjanya. Pada suatu saat, Dowie menyebutkan prestasinya dan berkata kepadanya, "Jika kamu mengembangkan kualitas yang membangun, setara dengan kemampuan kritismu, kamu akan menjadi orang yang lebih hebat daripada aku." John Lake tahu bahwa ia harus memulai pekerjaannya sendiri. Ia merasa terpanggil ke Afrika dan pergi ke sana pada tahun 1908, setelah bertugas singkat sebagai pendeta di Indianapolis. Selama lima tahun di Afrika Selatan, Lake menyaksikan 1.000.000 orang bertobat, mendirikan ratusan gereja, dan melatih lebih dari 1.000 pendeta lokal. Namun, pekerjaan itu sangat berat, dan istrinya meninggal pada Desember 1908. Ia bertekad untuk menjaga keluarganya tetap utuh. Pada tahun 1913, Lake kembali ke Amerika Serikat bersama ketujuh anaknya.

Setelah kembali ke Amerika Serikat, ia menikah lagi dan memulai pelayanan keliling. Salah satu tempat yang diminta untuk ia kunjungi adalah Spokane, Washington. Ia diminta untuk memulai ruang penyembuhan, dan ia setuju. Selama kurang lebih lima tahun, lebih dari 100.000 penyembuhan dilaporkan. Spokane dinyatakan sebagai "kota tersehat di Amerika Serikat". Meskipun gereja Lake tidak pernah besar, ribuan orang datang dari seluruh negeri dan dunia untuk menerima doa. Pada tahun 1920, ia merasa terpanggil untuk pindah ke Portland, Oregon dan memulai pelayanan ruang penyembuhan di sana. Penyembuhan serupa juga dilaporkan selama tahun-tahun ini.

Lake mempertimbangkan untuk memulai pelayanan ruang penyembuhan di kota-kota di sepanjang pantai barat. Namun, kekuatannya mulai melemah karena ia menjalani hidup dengan kecepatan yang luar biasa. Ia pergi ke Houston, Texas untuk memulai sebuah gereja, tetapi dipanggil pergi karena krisis keluarga dan tidak pernah kembali. Ia melayani di gereja-gereja di California, kemudian kembali menjadi pendeta di Portland untuk sementara waktu, dan akhirnya menetap kembali di Spokane untuk sisa hidupnya. Ia meninggal pada tanggal 15 September 1935. Sumber: https://healingandrevival.com/BioJGLake.htm

Kathryn Kuhlman

Aku percaya pada mukjizat

Kathryn Johanna Kuhlman lahir pada 9 Mei 1907 di Concordia, Missouri. Orang tuanya berasal dari Jerman dan ia adalah salah satu dari empat bersaudara. Ibunya adalah seorang pendisiplin yang keras, yang jarang menunjukkan kasih sayang. Di sisi lain, ia memiliki hubungan yang sangat dekat dan Hubungan yang penuh kasih sayang dengan ayahnya. Ia sering bercerita, saat masih kecil, bagaimana ayahnya akan pulang kerja dan ia akan bergelantungan di kakinya dan menempel padanya. Ia sering mengatakan

bahwa hubungannya dengan Tuhan Bapa sangat nyata karena hubungannya dengan ayahnya sendiri.
Kuhlman bertobat ketika berusia 14 tahun, di sebuah pertemuan penginjilan yang diadakan di sebuah gereja Metodis kecil. Ketika berusia 16 tahun, ia lulus dari sekolah menengah atas, yang di kota mereka hanya sampai kelas sepuluh. Kakak perempuannya, Myrtle, telah menikah dengan seorang penginjil keliling, Everett B. Parrott. Mereka menghabiskan waktu bepergian dan meminta agar Kathryn dapat bergabung dengan mereka selama musim panas. Orang tuanya setuju dan ia pergi ke Oregon untuk membantu. Ia bekerja bersama mereka, dan sering memberikan kesaksiannya. Ketika musim panas berakhir, ia ingin tinggal, dan pasangan itu setuju. Ia akhirnya bekerja bersama mereka selama lima tahun.

Tim penginjilan terdiri dari empat orang, Everette, Myrtle, Kathryn, dan pianis bernama Helen Gulliford. Pada tahun 1928, Everette absen dari sebuah pertemuan di Boise, Idaho. Myrtle dan Kathryn berkhotbah untuk menggantikan Everette. Pendeta gereja mendorong Kathryn untuk berkhotbah sendiri. Helen setuju untuk bergabung dengannya. Khotbah pertamanya disampaikan di sebuah tempat biliar yang kumuh di Boise, Idaho. Tim tersebut melayani Idaho, Utah, dan Colorado selama lima tahun berikutnya. Pada tahun 1933, mereka pindah ke Pueblo, Colorado. Mereka mendirikan tempat tinggal di sebuah gudang Montgomery Ward yang terbengkalai. Mereka tinggal di sana selama enam bulan.

Denver, sebagai kota yang jauh lebih besar, menjadi tujuan selanjutnya. Mereka pindah beberapa kali tetapi akhirnya menetap di gudang perusahaan kertas, yang mereka namai Kuhlman Revival Tabernacle. Kemudian pada tahun 1935 mereka pindah sekali lagi ke garasi truk yang terbengkalai yang mereka namai Denver Revival Tabernacle. Kathryn meraih banyak kesuksesan di Denver. Gereja tersebut berkembang hingga sekitar 2000 anggota. Ia memulai acara radio bernama "Smiling Through" dan mengundang pembicara dari seluruh negeri. Salah satunya adalah Phil Kerr yang mengajarkan tentang penyembuhan ilahi. Pada tahun 1935, penginjil undangan lainnya adalah Burroughs Waltrip.

Waltrip adalah kabar buruk bagi Kuhlman. Dia adalah pria karismatik dan tampan yang beberapa tahun lebih tua darinya. Ada daya tarik langsung di antara mereka, dan sebuah keluarga mengaku telah melihat pasangan itu berpelukan pada tahun 1935, tetapi dia sudah menikah dan memiliki dua anak. Waltrip meninggalkan Denver dan pulang ke Austin, Texas, tetapi hubungan antara Kuhlman dan Waltrip tetap bergejolak. Pada tahun 1937, ia diundang kembali ke Denver untuk berkhotbah selama dua bulan. Tak lama kemudian, ia menceraikan istrinya dan meninggalkan kedua putranya. Kemudian ia menyebarkan cerita bahwa istrinya telah meninggalkannya. Ia pindah ke Mason City, Iowa, di mana ia mengatakan kepada semua orang bahwa ia masih lajang, dan memulai pelayanan baru. Waltrip mengumpulkan sumbangan sebesar $70.000 untuk membangun gedung pelayanan yang disebut Radio Chapel. Gedung itu berteknologi canggih dengan mimbar yang dapat disembunyikan dan gaya art deco. Ia tampak sebagai pengkhotbah yang sukses dan dinamis.

Terdapat hubungan yang berkelanjutan antara Kuhlman dan Waltrip, dan mereka menikah pada September 1938. Kuhlman naif tentang konsekuensi pilihannya dan pernikahan itu menjadi bencana. Dia mengumumkan kepada jemaatnya bahwa dia dan Waltrip telah menikah dan mereka akan bolak-balik antara Denver dan Mason City untuk berkhotbah di kedua gereja mereka. Sebagian besar jemaatnya meninggalkan gereja karena hubungannya dengan Waltrip. Dia meninggalkan gerejanya di Denver, kehilangan beberapa rekan terdekatnya, dan pindah ke Mason City. Kesuksesan Waltrip ternyata juga hanya mimpi belaka. Kapel Radio selesai dibangun pada bulan Juni. 1938. Pada Oktober 1938, Waltrip tidak mampu membayar utangnya. Pada bulan Desember, Waltrip menuntut gaji yang lebih tinggi, meskipun pendapatannya kurang. Dewan Direksinya mengundurkan diri dan meninggalkannya untuk menangani keuangan sendirian. Solusinya adalah tidak membayar hipotek atau utang Kapel. Radio Chapel mengalami kebangkrutan. Khotbah terakhir Waltrip adalah pada Mei 1939. Keluarga Waltrip hidup sendiri. Visi bahagia Kathryn tentang dirinya dan suaminya yang terbang bolak-balik antara Denver dan Mason City dengan karier khotbah yang sukses hancur total.

Beberapa tahun berikutnya sangat sulit bagi pasangan itu. Mereka memulai perjalanan sebagai penginjil keliling, terutama di wilayah Midwest. Mereka tidak diterima di banyak tempat karena riwayat pernikahan mereka. Iklan awal mencantumkan Waltrip sebagai penginjil utama. Kemudian sesekali Nyonya Waltrip juga disebutkan. Pada awal tahun 1940-an, Kathryn Kuhlman Waltrip diberi peran yang setara. Akhirnya pada pertengahan tahun 1940-an, Kathryn hanya menggunakan Kathryn Kuhlman dalam pertemuan-pertemuan di mana dialah pembicara utama. Pada tahun 1944, Kuhlman melakukan tur penginjilan di pantai timur tanpa Waltrip. Mungkin itu adalah keputusan sadar untuk meninggalkannya, atau dia mungkin juga mengambil kesempatan untuk mengevaluasi kembali hidupnya. Tampaknya prosesnya lebih bertahap karena Waltrip menulis tentang mereka sebagai pasangan hingga tahun 1946. Kuhlman tidak pernah kembali kepada Waltrip dan mereka akhirnya bercerai pada tahun 1947. Dia meninggalkan pernikahannya dan sejak saat itu bertindak seolah-olah pernikahan itu tidak pernah ada.

Pada tahun 1946, Kuhlman diminta untuk berbicara di Franklin, Pennsylvania. Ia diterima dengan baik dan memutuskan untuk tinggal di daerah tersebut. Kuhlman mulai berkhotbah melalui siaran radio di Oil City, Pennsylvania. Siaran-siaran ini menjadi sangat populer sehingga disiarkan juga di Pittsburgh, dan ia berkhotbah di seluruh wilayah tersebut. Ia mulai berkhotbah tentang kuasa penyembuhan Allah. Pada tahun 1947, seorang wanita disembuhkan dari tumor saat mendengarkan khotbah Kuhlman. Beberapa hari Minggu kemudian, seorang pria juga disembuhkan saat ia mengajar tentang Roh Kudus. Ia kini yakin akan karya penyembuhan Allah. Satu hal penting yang perlu diperhatikan adalah konteks dan waktu periode terobosan dalam kehidupan Kuhlman ini. Tahun 1947 adalah awal dari Kebangunan Rohani Penyembuhan (kadang-kadang disebut sebagai Kebangunan Rohani Hujan Akhir Zaman) yang akan berlangsung selama 10 tahun berikutnya. Apa yang terjadi dalam pertemuan-pertemuan Kuhlman menyebar ke seluruh Amerika Serikat. Pada masa inilah Pelayanan Suara Penyembuhan didirikan dan tokoh-tokoh seperti William Branham, Oral Roberts, AA Allen, dan banyak lainnya diangkat ke panggung publik. Kuhlman tidak terkait dengan kelompok-kelompok tersebut, tetapi mengikuti arus pekerjaan Roh Kudus di seluruh negeri dan dunia.

Pada tahun 1948, Kuhlman mengadakan serangkaian pertemuan di Carnegie Hall di Pittsburgh. Ia akhirnya pindah ke Pittsburgh pada tahun 1950, dan terus mengadakan pertemuan di Carnegie Hall hingga tahun 1971. Ia digunakan oleh Tuhan untuk membawa pesan karismatik ke banyak gereja denominasi, termasuk Gereja Katolik. (Ia menerima banyak kritik atas hal ini dan dituduh sebagai seorang Katolik yang menyembunyikan keyakinannya.) Ini adalah tahun-tahun paling terkenal dalam hidupnya. Gayanya flamboyan. Ia akan mengadakan kebaktian mukjizatnya yang terkenal dan auditorium selalu penuh sesak setiap kali. Ia tampil di acara radio dan televisi. Ia ditahbiskan pada tahun 1968 oleh Evangelical Church Alliance. Ratusan orang disembuhkan dalam pertemuannya, dan bahkan saat mendengarkannya di radio atau televisi. Orang-orang yang ia doakan sering kali diliputi kuasa Tuhan dan "dijatuhkan dalam Roh." Kuhlman tidak pernah mengklaim bahwa dialah penyembuhnya. Ia selalu mengarahkan orang-orang kepada Yesus sebagai penyembuh mereka.

Kuhlman didiagnosis menderita masalah jantung pada tahun 1955. Ia memiliki jadwal yang sangat sibuk dan terlalu memforsir dirinya sendiri, terutama pada tahun 1970-an. Ia sering bepergian bolak-balik dari Pittsburgh ke Los Angeles, serta melakukan perjalanan keliling dunia. Jantungnya membesar dan Kuhlman meninggal pada 20 Februari 1976 di Tulsa, setelah menjalani operasi jantung terbuka. Video beberapa kebaktiannya masih tersedia dan tetap populer hingga saat ini.

Lester Sumrall

"Penginjilan, Penyembuhan, dan Pembebasan"

Lester Frank Sumrall lahir pada 15 Februari 1913 di New Orleans, Louisiana, dari pasangan George dan Betty Sumrall. Ibunya adalah seorang Kristen yang taat, tetapi ayahnya kurang teguh dalam imannya. Ibunya menyerahkan Lester kepada Tuhan sebelum ia lahir dan berdoa agar ia menjadi seorang pendeta. Ia lahir sebagai anak keenam dari delapan bersaudara. Betty sering mengundang penginjil keliling untuk tinggal di rumah mereka sementara pertemuan diadakan di gereja mereka. Hal ini seringkali berarti tambahan keluarga yang harus diberi makan dan ditampung, dan Lester tidak menyukai tekanan yang ditimbulkannya pada rumah tangga. Ia memutuskan bahwa ia tidak menyukai penginjil dan tentu saja tidak pernah ingin menjadi salah satunya!

Betty Sumrall adalah seorang pejuang doa yang luar biasa dan selalu berdoa untuk keluarganya. Lester menyaksikan beberapa peristiwa ajaib dalam hidup mereka. Suatu hari ia didiagnosis menderita kanker payudara. Ia mengelilingi dirinya dengan wanita-wanita yang secara teratur mendoakannya. Di tengah malam, di tengah perjuangan ini, Yesus datang ke kamarnya dan menyentuhnya. Ia sembuh sejak saat itu. Ketika kakek Lester menderita stroke, ia menjadi lumpuh. Ia tidak bisa makan atau berpakaian sendiri. Keluarga membawanya ke rumah mereka dan Betty memutuskan untuk meminta kelompok doa wanita untuk mendoakannya. Mereka membimbingnya kepada Kristus dan mulai berdoa. Ia berada di kursi roda dan tidak dapat menggerakkan kaki atau tangannya. Kuasa Tuhan datang kepadanya dan ia bangkit dari kursi roda dan dapat berjalan serta menggerakkan tangannya. Ia kembali ke rumah untuk hidup lima belas tahun lagi sendirian.

Lester bergaul dengan "kelompok yang buruk" dan putus sekolah pada usia enam belas tahun. Tak lama kemudian, ia mulai mengalami masalah kesehatan dan muntah darah. Ia didiagnosis menderita tuberkulosis, yang merupakan vonis mati. Kondisinya terus memburuk dan berat badannya turun hingga 93 pon dan ia terbaring di tempat tidur. Sekali lagi, ibunya mengumpulkan para pejuang doanya untuk secara teratur mendoakan Lester. Pada ulang tahunnya yang ketujuh belas, dokter menyatakan bahwa ia akan segera meninggal dan bahkan menulis surat wasiat. Di malam hari, Tuhan memberi Lester sebuah penglihatan. Di satu sisi tempat tidurnya ada peti mati, di sisi lain ada Alkitab. Ia diberi pilihan yang jelas - memberitakan Injil atau mati karena tuberkulosis malam itu juga! Ia memutuskan untuk memberitakan Injil. Ia disembuhkan dan keesokan paginya ia makan makanan untuk pertama kalinya.

sudah lama sekali, dan dalam waktu tiga minggu ia telah mengemasi tasnya untuk memulai perjalanan penginjilan. Awalnya memang sulit. Lester dan seorang teman memancingnya, yang ikut sebagai pemimpin pujian, pergi ke hutan belantara di wilayah selatan Amerika Serikat. Mereka masih kasar dan keras terhadap orang-orang saat Lester menyampaikan khotbahnya. Namun, sesuatu pasti berhasil karena ke mana pun ia pergi, ia selalu mendapatkan kelompok yang cukup besar untuk mendirikan gereja, dan ia akan mengirimkan pesan kepada denominasinya untuk mencari seorang pendeta bagi kelompok baru tersebut. Ratusan orang diselamatkan. Melihat keberhasilannya, mereka menahbiskannya.

Pada tahun 1931, Tuhan mulai menangani motif Lester. Ia setuju untuk memberitakan Injil demi menyelamatkan hidupnya, tetapi ia tidak benar-benar peduli pada orang lain. Tuhan memberinya penglihatan tentang banyak orang di negara-negara asing yang menuju neraka. Tuhan melunakkan hatinya karena orang-orang yang tersesat malam itu. Tuhan memanggilnya untuk menjadi penginjil internasional dan memberitakan Injil ke seluruh dunia. Ia tidak pernah sama lagi setelah itu. Delapan belas bulan kemudian, Tuhan menghubungkan Lester dengan Howard Carter, seorang pengajar Alkitab yang terkenal secara internasional, dan mereka mulai berkeliling dunia bersama. Mereka melakukan perjalanan ke Australia, Singapura, Hong Kong, Jawa, Hindia Belanda, Tibet, Manchuria, Jepang, Korea, Jerman, Brasil, Bolivia, Prancis, Spanyol, Portugal, dan Inggris. Mereka akan pergi ke suatu daerah dan Howard akan pergi ke satu tempat untuk berkhotbah dan Lester ke tempat lain. Beberapa penyembuhan dan pembebasan yang luar biasa mulai terjadi dalam pertemuan-pertemuan Lester. Ribuan orang disembuhkan dan diselamatkan.

Selama perang di tahun 40-an, Lester kembali ke AS, Meksiko, Amerika Tengah, dan Amerika Selatan. Saat berada di Argentina, Lester bertemu dengan misionaris lain bernama Louise Layman. Mereka langsung akrab dan menikah dua tahun kemudian. Mereka mulai melayani sebagai pasangan di Kuba, Haiti, dan Puerto Riko. Suatu ketika Louise terkena malaria, tetapi Tuhan menyembuhkannya sebagai jawaban atas doa Lester. Mereka melanjutkan perjalanan ke Guyana, Suriname, Brasil, Argentina, Peru, Ekuador, Uruguay, dan Panama. Mereka hanya melambat ketika Betty hamil dan mereka kembali ke Amerika Serikat. Tuhan memanggil pasangan itu untuk membangun basis di South Bend, Indiana selama beberapa tahun berikutnya.

Pada tahun 1950, Tuhan memanggil keluarga itu ke Manila, Filipina. Pekerjaan itu sangat berat hingga seorang gadis yang kerasukan setan menjadi berita nasional. Tuhan meminta Lester untuk mendoakannya. Pembebasan dan penyembuhan itu begitu publik dan dramatis sehingga surat kabar di mana-mana memberitakan kisah tersebut. Seluruh negeri menjadi terbuka terhadap Injil. Ia mengadakan pertemuan kebangunan rohani selama enam minggu dan jumlah jemaat diperkirakan mencapai enam puluh ribu orang pada suatu malam. Clifton Erickson datang dari Amerika Serikat untuk membantu dalam pertemuan-pertemuan tersebut. Seratus lima puluh ribu orang diselamatkan selama minggu-minggu itu. Seorang aktor terkenal yang tidak bisa berjalan disembuhkan, yang memberi kelompok itu lebih banyak perhatian media. Seorang pengacara yang telah menggunakan kruk selama dua belas tahun berjalan keluar sambil memegang kruknya di lengannya, sembuh total.
Tuhan memanggil keluarga itu kembali ke Amerika Serikat pada tahun 1960-an untuk memulai pekerjaan perintis di bidang televisi. Khotbahnya mulai didengar di seluruh AS dan dunia. Ia juga memulai pelayanan untuk memberi makan

orang-orang yang kelaparan di seluruh dunia setelah Tuhan memberinya penglihatan yang memanggilnya untuk merawat orang-orang yang sekarat. Ia tetap setia **pada penglihatan yang diberikan Tuhan kepadanya dan pulang ke pangkuan Tuhan pada tanggal 28 April 1996.**

Frank dan Ida Mae Hammond

Frank Davis Hammond (12 Oktober 1921 - 17 Maret 2005) adalah seorang penulis buku-buku Kristen, khususnya tentang pelayanan pembebasan. Pada tahun 1980, Hammond mendirikan The Children's Bread Ministry bersama istrinya (dan terkadang rekan penulisnya) Ida Mae Hammond. Hammond adalah alumni Universitas Baylor dan Seminari Teologi Baptis Southwestern. Ajaran Hammond menyatakan bahwa masalah etika seperti kebencian dan gosip – bersama dengan masalah seperti makan kompulsif, pelupa, masalah seks, dan penyakit mental – disebabkan oleh setan yang membutuhkan pelayanan pembebasan, dan bahwa setiap orang membutuhkan pembebasan tersebut. Ia dan istrinya, Ida Mae, disebut sebagai "mungkin praktisi pelayanan pembebasan yang paling berpengaruh."

Buku mereka tahun 1973, Pigs in the Parlor: A Practical Guide to Deliverance, adalah salah satu buku yang paling berpengaruh tentang topik ini, dan telah terjual lebih dari satu juta eksemplar. Buku-buku Hammond membantu mentransfer gagasan pelayanan pembebasan ke dalam Pembaruan Karismatik Katolik, khususnya konsep pengaruh setan yang tidak sampai pada kerasukan setan yang membutuhkan pengusiran setan oleh seorang imam. Informasi Pribadi Lahir di Terrell, TX pada Oktober 1921, ia menikah dengan Ida Mae Loden (juga dari Terrell) pada tahun 1948. Bibliografi Mengatasi Penolakan (1987) Ikatan Jiwa (1988) Menghadapi Roh-roh Jahat: Peniru Roh Kudus (1988) Dipromosikan oleh Tuhan (1989) Peperangan Kita - Melawan Setan dan Roh-roh Teritorial (1991) Setan dan Pembebasan dalam Pelayanan Yesus (1991) Mengampuni Orang Lain: Kunci Penyembuhan & Pembebasan (1995) Manual untuk Pembebasan Anak-anak (1996) Ranjang Pernikahan (1999) Tuhan Memperingatkan Amerika (2000) Kisah Dua Frank: Pengalaman Pembebasan yang Luar Biasa (2000, bersama Frank Marzullo) Berkat Bapa (2001) Dampak dari Dosa Seksual (2002) Orang Kuat Ketidakpercayaan (2002, bersama Dorman Duggan) Bahaya Pasivitas (2004) Orang Kudus dalam Perang (2012) Bersama Ida Mae Hammond Babi di Ruang Tamu: Panduan Praktis untuk Pembebasan (1973) Hidup Kerajaan untuk Keluarga (1985) Pemutusan Kutukan (1993) Penghiburan bagi Roh yang Terluka (1994) Lihat juga Peperangan rohani https://bookpedia.co/writer/frank-hammond

Derek Prince

Peter Derek Vaughan Prince (14 Agustus 1915 – 24 September 2003) adalah seorang pengajar Alkitab yang program radio hariannya, *Derek Prince Legacy Radio* , disiarkan ke seluruh dunia dalam berbagai bahasa.

Pernikahan dan pertumbuhan pelayanannya
Derek Prince bekerja di Faith Tabernacle di Chicago, dan kemudian pindah ke Good News Church di Ft. Lauderdale, Florida. Pada Mei 1971, Derek Prince Publications membuka kantor di Ft. Lauderdale, Florida. Derek Prince Publications kemudian berubah menjadi Derek Prince Ministries pada Desember 1990.

Pangeran melakukan perjalanan secara luas dalam pelayanannya hingga istrinya, Ruth, meninggal pada 29 Desember 1998. Daftar negara berikut mencakup pelayanan mereka dari tahun 1993 hingga 1998. Beberapa negara ini dikunjungi lebih dari sekali: Rusia, Jerman, Kazakhstan, Hongaria, Afrika Selatan, Kenya, Indonesia, Malaysia, Singapura, Turki, Polandia, Bahrain, Kuba, Kolombia, Swiss, Prancis, Portugal, India, dan Inggris.

Dia adalah penulis dari 51 buku, 600 audio dan 100 video, banyak di antaranya telah diterjemahkan dan diterbitkan dalam lebih dari 60 bahasa. Beberapa subjek yang dibahas dalam ajarannya adalah doa dan puasa, dasar-dasar iman Kristen,[5] peperangan rohani,[6] kasih Tuhan dan pernikahan serta keluarga.[8] Siaran radionya setiap hari diterjemahkan ke dalam bahasa Arab, Tionghoa (Amoy, Kanton, Mandarin, Shanghai, Swatow), Kroasia, Jerman, Malagasy, Mongolia, Rusia, Tamil, Samoa, Spanyol, Bahasa Indonesia, Tonga, Telugu, Malayalam, Kannada, Hindi dan banyak bahasa lainnya. Program radio tersebut terus menjangkau banyak orang di seluruh dunia.
Pelayanan Derek Prince terus berlanjut sepanjang hidupnya untuk menyebarkan ajaran-ajarannya dan melatih para misionaris, pemimpin gereja, dan jemaat.

Setan dan pembebasan
Sebagai seorang Pentakosta, Prince percaya pada realitas kekuatan spiritual yang beroperasi di dunia, dan pada

kekuatan setan untuk menyebabkan penyakit dan masalah psikologis. Saat berada di Seattle, ia diminta untuk melakukan pengusiran setan pada seorang wanita, dan ia mulai percaya bahwa orang Kristen dapat "dirasuki setan" (biasanya digambarkan sebagai "dirasuki" oleh setan - Prince menghindari istilah ini yang menyiratkan 'kepemilikan'). Hal ini bertentangan dengan pandangan Pentakosta yang lebih umum bahwa setan dapat "merasuki" orang yang tidak percaya, tetapi hanya dapat "menindas" orang Kristen. Prince percaya bahwa pelayanan pembebasannya menggunakan kuasa Tuhan untuk mengalahkan setan.

Israel

Makam Derek Prince di Pemakaman Internasional Gereja Aliansi, Yerusalem.

Prince sangat menentang teologi penggantian. Bukunya, The Destiny of Israel and the Church, berpendapat bahwa Gereja tidak menggantikan Israel dan bahwa perjanjian yang dibuat Allah dengan bangsa Israel masih berlaku hingga saat ini. Prince juga percaya bahwa pembentukan negara Israel adalah penggenapan nubuat Alkitab. Derek menyatakan dalam bukunya Promised Land, "Tema sentral nubuat Alkitab, sebagaimana yang sedang terungkap di zaman kita, berpusat pada tanah dan bangsa Israel. Allah sedang melaksanakan rencana-Nya yang telah ditentukan untuk mengumpulkan kembali bangsa Yahudi dari penyebaran mereka di seluruh dunia dan mengembalikan mereka ke tanah air kuno mereka."

Gerakan Gembala

Prince menciptakan Gerakan Gembala (Shepherding Movement) bersama para pendeta lainnya, Don Basham, Bob Mumford, Charles Simpson, dan Ern Baxter, yang kemudian dikenal sebagai 'Fort Lauderdale Five'. Mereka berupaya melawan apa yang dianggap sebagai penyimpangan dalam Gerakan Karismatik, dengan menekankan pemuridan dan perawatan pastoral. Praktik 'penyerahan diri pribadi kepada otoritas spiritual' dianggap kontroversial. Keterlibatan Prince dengan Gerakan Gembala memberinya eksposur internasional. Setelah meninggalkan gerakan tersebut, ia fokus pada pelayanan internasionalnya sendiri.

Publikasi

Prince menerbitkan banyak buku dan merekam lebih dari 600 khotbah pengajaran audio dan 100 pengajaran video. Buku-bukunya meliputi

- ***Seri Dasar-Dasar* (1966)**
- ***Berdoa untuk Pemerintah* (1970)**
- ***Membentuk Sejarah Melalui Doa dan Puasa* (1973)**
- ***Pengangkatan di Yerusalem* (1975)**
- ***Iman untuk Dihayati* (1977)**
- ***Anugerah Menyerah* (1977)**
- ***Perjanjian Pernikahan* (1978)**
- ***Tanah Perjanjian* (1982)**
- ***Kata Terakhir tentang Timur Tengah* (1982)**
- ***Tuhan Adalah Mak Comblang* (1986)**
- ***Berkah atau Kutukan: Anda Bisa Memilih* (1990)**
- ***Takdir Israel dan Gereja* (1992)**
- ***Apakah Lidah Anda Membutuhkan Penyembuhan?* (1992)**
- ***Obat Tuhan untuk Penolakan* (1993)**
- ***Perlindungan dari Penipuan* (1996)**
- ***Mereka Akan Mengusir Setan: Apa yang Perlu Anda Ketahui tentang Setan - Musuh Tak Terlihat Anda* (1998)**
- ***Siapakah Roh Kudus itu?* (1999)**
- ***Suami dan Ayah* (2000)**

- ***Penilaian: Kapan? Mengapa? Bagaimana?*** **(2001)**
- ***Menelusuri Mazmur bersama Derek Prince*** **(2002)**
- ***Perang di Surga: Pertempuran Epik Tuhan Melawan Kejahatan*** **(2003)**
- ***Dibeli dengan Darah*** **(2007, sebelumnya diterbitkan pada tahun 2000 dengan judul** ***Penebusan, Pertemuanmu dengan Tuhan*** **)**
- ***Memasuki Hadirat Tuhan: Melangkah Melampaui Pujian dan Syukur Menuju Penyembahan Sejati***
- ***Lucifer Terbongkar: Rencana Iblis untuk Menghancurkan Hidupmu***
- ***Panduan Kenabian Menuju Akhir Zaman*** **(2008)**
- ***Aturan Keterlibatan: Mempersiapkan Peran Anda dalam Pertempuran Spiritual*** **(2006)**
- ***Rahasia Seorang Pejuang Doa*** **(2009)**
- ***Berubah Hidup: Bagaimana Mengenal Tuhan Lebih Baik dan Lebih Mencintai-Nya*** **(2002)**

https://en.wikipedia.org/wiki/Derek_Prince

Novel Hayes

Dr. Norvel Leon Hayes, 91 tahun, meninggal dunia pada hari Sabtu, 6 Oktober 2018, di rumahnya.
Ia lahir pada tanggal 20 April 1927, dari pasangan mendiang Charles dan Arizona Lewis Hayes.
Ia berasal dari keluarga pekerja keras dan petani, dan seiring bertambahnya usia, Norvel memulai pekerjaan pertamanya sebagai pelayan restoran dengan upah $2 per hari. Hari pertama ia bekerja mengubah hidupnya. Selama bertahun-tahun, ia menjadi salah satu pengusaha paling terkenal dan memulai banyak bisnis di Indianapolis, Indiana.

Ia bertemu istri pertamanya, Noreen Langdon, dan bersama-sama mereka memiliki seorang putri, Zona Hayes. Zona adalah buah hati Norvel. Ketika Zona berusia 9 tahun, ia memutuskan untuk pindah kembali ke Cleveland, di mana ia memulai beberapa restoran dan bisnis. Ia sebenarnya adalah orang pertama yang membawa pizza ke Cleveland. Ia juga memiliki layanan taksi Yellow Cab di Cleveland.

Norvel akhirnya menyerahkan hidupnya kepada Tuhan, dan menjadi salah satu pendeta Injil paling terkenal yang pernah ada di dunia. Ia berkeliling dunia, menyebarkan firman Tuhan dari Hong Kong, Afrika, Australia, dan banyak negara lainnya, termasuk di Amerika Serikat. Ia mendirikan New Life Bible College pada tahun 1977, di mana ia mengajar orang-orang bagaimana memenangkan jiwa dan hidup dalam iman. Ia juga memulai dapur umum komunitas pada tahun 1988, yang terletak di Cleveland, di mana ia memberi makan orang-orang setiap hari dengan makanan hangat. Visi itu masih berlanjut hingga hari ini, memberi makan lebih dari 1.300 orang setiap bulan. Norvel juga memulai Sekolah Alkitab New Life dan panti asuhan di India, serta Panti

Bersalin New Life dan Pelayanan Tantangan Kampus di beberapa perguruan tinggi dan universitas. Ia juga menulis lebih dari 50 buku, dan membuat banyak video dan CD.

Ia bertemu istri keduanya, Maggie Combs, pada tahun 1980-an. Mereka menikah pada tahun 1997, hingga Maggie dipanggil Tuhan pada tahun 2016. Sepanjang tahun dan hingga ia dipanggil Tuhan, Norvel menjalani hidup yang berkarakter dan berintegritas serta tidak pernah mengkompromikan apa yang menurutnya Tuhan ingin ia lakukan. Pelayanan yang telah ia bangun akan terus berlanjut dan menjangkau dunia sekali lagi melalui cucunya, Lee Cornelison.
Ia akan melanjutkan pelayanan dan visi yang Tuhan berikan kepada Norvel, dengan bantuan dari staf di Gereja dan Sekolah Tinggi Alkitab New Life.

Saudara Hayes mendirikan Sekolah Tinggi Alkitab New Life, yang terletak di Cleveland, Tennessee, pada tahun 1977. Gereja Alkitab New Life tumbuh dari kebaktian kapel sekolah Alkitab tersebut. Di antara banyak pelayanan lainnya, gereja ini melayani Firman Tuhan dan menyediakan makanan hangat setiap hari kepada kaum miskin melalui Dapur Sup New Life.

Saudara Hayes juga merupakan pendiri dan presiden dari New Life Maternity Home, sebuah pelayanan yang didedikasikan untuk kebutuhan spiritual, fisik, dan finansial para gadis muda selama kehamilan; Campus Challenge, sebuah pelayanan penginjilan di kampus-kampus perguruan tinggi di seluruh Amerika; Street Reach, sebuah pelayanan yang didedikasikan untuk remaja yang melarikan diri dari rumah yang berlokasi di Daytona Beach, Florida; dan Children's Home, sebuah panti asuhan dan pusat pendidikan yang berlokasi di India.

Dikenal secara internasional karena penafsiran Firman Tuhan yang dinamis, Saudara Hayes menghabiskan sebagian besar waktunya untuk mengajar dan melayani kuasa pembebasan dan penyembuhan Tuhan di gereja-gereja, ruang kelas perguruan tinggi, konvensi, dan seminar di seluruh dunia.

Pelayanan Dr. Hayes berlangsung selama lebih dari lima puluh tahun dan menyentuh ribuan kehidupan, dan beliau dipanggil menghadap Tuhan pada bulan Oktober tahun 2018.

Joseph Ayo Babalola

Joseph Ayo Babalola (25 April 1904 – 26 Juli 1959) adalah Penginjil Umum pertama dari Gereja Apostolik Kristus, yang populer disebut CAC di Nigeria. Ia dikenal memiliki kekuatan penyembuhan.

Kehidupan awal

Babalola lahir dari orang tua Yoruba di Odo-Owa, Negara Bagian Kwara, Nigeria. Ia dibesarkan sebagai seorang

Anglikan. Ia terdaftar di sekolah dasar di Oto-Awori di Jalan Badagry, Negara Bagian Lagos, pada tahun 1914. Ia bersekolah hingga kelas empat, sebelum menjadi magang pandai besi dan belajar selama dua tahun, sebelum menjadi operator mesin penggilas jalan di bawah PWD (Departemen Pekerjaan Umum), yang saat itu berada di bawah kendali Inggris Raya, belajar menjadi pengemudi mesin penggilas jalan. Setelah 15 hari belajar mengemudikan mesin penggilas jalan, ia mampu mengemudikannya tanpa bantuan. Setelah sembilan bulan, ia menjadi ahli di kelasnya. Mesin penggilas jalan pertama kali diberikan kepadanya pada tanggal 1 April 1928 untuk bekerja di jalan Osogbo – Ilesha. Pada tanggal 14 Juni 1928, ia dipindahkan ke jalan Akure – Ilesha. Babalola dibaptis di laguna Lagos pada bulan Desember 1929.

Pelayanan dan penyembuhan

Pada tahun 1931, Faith Tabernacle berafiliasi dengan Gereja Apostolik yang bermarkas di Inggris Raya (dan bukan Gereja Apostolik Britania, seperti yang secara keliru disebut oleh beberapa penulis). Kemudian, setelah terjadi perpecahan di Gereja Apostolik sekitar tahun 1940, Babalola bersama sekelompok orang yang dipimpin oleh Pendeta JB Akinyele dan DO Odubanjo membentuk gereja independen baru, Gereja Apostolik Kristus (CAC), di mana ia melanjutkan kegiatan penyembuhan dan kebangkitan rohaninya hingga kematiannya. CAC menganggap Babalola sebagai rasul, sementara dalam arti sebenarnya melalui penahbisan gereja yang sesungguhnya, ia tidak pernah ditahbiskan ke jabatan tersebut secara historis. Sebuah pusat retret CAC dibangun di Ipo Arakeji, Negara Bagian Osun, tempat Babalola pertama kali dipanggil pada tahun 1928. Namun, Babalola bukanlah satu-satunya pendiri CAC seperti yang banyak diklaim saat ini, tetapi salah satu dari tiga Bapak Pendiri CAC.

Gereja Apostolik Kristus tidak mati bersamaan dengan wafatnya Rasul Joseph Ayo Babalola pada tahun 1959. Bahkan, gereja ini telah berkembang pesat selama bertahun-tahun, dengan banyak gereja di bawah nama Gereja Apostolik Kristus, tetapi setiap gereja memiliki nama cabang yang spesifik. Universitas Joseph Ayo Babalola (JABU), sebuah universitas swasta Nigeria yang terletak di Ipo Arakeji dan Ikeji-Arakeji, dua komunitas tetangga di Negara Bagian Osun, yang didirikan oleh Gereja Apostolik Kristus (CAC) Sedunia, dinamai menurut namanya, dan terletak di tempat di mana ia mengatakan bahwa ia dipanggil oleh Tuhan pada tahun 1928.
https://en.wikipedia.org/wiki/Joseph_Ayo_Babalola

Dalam kasus penginjil dan pembawa kebangunan rohani besar Afrika, Rasul Joseph Ayodele Babalola, aktivitas mukjizat Allah tampak jelas. Jika Babalola adalah seorang misionaris kulit putih, orang-orang kulit hitam, bahkan orang Afrika, mungkin akan menganggap kuasa Roh Kudus sebagai hak eksklusif orang kulit putih. Puji syukur kepada Allah karena menganugerahkan kepada seorang pria kulit hitam yang sejati kuasa Roh Kudus yang luar biasa sehingga ia mampu menghancurkan benteng aktivitas iblis.

KELAHIRAN, PENDIDIKAN, DAN KARIR KERJA

Joseph Ayo Babalola lahir di Odo-Owa (Negara Bagian Kwara) pada tanggal 25 April 1904. Ayahnya adalah mendiang Pa David Rotimi, Baba Ijo (Presiden Awam) pertama Gereja Anglikan St. Peter di Odo-Owa, yang sekarang berada di Negara Bagian Kwara. Ibunya adalah Madam Marta Talabi.

Anak bernama Ayo adalah anugerah Tuhan bagi orang tua yang saleh ini. Sang ayah adalah seorang Kristen yang taat yang memperkenalkan agama Kristen ke Odo-Owa dan beberapa desa sekitarnya. Kelahiran Ayo Babalola sangat luar biasa. Menurut sumber yang dapat dipercaya, sesuatu yang tidak biasa terjadi pada hari kelahiran hamba Tuhan itu, terdengar suara dari atas seperti guntur dan mengguncang awan.

Sejak kecil, ia telah menunjukkan tanda-tanda sebagai hamba Tuhan yang istimewa. Penyelidikan mengungkapkan bahwa sejak kecil ia sering mengucapkan hal-hal yang melampaui kebijaksanaan dan pengetahuan teman-temannya. Ia adalah seorang pemberi yang murah hati kepada teman-teman masa kecilnya.

Pada tanggal 18 Januari 1918, Babalola menemani sepupu pertamanya, Bapak MO Rotimi, ke Lagos. Sepupunya adalah seorang Katekis di bawah naungan Church Missionary Society (CMS) di Ifo, dekat Lagos. Di sana, Babalola memulai pendidikan dasar sebelum kemudian dipindahkan ke Sekolah Metodis, Ago Ijaye di Ebute Meta, Lagos. Babalola mengalami kemunduran dalam kehadiran sekolah dan sesi akademik karena seringnya perpindahan mentornya dari satu lokasi ke lokasi lain. Ia kemudian melanjutkan ke Sekolah Anglikan All Saints, Oshogbo, di mana ia berhenti bersekolah di Nigeria Reader IV (Kelas IV).

Kegiatan non-akademik pertama Babalola adalah pelatihan sebagai apoteker di Rumah Sakit Afrika Oshogbo. Kemudian, ia mempelajari seni pandai besi dan mekanik. Setelah itu, Babalola mulai belajar mengemudikan alat berat di bawah Departemen Pekerjaan Umum (PWD). Ia mampu menunjukkan kemampuannya selama pelatihan, dan setelah itu ia ditempatkan di Ilesha untuk pemeliharaan jalan raya federal Ilesha-Akure. Ia ditempatkan pada skala gaji empat pound atau sekitar delapan naira per bulan. Ia memiliki lebih dari enam puluh pekerja di bawahnya dan seluruh proyek berada di bawah pengawasan seorang pria kulit putih bernama Bapak Fergusson.

PANGGILAN BABALOLA UNTUK MELAYANI PELAYANAN

Saat Babalola sedang bekerja dengan traktor dari Igbara-Oke ke Owena dan sebelum mencapai kota Ikeji Arakeji, ia sampai di sebuah tempat bernama Sungai Ariran, di sana traktornya mogok . Babalola mencoba segala cara untuk membuat traktor itu berfungsi, tetapi semuanya sia-sia. Ia memanggil para ahli lain termasuk atasannya, Fergusson, namun mereka pun tidak dapat memperbaikinya. Tidak ada kerusakan mekanis yang terlihat pada traktor tersebut, fakta ini membuat Babalola bingung dan gelisah.

Sekitar tengah hari pada tanggal 9 Oktober 1928, Babalola mendengar suara yang terdengar jelas memanggil Joseph! Joseph!! Joseph!!! Jika kau tidak berhenti dari pekerjaan ini, kau akan mati tahun ini. Babalola tidak terlalu memperhatikan suara yang hanya dia yang bisa mendengarnya. Pesan yang sama disampaikan kepadanya dengan cara yang serupa pada waktu yang sama persis di hari kedua, namun Babalola tetap tidak terlalu memperhatikannya.

Pada hari ketiga, 11 Oktober 1928, suara yang terdengar kembali menggema bahwa mesin penggilas jalan tidak akan pernah dioperasikan kecuali Babalola mengajukan pengunduran diri. Klausul inilah yang membuat Babalola serius dan marah. Ia kemudian bertanya, "Siapa kau memanggilku dan pekerjaan apa yang kau ingin aku lakukan?" Jawaban yang didapatnya adalah, "Jika kau mengundurkan diri dan meninggalkan pekerjaan ini, aku akan menunjukkan padamu apa yang harus kau lakukan."

Babalola bertanya kepada orang-orang yang bersamanya apakah mereka mendengar suara yang berbicara kepadanya,

dan mereka menjawab tidak, bahwa mereka hanya mendengar jawaban yang diberikan kepadanya atas suara tersebut.
Ia meninggalkan tempat kejadian dan pergi ke kediamannya di Ipetu-Ijesa, di mana suara itu kembali mengarahkannya untuk memulai puasa empat hari tanpa makan agar ia tahu siapa yang berbicara kepadanya. Pada hari keempat, saat ia masih berpuasa, suara itu memintanya untuk menambah tiga hari lagi, sehingga menjadi puasa tujuh hari. Pada hari ketujuh itulah, Babalola menyaksikan kunjungan agung dari Tuhan Yesus Kristus.
Sebelum panggilan itu, Babalola mengalami malam tanpa tidur selama seminggu penuh; selama periode ini ia tidak bisa tidur siang dan malam. Pada periode inilah ia mampu melafalkan seluruh kitab Mazmur dari 1-150, suatu prestasi yang dapat ia lakukan tanpa melihat teks hingga ia diangkat ke surga.

KUNJUNGAN YESUS

Pada malam terakhir puasa tujuh hari itu, Babalola melihat penampakan Tuhan Yesus Kristus secara nyata. Kamarnya dipenuhi cahaya surgawi.
Cahaya buatan dari lampu yang diletakkan di atas meja dimatikan. Semua orang lain yang hadir di ruangan itu sedang tidur selama perjumpaan Babalola dengan Tuhan Yesus Kristus. Saat ia terbangun, ia gemetar karena penglihatan yang dilihatnya. Tuhan Yesus datang kepadanya ditem ditemani oleh seorang malaikat yang kepalanya menyentuh langit. Babalola berdiri dalam keadaan telanjang ketika ditanya apakah ia ingin makan, dan ia menjawab ya. Malaikat yang datang bersama Yesus kemudian memberikan kepadanya setengah dari bongkahan ubi yang sudah dimasak. Ia diberitahu bahwa setengah ubi lainnya digunakan untuk memberi makan seluruh umat manusia.

Pada kunjungan agung ini, Tuhan Yesus memberi Babalola sebuah lonceng doa tangan dengan penjelasan bahwa bunyi lonceng itu akan selalu mengusir roh jahat di sekitarnya. Yesus Kristus yang mengenakan pakaian putih sebelumnya telah menunjukkan bunga berkepala tiga kepada Babalola sebagai tanda ilahi. Babalola juga diberi tongkat besi dengan penafsirannya yang terdapat dalam Mazmur 2:8-9. Ia juga diberi sebotol air untuk penyembuhan segala macam penyakit. Ia diyakinkan bahwa kapan pun dan di mana pun ia berdoa ke dalam air, penyembuhan yang efektif akan terjadi.
Babalola diperintahkan untuk tidak membicarakan dengan orang lain beberapa pesan dan wahyu yang diberikan Tuhan kepadanya. Ia diberitahu bahwa Tuhan menentang penggunaan obat-obatan oleh orang Kristen dan bahwa mereka seharusnya lebih mempercayai-Nya untuk penyembuhan ilahi.
Babalola sangat takut akan kehadiran kekuatan setan di masyarakat dan karenanya menyampaikan masalah ini kepada Tuhan. Tetapi ia mendapat jaminan ilahi bahwa semua kuasa telah diberikan kepada Tuhan Yesus Kristus dan karena itu tidak ada kuasa musuh yang akan mengalahkannya.

TIGA DAUN PALEM

Untuk lebih menunjukkan kuasa Tuhan, Babalola diminta untuk pergi ke tempat di mana ia telah mendirikan tiga pelepah palem sekitar dua belas hari sebelumnya. Ketika sampai di sana, satu pelepah telah benar-benar kering, yang kedua telah layu, sedangkan yang ketiga masih segar seperti saat dipotong. Makna sebenarnya dijelaskan kepadanya sebagai berikut: Mereka yang menolak untuk menerima Injil Yesus Kristus sebagaimana yang disampaikan kepadanya akan seperti pelepah palem pertama yang kering. Mereka yang menerima Injil dengan setengah hati akan seperti pelepah palem yang layu, sedangkan mereka yang menerima

Injil dengan sepenuh hati akan seperti pelepah palem yang segar.

MASUK PERTAMA KE ODOOWA SETELAH PANGGILAN

Setelah kunjungan agung Tuhan Yesus Kristus, Babalola diperintahkan oleh Tuhan untuk memulai puasa selama sembilan belas hari sebagai persiapan untuk pergi ke Odo-Owa. Semua yang harus dilakukannya dijelaskan sepenuhnya kepadanya. Maka Babalola melakukan perjalanan pertamanya ke Odo-Owa, kota kelahirannya, sambil masih berpuasa pada akhir Oktober 1928. Pada hari pasar ia memasuki kota, seperti yang diperintahkan oleh Tuhan, ia telanjang sepenuhnya, ia mengenakan daun pohon palem dan melukis tubuhnya dengan arang. Kebanyakan orang menganggapnya sebagai orang gila.

Ia mulai memberitakan pesan Tuhan kepada orang-orang, menyeru mereka untuk bertobat dari jalan-jalan jahat mereka dan berpaling kepada Tuhan, jika tidak mereka akan dipukuli oleh binatang buas sebelum tiga puluh lima hari. Bukannya mengindahkan peringatannya tentang bahaya yang akan datang, orang-orang di kota asalnya malah menganiayanya.
Akibatnya, Babalola dibawa ke hadapan Emir Ilorin yang kemudian meneruskan kasusnya ke Pejabat Distrik yang akhirnya menahannya selama dua minggu sebelum memutuskan kasusnya. Namun, Pejabat Distrik yang merupakan warga negara asing tersebut membebaskan dan menyatakan Babalola tidak bersalah karena ia tidak melihat bukti apa pun untuk membuktikan tuduhan mengganggu ketertiban umum yang ditujukan kepadanya.

Sementara itu, penduduk Odo-Owa telah dipersenjatai lengkap dan siap membela diri melawan binatang buas yang telah dinubuatkan oleh Babalola. Namun, yang mengejutkan mereka, beberapa hari setelah ia keluar dari rumah sakit dan sekitar waktu yang telah ia sebutkan, "binatang buas" yang muncul adalah penyakit cacar yang mengerikan. Hanya mereka yang didoakan Babalola yang selamat, semua yang lain meninggal karena penyakit tersebut. Namun, sebagian besar orang tidak siap menerima pesannya. Mereka memutuskan untuk membunuhnya dengan menggunakan jasa seorang dukun yang ampuh yang berjanji akan melenyapkannya dalam tujuh hari. Dalam periode ini, Babalola mengatakan bahwa ia biasa melihat makhluk-makhluk jahat mengikutinya, tetapi suatu saat malaikat Tuhan tiba-tiba muncul dan menghancurkan kekuatan jahat tersebut. Ketika pada hari ketujuh berakhir, Babalola masih hidup, dukun itu dipanggil kembali ke istana untuk menjelaskan mengapa ia tidak dapat membunuhnya seperti yang dijanjikan sebelumnya. Dukun itu hanya mengatakan kepada orang-orang untuk membiarkan Babalola dan bahwa hanya Tuhan yang dapat membunuhnya.

Pada saat itu, Babalola biasa mengadakan pertemuan doanya di Gereja Anglikan tempat ayahnya menjabat sebagai Presiden awam. Banyak orang menghadiri pertemuan tersebut karena tanda-tanda dan mukjizat yang biasanya mereka saksikan di sana. Di sinilah lagi, penganiayaan muncul terhadapnya. Petisi telah sampai kepada Uskup Smith yang bertanggung jawab atas Keuskupan tempat Archdeaconry Ilorin berada, bahwa gereja di Ilofa sedang dikuasai oleh orang-orang yang memiliki penglihatan gaib, orang-orang yang berbicara dalam bahasa roh, dan orang-orang yang berdoa dengan penuh semangat. Kuasa Pentakosta dengan tanda-tanda dan mukjizat yang seharusnya dapat membawa berkat rohani dan materiil bagi gereja setempat sama sekali tidak dianjurkan. Babalola dan para pengikutnya diduga diperintahkan oleh Uskup Smith untuk meninggalkan gereja. Babalola mulai menyelenggarakan doa rutinnya di sebuah apartemen pribadi milik Bapak Oluyemi, Pembaca Awam Gereja. Dari sinilah Tuhan biasa menyatakan kuasa-Nya melalui Babalola di Ilofa dan sekitarnya.

Perantara terhormat yang digunakan Tuhan untuk menghubungkan Babalola dengan dunia luar adalah seorang penduduk asli Ilofa, Penatua David Ajibola, yang merupakan anggota kelompok Faith Tabernacle dan saat itu bermarkas di Ibadan. Ia mengundang Babalola ke Ibadan dan setelah itu Babalola menghubungi Pendeta DO Odubanjo dari Markas Besar Misi kelompok tersebut di Lagos.

Pada bulan November 1929, Babalola mengadakan pertemuan dengan saudara-saudara seiman di Lagos. Ia menjelaskan secara rinci panggilan pelayanannya kepada pimpinan Jemaat Faith Tabernacle dan mereka berdua sepakat mengenai doktrin-doktrin Alkitab yang benar. Akibatnya, Babalola dibaptis di Lagos oleh Pendeta JB l. Shadare (alias Esinsinade). Setelah pembaptisan air, ia berangkat ke Odo-Owa bersama Penatua (kemudian Pendeta JA Medaiyese).

Sekembalinya ke kampung halaman, Pendeta KP Titus, seorang pendeta dari SIM (Gereja ECWA), mengundangnya untuk mengikuti program kebangunan rohani di daerah Yagba, negara bagian Kogi saat ini. Tuhan menggunakan Babalola dengan sangat hebat. Ia tidak memanfaatkan keberhasilan yang diraih dalam program kebangunan rohani tersebut untuk mendirikan gereja baru miliknya sendiri. Ia lebih memilih untuk memberi tahu para pengikutnya tentang keanggotaannya di Jemaat Faith Tabernacle. Karena ia masih baru di jemaat tersebut, ia memutuskan untuk mengunjungi pengurus di Lagos dengan tujuan untuk lebih memahami doktrin, prinsip, dan prosedur administratif gereja. Ia menulis surat yang menyatakan minatnya untuk mengunjungi Lagos. Sebagai balasan atas surat tersebut, ia diminta untuk menunggu pengurus yang bersangkutan di Ibadan.

Pengurus Faith Tabernacle ingin menggunakan kesempatan pertemuan penting di Ilesha untuk memperkenalkan Babalola kepada jemaat di Ilesha, dan juga mengizinkannya pergi ke Markas Besar gereja di Ijebu-Ode setelah itu untuk mempelajari lebih lanjut tentang doktrin gereja. Jadi, sebagai jawaban atas permintaannya, ia diminta untuk menunggu delegasi Lagos di kediaman almarhum Pendeta IB Akinyele (yang kemudian menjadi Olubadan Ibadan dan Presiden pertama Gereja Apostolik Kristus).

Pertemuan Ilesha pada dasarnya dimaksudkan sebagai pertemuan perdamaian rekonsiliasi. Terjadi kesalahpahaman antara almarhum Pendeta JA Babatope yang memimpin Markas Besar Wilayah Ilesha dari Jemaat Faith Tabernacle dan isu poligami, di antara isu-isu lainnya. Untuk segera menyelesaikan perselisihan tersebut, pertemuan Ilesha pun diselenggarakan. Namun, ternyata pertemuan itu menjadi peristiwa terbesar yang pernah disaksikan dalam sejarah Kekristenan di Nigeria.

KEBANGKITAN BESAR TAHUN 1930

Pertemuan perdamaian dijadwalkan akan diadakan pada tanggal 9 dan 10 Juli 1930 dengan dua puluh empat agenda. Agenda utama adalah masalah poligami bagi umat Kristen, sementara agenda kedua membahas penggunaan obat-obatan untuk penyembuhan oleh umat Kristen. Para delegasi sedang membahas agenda kedua ketika Tuhan yang hidup memutuskan untuk menjadikan hari itu sebagai Hari Pentakosta di Nigeria. Seorang anak yang meninggal dibawa ke halaman gereja, yang mengalihkan perhatian para peserta pertemuan perdamaian.

Anak yang meninggal bernama Obi Ogundipe baru berusia 10 tahun.
Ibunya terpaksa menggunakan jasa penyembah berhala untuk menghidupkan kembali putranya, tetapi semuanya sia-sia. Bertekad untuk tidak berpisah dengan putra satu-satunya, dan tentu saja, agar kemuliaan Tuhan sepenuhnya terwujud, ia bersikeras membawa putranya yang telah meninggal ke gereja Oke-Oye setidaknya untuk melihat apa yang dapat dilakukan oleh apa yang disebut "agama orang kulit putih". Ketika jenazah akhirnya dibawa ke aula gereja, terjadi keributan di mana-mana. Babalola yang berada di ruangan terpisah digerakkan oleh Roh Tuhan untuk mengatasi situasi tersebut. Dan dengan dukungan dan dorongan dari para hamba Tuhan yang hadir, ia bertindak. Nabi Babalola memerintahkan agar jenazah anak laki-laki itu diletakkan di bawah mimbar tempat ia akan berdiri untuk memimpin kebaktian kebangunan rohani hari itu. Di akhir kebaktian, Babalola turun dari mimbar dan langsung menghampiri jenazah. Ia memanggil nama anak laki-laki itu tiga kali, menuangkan air dengan lonceng tangan ke atasnya dan tiba-tiba dan secara ajaib, anak laki-laki yang telah meninggal itu menjawab namanya sendiri—ia telah hidup kembali!

Kejadian ajaib membangkitkan anak itu mendorong ibu anak tersebut untuk meninggalkan penyembahan berhala, dan membawa semua berhalanya untuk dibakar. Banyak orang mulai menyebarkan berita bahwa seorang nabi yang hebat telah datang ke Ilesha. Informasi tersebut membuat banyak orang bergegas ke tempat kejadian di Jalan Oke-Oye di Ilesha. Peristiwa yang terjadi selanjutnya tidak memungkinkan para delegasi untuk melanjutkan diskusi mereka. Fenomena Pentakosta mengakhiri pertemuan tersebut secara tiba-tiba.

Kerumunan semakin bertambah dan mereka harus dipindahkan ke area yang lebih luas dan rimbun. Orang-orang menggunakan kaki mereka untuk menyapu semua semak di sekitar lapangan kebaktian terbuka. Tanda-tanda dan mukjizat menjadi hal yang biasa terjadi. Penyembuhan ajaib tercatat melalui penggunaan lonceng doa dan meminum air suci (Omi Ayo) yang diarahkan Tuhan kepada Babalola untuk tujuan tersebut.

Kuasa dari atas turun kepada Nabi. Orang buta dibuat dapat melihat, orang lumpuh mulai berjalan, orang tuli dibuat dapat mendengar, orang bisu dibuat dapat berbicara. Orang gila disembuhkan. Penderita kusta disembuhkan . Wanita yang telah mandul selama bertahun-tahun menjadi subur.

Kehamilan yang sudah lewat tanggal perkiraan lahir berjalan dengan lancar. Para pezina, pemabuk, dan perokok datang untuk bertobat. Banyak orang jahat yang datang untuk mencobai kuasa Allah di Babalola ditangkap oleh Roh Allah, dan mereka mengakui perbuatan-perbuatan memalukan mereka, menyerahkan jimat-jimat mereka untuk dibakar di tempat kebangunan rohani.

Sebagian besar pasien di berbagai rumah sakit dan rumah penyembuhan dibawa ke tempat kebaktian kebangunan rohani dan mereka menerima kesembuhan. Ribuan orang datang ke tempat kebaktian kebangunan rohani dengan berjalan kaki dari tempat-tempat yang jauh. Kuasa Tuhan sangat nyata, embun turun di atas orang-orang bahkan ketika matahari bersinar di siang hari.

Tuhan mengungkapkan kepada Babalola perlunya membakar sebuah pohon besar di depan penguasa tradisional Ilesha-Owa di Ijeshaland. Pohon itu dikhawatirkan menjadi tempat pertemuan para penyihir dan dukun. Ada beberapa pendeta juju yang biasanya mempersembahkan kurban kepada setan yang berdiam di dalam pohon besar itu. Ketika Babalola membakar pohon itu, banyak orang mengira itu akan menjadi akhir hidupnya. Tetapi tidak ada hal buruk yang terjadi pada nabi dan para pengikutnya. Pelayanannya terus berkembang semakin kuat untuk kemuliaan Tuhan. Kejadian tunggal itu membuat Raja, para kepala suku, dan tokoh-tokoh penting di kota itu semakin menghormati Nabi Babalola.

Gereja-gereja yang ada di Ilesha dan sekitarnya hampir kosong karena para jemaat memadati tempat kebaktian kebangunan rohani untuk menerima pengajaran dan berkat rohani dari hamba Tuhan. Sebagian besar dari mereka tiba-tiba menyadari pentingnya Alkitab; mereka yang memiliki Alkitab mulai mencari dan membersihkannya untuk digunakan, sementara mereka yang belum pernah memilikinya mulai memiliki salinan sendiri. Namun, kebaktian kebangunan rohani tersebut menimbulkan kepahitan dari organisasi-organisasi keagamaan seperti Anglikan, Metodis, Katolik Roma, dan Baptis. Mereka tidak senang kehilangan anggota mereka sebagai akibat dari kebaktian kebangunan rohani yang dahsyat tersebut.

Sebagian besar anggota gereja ortodoks yang meninggalkan gereja dianiaya di bidang pajak penghasilan, penolakan pendaftaran anak-anak mereka di sekolah dasar, dan pemutusan hubungan kerja. Kabar baiknya, tentu saja, adalah bahwa orang-orang yang bertobat itu mendapatkan kasih karunia Tuhan dalam segala hal yang mereka kerjakan.

PENYEBARAN KEBANGKITAN ROHANI KE TEMPAT LAIN

Banyak orang yang datang ke tempat kebaktian kebangunan rohani itu kembali ke kota masing-masing sambil memberitakan kabar baik. Akibatnya, mereka telah mempersiapkan diri untuk menjadi tuan rumah jika nabi mengunjungi kota mereka sendiri. Namun Nabi Babalola tidak begitu saja memutuskan untuk pergi ke mana pun kecuali Roh Allah mengarahkannya. Maka setelah program kebangunan rohani Ilesha, ia dipimpin untuk langsung pergi ke Odo-Owa, kota kelahirannya, pada tanggal 1 September 1930. Ia menyerahkan pelayanan kebangunan rohani Ilesha kepada Nabi Daniel Orekoya. Begitu orang-orang mengetahui niatnya untuk pergi ke Odo-Owa, sebagian besar dari mereka mengikutinya. Sayangnya, penduduk Odo-Owa pada saat itu belum siap untuk menerima kabar baik. Tak lama kemudian, Babalola dipimpin ke tempat terpencil sekitar 60 kilometer dari kota utama. Di sana ia tidak melihat siapa pun, ia sendirian bersama Allah yang hidup menerima petunjuk dari bala tentara surga. Setelah itu ia diarahkan untuk kembali ke kota utama karena para pengunjung dari tempat lain telah berkumpul untuk menemuinya. Setelah itu, ia pergi ke puncak bukit yang sekarang dikenal sebagai Gunung Doa Rasul Ayo Babalola di Odo-Owa.

Dari Odo-Owa, Babalola diarahkan untuk pergi ke Offa di wilayah yang sekarang berada di Negara Bagian Kwara. Umat Muslim di kota itu meminta bantuan Pejabat Distrik untuk mengeluarkannya dari kota karena mereka khawatir kehadirannya dapat berdampak negatif terhadap agama mereka.

Dari Offa, Nabi Babalola pergi ke Usi di wilayah yang sekarang dikenal sebagai Negara Bagian Ekiti. Beliau disambut secara istimewa oleh orang-orang yang sebelumnya telah menyaksikan kebangkitan Ilesha yang agung. Setibanya di Usi, beliau dibawa ke semak-semak tempat sebuah pohon yang sebelumnya telah ditebang, kini tumbuh tegak kembali. Sesampainya di tempat itu, Babalola dan para pengikutnya berdoa dengan sungguh-sungguh dan kemudian menebang pohon itu agar tidak pernah tumbuh lagi.

Dari Usi, beliau pergi ke Efon-Alaye yang juga berada di Negara Bagian Ekiti saat ini. Penguasa tradisional kota itu, Alaaye, telah meminta Nabi Babalola dan para pengikutnya untuk tidak memasuki rumah lain selain istananya untuk menginap. Menanggapi permintaan ini, hamba Tuhan itu mengirim pesan kepada raja bahwa rombongannya banyak dan jika diizinkan datang ke istana, mereka dapat mengacaukan tempat itu. Tetapi Alaaye bersikeras, ia menjawab lagi bahwa bahkan jika para pengikutnya mengotori istana, ia tidak keberatan menggunakan tangannya sendiri untuk membersihkannya. Hal ini membuat Nabi langsung datang ke istana dan menempati apartemen di lantai atas yang telah dipesan untuknya dan para pengikutnya.

Ketika kebangkitan rohani dimulai, menjadi sangat penting untuk mencari lahan terbuka yang luas untuk kebangkitan rohani. Untuk itu, Raja memberi Nabi kebebasan penuh untuk memilih lokasi mana pun yang dianggapnya cocok di seluruh kota. Dan ketika Nabi memilih tempat yang disebut "Igbo Airo" (hutan terpencil), raja dan penduduk kota menjadi takut. Mereka membujuk Nabi untuk tidak memilih lokasi itu karena sifatnya yang misterius. Dikhawatirkan tidak ada yang akan membersihkan semak belukar dan selamat dari proses tersebut. Tetapi untuk kemuliaan Tuhan, Babalola dan para pengikutnya membersihkan semak belukar dan mengubah tempat itu menjadi lahan kebangkitan rohani dan doa yang terbuka. Tidak ada hal negatif yang terjadi pada mereka sebagai akibat dari pembersihan semak belukar tersebut.

Nabi Babalola kemudian memerintahkan semua orang yang memiliki berhala dan jimat untuk menyerahkannya untuk dibakar. Dan tanggapannya sangat menggembirakan hingga membuat Raja ketakutan, tetapi ketika nabi mengatakan kepadanya untuk tidak khawatir, Alaaye sendiri mengeluarkan semua berhala dan jimat di istana untuk dimusnahkan sepenuhnya.

Tanda-tanda dan keajaiban segera menyusul. Banyak mukjizat terjadi dan ini menarik banyak orang ke Efon-Alaaye. Penduduk kota memeluk agama Kristen dalam skala besar. Raja dibaptis dan namanya diubah menjadi Solomon Aladejare Agunsoye—Raja yang meninggalkan jimat tradisional untuk menerima air yang memberi kehidupan. Raja tidak berhenti sampai di situ, ia juga menyebarkan pesan keselamatan kepada temannya, Raja Aramoko, yang juga dibaptis dengan nama Hezekiah Adeoye.

Dari Efon-Alaaye, Nabi Babalola mampu menyebarkan Injil Yesus Kristus ke seluruh wilayah Ekiti, Akoko, dan Owo secara efektif.

PENJARA RASUL BABALOLA

Selama masa Paskah tahun 1932, Nabi Babalola berada di kampung halamannya, Odo-Owa, untuk retret doa. Di sanalah surat perintah penangkapan dikeluarkan terhadapnya. Tuduhan yang sepenuhnya salah diajukan terhadapnya oleh dua wanita di Otuo (sekarang di Negara Bagian Edo) yang menyatakan bahwa Babalola memaksa mereka untuk meminum ramuan lokal beracun yang digunakan untuk mendeteksi kerasukan sihir dan yang telah dilarang oleh pemerintah. Meskipun dengan tulus menyangkal keterlibatannya dalam praktik tersebut dan bahwa ia tidak pernah bertemu dengan salah satu wanita tersebut, Babalola dijebloskan ke penjara selama enam bulan di Penjara Benin. Penting untuk ditekankan di sini bahwa Tuhan telah memperingatkan Babalola untuk siap pergi ke tempat yang tidak nyaman untuk menyelamatkan seseorang yang layak. Dan ketika Babalola sampai di penjara, Tuhan mengungkapkan orang tersebut, seorang pria Yunani bernama Cyprian E. Ufon. Kesehatannya telah memburuk, tetapi ketika Babalola mendoakannya, ia langsung sembuh.

Halaman penjara tidak dapat membatasi kegiatan misionaris Babalola karena tempat penahanan tersebut menjadi pusat kebangkitan dan penyembuhan lainnya. Para sipir penjara sangat diuntungkan oleh kehadirannya karena mereka juga membawa kerabat mereka untuk berdoa. Ketika Pastor George Perfect dan Idris Vanghan datang ke Nigeria dari Eropa untuk kegiatan misionaris, mereka dipandu oleh Pastor JA Babatope untuk menemui Nabi Babalola di halaman penjara.

Babalola sebelumnya telah setuju untuk mengikuti Bapak Ufon ke kampung halamannya, Greek di Calabar, setelah keluar dari penjara. Namun, Babalola harus pergi ke Efon-Alaaye ketika ia keluar dari penjara. Dari Efon-lah ia dan Bapak Ufon pergi ke Calabar untuk program kebangunan rohani. Tidak diragukan lagi, Tuhan menggunakan masa pemenjaraannya untuk membuka kegiatan misionarisnya ke bagian timur Nigeria. Patut disebutkan di sini bahwa Babalola menerima sambutan heroik dari penjara oleh penduduk Efon-Alaaye dan Tuhan yang hidup membuka langit untuk menurunkan hujan yang telah lama tidak turun sebelumnya.

Ketika Nabi Babalola kembali dari perjalanan misinya ke Calabar, ia sedikit menetap. Pada tahun 1935, ia menikah dengan Dorcas dan pernikahan tersebut dikaruniai tiga anak perempuan, yaitu Apeke, Wura, dan Abiye.

Pada tahun 1936, Babalola pergi ke Ghana (dahulu bernama Gold Coast) bersama dengan Penginjil Timothy Bababusuyi.

Mereka yang telah menyaksikan kebangkitan rohani yang dahsyat di Ilesha dapat mengenalinya dan dengan cepat bergabung dalam memobilisasi orang-orang untuk kampanye penginjilan yang sukses sebelum kembali ke Nigeria.

CIRI-CIRI KEPEMIMPINAN

i. Kerendahan Hati: Rasul Ayo Babalola adalah seorang hamba Tuhan yang rendah hati. Ia tidak pernah membiarkan dirinya dikuasai oleh kesombongan. Bahkan pada tahap awal panggilannya, ia tidak berusaha membentuk organisasi keagamaan sendiri. Ia menghormati semua orang, terutama orang tua. Ia tidak pernah mengejek siapa pun yang ditemuinya di depan umum.

ii. Keramahtamahan: Sebagai seorang pemimpin, Nabi Babalola mempraktikkan dan mengajarkan kepada para pengikutnya tentang perlunya menunjukkan belas kasihan dan kebaikan kepada sesama. Apa pun yang dimilikinya, ia bagikan kepada orang-orang yang berinteraksi dengannya. Ia sangat dermawan kepada kaum miskin, para janda, dan orang-orang yang membutuhkan di masyarakat. Ia mensponsori upacara pernikahan banyak pria di bawah pelayanannya. Sebagaimana ia menerima hadiah dari berbagai lapisan masyarakat, ia juga membagikannya dengan murah hati. Ia tidak memiliki tabungan pribadi, pakaiannya tidak memiliki saku. Pada saat hamba Tuhan yang agung ini meninggal, satu-satunya uang yang ditemukan di tas tangannya (dua puluh tiga pound (sekitar empat puluh enam naira)) adalah satu-satunya uang yang dimilikinya. Ia tidak memiliki tanah. Semua yang dimilikinya digunakan untuk memberkati.

orang-orang di sekitarnya. Satu-satunya rumah yang dimilikinya dibangun untuknya oleh penduduk Efon-Alaaye.

iii. Doa: Rasul Babalola menunjukkan bahwa doa adalah kunci utama yang mampu membuka harta karun Allah. Ia berdoa berjam-jam tanpa menunjukkan tanda-tanda kelelahan. Bahkan pada malam sebelum perjalanan bersejarah ke Ilesha untuk kebangunan rohani besar, Pendeta I.

B. Akinyele (Presiden pertama CAC dan mantan Olubadan Ibadan) yang menjamu Babalola malam itu menceritakan bagaimana Rasul itu berdoa dengan penuh kuasa, suaranya menggema lebih dari ribuan guntur. Ia mengajak para pengikut dan rekan-rekannya untuk berdoa tanpa henti. Nabi Babalola akan menyepi ke gunung-gunung tertentu untuk berdoa. Di antara bukit-bukit tempat berdoa yang sering ia gunakan adalah Ido Ajinare, Erio, dan Efon Alaaye di negara bagian Ekiti saat ini.

Dalam salah satu sesi doa Rasul di bukit Ido-Ajinare, Ido-Ile (Negara Bagian Ekiti), seekor ular piton besar merayap mendekatinya dengan maksud untuk melukai hamba Tuhan itu, tetapi panas di tubuh nabi tersebut menjadi racun bagi ular berbahaya itu, yang kemudian meninggalkannya hingga mati dan mengering seketika.

iv. Puasa: Puasa merupakan senjata ampuh dalam pelayanan Rasul Ayo Babalola. Bahkan pada saat itu

Pada awal pelayanan publiknya, ia sedang berpuasa ketika tiba di kota kelahirannya, Odo-Owa.

Dalam banyak kesempatan, ia melakukan puasa selama empat puluh hari, selain puasa 40 hari masa Prapaskah yang hampir ia jadikan institusi. Hari Rabu dan Jumat dipilih sebagai hari puasa untuk memperbarui kekuatan oleh penginjil besar itu.

v. Studi Alkitab: Aset terbesar Ayo Babalola terletak pada firman Tuhan. Ia tidak pernah membiarkan jadwalnya yang sibuk mengalihkan perhatiannya dari studi Alkitab yang sungguh-sungguh. Ia dapat melafalkan kitab Mazmur dari 1 hingga 150 tanpa melihat teks.

vi. Kemitraan dengan Roh Kudus: Rasul Ayo Babalola menganggap Roh Kudus sebagai mitra seniornya. Ia tidak pernah mengambil keputusan dalam pelayanan tanpa terlebih dahulu meminta bimbingan rohani.

TERJEMAHANNYA MENUJU KEHEBATAN YANG LEBIH BESAR

Kepergian Rasul Babalola ke alam baka mengejutkan banyak orang. Ia tidak sakit, sehat walafiat dan aktif melayani dalam pelayanan publiknya. Di masa lalu, ada beberapa kesempatan ketika Tuhan mengungkapkan rencana-Nya untuk mengambilnya karena perilaku buruk beberapa orang di sekitarnya. Namun, setelah serangkaian doa memohon pengampunan, Tuhan kembali menyelamatkan nyawanya. Tetapi kali ini, tidak ada petunjuk seperti itu dan karena itu datang seperti petir di siang bolong.

Pada pertengahan Juli 1959, Rasul Babalola meninggalkan Odo-Owa menuju Sapele dan Warri dengan tujuan menyelesaikan beberapa perselisihan di dalam jemaat gereja setempat dan juga melakukan kampanye penginjilan di wilayah yang sekarang menjadi Negara Bagian Delta. Setelah itu, ia melanjutkan perjalanan ke Ibadan pada tanggal 24 Juli 1959 untuk menghadiri pertemuan Komite Eksekutif Pusat Gereja di Olugbode, Ibadan.

Rasul Babalola seperti biasa berdoa untuk semua lapisan masyarakat. Sebelum meninggalkan Ibadan menuju Ede, adik perempuannya, almarhumah Ibu Orangun, bertanya kepadanya kapan ia akan mengunjungi Ibadan lagi, dan Nabi menjawabnya seolah bercanda bahwa ia tidak akan pernah datang ke Ibadan lagi.

Dari Ibadan, Rasul Babalola singgah di Sekona dan kemudian melanjutkan perjalanan ke Ede pada tanggal 25

Juli 1959. Beliau menghabiskan Sabtu malam sebagai tamu almarhum Nabi Akande (Baba Abiye).
Pada tanggal 26 Juli 1959, Nabi Babalola menghadiri kebaktian Minggu di CAC Oke Talafia,

Di Ede, beliau mengucapkan doa pertama dengan Pendeta Medayese, tangan kanan setianya, yang menyampaikan khotbah. Setelah kebaktian Minggu, Nabi Babalola berpidato di hadapan para delegasi dari berbagai distrik gereja yang berkumpul di Ede untuk membahas pusat persalinan gereja. Setelah itu, beliau kembali ke kamar penginapannya. Tuan rumahnya, Pendeta Akande, menyadari bahwa beliau sedang flu, sehingga ia membuatkan teh untuk Nabi Babalola dan memberinya banyak selimut. Sementara itu, Pendeta Babajide, Pendeta Odutola, dan Pendeta Medayese memasuki ruangan untuk mendoakan beliau. Bahkan di tengah doa, Rasul itu sendiri berdoa dengan sungguh-sungguh dan mengucapkan doa syukur, dan ketiga pendeta itu meninggalkannya di kamar.

Tidak lama setelah doa sekitar pukul 17.00 pada hari yang naas tanggal 26 Juli 1959, Rasul Babalola berseru dengan suara menggelegar: dalam nama Bapa, Putra, dan Roh Kudus, dan beliau wafat. Dua murid yang bersamanya di ruangan itu, Michael Osabi dan Samuel Oluwatusin, mengingat bagaimana seluruh ruangan berguncang hebat pada saat kematiannya. Berdasarkan ajarannya yang luar biasa, Nabi Babalola dibawa ke Efon-Alaaye pada hari yang sama. Berita kematiannya yang mendadak menyebar dengan cepat ke seluruh pelosok negeri. Para simpatisan berbondong-bondong datang ke Efon-Alaaye dalam jumlah besar.

Rasul Babalola dimakamkan di samping makam ayahnya di Sekolah Dasar St. Stephen, Efon Alaaye pada tanggal 27 Juli 1959. Meskipun beliau telah meninggal, karya-karyanya terus berbicara dan hidupnya terus menjadi sumber inspirasi bagi banyak orang yang percaya pada kuasa Pentakosta sejak dahulu kala.

Robert W. Schambach

Ia menyampaikan khotbah tentang firman iman yang tanpa kompromi, disertai dengan banyak tanda dan mukjizat. **Robert W. Schambach** adalah seorang penginjil televisi, pendeta, penyembuh iman, dan penulis asal Amerika. Program televisinya, *Power Today* , dapat ditonton di jaringan televisi Kristen DayStar serta melalui internet dalam bentuk podcast streaming.

Kelahiran dan Kehidupan Awal

Robert W. Schambach lahir pada tanggal 3 April 1926 di Harrisburg, Pennsylvania, dari pasangan Harry Ellsworth dan Ann Moyer Schambach.

Sebagai seorang pemuda yang ramah, ia mengalami kelahiran kembali di sudut jalan ketika seorang penginjil (CM Ward) memberikan ajakan pertobatan setelah memberitakan Injil Yesus Kristus kepada kerumunan orang. Robert merasakan panggilan langsung untuk berkhotbah, tetapi memutuskan untuk mengejar mimpi lain terlebih dahulu. Akhirnya ia bergabung dengan Angkatan Laut AS, dan bertugas sebagai tukang las di kapal perusak di Pasifik Selatan dan Asia selama Perang Dunia II. Setelah melihat Tuhan menyelamatkan hidupnya selama banyak pertemuan berbahaya dan menyaksikan pemulangan tawanan perang Amerika, RW sepenuhnya menyerahkan diri kepada Tuhan dan bertekad untuk memberitakan Injil ke mana pun Tuhan mengutusnya, untuk melihat orang lain dibebaskan dari penjara dan perbudakan dosa dan menemukan sukacita sejati kebebasan melalui Kristus.

Kementerian

Sekembalinya dari perang, Schambach mendaftar di sekolah Alkitab, di mana ia bertemu dan menikahi istrinya, Winnie. Ia ditahbiskan oleh CM Ward dan mulai melayani sebagai pendeta di sebuah gereja. Ia menerima pelatihan formalnya di Central Bible Institute di Springfield, Missouri, pada pertengahan tahun 1940-an.

Robert terpengaruh oleh penginjilan tenda yang dipimpin oleh TL Osborn dan kemudian oleh AA Allen. Banyak mukjizat luar biasa terjadi melalui pelayanan orang-orang ini dan RW tahu bahwa Tuhan telah memanggilnya untuk menjadi bagian dari hal ini. Ketika salah satu penginjilan AA Allen berakhir, dia bertanya
RW bergabung dengan timnya. Ini memulai perjalanan selama beberapa tahun di seluruh AS, membantu dalam kegiatan penginjilan, berkhotbah dalam beberapa kebaktian, dan melakukan pekerjaan persiapan. Akhirnya, ia merasa Tuhan memanggilnya untuk memulai pelayanannya sendiri. Ia mendirikan 4 'gereja tenda' di kota-kota besar dan memulai program radionya yang populer, The Voice of Power. Frasa khasnya, “Anda tidak memiliki masalah. Yang

Anda butuhkan hanyalah iman kepada Tuhan" telah membangkitkan iman di banyak orang.

Pelayanan Saudara Schambach kepada mereka yang menderita telah diterima di banyak negara di dunia: di seluruh Eropa, Rusia, India, Asia, Filipina, Afrika, Hindia Barat, Amerika Tengah, dan Amerika Selatan. Ia terus bermitra secara finansial dengan pendirian gereja dan sekolah Alkitab di Rusia dan Tiongkok; dengan panti asuhan di Indonesia dan Haiti; dengan program penjangkauan di kota besar di Mexico City; dan dengan program penjangkauan di perkotaan di New York City.
Ia menyampaikan khotbah iman yang teguh tanpa kompromi, disertai dengan tanda-tanda dan mukjizat.

Kehidupan dan Kematian Keluarga

Schambach menikah dengan Mary Winifred Donald (lahir 3 September 1926, di Philadelphia, Pennsylvania). Ia bertemu dengannya saat Mary masih menjadi mahasiswa di Eastern Bible Institute of the Assemblies of God di Valley Forge, Pennsylvania, pada tahun berikutnya, ketika pada tanggal 4 September 1948 (hanya 1 hari setelah ulang tahun Mary), pasangan itu menikah dan dikaruniai dua putra dan satu putri: Bobby, Bruce, dan Donna.
Donna Schambach adalah seorang pendeta dan penyembuh spiritual di daerah Tyler.
Schambach memiliki enam cucu: Rachel, Bobby III, Mark, Amanda, dan Christi.
Ia menikah dengan istrinya selama 61 tahun sebelum istrinya meninggal karena sebab alami di Tyler, Texas, pada tanggal 20 April 2010, pada usia 83 tahun.
Dua tahun kemudian (17 Januari 2012), Schambach meninggal karena serangan jantung pada usia 86 tahun.
Ia dimakamkan di samping istrinya di Pemakaman Cathedral in the Pines di Tyler, Texas.

https://believersportal.com/biografi-penginjil-rw-schambach/

Charles S. Price

Ia adalah salah satu penginjil penyembuhan terkemuka selama paruh pertama abad kedua puluh. Lahir di Sheffield, Inggris, ia beremigrasi ke Kanada dan kemudian ke Spokane, Washington. Dilahirkan kembali di sebuah Misi Metodis di Spokane, ia memasuki pelayanan penuh waktu di Gereja Metodis.

Lahir: 1887, Inggris, Britania Raya
Meninggal dunia: 8 Maret 1947

"Injil Lengkap"

Charles Sydney Price lahir dari pasangan Mary Hannah Bee dan Charles Henry Price di Inggris pada tahun 1887. Ibunya meninggal ketika ia berusia empat tahun dan ayahnya kemudian menikah lagi dengan seorang wanita yang dicintai dan dihormati oleh Charles. Price bersekolah di sekolah dasar hingga menengah untuk siswa Methodist dari sekitar tahun 1899-1904. Meskipun dikenal sebagai Wesley College, sekolah tersebut hanya menerima siswa hingga usia 18 tahun sebagai persiapan untuk kemungkinan melanjutkan studi ke Universitas London. Bingung dengan apa yang harus dilakukan setelah meninggalkan Wesley, Price bergabung dengan Angkatan Laut Kerajaan pada tahun 1906 sebagai asisten petugas gudang, tetapi diberhentikan dalam beberapa bulan karena masalah lutut. Ia kemudian mengatakan bahwa ia sempat kuliah di Sekolah Hukum Oxford, tetapi Oxford tidak memiliki catatan tentang kehadirannya. Pada tahun 1907, Price berimigrasi ke Kanada untuk mencari pekerjaan dan akhirnya bekerja di kru kereta api. Ia kemudian pindah ke Spokane, Washington dengan harapan dapat menemukan pekerjaan di sana. Ia menghadiri kebaktian di sebuah Misi Methodist Bebas dan bertobat. Ia memutuskan untuk tetap bekerja di misi tersebut dan ditahbiskan sebagai pendeta Methodist pada tahun yang sama. Ia juga bertemu dan menikahi Bessie Rae Osborn. Pasangan ini kemudian memiliki 4 anak kandung dan satu anak perempuan dari Inggris.

Price berada di bawah pengaruh teologi "modernistik" atau liberal. Ajaran-ajaran tersebut mencakup kurangnya kepercayaan pada Alkitab sebagai Firman Tuhan, dan penolakan terhadap mukjizat. Ia meninggalkan gereja

Metodis dan menjadi pendeta Kongregasionalis. Kemudian ia menggambarkan periode hidupnya ini sebagai seseorang yang 'buta secara rohani, menuntun umatnya ke dalam jurang'. Ia melayani sebagai pendeta selama dua belas tahun. Price pindah ke California di mana ia menjadi pendeta Gereja Kongregasional Pertama Lodi. Pada tahun 1921 terjadi kebangunan rohani yang dipimpin oleh Aimee Semple McPherson di San Jose, California. Salah satu anggota gerejanya menceritakan kepadanya tentang pengalamannya menghadiri kebangunan rohani tersebut dan mengalami pengalaman dipenuhi Roh Kudus. Tak lama kemudian, hal ini mulai menyebar ke anggota gerejanya yang lain. Ia pergi ke pertemuan-pertemuan tersebut untuk mengumpulkan bukti guna mengajarkan penentangan terhadap doktrin ini. Sebaliknya, ia justru merasa sangat bersalah atas kekosongan dirinya sendiri. Pada malam ketiga, ia duduk di mimbar bersama pendeta-pendeta lain. Ketika seruan pertobatan datang bagi orang berdosa untuk diselamatkan, Price secara terbuka menanggapinya. Ia dipenuhi sukacita. Ia menghadiri beberapa "pertemuan penantian" di sebuah gereja Baptis dan menerima "pengisian Roh" beberapa malam kemudian, dan mulai berbicara "dalam bahasa-bahasa lain".

Price segera kembali ke gerejanya dan memberikan kesaksiannya. 1000 anggota mulai mengadakan pertemuan pencari kebenaran, berseru kepada Tuhan memohon kehadiran-Nya. Kebangunan rohani pun dimulai. Salah satu hasilnya adalah 1000 anggota gereja memulai kegiatan penginjilan. Price mulai melihat orang-orang disembuhkan dalam pertemuan-pertemuannya. Para pemimpin denominasi mengkritik apa yang terjadi di gerejanya. Price meninggalkan jemaat Kongregasionalis untuk memulai Lodi Bethel Temple. Pada tahun 1922 ia mulai mengadakan pertemuan penginjilan keliling di Oregon dan British Columbia. Terjadi beberapa penyembuhan yang sangat ajaib di Victoria, British Columbia. Pada tahun 1923 Price berkhotbah kepada lebih dari 250.000 orang dalam periode tiga minggu dan banyak yang disembuhkan. Pada tahun 1923 ia mengadakan pertemuan penyembuhan di mana Lorne Fox dan seluruh keluarganya disembuhkan. Lorne dan saudara perempuannya memulai pelayanan penginjilan dan penyembuhan mereka sendiri tak lama kemudian.

Price mengadakan pertemuan di Calgary, Edmonton, Winnipeg, Toronto, Minneapolis, Duluth, St. Louis, dan Belleville, Illinois. Pada tahun 1926, Price mulai menerbitkan majalah berkala "Golden Grain", yang memuat banyak kesaksian tentang penyembuhan dan mukjizat. Pada tahun 1928, Price mengalami pukulan berat ketika pengacaranya melarikan diri dengan semua dananya. Para pendukungnya membantu mengumpulkan sebagian uang, tetapi ia memutuskan untuk membeli tenda untuk mengadakan pertemuan, sehingga ia tidak perlu lagi membayar biaya auditorium yang besar. Ia menamakannya Kanvas Katherdral. Dilaporkan ada 1000 pertobatan per hari selama 10 hari terakhir pertemuan di Belleville. Ia terus melakukan perjalanan melalui wilayah barat laut selama beberapa tahun berikutnya. Ke mana pun ia pergi, ia melihat penyembuhan ajaib dalam pertemuannya dan ribuan orang datang kepada Kristus. Ia menghitung 35.000 pertobatan hanya pada tahun 1928 saja. Perjalanan yang terus-menerus itu memberi tekanan pada pernikahannya. Pada tahun 1930, ia dan istrinya berpisah. Mereka akhirnya bercerai pada tahun 1930-an.

Sementara banyak pelayanan ditutup atau dikurangi secara drastis selama tahun 1930-an karena depresi ekonomi, Charles S. Price terus menarik ribuan orang ke pertemuan-pertemuannya. Pada akhir tahun 1930-an, ia melayani di Norwegia, Inggris, Mesir, Palestina, Turki, Suriah, Lebanon, Italia, serta terus berbicara di seluruh AS. Ia mulai menyebut dirinya sebagai Dr. Price, yang tampaknya merupakan gelar kehormatan daripada gelar pendidikan. Pada tahun 1939, Price memperkirakan bahwa ia telah melakukan perjalanan lebih dari satu juta mil dalam kampanye penginjilan sejak ia memulai pada tahun 1922. Jadwalnya sangat padat. Pada pertemuan-pertemuan di mana ia menjadi pembicara utama, ia akan berbicara dua atau tiga kali sehari dan sering berdoa untuk kesembuhan hingga larut malam. Selama tahun-tahun perang, semakin sulit untuk menarik banyak orang dan Price sering berbicara di gereja-gereja dan pertemuan perkemahan. Pada tahun 1940, antara pertengahan Maret dan pertengahan Agustus, ia berkhotbah sebanyak 218 kali, selain mengadakan 35 kebaktian penyembuhan, begadang hingga larut malam untuk mendoakan orang sakit, memberikan beberapa pidato komunitas kepada kelompok-kelompok seperti Rotary Club, melakukan siaran radio, semua ini sambil melakukan perjalanan sejauh 2700 mil dengan kereta api dan 8500 mil dengan mobil. Dalam satu hari saja, ia berbicara 5 kali di Springfield, Missouri.

Price tidak berafiliasi dengan denominasi tertentu dan pertemuan-pertemuannya sering didukung oleh beberapa gereja di suatu daerah. Ia memiliki hubungan khusus dengan kepemimpinan denominasi Assemblies of God dan secara teratur berbicara di pertemuan-pertemuan perkemahan mereka dan sering diundang untuk berbicara di gereja-gereja mereka. Ia adalah seorang penulis yang produktif. Ia menulis beberapa buku termasuk: *And Signs Followed the Life Story of Charles S. Price* , *The Potter and the Clay, Spiritual and Physical Health, Made Alive, Two Worlds, The Real Faith, You Can Know God Here and Now, Divine Intervention* , dan *Miracles,* selain menerbitkan majalah Golden Grain dari tahun 1926 hingga 1947. Ia banyak menggunakan radio dan sering berkhotbah dari Los Angeles, California ketika ia tidak sedang bepergian. Ia juga mengajar di Southern California Bible College dan sering diminta untuk menggantikan pendeta di daerah Los Angeles. Pada tahun 1945 ia merasa bahwa Tuhan memanggilnya untuk menghabiskan waktu di rumah. Dua tahun berikutnya difokuskan pada menulis, berkhotbah secara lokal, dan beristirahat serta berdoa. Ia meninggal pada 8 Maret 1947.

Stephen Jeffreys

Stephen Jeffreys lahir pada 2 September 1876, anak ketiga dari delapan bersaudara laki-laki pasangan Thomas dan Kezia Jeffreys. Thomas adalah seorang penambang tetapi menderita asma dan kesulitan bernapas. Untuk membantu menghidupi keluarga, Stephen menjadi penambang pada usia dua belas tahun. Ia menghabiskan 24 tahun berikutnya bekerja di tambang. Kesehatan ayahnya tidak memungkinkan untuk melanjutkan pekerjaan tersebut, dan ia meninggal dunia pada usia 47 tahun. Empat saudara laki-laki dan seorang saudara perempuan Stephen juga meninggal. Saudara laki-lakinya, George, sakit-sakitan. Itu adalah kehidupan yang sulit. Ketika Stephen berusia 22 tahun, ia menikahi Elizabeth Lewis, putri seorang petani setempat. Mereka akhirnya memiliki empat anak, tiga perempuan dan satu laki-laki. Anak perempuan bungsu meninggal dunia ketika baru berusia enam bulan.

Anggota keluarga tersebut adalah jemaat gereja yang taat. Mereka tergabung dalam gereja independen Wales. Tahun 1904 merupakan tahun yang penting bagi Wales. Evan Roberts berkata, "Saya mendapat penglihatan tentang seluruh Wales yang diangkat ke surga. Kita akan menyaksikan kebangkitan rohani terhebat yang pernah dikenal Wales, dan Roh Kudus akan segera datang, jadi kita harus bersiap-siap." Dan itulah yang terjadi. Stephen, dan saudaranya George, bertobat selama Kebangkitan Rohani di Kapel Independen Shiloh di Nantyfyllon, Wales pada tanggal 20 November 1904. Tiga belas bulan berikutnya, seluruh pedesaan berguncang oleh hadirat Tuhan. Stephen tidak memiliki pelatihan teologis formal dan tidak berencana untuk menjadi pendeta, namun Tuhan memanggilnya keluar dari tambang dan ke mimbar.

Stephen mulai berkhotbah di jalanan. Di kota Maesteg, ia berkhotbah begitu lama hingga hari menjadi gelap dan mereka harus membawakan lampu agar ia dapat melanjutkan khotbahnya. Tuhan telah memanggilnya untuk menjadi seorang penginjil. Evan Roberts adalah pemimpin gerakan kebangunan rohani yang membara di Wales. Kemudian dalam hidupnya, ketika ditanya siapa yang berperan penting dalam kebangunan rohani tersebut, ia menyatakan, "Di luar semua orang yang saya kenal - Stephen Jeffreys." Jeffreys terus bekerja di tambang tetapi berkhotbah setiap kali ia memiliki kesempatan. Khotbah-khotbahnya sederhana dan mengajak orang-orang kepada Kristus.

Kebangunan rohani di Wales mulai mereda. Salah satu pendeta yang terlibat dalam kebangunan rohani tersebut adalah Alexander A. Boddy. Karena mendambakan lebih banyak hadirat Tuhan, Boddy mendengar tentang pencurahan Roh Kudus di Oslo, Norwegia di bawah pimpinan Thomas Barrat. Ia pertama kali pergi ke Oslo dan kemudian mengundang Barrat ke gerejanya di Sunderland, Inggris pada tahun 1907. Gereja tersebut kemudian menjadi pusat kebangunan rohani Pentakosta. Pada Desember 1907, seorang pendeta lokal Wales bernama Thomas Madog Jeffreys dipenuhi Roh Kudus saat bertemu dengan pendeta lain yang telah menerima baptisan Roh Kudus di Sunderland. Stephen dan saudaranya, George, awalnya ragu-ragu dengan gerakan baru ini. Namun, putra Stephen, Edward, mengalami pengalaman Pentakosta saat berlibur dan kembali untuk menceritakannya kepada keluarganya. Pada tahun 1908, pertemuan-pertemuan diadakan di Maestag dan Stephen serta George pergi untuk membuktikannya sendiri. Mereka dibaptis dalam Roh Kudus dan mulai berbicara dalam bahasa roh. Stephen melihat peningkatan efektivitas yang signifikan dalam pekerjaan penginjilannya.

Saudara laki-laki Stephen, George, merasa terpanggil untuk melayani. Ia bergabung dengan Persatuan Misionaris Pentakosta pada tahun 1912. George meminta Stephen untuk berkhotbah di sebuah kota kecil bernama Cwmtwrch pada bulan Oktober 1912. Khotbah tersebut berjalan begitu baik sehingga mereka memintanya untuk kembali pada bulan Desember selama tiga hari lagi. Pertemuan bulan Desember berubah menjadi kebaktian kebangunan rohani kecil dan Stephen akhirnya tinggal di sana selama tujuh minggu. Penyembuhan yang luar biasa menandai pertemuan-pertemuan tersebut. Saudara laki-lakinya, George, datang untuk bergabung dengannya dan membantu dalam pertemuan-pertemuan tersebut. Dari sana ia pergi ke Pen-Y-Bont di mana seorang wanita yang kakinya akan diamputasi sembuh seketika. George kembali melanjutkan studinya tetapi Stephen pergi ke Llanelly di mana ia berkhotbah dan memulai gerejanya sendiri. Ia tinggal di sana selama tujuh tahun.

Di Llanelly-lah terjadi sebuah mukjizat yang luar biasa. Suatu malam saat berkhotbah, sebuah penglihatan muncul di dinding gereja. Pertama-tama, tampak seekor domba, lalu wajah Yesus sebagai manusia yang penuh duka, dengan air mata di wajahnya. Ratusan orang melihat penglihatan itu yang berlangsung selama berjam-jam saat orang-orang datang dan pergi ke tempat kudus. Ketika Stephen berdoa tentang penglihatan itu, ia merasa bahwa itu muncul sebagai tanda penderitaan besar yang akan segera terjadi. Beberapa minggu kemudian Perang Dunia I dimulai. Stephen menjadi sangat terkenal sehingga ia diminta untuk berbicara di banyak gereja. Ia mempertahankan jabatan pendeta hingga tahun 1920, tetapi sering bepergian selama periode ini.

Pada tahun 1920, Stephen bergabung dengan saudaranya, George, untuk bekerja di Aliansi Pentakosta Elim milik George. Ia mengadakan pertemuan di Dowlais dan mendirikan sebuah gereja serta menjadi pendetanya. Pada tahun 1924, Stephen dan George pergi ke Amerika Serikat dan Kanada. Mereka pergi ke Los Angeles di mana mereka bertemu Aimee Semple McPherson di Angelus Temple. Aimee memberikan pengaruh besar pada kedua bersaudara itu. Setelah kembali, mereka pergi ke London dan mulai mengadakan pertemuan. Mereka mengundang Aimee Semple McPherson dan kemudian mengadakan pertemuan sendiri. Hal ini berlangsung selama sekitar dua tahun.

Terjadi perselisihan yang semakin membesar antara George dan Stephen. Kepribadian mereka sangat berbeda. Stephen mungkin lebih berbakat dari keduanya, tetapi George memiliki bakat administratif yang kuat. Stephen sering setuju untuk mengadakan pertemuan di lebih dari satu tempat pada tanggal tertentu. Dia membiarkan pertemuan berlangsung tanpa mengumpulkan persembahan atau membiarkan orang lain melakukan bagian mereka. Stephen akan mengatakan apa pun yang terlintas di pikirannya, tanpa

mempedulikan konsekuensinya. Dia juga mulai percaya bahwa George iri padanya. Pada tahun 1926 Stephen meninggalkan gerakan Elim dan bergabung dengan Gereja Assemblies of God di Britania dan Irlandia. Hubungan antara kedua bersaudara itu tetap tegang selama beberapa tahun berikutnya.
Ke mana pun Stephen pergi, penyembuhan dramatis dan mukjizat kreatif terjadi.

Ia pergi ke Amerika Serikat, Selandia Baru, Australia, dan Afrika Selatan. Ribuan orang datang ke pertemuan-pertemuannya. Pada tahun 1933 ia melakukan perjalanan ke Swedia dan Norwegia untuk berkhotbah. Ia memforsir dirinya siang dan malam, mengabaikan peringatan dokter tentang kesehatannya. Segala sesuatunya berubah drastis pada pertengahan tahun 1930-an. KKR besar menjadi kurang populer dan kurang berhasil dalam menjangkau orang-orang yang tersesat. Jadwal Stephen yang padat membuatnya kelelahan dan kesehatannya mulai menurun. Ia menjadi lumpuh karena radang sendi. Pada tahun 1940 George meninggalkan gereja-gereja Elim yang ia dirikan untuk memulai Bible Pattern Church Fellowship.

Ia berhasil membujuk Stephen dan putranya, Edward, untuk bergabung dengan gerakan gereja barunya. Karena masalah kesehatan, Stephen tidak dapat secara aktif mendukung pekerjaan tersebut. Ia menjalani delapan tahun terakhir hidupnya dalam masa pensiun yang tenang bersama putrinya, May, di Porthcawl, Wales. Ia dibantu oleh para dokter dari Bible College of Wales, yang dikelola oleh Rees Howells. Ia meninggal pada 17 November 1943.

Eksploitasi yang Lebih Besar - 1

- Kesaksian

Oleh berbagai hamba Tuhan sepanjang zaman untuk membangun iman Anda bahwa Tuhan masih bekerja hari ini dan selamanya.

Charles S. Price – Organ Wanita Baru Diciptakan

Dr. Charles Sydney Price adalah salah satu pendeta paling berpengaruh di abad ke-20. Ia menjadi pendeta pada tahun 1909 pada usia 22 tahun dan menghabiskan 12 tahun melayani sebagai pendeta di bawah pengaruh teologi liberal progresif.

Ada seorang pendeta yang hadir dan menceritakan sebuah kisah luar biasa kepada kami. Ia adalah seorang pendeta Anglikan yang awalnya bertugas di dekat Saskatoon. Bertahun-tahun yang lalu, ketika kami, atas kehendak Tuhan, mendapat kesempatan untuk berbicara di Arena di kota itu, ia menghadiri pertemuan-pertemuan tersebut. Istrinya telah menjalani operasi di mana organ-organ tubuhnya diangkat. Ia tidak akan pernah bisa memiliki bayi. Dan mereka telah lama mendambakan dan memimpikan seorang bayi. Ia dibawa untuk didoakan. Para kritikus mengatakan tidak ada penyembuhan organik. Namun Tuhan menjawab doa dan seorang bayi lahir di rumah itu. Mukjizat itu terjadi. Organ-organ itu PASTI tumbuh kembali. Tidak ada penjelasan lain. Inilah kesaksian yang diberikan kepada kami dari bibir pendeta itu yang sekarang percaya dan mempraktikkan penyembuhan ilahi dengan sepenuh hati.

Mata Baru Tercipta

Salah satu dari ratusan orang yang bertobat dalam kunjungan penting itu adalah seorang pemuda bernama Tom Wilson. Ibunya menghadiri salah satu pertemuan malam di awal kampanye dan pulang cukup larut. Tom dan ayahnya mulai khawatir, takut sesuatu telah terjadi padanya, sehingga ketika akhirnya ia pulang, mereka ingin tahu ke mana ia pergi. Ketika ia menjelaskan bahwa ia telah pergi ke pertemuan keagamaan di Balai Kota, suaminya agak tidak percaya dan ingin tahu pertemuan keagamaan macam apa yang berlangsung berjam-jam itu. Dengan penuh semangat, ia mulai bercerita kepada mereka: "Kalian tahu gadis buta bernama Celia Brown; nah, dia bisa melihat."

"Jangan konyol, Ibu," kata Tom, "itu tidak mungkin; kita semua tahu bahwa Celia bahkan tidak punya mata, jadi bagaimana dia bisa melihat? Matanya hanyalah rongga kosong."

"Aku beritahu kamu," jawab ibunya, "ketika pria Wales ini, Stephen Jeffreys, mendoakannya malam ini, dia mendapat sepasang mata biru dan dia bisa melihat."

Celia berusia tiga belas tahun dan cukup terkenal di daerah itu. Mereka masih tidak percaya dengan apa yang dikatakan Nyonya Wilson, tetapi mereka segera mengetahui bahwa itu benar. Hal ini, bersama dengan mukjizat penyembuhan lainnya, menjadi buah bibir di kota itu.

Pendeta JW Adams, Vikaris Wall, menjadi sangat akrab dengan Stephen dan membantu dalam kampanye di Walworth, Kensington, Bedford, Southend-on-Sea, Chelmsford, Bishop Auckland,

Sunderland, Maidstone, Tunbridge Wells, Wakefield, dan lainnya. Beliau tidak hadir pada pertemuan ketika Celia disembuhkan, tetapi tiba sedikit kemudian dalam kampanye tersebut dan mendapatkan laporan langsung dari Stephen:

Pada tanggal 11 Maret ia datang untuk berdoa. Saat itu ia tampaknya belum memiliki mata, bahkan dalam kondisi embrio sekalipun, dan belum pernah mengetahui perbedaan antara terang dan gelap, siang dan malam. Segera setelah penumpahan tangan, dunia baru mulai terbuka baginya: dengan mata barunya yang sangat kecil, ia dapat membedakan perbedaan yang jelas antara terang dan gelap. Keesokan harinya ia melihat lebih jelas, dan kekuatan mulai muncul dalam dirinya untuk menghitung dan mengambil koin dari taplak meja putih.

Tuan Adams sendiri bersaksi: "Saya telah melihat dan berbicara dengannya beberapa kali sejak itu dan setiap kali matanya sedikit membesar dan semakin tajam. Dia bisa menghitung jari-jari yang dipegang di depannya dan memperkirakan jarak. Dalam hal ini, dia seperti bayi yang sedang belajar melihat. Matanya biru dan seperti mata ayahnya."

Cuplikan dari "Tujuh Pelopor Pentakosta" karya C. Whittaker. Gospel Publishing House, 1985

Pendeta Lee Stoneking Dibangkitkan dari Kematian

Pendeta Stoneking memulai kesaksiannya di Perserikatan Bangsa-Bangsa dengan pernyataan "Anda sedang menyaksikan sebuah mukjizat." Pada November 2003, ia meninggal dunia akibat serangan jantung hebat di bandara

Sydney, Australia. Ia dinyatakan meninggal secara klinis selama 45 menit. Mereka memberikan CPR dan 10 kali perawatan kejut listrik pada jantungnya. Biasanya, di AS dan Australia, perawatan kejut listrik yang diberikan paling banyak hanya 3 atau 4 kali. Darah telah menggenang di anggota tubuhnya. Sama sekali tidak ada harapan baginya. Ia hanyalah mayat. Mereka memasukkannya ke dalam ambulans. Surat yang menyatakan kematiannya sudah selesai dibuat di rumah sakit. Di dalam ambulans, Yesus campur tangan dan jantungnya mulai berdetak dan napasnya kembali. Sopir dan paramedis terkejut. Mereka kemudian mengatakan bahwa mereka belum pernah melihat siapa pun pulih dari apa yang terjadi padanya. Dalam beberapa minggu, ia kembali ke AS sendirian dan telah sembuh total.

Setelah kembali ke AS, ia pergi ke rumah sakit di Jackson, Tennessee untuk pemeriksaan kesehatan menyeluruh. Mereka melakukan pemeriksaan darah, termasuk tes DNA. Dokter menyatakan bahwa ia adalah sebuah mukjizat. Ia tidak hanya dalam kondisi kesehatan yang sangat baik, tetapi penanda genetik penyakit jantung telah dihilangkan dari setiap sel tubuhnya! Dokter mengatakan bahwa itu tidak mungkin, hanya Tuhan yang dapat melakukan hal seperti itu. Tuhan tidak hanya membangkitkannya tetapi juga menyembuhkannya sepenuhnya dalam segala hal. Dokter berkata kepadanya, "Anda telah menentang semua hukum ilmu kedokteran." Pendeta Stoneking berkata, "Saya tidak melakukannya, tetapi saya tahu Dia yang melakukannya dan nama-Nya adalah Yesus."

https://youtu.be/a_-s-KobZ64

Penyembuhan Leukemia dalam Pertemuan Tommy Hicks

Dalam sebuah pertemuan di Karlsruhe, Jerman, kesaksian berikut dikirim kepada Tommy Hicks dua tahun setelah ia mengadakan pertemuan di sana.

Saya menderita leukemia dalam kondisi sekarat. Rasa sakitnya sangat hebat. Saya berada di ambang kematian, hanya beberapa menit lagi. Pada tanggal 28 Desember 1955, saya dibawa dengan tandu ke pertemuan Tommy Hicks di Sporthalle di Beplaz (lapangan pameran). Saudara Hicks berdoa untuk saya, bersama dengan seluruh jemaat, tetapi saya tidak merasa lebih baik. Seketika pikiran itu terlintas di benak saya: Sekarang saya telah didoakan oleh penginjil. Sekarang saya harus melepaskan iman saya dan harus bertindak berdasarkan iman saya. Saya mengangkat kedua tangan ke belakang, turun ke mimbar, gemetar dan menggigil, dan berjalan sendirian tanpa ada yang membantu saya. Baru sekarang saya menyadari bagaimana penyakit itu meninggalkan hati dan perut saya. Saya berdiri diam, kemudian saya meraih bantal saya, berlari ke mimbar dan memuji Tuhan atas keselamatan dan kasih karunia-Nya yang luar biasa. Sejak hari itu saya menghadiri pertemuan setiap malam. Hari ini saya benar-benar sehat (1 Agustus 1957). Haleluya!

Nyonya Erna Schaudt, Karlsruhe, Bachstrasse

Seorang Bocah Sembuh dari Cerebral Palsy Berkat Charles dan Frances Hunter

Seorang anak laki-laki kecil lahir dengan cerebral palsy dan belum pernah berjalan seumur hidupnya. Orang tuanya membaca buku Hunter berjudul "Heal the Sick" dan merasa putra mereka perlu didoakan. Mereka mengetahui bahwa keluarga Hunter akan berbicara di sebuah pertemuan sekitar 100 mil jauhnya. Anak laki-laki itu memakai penyangga kaki untuk membantunya berdiri, tetapi dia belum pernah berjalan. Keluarga Hunter mendoakan anak laki-laki itu dan kemudian meminta orang tuanya untuk melepas penyangga kaki agar dia bisa mencoba berjalan. Anak laki-laki itu mengambil satu langkah, lalu langkah lainnya, dan akhirnya berlari ke belakang gereja tempat kakeknya duduk. Kemudian dia berbalik dan berlari kembali ke depan. Anak laki-laki kecil yang belum pernah berjalan itu melompat ke arah Frances Hunter dan memeluknya berulang kali. 32 tahun kemudian, Frances teringat kejadian itu dan menelepon pria yang telah disembuhkan. Dia masih sehat sepenuhnya setelah bertahun-tahun!
Kisah lengkap aslinya seperti yang diceritakan oleh Frances Hunter dapat ditemukan di sini: http://www.sidroth.us/2013/05/30/our-guest-frances-hunter/

Penyembuhan Jack Hayford

Saat aku berumur satu tahun, aku seharusnya meninggal. Saat lahir, ada sesuatu yang salah dengan leherku yang tidak bisa diperbaiki oleh dokter, dan tak terhindarkan bahwa seiring berjalannya waktu, kondisi itu akhirnya akan memutar leherku dan aku akan mati. Dokter tahu bahwa tidak ada yang bisa dia lakukan untuk mengubahnya.

Selama lima bulan, tiga kali seminggu ibu saya membawa saya untuk perawatan guna meredakan rasa sakit saya sementara waktu. Tetapi dokter itu begitu yakin bahwa tidak ada yang bisa dilakukan untuk memperbaikinya, sehingga ia hanya menagih orang tua saya untuk enam perawatan meskipun ia memberikan perawatan antara 50 hingga 60 kali.

Orang tua saya tidak mengenal Tuhan. Sepupu ibu saya juga tidak mengenal Tuhan, tetapi dia pernah mendengar tentang Gereja Foursquare di Long Beach, California. Dia mendengar bahwa di gereja itu, Yesus menyembuhkan orang, dan dia menuliskan apa yang salah dengan saya dan membawa catatan ini ke gereja. Di sana dia menemukan seseorang dan bertanya, "Ada seorang bayi kecil yang sedang sekarat, dan saya membawa catatan ini. Maukah Anda berdoa untuk bayi ini?" Orang-orang itu berkata, "Kami akan berdoa." Mereka membawanya ke pertemuan doa Rabu malam di gereja itu.

Keesokan harinya, orang tua saya mulai menyadari bahwa ada perubahan. Sepupu ibu saya memberi tahu bahwa dia telah menyampaikan permohonan doa ke gereja. Dalam beberapa hari berikutnya, dokter berkata, "Bayi ini sehat. Tidak ada yang salah dengannya." Dan bukan hanya dokter menyatakan saya sehat, dia juga menolak menerima uang dari orang tua saya untuk beberapa pembayaran yang akan dia bebankan, karena, katanya, "Saya tidak ada hubungannya dengan penyembuhan bayi ini. Ini pasti sesuatu yang dilakukan Tuhan."

Kisah ini dapat ditemukan di Blog Jack Hayford di https://www.jackhayford.org/teaching/articles/my-personal-testimony-of-healing

Tumor Hilang pada Bayi Setelah Berdoa oleh AA Allen

Kesaksian ini diterbitkan dalam majalah Voice of Healing edisi Januari 1951.
"Saya telah membawa bayi saya ke Rumah Sakit Highland sejak 16 Agustus 1949. Sebuah benjolan atau tumor mulai tumbuh di lehernya, dan kepalanya mulai membesar dan tertarik ke belakang. Benjolan itu terus membesar. Kepala bayi saya tertarik ke belakang sedemikian rupa sehingga ia hanya bisa menoleh ke satu arah. Karena kondisinya tidak membaik, saya berhenti membawanya ke dokter. Saya memijat lehernya setiap hari tetapi malah semakin memburuk. Perawat datang dan mencoba membujuk saya untuk membawanya kembali untuk perawatan lebih lanjut, tetapi sementara itu saya telah mendengar Pendeta AA Allen berkhotbah tentang penyembuhan dan saya telah memutuskan untuk mempercayai Tuhan."

Saya membawa bayi saya melewati jalur penyembuhan. Saudara Allen meletakkan tangannya di atas bayi saya dan mengutuk tumor itu dalam nama Yesus dan memerintahkannya untuk menghilang. Rupanya tidak terjadi apa-apa sampai saya pulang dan sedang mempersiapkan bayi saya untuk tidur. Ibu saya bersama saya dan kami berdua mengamati benjolan yang mengerikan itu. Saat kami berdua melihatnya, tiba-tiba benjolan itu lenyap. Baik ibu saya maupun saya melihatnya, tetapi saya juga merasakannya saat menggendong bayi saya. Saya memiliki pernyataan dari dokter yang mengatakan bahwa bayi saya telah sembuh total."
Thelma Phillips
San Leandro, California

Seorang Wanita Sembuh dari Cerebral Palsy Setelah Tuhan Memberinya Penglihatan

Marlene Klepees lahir prematur dengan berat kurang dari dua pon saat lahir. Ia menderita cerebral palsy dan menjadi lumpuh. Kemudian, ketika berusia dua tahun, orang tuanya meninggal dalam kecelakaan sepeda motor. Ia tinggal bersama kakek-nenek buyutnya, keluarga asuh, dan kakek-neneknya. Pada usia 12 tahun, beberapa remaja membawanya ke pertemuan pemuda di mana ia menyerahkan hidupnya kepada Kristus. Ia mengira menderita cerebral palsy karena Tuhan telah menciptakannya seperti itu.

Marlene mengalami kesulitan saat memasuki usia remaja dan mulai mengalami kejang-kejang hebat. Kejangnya sangat parah sehingga para pengasuhnya sampai mengalami patah tulang. Setelah satu kali kejang, ia hampir lumpuh total, dan kakek-neneknya bahkan diberitahu bahwa ia mengalami mati otak. Penglihatannya semakin memburuk dan ia merasa hidupnya tak tertahankan.

Sebagai upaya terakhir, ia dibawa ke Klinik Mayo di Rochester, Minnesota. Mereka tidak dapat membantunya selama tiga bulan ia tinggal di sana. Marlene hampir dikirim ke panti jompo tanpa harapan untuk sembuh. Ia berseru kepada Tuhan. Ia merasakan kehangatan menyelimutinya. Kemudian Tuhan memberinya penglihatan bahwa ia akan disembuhkan. Tuhan menunjukkan kepadanya siapa yang akan mendoakannya, apa yang akan dikenakan orang itu, apa yang akan dikenakan Marlene, seperti apa interior gereja itu, dan bahkan memberinya tanggal – 29 Maret.

Atas desakan Marlene, perawatnya membantunya mencari gereja di buku telepon dan sebuah iklan untuk Gereja Alkitab Terbuka bersinar di halaman tersebut. Dia tahu ini gereja yang tepat. Perawat itu tidak percaya dan membanting buku telepon itu. Kemudian perawat itu akan menelepon

pendeta dan memberinya nomor kamar, tetapi tidak menyebutkan nama rumah sakitnya.
Pendeta itu ragu-ragu, tetapi mencari Marlene. Ketika tiba, Marlene mengatakan kepadanya bahwa dia tampak identik dengan pria yang mendoakannya dalam penglihatan itu. Emmerson setuju untuk mendoakannya dan mengatur agar dia dibawa ke gerejanya. Dia harus diikat karena tubuhnya gemetar hebat.

Pendeta Emmerson belum pernah mengalami mukjizat di gerejanya. Hanya ada 7 orang yang hadir dalam kebaktian Minggu malam itu. Orang-orang berkumpul di sekelilingnya untuk berdoa. Emmerson mengurapinya dengan minyak dan meminta Tuhan untuk menyembuhkan Marlene dari ujung kepala hingga ujung kakinya. Kemudian dia bertanya kepada Marlene apakah dia ingin berdiri dengan iman. Segera setelah dia mulai berdiri, Marlene merasakan kekuatan datang ke kakinya. Ketika kakinya menyentuh lantai, dia merasakan lantai untuk pertama kalinya dalam hidupnya. Lutut dan jari kakinya mengarah ke dalam, tetapi dengan setiap langkah, semuanya menjadi lurus. Dia menjadi semakin kuat dengan setiap langkah. Dia mengambil beberapa langkah sendiri, lalu benar-benar berlari mengelilingi gereja. Tuhan menyuruhnya untuk melepas kacamatanya dan penglihatannya pun sembuh secara ajaib.

Ia kembali ke Klinik Mayo sambil berjalan, sesuatu yang belum pernah dilakukannya sejak dirawat di unit tersebut. Ia dipulangkan keesokan harinya. Ketika kembali untuk pemeriksaan beberapa minggu kemudian, kondisinya semakin membaik. SEMUA tanda kelainan telah hilang! Bahkan pemindaian otak pun tidak menunjukkan tanda-tanda kelumpuhan di masa lalu. Ia berjalan normal dan memiliki penglihatan lebih baik dari 20/20.
Kehidupan Marlene kembali normal sejak saat itu. Dia secara teratur membagikan kesaksiannya dan berdoa untuk

orang sakit. Dia dapat melakukan semua yang dapat dilakukan orang sehat. Hidupnya benar-benar pulih.
Kesaksian dari Acara Sid Roth Show:

https://youtu.be/4bsKnpOYMUs

https://youtu.be/z4TN2uxS7DA

Keajaiban Setelah Arteri Pecah

Chris Robinson adalah seorang guru dan atlet angkat besi. Ia dibesarkan di keluarga Kristen dan mengenal Tuhan. Pernikahan yang sulit telah membawa banyak kemarahan ke dalam hidupnya dan ia memutuskan bahwa itu adalah kesalahan Tuhan dan berpaling dari-Nya.
Suatu hari Chris sedang berlatih angkat beban di pusat kebugaran bersama anak tirinya. Tiba-tiba ia merasa jantungnya berdebar kencang dan ia tidak lagi merasakan kaki kanannya. Ia berhasil sampai rumah dan pingsan di tempat tidur. Ketika istrinya membawanya ke ruang gawat darurat, hasil CT scan menunjukkan arteri-arterinya telah robek dan semua darah dari jantungnya mengalir ke perutnya. Tidak ada darah yang mengalir ke anggota tubuhnya atau otaknya. Dokter bedah datang dan berkata kepadanya, "Saya tidak mengerti bagaimana Anda masih bisa berbicara sekarang. Kebanyakan orang dengan kondisi seperti Anda sudah meninggal."

Mereka membawa Chris ke ruang operasi dan mengoperasinya selama 9 jam. Mereka tidak dapat memperbaiki kerusakan tersebut dan dokter memutuskan untuk berhenti karena tidak ada harapan. Pada saat itu, teman, keluarga, dan siswa berada di rumah sakit berdoa, dan orang-orang di seluruh dunia juga berdoa untuk Chris. Dokter lain bertanya kepada ahli bedah apakah dia bisa berdoa bersamanya. Meskipun ahli bedah itu tidak percaya pada doa, dia setuju. Setelah berdoa, dia merasa terdorong untuk kembali dan mencoba lagi. Dia sedang melihat arteri Chris dan tiba-tiba gelombang kuasa Tuhan menyapu ruang operasi. Saat ahli bedah melihat ke dalam dada Chris, semua arteri yang sebelumnya bocor darah tiba-tiba menyatu, tanpa disentuh oleh ahli bedah, dan berhenti berdarah. Ahli bedah menutup luka Chris dan pergi untuk berbicara dengan keluarganya.

Dokter bedah memberi tahu keluarga Chris bahwa dia masih hidup tetapi kemungkinan akan menjadi seperti sayuran dan kehilangan anggota tubuhnya. Dia belum pernah memiliki pasien yang bertahan hidup selama itu tanpa aliran darah ke organ vital. Orang-orang terus berdoa. Chris dimasukkan ke dalam koma buatan agar dia tidak bergerak.

Pada suatu saat Chris terbangun, menyadari bahwa dia belum mati dan mulai berbicara dengan Tuhan. Setelah bertanya kepada Tuhan mengapa dia masih hidup, dia mengalami penglihatan. Dia melihat dirinya berada di ruang operasi dan dua makhluk gelap berada di kepala meja operasi. Dia tahu mereka ada di sana untuk menghentikan operasi. Dia melihat semua orang di ruang operasi dan bagaimana perasaan mereka. Kemudian dia melihat makhluk malaikat yang sangat besar masuk ke ruangan itu. Dia mengatakan dia bisa melihat bahwa malaikat itu setinggi 3 lantai. Malaikat itu berkata, "Dia tetap di sini." Makhluk-makhluk gelap itu pergi.

Setelah Chris sadar, ia bisa berbicara dan anggota tubuhnya berfungsi. Seorang dokter spesialis ginjal datang dan mengatakan bahwa ginjalnya telah menyusut dan mati. Ia

harus menjalani dialisis. Chris berkata kepadanya, "Tidak, Tuhan telah melakukan mukjizat ini dan ginjal saya akan berfungsi." Dokter itu mengira ia gila tetapi mengatakan akan kembali keesokan harinya. Keesokan harinya, ginjalnya telah kembali ke ukuran normal dan mulai berfungsi. Dokter itu kembali dan mengatakan bahwa ia membutuhkan shunt karena salah satu ginjalnya tersumbat. Chris sekali lagi berkata, "Tidak, Tuhan telah melakukan mukjizat dan ginjalnya akan sembuh total." Keesokan harinya ketika dokter kembali, ginjalnya menunjukkan fungsi yang sempurna.
Ini adalah mukjizat yang tidak bisa dijelaskan begitu saja. Semua orang di rumah sakit, termasuk dokter, perawat, dan staf, mendengarnya karena begitu spektakuler. Kristus terus memberikan kesaksian-Nya di mana pun Dia bisa.

Anda dapat menonton video kesaksian selengkapnya di sini:
https://youtu.be/VHzZE7a72Xw

Mata tercipta saat Mel Bond berdoa.

Mel Bond memiliki sebuah tim dan mereka melayani di Chinandega, Nikaragua pada Januari 2000. Mereka berkumpul di alun-alun kota dan ada sekitar 3000 hingga 3500 orang yang hadir. Mel membawa beberapa wanita buta ke depan dan mendoakan mereka. Keduanya menerima penglihatan mereka kembali. Ada seorang ibu di antara hadirin yang menerobos maju bersama putrinya yang berusia enam atau tujuh tahun. Mata putrinya berwarna putih dengan gumpalan lemak di tempat seharusnya mata berada dan dia benar-benar buta. Tidak ada bola mata atau bahkan sedikit pun bentuk bola mata. Ibu itu bertanya kepada Mel, "Bisakah Tuhanmu menyembuhkan putriku?" Saya menjawabnya, "Tentu saja Tuhan saya bisa." Dia yakin bahwa segala sesuatu mungkin bagi Tuhan. Mel menutup matanya agar bisa fokus dan berdoa seperti yang diajarkan Yesus kepadanya. Meskipun mata Mel tertutup, pendeta di belakangnya, Pastor Eddie Rogers, melihat tornado atau pusaran air putih datang dan hinggap di atas setiap mata.

Kejadian itu berlangsung selama 60 hingga 90 detik. Ketika Mel berhenti berdoa, tornado telah hilang dan muncul dua mata cokelat yang indah. Gadis itu tampak sangat berbeda sehingga ketika Mel membuka matanya, dia berpikir seseorang telah mengganti gadis kecil itu dengan gadis lain saat dia berdoa. Pendeta Rogers dapat bersaksi bahwa itu adalah gadis yang sama. Gadis itu menoleh dan melihat ibunya untuk pertama kalinya. Semua orang menangis. Pendeta Rogers bersaksi bahwa itu adalah mukjizat paling menakjubkan yang pernah dia lihat.
Kisah selengkapnya dapat ditemukan di acara Sid Roth:
https://youtu.be/NgNiGyds4EA

Ginjal yang Mati Hidup Kembali

Charles Shamp sedang melayani di Reno, Nevada ketika ia menceritakan kesaksian seorang wanita yang disembuhkan dari penyakit ginjal. Kurt, seorang pria dari gereja, mendengar cerita itu dan mulai menangis tanpa henti. Ginjalnya telah berhenti berfungsi dan ia telah menjalani dialisis selama 5 bulan. Orang-orang di gerejanya mengetahui situasinya dan datang untuk mendoakannya dan meletakkan tangan di atasnya. Seorang wanita mendorongnya untuk memberikan persembahan kepada pelayanan. Saat ia berjalan, Roh Kudus menyuruh Kurt untuk mengatakan kepada Charles, "Saya butuh ginjal baru." Charles mendoakannya dan ia jatuh di bawah kuasa Roh Allah. Saat menerima doa, ginjalnya mulai berfungsi untuk pertama kalinya dalam 5 bulan! Ia akhirnya bisa

menggunakan kamar mandi 3 kali malam itu, yang sebelumnya mustahil dalam kondisinya. Jemaatnya sangat gembira untuknya, bahkan beberapa orang mengikutinya ke kamar mandi untuk memastikan perubahan tersebut!
Berikut adalah video asli kesaksian tersebut dan Charles juga berdoa untuk orang-orang yang menonton:
https://youtu.be/6tNAsEUd-5A

Keajaiban Kreatif Melalui Charles Shamp

Charles Shamp berada di Perth, Australia, di mana seorang wanita bernama Deborah memberikan kesaksiannya tentang mukjizat kreatif. Ia didiagnosis menderita kanker payudara metastatik dan limfoma. Ia harus menjalani operasi untuk mengangkat kedua payudaranya, dan meskipun ia memiliki implan, implan tersebut malah menimbulkan masalah lebih lanjut dan akhirnya ia harus mencabutnya. Selama pertemuan tersebut, Charles berbagi kesaksian tentang mukjizat kreatif di mana Tuhan memulihkan payudara seorang wanita yang telah diangkat. Deborah menangkap kata-kata itu dan menyadari bahwa ia merasakan sesuatu terjadi. Panas mulai terasa di bagian tengah tubuhnya dan kemudian menyebar ke area dadanya. Kemudian terasa geli dan panas. Kemudian prostetiknya juga terasa panas. Ketika ia melihat ke bawah gaunnya, ia menyadari bahwa payudaranya mulai membesar. Ia pergi ke kamar mandi dan memeriksa, dan terkejut melihat payudaranya membesar. Seorang teman yang berprofesi sebagai perawat juga memeriksa dan setuju bahwa payudaranya membesar. Kesaksiannya adalah bahwa Tuhan dapat melakukan apa saja.

Video kesaksian aslinya dapat dilihat di sini:
https://youtu.be/CVnjjH8Jo1I

Herb Mjorud Membangkitkan Seorang Wanita dari Kematian

Ketika Pendeta Mjorud dipanggil menghadap Dewan Lutheran Amerika untuk membela tindakan karismatiknya, berikut adalah salah satu kisah yang harus ia jelaskan. Kejadian itu terjadi selama kebaktian penginjilan di sebuah Gereja Lutheran. Meskipun kebanyakan orang akan menganggapnya sebagai mukjizat yang luar biasa, mereka tidak setuju. Ia dipecat dari posisinya sebagai Penginjil Lutheran.

Di akhir kebaktian malam, saya meminta mereka yang mencari keselamatan untuk berdoa dalam hati memohon pengampunan. Saya menyarankan agar mereka yang ingin menerima Yesus Kristus sebagai Juruselamat mengangkat tangan mereka. Banyak tangan segera terangkat. Kemudian seorang wanita di belakang mengangkat tangannya, lalu menurunkannya dengan lemas, seolah-olah dia pingsan. Wanita lain, yang kemudian saya ketahui adalah seorang perawat terdaftar, segera membantunya.

Namun saya terfokus pada ajakan tersebut. Tangan-tangan terus terangkat. Hampir empat puluh lima orang mengangkat tangan mereka untuk menerima Kristus. Saya berdoa, memberikan kata-kata pengarahan, dan menyerahkan ibadah kepada pendeta untuk penutup. Kami menyanyikan himne penutup, beliau mengucapkan berkat penutup, lalu meminta saya untuk bergabung dengannya di belakang paduan suara untuk menyambut orang-orang di pintu saat mereka keluar.

Di pertengahan upacara perpisahan di pintu itu, seorang wanita menerobos kerumunan dan menghampiri saya. Ia menangis. "Oh Pendeta Mjorud," pintanya, "tolong datang dan bantu kami. Nyonya Ford sedang sekarat atau sudah meninggal. Datang dan berdoalah bersama kami."

Saya meninggalkan acara berjabat tangan dan langsung menuju bangku belakang. Dua perawat berdiri di belakang Ny. Ford yang terkulai di bangku. Saat saya menyelinap ke bangku di depan Ny. Ford, salah satu perawat menggelengkan kepalanya (untuk memberi tahu saya tetapi tidak membuat Tn. Ford marah), seolah-olah mengatakan "tidak ada yang bisa Anda lakukan." Seseorang mengatakan Ny. Ford sering pingsan. "Ya, saya tahu," kata perawat terdaftar itu, "tetapi ketika seseorang pingsan, ada detak jantung. Ny. Ford tidak memiliki detak jantung."
Aku tidak tahu harus berbuat apa dan berdoa memohon pertolongan Tuhan. Roh Allah mulai bergerak dalam diriku lagi. Aku tidak bisa menunjukkannya padamu, itu hanya kesadaran, kau tahu. Aku meletakkan tanganku di wajah Ny. Ford. Wajahnya dingin dan lembap. Aku meletakkan punggung tanganku di bawah hidungnya untuk merasakan napas. Aku tidak merasakannya. Aku mengangkat lengannya yang lemas untuk merasakan denyut nadi. Aku menunggu untuk merasakan detak jantung, tetapi tidak ada. Perawat itu menggelengkan kepalanya.

Saya memberi tahu orang-orang di bagian belakang gereja bahwa Ny. Ford telah meninggal dunia. Saya berkata, "Sungguh tempat dan cara yang indah untuk pergi, tepat di sini, di gereja, di antara teman dan orang-orang terkasih." Tetapi tiba-tiba dengan kata-kata itu Roh Allah berbicara kepada saya: "Apa yang Paulus lakukan ketika Eutikhus jatuh di sinagoge dan ditemukan dalam keadaan mati?" Saya teringat apa yang Paulus lakukan. Dia berdoa untuk orang itu dan orang itu hidup kembali.

Lalu aku melakukan sesuatu tanpa berpikir. Aku mengulurkan tangan dan meletakkannya di tubuh Ny. Ford dan berdoa. "Ini untuk kemuliaan Allah. Tidak ada yang mustahil bagi kita yang percaya kepada Yesus Kristus. Bagi-

Mu, ya Tuhan, sangat mudah untuk menghidupkan kembali saudari terkasih kami. Tuhan, nyatakan kemuliaan-Mu dan hidupkan kembali wanita ini." Aku merasakan sesuatu terjadi di tubuhnya. Aku meletakkan tanganku di wajahnya. Kali ini aku bisa merasakan napas yang sangat samar. "Ny. Ford bernapas," kataku. Perawat mengangkat lengannya dan berkata, "Dia tidak mungkin bernapas karena tidak ada denyut jantung." Kemudian dada Ny. Ford mulai naik turun dan aku berkata, "Dia bernapas, lihat dadanya." Perawat berkata, "Itu pasti semacam refleks karena tidak ada detak jantung. Tunggu, tunggu sebentar. Jantungnya sudah mulai berdetak, denyut nadinya berdetak."

Kemudian Ny. Ford membuka matanya dan berkata, "Saya harus pulang." Perawat itu berkata, "Anda belum bisa pulang, kami sudah memanggil dokter dan ambulans." "Oh, saya baik-baik saja," kata Ny. Ford kepada perawat. Ia menoleh kepada saya dan menjabat tangan saya dengan tenang sambil berkata, "Terima kasih, Pendeta Mjorud, atas khotbah yang sangat luar biasa itu." Kemudian dokter datang dan mengeluarkan stetoskopnya lalu mendengarkan detak jantung Ny. Ford. Ia memeriksa denyut nadinya, mengambil senter kecil dan menatap matanya. Akhirnya ia berkata, "Tidak ada yang salah dengan Anda, Ny. Ford, Anda bisa pulang." Maka Ny. Ford pun pulang.

Saya telah berulang kali memikirkan keadaan seputar kesembuhan Ny. Ford. Akan terhindar dari segala macam masalah jika saya hanya mengikuti pendapat umum ini. Semua orang menunggu saya mengatakan, "Ny. Ford pingsan dan ia sadar kembali setelah saya mendoakannya." Tetapi saya ada di sana! Dengan hati nurani yang baik, saya tidak dapat melakukan itu. Kedua perawat yang merawat Ny. Ford menyatakan dia meninggal. Kami semua percaya saat itu, dan juga kemudian, bahwa dia benar-benar telah dibangkitkan dari kematian. Memang, tidak ada dokter di sana dengan peralatan medis untuk memeriksanya sampai setelah dia sadar kembali. Tetapi ketika saya memeriksanya secara dangkal, saya percaya dia sudah mati. Saya percaya Roh Kudus juga tahu bahwa dia sudah mati. Roh Kudus menuntun saya untuk melakukan apa yang Paulus lakukan ketika ia membangkitkan Eutikhus dari kematian. Dalam pikiran saya, dia sudah mati. Doa saya bukanlah agar dia sadar dari pingsan. Tetapi agar Tuhan menghidupkannya kembali.

Aku benar-benar merasakan kehidupan kembali ke tubuhnya saat tanganku menyentuhnya. Semua yang ada di sana, para perawat, suaminya, kerabatnya, Pendeta, dan bahkan Nyonya Ford sendiri, percaya bahwa dia telah bangkit dari kematian.

Cuplikan dari "Otoritas Anda untuk Menyembuhkan" karya Herbert Mjorud. Diterbitkan oleh Creation House pada tahun 1975.

Pendeta Supressa Sithole Berdoa untuk Wanita yang Menerima Mata Baru

Pendeta Supressa (Kejutan) Sithole berafiliasi dengan Iris Ministries dan Rolland serta Heidi Baker. Ia menceritakan kisah seorang wanita yang didoakan di sebuah konferensi. Wanita itu menderita penyakit yang menyerang matanya saat tinggal di Malawi. Begitu penyakit itu menyerang seseorang, bola mata akhirnya akan hancur dan menghilang. Mata wanita ini benar-benar hilang ketika ia didoakan. Beberapa orang mendoakannya, tetapi tampaknya tidak ada yang berubah. Malam itu ia tidur dan bermimpi indah. Ia bermimpi bisa melihat dan pergi ke taman lalu mulai bernyanyi. Para wanita yang bersamanya keluar dan bertanya bagaimana ia bisa keluar. Ia menjawab, "Saya bermimpi bisa melihat." Mereka berkata, "Kamu tidak sedang bermimpi!" Matanya pun kembali seperti baru. Kisah ini dan kisah lainnya, termasuk kisah tentang seorang gadis yang dibangkitkan dari kematian, dapat didengar dalam wawancara Pastor Sithole dengan Sid Roth. https://youtu.be/9d-ncO92hr0

Florence Hedges sembuh dari penyakit Lupus melalui doa pada tahun 1998.

Delapan tahun lalu saya merawat suami saya selama enam bulan terakhir hidupnya. Tak lama setelah kematiannya, saya jatuh sakit. Saya mengalami sakit dan nyeri. Saya hampir selalu merasakan sakit di punggung. Seringkali rasanya seperti ditusuk pisau, dan itu sangat mengurangi mobilitas saya. Saya tidak punya energi dan hanya ingin tidur sepanjang waktu. Setelah beberapa kali ke dokter, ia merujuk saya ke ahli reumatologi, dan ia mengatur banyak tes darah. Hasilnya abnormal, tetapi mereka tidak dapat mengidentifikasi penyebabnya. Akhirnya, setelah delapan belas bulan dan tes DNA, penyakit autoimun lupus didiagnosis. Saya melanjutkan tes darah bulanan dan diberi obat, d-penisilin, yang membantu meringankan gejala, tetapi tidak dapat menyembuhkan saya.

Meskipun sudah minum obat, selama bertahun-tahun berikutnya saya hampir selalu sakit. Saya tidak pernah bisa membuat rencana untuk keluar rumah, karena saya tidak tahu apakah saya akan cukup sehat. Saya sering terlalu lelah. Empat kali saya mengalami serangan parah yang membuat saya harus dirawat di rumah sakit, di mana saya diberi oksigen. Serangan terakhir terjadi pada Mei tahun lalu. Itu adalah serangan terburuk yang pernah saya alami. Saya dirawat di rumah sakit selama lima hari.

Beberapa bulan setelah keluar dari rumah sakit, saya terus-menerus pergi ke dokter. Pada bulan September, saya bertanya kepada mereka tentang prognosisnya, dan keduanya mengatakan bahwa apa yang saya alami adalah apa yang harus saya jalani seumur hidup. Mereka dapat membantu saya dengan obat penghilang rasa sakit, tetapi hanya itu yang dapat mereka lakukan.

Aku sangat sedih setelah mendengar berita itu, sampai-sampai aku memutuskan harus meminta bantuan dari gereja. Saat itu hari Rabu dan aku berencana menelepon Richard, pendeta, sore itu. Namun, dia meneleponku duluan. Aku berkata, "Richard, kau tak akan percaya ini, aku baru saja akan meneleponmu." Dia menjawab, "Aku sedang duduk di sini, dan kata-kata 'telepon Flo' terus terlintas di benakku, jadi aku menelepon."

Saya menceritakan apa yang dikatakan dokter dan bertanya apakah gereja bisa mendoakan saya pada hari Minggu. Ketika hari Minggu tiba, saya cukup yakin Tuhan akan menyembuhkan saya. Di tengah kebaktian, ada undangan umum, bagi siapa pun yang memiliki kondisi kronis untuk menerima doa. Sekelompok besar orang berkumpul di sekitar saya, meletakkan tangan mereka di atas saya dan berdoa. Setelah kebaktian, salah satu wanita yang tidak dapat menghubungi saya sebelumnya, bertanya apakah dia juga bisa mendoakan saya. Saat dia berdoa, saya merasakan sensasi terbakar tepat di tulang belakang saya.

Lalu aku pergi makan siang dengan adikku. Saat makan selesai, dia bertanya apakah aku baik-baik saja. Aku berkata, "Kenapa kau bertanya?" Dia menjawab, "Karena kau terlihat aneh." Lalu aku berkata, "Ed, rasa sakitku sudah hilang. Aku tidak percaya!"

Sejak hari itu, nyeri di punggung saya benar-benar hilang. Gejala lainnya hampir sepenuhnya hilang. Saya terus mengonsumsi obat. Tes darah saya berikutnya mengungkapkan apa yang telah terjadi. Hasilnya tidak lagi abnormal, berada dalam kisaran normal. Dokter spesialis saya mengatakan bahwa saya tidak lagi menderita Lupus, dan berkata, "Ini pasti pekerjaan seseorang yang lebih tinggi dari kita. Kita tidak mungkin melakukan ini!" Mereka mengatakan bahwa tes darah saya bersih, dan saya hanya perlu melanjutkan tes bulanan dan pengobatan. Semua tes ini hasilnya bersih. Saya tahu bahwa Tuhan telah menyembuhkan saya dan terus memuji-Nya untuk itu!
Tautan aslinya dapat ditemukan di sini: http://jesusisreal.org/HealedOfLupus.htm

Penyembuhan Melalui Gayle Jackson

Itu adalah kebaktian kebangunan rohani sekitar tahun 1980 di Salem, MO. Penginjil yang saya kenal adalah Saudara Gayle Jackson. Saya berusia 7 tahun. Saya memakai kacamata karena mata juling sejak sekitar usia 2 tahun dan saya sebenarnya sudah menjalani operasi untuk memperbaikinya tetapi tidak berhasil. Saya benci kacamata saya, saya selalu diejek. Malam itu saya menghadiri kebaktian kebangunan rohani, saya harus mengumpulkan keberanian, ada banyak orang di sana. Tapi saya tahu saya ingin mata saya disembuhkan. Saya berjalan menghampiri Saudara Jackson dan mengatakan kepadanya apa yang ingin saya sembuhkan. Dia meletakkan tangannya di mata saya dan kami berdoa. Dia mengangkat tangannya dan saya akan selalu mengingat kata-katanya. "Lurus seperti anak panah!" Sepanjang perjalanan pulang, saya ingat menyebutkan semua hal yang tidak perlu saya alami lagi karena saya tidak perlu memakai kacamata lagi!

Beberapa hari kemudian, saudara kembar saya mengalami hal yang sama! Dia juga didoakan dan disembuhkan! Keesokan harinya saya pergi ke sekolah dan guru saya bertanya di mana kacamata saya. Gadis kecil berusia tujuh tahun itu menatap langsung ke mata gurunya dan berkata, “Saya tidak membutuhkan kacamata lagi, Yesus telah menyembuhkan mata saya!” Malam itu saya mengetahui bahwa pihak sekolah menghubungi ibu saya dan mengatakan bahwa kami harus memakai kacamata sampai pemeriksaan mengatakan sebaliknya. Ibu saya dengan sopan mengatakan kepada mereka, “Kami akan melakukan pemeriksaan, bukan untuk kami tetapi untuk kalian, dan mereka tidak akan memakainya sampai dokter mengatakan mereka harus memakainya.”

Aku dan saudara kembarku kembali ke dokter yang sama yang telah kami temui sejak awal. Aku ingat dia menatap mataku dengan alat-alatnya sambil duduk dan menatap ibuku dengan heran, lalu menatapku lagi, kemudian duduk kembali menatap ibuku dan berkata, "Apa yang kau lakukan!! Mereka tidak lagi membutuhkan kacamata!!" Hal ini telah memberikan dampak yang mendalam pada hidupku dan imanku. Aku senang menceritakan kisahku kepada orang lain!
Malinda Hagenhoff (Varner)
Terima kasih Malinda atas kesaksian yang luar biasa ini!

Penyembuhan Ibu Lester Sumrall

Ketika Sumrall masih kecil, ibunya, Betty, menderita kanker payudara. Ia memiliki luka terbuka seukuran koin perak. Karena rasa sakitnya, selama beberapa malam ia menangis hingga tertidur. Pada masa itu, tak lama setelah Perang Dunia I, para ahli bedah belum memiliki teknik atau obat-obatan yang digunakan dokter modern. Dokternya mengatakan bahwa jika ia mencoba mengangkat kanker tersebut, ibunya akan meninggal. Ia membalut luka tersebut dan menjaganya tetap bersih.

Suatu malam, Betty mondar-mandir hampir sepanjang malam, menangis memohon pertolongan Tuhan untuk meringankan penderitaannya. Tepat sebelum matahari terbit, ia jatuh tersungkur di tempat tidurnya dan tertidur. Ibu Sumrall bermimpi bahwa Yesus masuk ke kamar tidurnya dan memandanginya dengan penuh belas kasihan. Ia dengan lembut menyentuh dadanya. Setelah terbangun, ia menceritakan mimpinya kepada ayah Sumrall, George. George skeptis.

Beberapa hari kemudian George menanyakan tentang rasa sakitnya. Betty berkata bahwa dia "hampir melupakan kanker itu." Dia menambahkan, "rasa sakitnya sudah hilang." Kemudian ketika Betty masuk ke kamar tidurnya, sel kanker itu terlepas dari tubuhnya.

Betty Sumrall hidup lebih dari 40 tahun setelah penyembuhan itu. Ia meninggal pada usia 87 tahun karena sebab alami.

Cuplikan dari "Saya Percaya pada Penyembuhan" karya Cecil Murphey.

Tidak Lagi Lumpuh – Penyembuhan Melalui John dan Olive Kellner

kami lahir dengan pinggul kanan yang tumbuh ke luar. Akibatnya, kaki dan lutut kanannya bengkok parah, dan kakinya berputar sepenuhnya ke kanan. Dia tidak bisa berdiri dengan kedua kakinya rata di lantai. Kaki kanannya lebih pendek. Dia tidak bisa melangkah dengan kaki itu. Ketika dia duduk di kursi tinggi, kakinya akan tertarik ke bawah tubuhnya. Dia tidak bisa menjuntaikan kakinya dari kursi saat duduk.

Kami membawa putri kami ke dua dokter bedah ortopedi. Keduanya meresepkan penyangga sepatu sampai pinggulnya tumbuh normal, yang akan membuat putri kami menjadi semi-cacat. Kami membeli penyangga tersebut, dan sedang menunggu untuk dipasang, ketika sebuah kampanye pertemuan penyembuhan keselamatan dimulai di gereja kami (November 1954). John dan Olive Kellner adalah penginjilnya. Kami memutuskan untuk meminta para penginjil berdoa untuk putri kami sebelum penyangga sepatu dipasang.

Ketika Saudari Kellner berdoa, kaki gadis kami langsung lurus dan memanjang. Dia bisa berdiri tegak di atas kakinya! Sekarang dia bisa melangkah normal, berdiri normal, dan duduk normal dengan kakinya menjuntai di atas kursi. Sekarang ketika saya menceritakan keajaiban ini kepada orang-orang, saya menyuruhnya berdiri dan meminta mereka menebak kaki mana yang diluruskan Tuhan. Biasanya mereka memilih kaki kiri, dan ketika saya memberi tahu mereka bahwa itu adalah kaki kanan, mereka setuju bahwa Tuhan telah melakukan pekerjaan yang baik dalam menyembuhkannya. Saya membawanya ke dokter dan dia bertanya kepada saya apa yang telah terjadi. Dia mengatakan kakinya sekarang normal.

Ny. William J. Madden, Rute 3, Chapin Road, New Castle, Pa. (Didukung oleh SW Brewer, Pendeta Gereja Pentakosta Pertama, New Castle, PA)

Dicetak ulang dari Pentecostal Evangel edisi November 1955.

Penyembuhan Melalui Suara Seorang Gembala – Mazmur 103

Pendeta Dwayne Miller memberikan kesaksian tentang kesembuhannya di sebuah gereja Baptis.
17 Januari 1993

William Jefferson Clinton sedang mempersiapkan pelantikannya, tim Cowboys mengalahkan tim 49ers, dan Tuhan menunjukkan diri-Nya yang berkuasa dan hadir di zaman modern dalam kelas Sekolah Minggu di Gereja Baptis Pertama Houston di Houston, Texas.

Pelajaran pagi itu diambil dari Mazmur 103, terutama ayat 1-5. Daud berbicara kepada dirinya sendiri dan memerintahkan dirinya untuk "Memuji Tuhan" yang berarti memberikan pujian atau ucapan terima kasih kepada Tuhan. Kemudian ia menyebutkan beberapa alasan mengapa ia harus melakukan hal itu.
Dia (Allah) mengampuni semua dosaku; Dia menyembuhkan semua penyakitku; Dia menebus hidupku dari kubur, jurang maut, kehancuran; Dia memahkotai aku dengan kasih dan belas kasihan, kebaikan hati; dan Dia mengembalikan masa mudaku seperti elang.

Pagi itu, saya berdiri untuk mengajar kelas yang berjumlah 150 orang atau lebih. Saya belum pernah merasa selelah ini secara emosional seperti pagi itu. Saya belum pernah merasa selemah ini iman saya seperti pagi itu. Jurang yang digambarkan Daud sedang menelan saya. Tetapi Tuhan (bukankah itu kata-kata yang agung dari Kitab Suci?) mengubah segalanya. Izinkan saya menjelaskan…

Latar Belakang Cerita

Pada tahun 1990, saya menjabat sebagai Pendeta Senior di First Baptist Church di Brenham, Texas, dan telah menjabat posisi itu selama beberapa waktu. First Baptist adalah gereja yang hebat dan gereja Baptis Selatan yang bersejarah. Pada bulan Januari, saya tertular virus flu yang akhirnya menembus selubung mylan pita suara saya dan merusak jaringan saraf hingga tidak dapat diperbaiki lagi.

Selama tiga tahun berikutnya, saya diperiksa oleh lebih dari 63 spesialis dan tim mereka (total lebih dari 200 dokter) saat mereka mencoba mendiagnosis dan mengobati saya. Suara saya menjadi sangat parah, seperti kasus radang tenggorokan terburuk yang pernah Anda dengar, dan hanya bisa bersuara seperti itu jika saya berteriak sekuat tenaga . Kedua putri saya kuliah di Baylor dan saya bahkan tidak bisa menelepon asrama mereka karena suara saya terdengar seperti penelepon yang tidak senonoh.

Meskipun jemaat sangat sabar dengan disabilitas saya, saya mengundurkan diri karena alasan yang jelas pada tahun 1991. Semua yang pernah saya lakukan untuk mencari nafkah terkait dengan kemampuan saya berbicara dan tiba-tiba "perangkat bantu" saya hilang.

Kami telah pindah kembali ke Houston dan istri saya menjadi pencari nafkah utama dalam keluarga kami. Seorang teman baik memberi saya pekerjaan sebagai penyelidik swasta di daerah di mana suara saya tidak penting, tetapi saya sangat ingin melakukan pelayanan yang telah saya terima.

Kelas Katakombe

First Houston memiliki kelas Sekolah Minggu yang pertama kali bertemu di ruang bawah tanah gereja, karena itulah disebut "Katacombs." Sekelompok orang yang luar biasa yang beruntung saya ajar sebelum saya pergi ke Brenham dan yang kontaknya tidak pernah terputus. Ketika mereka mengetahui bahwa kami akan pindah kembali ke Houston, mereka datang ke Brenham dengan membawa banyak orang dan truk dan memindahkan kami... atau, seperti yang dikatakan salah satu direktur kami, "Menjemput" kami.

Kami kembali ke Gereja Baptis Pertama Houston dan bergabung dengan kelas tersebut sebagai anggota. Dukungan dan persekutuan mereka sangat berharga (dan tetap demikian) melebihi apa pun yang dapat diungkapkan dengan kata-kata.

Pada bulan April 1992, guru di Katakombe harus mengambil cuti karena alasan pribadi. Direktur kami (sepasang suami istri) bertanya apakah saya bersedia menggantikan sementara sampai pengganti tetap dicari. Saya menolak dengan alasan saya terlalu sulit dipahami, yang kemudian dijawab dengan "kami akan mendengarkan dengan SANGAT saksama." Saya kemudian memahami bahwa mereka bertanya bukan karena saya guru yang hebat, tetapi karena mereka menyayangi saya dan tahu betapa saya sangat membutuhkan untuk mengajar.

Separuh dari tim direktur perempuan kami bersikeras agar saya menjadi guru tetap, bahkan ketika staf pendidikan gereja menyatakan keberatan mereka karena suara saya. Dia mengatakan kepada mereka bahwa dia sangat yakin Tuhan ingin saya mengajar kelas itu, dan akhirnya mereka mengalah.

Dia, mereka, atau saya sama sekali tidak menyadari apa yang sedang dipersiapkan Tuhan.

Momen itu

Seperti yang saya sebutkan sebelumnya, saya berada dalam kondisi yang sangat buruk saat naik ke mimbar pagi itu. Dua hari sebelumnya, saya duduk berjam-jam di ruang tamu dengan senapan di mulut saya dan saya sudah mencapai titik terendah. "Memuji Tuhan" terasa sulit bagi saya. Sejujurnya, satu-satunya alasan saya berada di sana adalah karena saya tidak dapat menemukan pengganti dan saya tidak bisa begitu saja tidak hadir. Jadi, pengajaran saya pagi itu hanya formalitas, tidak lebih dari itu.

Saat saya mulai membuat kerangka tulisan, saya membahas kata "semua." Secara harfiah artinya "setiap orang tanpa kecuali." Pengampunan Kristus atas *semua* dosa saya adalah yang membuat Kabar Baik itu HEBAT. Saya tidak memiliki masalah dengan diskusi itu.

Namun, ketika saya mulai berbicara tentang penyembuhan, kata-kata saya adalah, "Saya masih percaya Tuhan menyembuhkan," sementara pikiran saya adalah, "tetapi mengapa bukan saya?" Saya melanjutkan diskusi itu sejujur mungkin dan memulai pemikiran ketiga saya... "Dia menebus hidup saya dari jurang maut."

Saya memulai uraian saya, "Saya pernah mengalami, dan Anda pun pernah mengalami, pengalaman-pengalaman sulit di masa lalu." Pada kata "sulit," tekanan yang telah mencekik tenggorokan saya selama tiga tahun hilang seolah-olah seseorang telah melepaskan tangannya dari mencekik saya. Saya melanjutkan, terkejut, "Kita semua pernah mengalami saat-saat ketika hidup kita tampak seperti berada di dalam jurang, di dalam kuburan, dan kita tidak memiliki jawaban untuk jurang yang kita alami." Saat saya berbicara, saya menelan tanpa tersedak, dan saya tidak akan pernah melupakan pikiran saya... "Apakah itu yang saya pikirkan?"

Sejak itu

Para dokter mengkonfirmasi bahwa itu memang seperti yang saya duga ketika saya menemui mereka beberapa hari kemudian. Suara saya telah pulih sepenuhnya, dan mengutip dokter utama saya, "Saya tidak menemukan bukti bahwa Anda pernah mengalami masalah suara."

Peristiwa itu terjadi pada tanggal 17 Januari 1993, hari Minggu ketiga bulan itu... tepat hari ini. Peristiwa itu terekam dalam video dengan cara yang sangat santai. Peristiwa itu mengubah hidup saya dan telah memengaruhi jutaan orang di seluruh dunia.

Kelas Katakombe mulai merekam pelajaran beberapa dekade sebelum hari Minggu itu. Dalam kelompok besar, kehadiran 100% tidak mungkin. Agar tetap bermanfaat, rekaman kaset dibuat tanpa memandang siapa yang mengajar, dan satu atau dua salinan akan tersedia pada hari Minggu berikutnya. Kaset-kaset itu hanya akan diletakkan di meja belakang dan jika Anda menginginkannya, kaset itu ada di sana. Ketika saya mengatakan, "bukan masalah besar," maksud saya, "bukan masalah besar sama sekali!" Tetapi di gereja dengan lebih dari 20.000 anggota itu, hanya kelas itulah yang merekam pelajaran mereka. Di tempat lain, rekaman itu tidak akan memiliki dampak yang Tuhan inginkan.

Saya tidak meminta untuk mengajar kelas itu, direktur kami berjuang agar saya mengajar. Saya tidak menulis materi saya sendiri, saya menggunakan materi yang dulu disebut "Seri Kitab Alkitab" yang digunakan di seluruh Konvensi. Dan, jangan lupa, saya tidak ingin berada di sana. Kebetulan? Saya rasa tidak.

Sejak hari itu hingga sekarang, saya merayakan pemulihan kemampuan vokal saya. Saya menulis tentang pengalaman itu minggu berikutnya dan menggambarkannya dengan istilah yang menyamakannya dengan Lazarus yang bangkit dari kubur. Rasa syukur dan emosi saya tidak berkurang selama 20 tahun.

Saya telah menjelajahi negara ini dan dunia untuk menceritakan kisah momen itu. Tuhan telah menggunakan saya sebagai contoh nyata kasih karunia dan kuasa-Nya. Saya pernah tampil di acara Oprah dan berbagi kisah saya dengan seorang wanita tua di panti jompo yang tidak bisa berbicara, tetapi menangis ketika saya menceritakan kisah abadi tentang kebaikan-Nya. Saya masih pergi ke mana pun kesempatan diberikan untuk berbagi kisah ini dan saya akan terus melakukannya sampai saya secara fisik tidak mampu lagi.

Jika Anda ingin mendengarkan "The Moment of Healing" sendiri, silakan tonton videonya di YouTube. https://www.youtube.com/watch?v=NuBV3uPxaAc .

Informasi lebih lanjut dapat ditemukan di situs webnya. http://www.nuvouice.org

"Penglihatan" ajaib Ronald Coyne

Pada tahun 1951, mata kanan (Roscoe) Ronald Coyne rusak karena sepotong kawat tersangkut di dalamnya. Infeksi terjadi dan mata tersebut harus diangkat melalui operasi. Ia diberi mata palsu plastik untuk dipakai agar kehilangan matanya tidak terlalu terlihat. Mata palsu itu tidak terlihat normal karena tidak dapat bergerak seperti mata lainnya.

Pada tahun 1952, keluarga Coynes menghadiri Kebaktian Kebangunan Rohani di Tenda Mukjizat yang dipimpin oleh Penginjil Daisy Gillock, saudara perempuan Dr. TL Osborn. Ibu Ronald menyuruhnya ke barisan doa karena ia mengalami masalah amandel. Ketika Gillock bertanya apa yang ingin didoakan, ia menjawab masalah tenggorokan. Gillock berdoa dan Coynes mulai menjauh darinya. Gillock menghentikannya dan bertanya apa yang salah dengan matanya karena tampak tidak normal. Ia mengatakan bahwa ia buta di mata itu (tanpa menyebutkan bahwa mata itu telah diangkat). Gillock berdoa untuk mukjizat penglihatan dan hal yang paling menakjubkan terjadi. Ronald mulai melihat dengan mata itu, meskipun sebenarnya tidak ada mata yang berfungsi untuk melihat! Ia diperiksa oleh dokter dan secara luar biasa mereka menyimpulkan bahwa penglihatannya sama sekali tidak mungkin terjadi secara normal. Tidak masalah apakah mata plastiknya terpasang atau tidak. Ia tetap memiliki penglihatan yang ajaib.

Sepanjang hidupnya, Ronald Coynes berkeliling dunia memberikan kesaksiannya tentang penglihatan ajaib. Ia akhirnya menjadi seorang pendeta dengan pelayanan keliling. Ia menghadapi kritik yang intens dan terus-menerus karena banyak orang tidak percaya bahwa Tuhan akan melakukan hal seperti itu. Ia memberikan kesaksiannya dalam pertemuan-pertemuan Kristen, di acara televisi, gereja-gereja, dan di tempat mana pun Tuhan membukakan pintu baginya. Satu-satunya syaratnya adalah ia harus memiliki kesempatan untuk menyampaikan Injil. Sepanjang hidupnya, jutaan orang mendengar Injil Kristus dan kesaksiannya tentang Tuhan yang melakukan mukjizat.

Untuk melihat video Coynes beserta kesaksiannya, tonton video YouTube ini:
https://youtu.be/FD9ULJyRBg4

Wanita Gila Diselamatkan dalam Kebangunan Rohani Charles Finney di Antwerp

Ada dua kasus pertobatan yang sangat mencolok di tempat ini; dan ada dua kasus pemulihan seketika dari kegilaan yang sangat mencolok selama kebangunan rohani ini. Ketika saya memasuki pertemuan pada sore hari di suatu hari Sabat, saya melihat beberapa wanita duduk di bangku gereja, dengan seorang wanita berpakaian hitam yang tampaknya sangat tertekan; mereka sebagian memeganginya, dan mencegahnya keluar. Ketika saya masuk, salah satu wanita datang kepada saya dan mengatakan bahwa wanita itu gila. Saya mengatakan beberapa patah kata kepadanya; tetapi dia harus pergi; dan bahwa dia tidak dapat mendengar doa, khotbah, atau nyanyian apa pun; bahwa neraka adalah bagiannya, dan dia tidak dapat menahan apa pun yang membuatnya memikirkan surga.

Saya memperingatkan para wanita secara pribadi untuk menahannya di tempat duduknya, jika memungkinkan, tanpa mengganggu pertemuan. Begitu nyanyian dimulai, dia berusaha keras untuk keluar. Tetapi para wanita menghalangi jalannya; dan dengan baik hati, tetapi gigih mencegahnya pergi. Setelah beberapa saat dia menjadi tenang, tetapi tampaknya menghindari mendengar atau memperhatikan semua nyanyian. Kemudian saya berdoa. Tuhan memberi saya semangat doa yang besar dan sebuah ayat dari Ibrani: "Marilah kita dengan berani menghampiri takhta kasih karunia, supaya kita memperoleh belas kasihan dan menemukan kasih karunia untuk menolong kita pada waktu dibutuhkan."

Tujuan saya adalah untuk mendorong iman, dalam diri kita sendiri, dan dalam dirinya; dan dalam diri kita sendiri untuknya. Saat saya melanjutkan, dia perlahan mulai mengangkat kepalanya dan menatap saya dari balik kerudung hitam panjangnya. Saat saya melanjutkan untuk mendesak orang-orang untuk menjadi korban penebusan bagi Imam Besar kita yang agung, tiba-tiba dia mengejutkan jemaat dengan mengeluarkan jeritan keras. Kemudian dia hampir menjatuhkan diri dari tempat duduknya, menundukkan kepalanya, dan saya dapat melihat bahwa dia "sangat gemetar." Saat saya melanjutkan, dia mulai melihat ke atas lagi, dan segera duduk tegak, dengan wajah yang berubah secara menakjubkan, menunjukkan sukacita dan kedamaian yang penuh kemenangan. Ada pancaran di wajahnya yang jarang saya lihat pada wajah manusia mana pun. Sukacitanya begitu besar sehingga dia hampir tidak dapat menahan diri sampai pertemuan selesai; dan kemudian dia segera membuat semua orang di sekitarnya mengerti bahwa dia telah bebas. Dia memuliakan Tuhan dan bersukacita dengan kemenangan yang luar biasa. Sekitar dua tahun kemudian saya bertemu dengannya, dan mendapati dia masih penuh sukacita dan kedamaian.

Diambil dari otobiografi Charles Finney.

Gadis yang otaknya "berubah menjadi bubur" kini telah sembuh dan akan lulus SMA.

Kisah ini diceritakan oleh ibu Taylor, Stacy Henningsen. Pada September 2011, hanya dua minggu setelah memulai tahun pertamanya di sekolah menengah, Taylor Hale mengalami cedera otak traumatis saat bermain-main dengan teman-temannya setelah pertandingan sepak bola sekolah menengah. Dia tergelincir dari kap mobil dan kepalanya membentur trotoar dengan keras. Perjalanan hidupnya yang luar biasa — dari dinyatakan mati otak, menurut keluarganya, hingga kini bersiap untuk kuliah — pertama kali didokumentasikan di Des Moines Register.

Mesin-mesin memantau pembengkakan di otak Taylor. Keluarga dan teman-teman terus berdatangan untuk menjenguknya, tetapi dokter memperingatkan para pengunjung agar tidak berbicara atau membuat suara keras yang dapat merangsang Taylor secara berlebihan. Sekitar seminggu kemudian, kondisi Taylor semakin serius: Ia

mengalami pendarahan otak. “Otaknya telah bergeser ke bawah ke tulang belakangnya… Otaknya telah hancur,” kata Henningsen. “Mereka harus melakukan CPR dan melakukan upaya ekstrem untuk menyelamatkannya.”
“Keesokan harinya, [para dokter] berkata, 'Maaf — tidak ada lagi yang bisa kami lakukan untuknya. Sebaiknya Anda mengucapkan selamat tinggal,'” kata Henningsen. “Kami mulai membicarakan pengaturan pemakaman.” Para dokter memberi tahu keluarga Taylor bahwa mereka 95 hingga 99 persen yakin dia tidak akan pernah bangun lagi, kata Henningsen.

Setelah menyatakan otaknya mati, mereka menghentikan pengobatan dan pemberian oksigen. Keluarga berdoa. Seorang ahli kiropraktik yang telah merawat bibi buyut Taylor juga berdoa untuk gadis itu, mengunjungi kamar rumah sakitnya untuk meletakkan tangannya di belakang lehernya. “Beberapa jam kemudian, dokter datang dan pada dasarnya memberi tahu kami, 'Kami tidak tahu bagaimana menjelaskannya secara medis kepada Anda, tetapi dia bernapas sendiri,'” kata Henningsen.

Taylor membuka matanya dan menggerakkan jari tangan dan kakinya. Namun, dokter memperingatkan keluarga bahwa peluangnya untuk bisa berjalan lagi sangat kecil, dan jika pun bisa, ia akan terhubung dengan selang makan seumur hidup. Melalui kerja keras dan kegigihan, Taylor perlahan-lahan mendapatkan kembali kemampuan untuk berjalan, makan, dan melakukan hampir semua hal lain yang biasa dilakukannya sebelumnya, kata ibunya.

Pada hari Senin, dia akan lulus dari sekolah menengahnya. Dia berbicara kepada News di sela-sela kelas terakhirnya di sekolah dan perjalanan ke mal untuk membeli gaun untuk pesta kelulusannya — hari yang ibunya tidak yakin akan pernah datang untuk Taylor setelah kecelakaan yang dialaminya. “Saya sering memikirkannya,” kata Hennsingsen. “Ini benar-benar sebuah keajaiban.”

Warga Phoenix Sembuh dari Kanker Berkat William Branham pada Maret 1948

September lalu saya pergi ke Dr. Weldon Baker, North Second Street, Phoenix, Arizona, dan beliau melakukan dua kali rontgen. Beliau menemukan bahwa saya menderita kolitis parah, jantung saya membesar karena racun, hanya seperlima hati saya yang aktif, dan ada beberapa batu sebesar kuku ibu jari saya di sisi kanan hati saya. Saya memulai pengobatan selama enam minggu, tetapi kemudian menjadi sangat sakit. Dr. Anderson memeriksa saya dan mengatakan bahwa saya menderita kanker, tetapi telah menunggu terlalu lama sebelum mencari pertolongan. Saya menjadi sangat sakit dan tidak dapat menjalani pengobatan lagi. Usus besar saya harus dibuka agar kotoran dapat keluar. Saya mengalami kondisi yang sangat buruk. Dr. Baker datang, dan para orang kudus sedang berdoa ketika beliau tiba. Beliau kemudian memberi tahu saya bahwa saya telah meninggal selama dua menit, tetapi Yesus telah mendengar seruan para orang kudus.

Saya terbaring di tempat tidur selama sembilan minggu dan kehilangan 40 pon berat badan. Kadang-kadang kondisi saya sangat buruk sehingga saya tidak bisa menelan air selama lima hari. Kemudian datang pengumuman bahwa William Branham akan datang ke Phoenix pada tanggal 2 Maret untuk berdoa bagi orang sakit dan yang menderita. Suami saya berada di gereja lebih awal pada Minggu malam pertama itu, tetapi Saudara Branham tidak dapat menemui saya. Ia juga tidak dapat menemui saya pada malam berikutnya, meskipun saya menyaksikan banyak mukjizat penyembuhan orang lain. Keesokan harinya saya dibawa lagi, tetapi ketika saya sampai di gereja, saya menjadi sangat sakit. Mereka membawakan tempat tidur lipat untuk saya, tetapi saya tidak ingat kapan saya berbaring.

Saat pertama kali saya sadar, Saudara Branham berbicara kepada saya, berkata: "Lihatlah aku, Saudari." Awalnya hanya bisikan samar, tetapi pada kali ketiga ia mengulanginya, saya mencoba membuka mata. Setelah beberapa saat saya bisa melihat sedikit bayangan dan ia bertanya apakah saya percaya apa yang ia katakan. Saya berkata, "Ya, karena saya bisa melihat malaikat berdiri di samping Anda." Saudara Branham kemudian berkata, "Saudari, imanmu telah menyelamatkanmu. Kanker itu menyebar di seluruh perutmu, tetapi Tuhan telah menyembuhkanmu. Setiap akar terkutuk dan kamu akan sembuh jika kamu terus percaya, meskipun akan membutuhkan waktu satu bulan atau enam minggu untuk membusuk. Dalam 72 jam dari sekarang kamu akan sangat sakit dan kesakitan, tetapi tetaplah percaya dalam segala hal." Kemudian Tuhan berbicara melalui Saudara Branham, dan minyak hangat mulai mengalir melalui kepala saya dari luar dan dalam dan sampai ke kaki saya. Saat minyak itu turun, rasa sakit hilang sepenuhnya dan saya merasa sangat kuat. Saya turun dari tempat tidur sambil berteriak dan menari dan dapat menghadiri lima kebaktian lain yang diadakan Saudara Branham di Phoenix.

Setelah 72 jam berlalu, saya jatuh sakit parah, dan kesakitan sekali sampai saya tidak bisa menangis. Saya sakit parah selama lebih dari dua minggu, kemudian saya mulai makan apa pun yang saya inginkan, padahal sebelumnya saya hanya mengonsumsi jus buah dan sup. Tujuh minggu setelah saya didoakan, saya menjalani beberapa kali rontgen lagi dan hasilnya menunjukkan bahwa saya telah sembuh total. Dr. Baker mengatakan kepada saya bahwa saya boleh menceritakan semua ini, dan dia dengan senang hati akan menunjukkan hasil rontgen kepada siapa pun yang ingin melihatnya, atau dia akan berbicara dengan mereka secara pribadi. Saya memuji Yesus untuk itu!

Nyonya Hattie Waldrop, Jalan Adams, Phoenix, Arizona

Wanita yang Sekarat Disembuhkan di Bawah Perawatan John Alexander Dowie

Kesaksian ini diterbitkan dalam Buletin Daun Penyembuhan tanggal 5 Februari 1897. (Catatan: konsumsi adalah nama lama untuk tuberkulosis.)

GRIFFITH, IND. 20 Januari 1897.

Kepada Dr. & Ny. Dowie,

Saya merasa senang sekaligus berkewajiban untuk menambahkan kesaksian saya kepada ratusan kesaksian lainnya—tentang kesembuhan sempurna saya—dari berbagai penyakit, melalui Tuhan kita Yesus Kristus.

Karena kesehatan saya tidak pernah membaik dan, setelah perjalanan yang melelahkan ke Pantai Atlantik pada Oktober 1894, dan sekembalinya saya langsung melanjutkan tugas kantor, saya bekerja terlalu keras, dan pada tanggal 3 November saya terserang pendarahan paru-paru.

Awalnya kami menggunakan jasa Dr. Pettibone, dari Crown Point, Indiana. Saya rasa beliau merawat saya selama sekitar dua bulan, tetapi gagal memberikan kesembuhan. Kondisi saya malah memburuk. Tidak hanya pendarahan yang terus berlanjut, tetapi penyakit lain pun muncul. Beliau telah melakukan semua yang bisa dilakukannya untuk saya.

Pada tanggal 1 Januari 1895, suami saya mempekerjakan Dr. Vincent, salah satu dokter senior dan paling cakap di Valparaiso, Indiana. Beliau menyatakan kasus saya sangat serius. Namun, pergantian dokter tersebut tidak membawa perubahan positif. Kondisi saya terus memburuk.

Saat itu saya menderita kelelahan saraf, pendarahan paru-paru, cairan di sekitar jantung, tuberkulosis, tukak tenggorokan yang bersifat kanker, pembengkakan hati, dan apa yang dikenal sebagai penyakit TBC. Gejalanya seperti usus yang menyusut. Serangan lemas, meskipun awalnya singkat, kini berlangsung berjam-jam, dan dokter mengira saya tidak akan bisa bertahan hidup hingga bulan Maret. Namun, ia tetap melanjutkan perawatan saya hingga, saya kira, bulan Juni.

Kemudian ia memberi tahu suami saya bahwa ia tidak yakin ada kemungkinan saya sembuh, dan percuma saja ia melanjutkan kunjungannya. Ia juga memberi tahu teman-teman saya di Valparaiso bahwa waktu saya tinggal sedikit lagi. Selama dua minggu berikutnya saya hanya minum sedikit obat, dan anehnya saya menjadi sedikit lebih kuat. Kami sangat terdorong, dan merasa tidak boleh menyerah, tetapi harus mencoba dokter lain yang lebih baik.

Seorang teman kami merekomendasikan Dr. Hilldebrand, dari Chicago. Setelah pemeriksaan menyeluruh, beliau mendiagnosis saya menderita TBC, yang diperparah dengan penyakit lain yang telah saya sebutkan sebelumnya. Beliau menjelaskan tentang tenggorokan saya (beberapa jaringan lunaknya terkikis), bahwa apa yang hilang tidak dapat diganti. Luka-luka di tenggorokan terus mengeluarkan nanah, dan langit-langit mulut berwarna kuning. Setelah menggunakan obat yang diresepkan untuk tenggorokan, lebih banyak luka muncul, dan di bawah perawatannya kondisi saya memburuk dengan sangat cepat.

Kemudian saya memutuskan untuk tidak minum obat lagi, dan saya menyadari bahwa hidup saya lebih berharga tanpa obat daripada dengan obat. Seorang teman kami, Tuan Wood, agen klaim di C. & GTRR, memberi tahu saya tentang seorang pria hebat di Chicago yang dapat menyembuhkan segala macam penyakit tanpa minum obat. Saya hampir tidak percaya, tetapi dia terus-menerus mendesak saya untuk pergi, dan mengatakan bahwa dia pikir masih ada kesempatan bagi saya untuk sembuh.

Saya setuju, asalkan saya bisa sampai ke sana. Kami mengirimkan permohonan doa kepada Anda, dan saya mendapatkan sedikit kekuatan sehingga dalam waktu sekitar seminggu (meskipun sudah tidak dapat diselamatkan oleh teman-teman dan dinyatakan tanpa harapan oleh dokter) suami saya, pada tanggal 18 Agustus, membawa saya ke Divine Healing Home No. 1, 6020 Edgerton Avenue.

Saya sangat kembung (disebabkan oleh cairan di sekitar jantung) sehingga saya tidak dapat mengenakan gaun apa pun; ukurannya hampir tiga inci terlalu kecil. Saya harus mengenakan gaun longgar. Setelah didoakan dan disemayamkan pada hari Senin, sehari setelah kedatangan saya, cairan di sekitar jantung tampaknya berkurang dan kembung pun hilang. Saya menulis surat kepada keluarga saya (yang tinggal tidak jauh dari kota) untuk membawakan gaun saya. Mereka melakukannya, dan saya tidak kesulitan mengenakan gaun-gaun itu.

Pada kali kedua Anda meletakkan tangan dan berdoa bersama saya, saya disembuhkan dari kelelahan saraf, penumpukan cairan di sekitar jantung, pendarahan paru-paru, masalah ginjal, rematik otot, wasir, dan buang air besar dengan normal. Tetapi kesulitan tenggorokan yang mengerikan tetap ada. Pada hari Selasa berikutnya, sekitar seminggu setelah saya berada di sana, di salah satu Pertemuan Rumah, saya meminta Anda untuk memasukkan jari Anda ke tenggorokan saya. Anda melakukannya, dalam nama Yesus, dan penyakit-penyakit mengerikan yang selama berbulan-bulan telah menggerogoti hidup saya semuanya dihancurkan oleh tangan Tabib Agung melalui perantaraan Anda, yang telah diberkati Allah dengan Karunia Penyembuhan.

Saya berada di Panti Asuhan hanya dalam dua minggu, dan pada hari Sabat ketika kami berangkat pulang, kami tidak bisa mendapatkan tumpangan trem, dan suami saya berkata bahwa saya berjalan hampir dua mil, dan sama sekali tidak merasa lelah. Dua bulan setelah saya pulang, saya belajar mengerjakan pekerjaan rumah tangga, dan sejak itu saya mengerjakan pekerjaan saya sendiri.

Sudah satu tahun empat bulan sejak saya sembuh. Kecuali dua kali flu, saya dalam keadaan sehat sempurna, dan tidak henti-hentinya memuji Tuhan atas semua berkat yang telah Dia curahkan kepada saya. Semua luka borok telah hilang, dan bagian-bagian lunak yang rusak dan terpisah akibat penyakit telah menyatu dan sembuh. Suara saya sangat kuat. Saya baru saja mengatur untuk mengikuti pelajaran 'pelatihan vokal' ketika saya terserang flu yang cukup parah. Saya pergi ke Zion Home untuk waktu singkat. Anda berdoa bersama saya, dan saya sembuh.

Sekarang saya dalam keadaan sehat. Saya sangat senang mengunjungi Zion Home dan mendengarkan petunjuk-petunjuk luar biasa yang kami terima dari Anda dan Ibu Dowie tentang cara indah Tuhan menyembuhkan "anak-anak-Nya yang sakit" jika mereka mau menaruh kepercayaan mereka hanya kepada-Nya.

Saya sungguh berharap kesaksian ini dapat menjangkau banyak orang yang menderita, dan agar mereka terdorong untuk mencari Tabib Agung untuk penyembuhan Roh, Jiwa, dan Tubuh mereka. Saya mendapati bahwa semakin dekat saya di kaki Yesus, semakin berlimpah karunia-Nya bagi saya.

Kepada Dr. dan Ny. Dowie yang terhormat, setiap hari saya berdoa agar Anda berdua berhasil dalam "Pergerakan Maju Menuju Sion," dan agar Anda berdua diberi umur panjang hingga Injil yang indah ini tersebar ke seluruh dunia.

Dengan setia, dalam nama Yesus,

NYONYA LULU DAYTON

PTSD dan Kerusakan Saraf Disembuhkan

Dave pulang dari perang dengan gejala PTSD parah dan kerusakan saraf. Ia menggunakan kursi roda dan terus-menerus merasa seperti sedang disayat dengan pisau cukur, kulitnya terasa seperti disiram asam, dan ia merasa tulangnya dihancurkan. Ia sangat sensitif terhadap cahaya terang dan suara keras. Ia bahkan tidak bisa merasakan salah satu tangannya. Kondisi emosionalnya selalu diliputi rasa takut dan waspada. Ia tidak tahan berada di tengah keramaian dan hampir tidak bisa menghabiskan waktu bersama keluarganya. Hidupnya hancur secara fisik dan emosional. Ia menemui banyak dokter, tetapi tidak menemukan kesembuhan.

Dave pergi ke pertemuan Randy Clark di mana dia menemui Randy untuk mengajukan pertanyaan. Dia bahkan tidak yakin bagaimana dia bisa sampai ke depan karena begitu banyak orang yang berdesakan. Randy melepas mikrofonnya dan mendengarkan cerita Dave. Randy meminta anggota tim doa bernama Mike untuk mendoakan Dave. Mike menggenggam tangan Dave, yang membuatnya sangat gugup. Mike juga menatap langsung ke mata Dave dan tidak membiarkannya menundukkan kepala karena dia diliputi rasa bersalah dan malu atas apa yang terjadi padanya selama perang. Dia dihantui oleh gambaran-gambaran itu dan rasa sakit emosional yang melekat padanya.

Dave mulai berkeringat dan merasa ingin melarikan diri. Mike memeganginya dan membimbingnya melalui langkah-langkah penyembuhan. Waktu berdoanya tidak lama, mungkin sekitar 5 menit. Dave mengatakan bahwa rasanya seperti Yesus menyentuhnya. Kedamaian menyelimutinya seperti yang belum pernah ia rasakan sejak kecil. Ketika sampai di rumah, Dave mengatakan rasanya seperti melayang masuk ke rumahnya. Istrinya langsung melihat perbedaannya dan bertanya apa yang terjadi. Dia hanya berteriak, "Aku bebas." Istrinya berkata, "Sayang, sepertinya kamu telah kehilangan beban 2000 pon dari pundakmu dan aku tidak tahu siapa dirimu."

Dave sudah bisa keluar dari kursi rodanya dan berhenti minum obat. Dia bermain dengan anak-anaknya, memeluk mereka, dan tidak lagi takut. Dia pergi ke pertemuan lanjutan Randy Clark. Tangan kirinya masih mati rasa, tetapi dia berkata kepada Yesus, "Lihatlah semua yang telah Engkau lakukan untukku. Malam ini ketika aku pergi ke pertemuan, semuanya akan terlaksana. Aku tidak butuh siapa pun untuk mendoakanku, aku hanya ingin memuliakan apa yang telah Engkau lakukan." Saat dia duduk di lobi menunggu pintu dibuka, tiba-tiba dia merasakan tangan kirinya. Dia berkata, "Tangan… kau kembali." Tidak ada yang mendoakannya. Tidak ada musik pujian yang diputar. Dia menelepon istrinya dan berkata, "Sekarang aku tidak hanya bebas, tetapi sekarang aku bisa menyentuh tanganku, aku bisa merasakan tanganku, aku bisa merasakan jari-jariku. Aku bisa menari dan itu tidak menyakitiku dan lampu-lampu tidak menyakitiku. Aku bebas dan Yesus telah melakukannya!"

Diambil dari kesaksian ibethel tv berjudul Gangguan Stres Pasca Trauma Sembuh! – 05 Maret 2013. (ibethel.tv memiliki beberapa konten gratis dan berbayar, tetapi Anda harus mendaftar untuk menggunakannya)

Penyembuhan Jo Gummelt Melalui Kathryn Kuhlman

Jo Gummelt adalah istri seorang pendeta Baptis Selatan. Ia sangat sakit karena penyakit ginjal yang sangat langka bernama nekrosis papiler ginjal. Para dokter di daerah Washington, DC belum pernah melihat penyakit ini sebelumnya. Para dokter percaya itu adalah reaksi alergi terhadap obat penghilang rasa sakit yang dijual bebas. Kedua ginjalnya hancur sepertiga bagiannya. Para dokter berharap dapat menstabilkan kondisi ginjalnya. Jo menjalani semua tes yang mungkin. Ia harus beristirahat di tempat tidur selama 12-14 jam sehari. Rambutnya rontok. Para dokter memperingatkannya bahwa infeksi bakteri dapat menyebabkan ginjalnya berhenti berfungsi. Mereka menggambarkan ginjalnya sebagai spons yang lemah dan rentan terhadap serangan apa pun.

Seorang teman mengundangnya untuk pergi ke Pertemuan Penyembuhan Pengusaha Injil Penuh. Sebenarnya dia tidak ingin pergi. Bahkan dia mengenakan topi bulu yang ditarik rendah menutupi wajahnya karena dia tidak ingin ada yang mengenalinya. Kebaktian penyembuhan tidak terhormat baginya. Dia mengaitkannya dengan pertemuan tenda di pinggir kota. Kemudian ketika nama Kathryn Kuhlman diumumkan, dia berpikir, "Oh, bukan pendeta wanita." Dia sangat lemah dan lelah karena kondisinya. Pertemuan itu penuh sesak dan dia dan temannya tiba satu setengah jam terlambat. Jo tidak bisa berdiri karena sangat lelah. Mereka akhirnya duduk di tangga ruang pertemuan.

Tuhan menyuruh dua orang untuk berdiri dan menawarkan tempat duduk mereka kepada para wanita karena mereka harus pergi. Tempat duduk itu berada di bagian kedua, dekat bagian depan. Jo mengira dia sudah memahami Tuhan. Dia telah menjadi seorang Baptis Selatan sepanjang hidupnya. Dia percaya setiap kesaksian telah direkayasa. Dia tidak percaya apa pun yang dilihatnya. Dia benar-benar skeptis. Namun, sesuatu bergejolak di hatinya.

Di akhir kebaktian, Kathryn Kuhlman meminta semua orang yang hadir untuk mengangkat tangan dan menyanyikan "Tuhan, Aku Menerima-Mu." Jo mulai bernyanyi karena dia tahu lagu itu, tetapi dia tidak ingin mengangkat tangannya. Tindakan imannya yang pertama adalah mengangkat tangannya sedikit. Kemudian dia berkata Roh Kudus mengambil alih. Sebelum dia menyadarinya, tangannya sudah terangkat sepenuhnya ke udara. Dia berada di bawah hadirat Tuhan. Rasanya seperti kakinya meregang dan dia berjinjit. Tangannya kemudian terangkat ke atas dalam sikap menerima.

Pada saat itu, perasaan tidak layak, najis, dan rendah diri menyelimuti Jo. Ia belum pernah mengalami hal itu sebelumnya. Kepalanya tertunduk serendah mungkin. Ia tidak bisa mengangkatnya. Ia merasa seperti pemungut pajak yang bahkan tidak bisa mengangkat matanya ke langit karena kesadaran akan dosanya. Jo mulai menangis, dan kemudian sebuah mata air kehidupan mulai mengalir di dalam dirinya.

Dari kejauhan ia mendengar suara Kathryn berkata, "Ya Tuhan, ada kemuliaan pada orang ini." Saat itu Jo tidak tahu apa artinya, tetapi kemudian menyadari bahwa Tuhan ada bersamanya. Kemudian Jo mulai merasakan sensasi air hangat mengalir di atasnya. Kathryn datang menghampiri Jo dan menyentuh pergelangan tangannya. Kehadiran Tuhan meningkat hingga ia merasa seolah-olah "telah terbang ke luar angkasa." Ia merasa ringan dan mengambang di air hangat dan Tuhan sedang memegangnya.

Meskipun Jo tahu bahwa dia telah sembuh, dia tidak langsung mengklaim kesembuhan fisik. Dia hanya mulai menjalani hidupnya secara normal lagi. Dia tidak lagi berbaring di tempat tidur. Dia berhenti minum obat. Dia berhenti pergi ke dokter. Dia berpegang teguh pada Firman dengan cara yang baru. Kemudian dia mengalami pengisian Roh Kudus. Hidupnya berubah. Kehidupan doanya berkembang pesat.

Dalam perjalanan keluarga beberapa waktu kemudian, Jo tiba-tiba menyadari bahwa rambutnya tumbuh kembali. Baginya, ini adalah tanda pasti kesembuhannya. Suaminya bersikeras agar ia kembali ke dokter dan melakukan tes lagi. Dokter melihat hasil rontgen dan berkata, "Saya menutup kasus ini karena Anda sudah sembuh total. Jika Anda mengalami masalah ginjal lagi, itu tidak akan ada hubungannya dengan penyakit ini."
http://www.youtube.com/watch?v=vZF23Gjq0Q0

Seorang pria dibangkitkan dari kematian melalui bantuan seorang ahli jantung.

Dr. Chauncy Crandall adalah seorang ahli jantung dan seorang Kristen. Ia dipanggil ketika Jeff Marken tiba di ruang gawat darurat karena serangan jantung hebat. Pria itu telah meninggal selama 30 menit dan staf telah berusaha menolongnya selama waktu itu. Ketika Dr. Crandall tiba, pria itu jelas telah meninggal. Bahkan Dr. Crandall berkata, "Dia adalah orang yang paling mati yang pernah saya lihat." Seluruh tubuhnya menghitam – tangan, kaki, telapak kaki, dan wajahnya. Kondisi ini disebut sianosis.

Dr. Crandall menyuruh dokter ruang gawat darurat untuk menyatakan Tuan Marken meninggal. Staf mengisi formulir dan perawat mulai melepaskan selang-selang dan mempersiapkan jenazah untuk dibawa ke kamar mayat. Saat Dr. Crandall berbalik untuk meninggalkan ruangan, ia mendengar Tuhan berkata, "Berbaliklah dan doakan orang itu." Ia terus berjalan dan untuk kedua kalinya Tuhan berkata, "Berbaliklah dan doakan orang itu." Dr. Crandall berbalik dan pergi untuk berdoa untuknya. Ia tidak yakin apa yang harus didoakan, tetapi saat ia berdiri di sana, Roh Kudus mengambil alih. Ia berdoa, "Bapa Allah, aku berseru untuk jiwa orang ini. Jika ia tidak mengenal Engkau sebagai Tuhan dan Juruselamatnya, bangkitkanlah dia dari kematian sekarang juga, dalam nama Yesus." Perawat mengira ia gila. Lengan Jeff Marken tiba-tiba terangkat ke udara. Ketika dokter ruang gawat darurat kembali ke ruangan, Dr. Crandall berkata, "Kejutkan orang ini sekali lagi." Dokter ruang gawat darurat tidak ingin melakukannya, tetapi melakukannya untuk menghormati permintaan Dr. Crandall. Ia mengejutkan pasien itu sekali lagi dan seketika detak jantung yang sempurna muncul di monitor. Para dokter dan perawat terkejut. Kemudian dada mulai bergerak, diikuti perut, tangan, dan kaki. Mereka segera membawanya ke ruang perawatan intensif. Saat itu Jumat malam. Dr. Crandall menelepon rekannya dan memberitahunya bahwa Jeff Marken telah dibangkitkan dari kematian dan bahwa ia akan hidup karena tampaknya ia mendapat panggilan dari Tuhan dalam hidupnya.

Ketika Dr. Crandall masuk pada Senin pagi dan Jeff Marken sedang duduk di tempat tidur, Dr. Crandall bertanya kepada Jeff apa yang telah dialaminya selama dirawat di rumah sakit. Jeff menggambarkan dirinya sendirian di dalam peti mati di tempat gelap untuk waktu yang terasa seperti selamanya. Kemudian beberapa makhluk membungkusnya dan membuangnya seperti sampah. Jeff sangat terpukul oleh apa yang dialaminya. Dr. Crandall mengatakan kepadanya bahwa jika dia menerima Yesus, dia tidak akan pernah sendirian dan tidak akan pernah dibuang. Jeff menerima Yesus saat itu juga.

Jeff telah diberi kesempatan kedua oleh Yesus. Ia tidak mengalami komplikasi setelah meninggal selama lebih dari 40 menit. Ia menjalani pemeriksaan rutin tetapi tidak memiliki masalah jantung. Dr. Crandall mengatakan bahwa hari itu bukanlah hari di mana ia memiliki "iman yang besar," ia hanya ingin melanjutkan pekerjaannya. Namun, karena ia berhenti dan berdoa dengan iman yang kecil yang dimilikinya, Tuhan menggunakannya dengan cara yang ajaib ini. Dr. Chauncey telah menulis sebuah buku tentang pengalamannya yang berjudul "Membangkitkan Orang Mati." (Kami menjual buku ini di toko buku kami.)

Dengarkan kesaksian lengkap yang diberikan Dr. Crandall di CBN kepada Pat Robertson.
http://www.youtube.com/watch?v=EL2i64j2FZE

Kisah menakjubkan tentang penyembuhan ajaib di akhir tahun 1700-an.

Cuplikan dari "Pengobatan Iman Lainnya" yang diterbitkan oleh Dr. Charles Cullis pada tahun 1885. Berikut ini adalah kisah tentang penyembuhan yang sangat unik, yang kebenarannya telah dibuktikan dengan sangat baik sehingga tidak diragukan lagi, disalin dari sebuah majalah London lama tahun 1788. Tuhan di sepanjang zaman tidak pernah membiarkan diri-Nya tanpa kesaksian tentang kuasa dan keilahian-Nya yang kekal, seperti yang akan tampak dalam narasi berikut.

Sebuah gereja di Tiverton, di wilayah Barat, berkumpul bersama, dan memiliki seseorang di antara mereka yang mereka tunjuk sebagai pendeta mereka. Atas persetujuan atau perintah mereka, sebuah surat dikirim ke sebuah gereja di Colchester untuk pemberhentian seorang anggota yang ditunjuk sebagai pendeta mereka; dan juga sebuah klausul dalam surat tersebut untuk petunjuk mengenai penahbisan, apakah dianggap perlu untuk menumpangkan tangan. Karena gereja di Colchester tersebut sedang tidak ada pendeta, saya diminta untuk menjawab surat tersebut, dan ketika saya sampai pada poin mengenai penahbisan, saya menulis sebagai berikut, "Penumpangan tangan adalah hal yang tidak penting, hanya untuk menunjukkan orang yang ditahbiskan, karena tidak memiliki kekuatan untuk memberikan karunia pelayanan apa pun kepada orang yang ditahbiskan tersebut. Kami lebih menganggapnya sebagai upacara primitif, seperti pengurapan orang sakit dan pembasuhan kaki, yang telah berakhir pada masa hidup para Rasul, dan dengan karunia penyembuhan yang luar biasa."

Surat yang ditulis demikian dibawa ke gereja untuk disetujui dan ditandatangani oleh mereka; tetapi beberapa menolaknya, dan menjawab bahwa mereka percaya pengurapan dengan minyak, dan juga penumpangan tangan, adalah tata cara dalam gereja, dan harus tetap dikhotbahkan; yang saya bantah dan mengutip penulis yang telah saya baca yang menentangnya; tetapi tidak ada gunanya, karena mereka tidak mau menandatangani surat itu, dan surat lain ditulis sesuai dengan pikiran mereka sendiri.

Sejak saat itu jiwaku diliputi kegelapan yang mendalam, sehingga aku sering mempertanyakan keberadaanku di dalam Kristus Yesus, dan aku berpuasa dan berdoa selama berhari-hari memohon kembalinya terang wajah Allah; dan demikianlah yang kulakukan selama dua bulan, hingga akhirnya, ketika berada di St. Edmund's Bury, Suffolk, menjelang akhir Desember, aku diminta untuk berdoa bersama seorang pria dan wanita yang telah lama menderita. Saat berdoa, aku merasa sangat gelap dan berpikir bahwa aku lebih perlu berdoa untuk diriku sendiri daripada orang lain, yang kulakukan dengan kata-kata ini: "Mengapa Engkau meninggalkan aku, ya Tuhan, mengapa Engkau menyembunyikan wajah-Mu dariku? Kembalilah, kembalilah, ya Tuhan, dan pancarkan terang wajah-Mu kepadaku." Permohonan itu segera dijawab oleh pikiran yang terlintas di benakku, bahwa aku telah mengingkari perintah-perintah-Nya, yaitu pengurapan dan penumpangan tangan. Aku menjawab lagi dalam hatiku sendiri, "Tuhan, jika aku tahu itu adalah ketetapan-ketetapan Allah, aku tidak akan dengan sengaja mengingkarinya, atau hal lain apa pun."

Maka saya yakin bahwa tata cara penumpangan tangan dan pengurapan dengan minyak masih dilakukan di gereja; dan jika saya mempraktikkannya, Tuhan akan mengakuinya. Kemudian, dengan tekad ini, keinginan saya dikabulkan, karena Tuhan menebarkan terang wajah-Nya kepada saya, dan doa saya berubah menjadi pujian; dan ketika saya selesai berdoa, wanita itu lumpuh karena kelumpuhan di satu sisi tubuhnya. Saya berkata kepadanya, "Nyonya, saya percaya jika Anda diurapi dalam nama Tuhan, anggota tubuh Anda akan dipulihkan karena saya sangat yakin akan hal yang belum lama ini saya tentang dengan sangat keras." Dia mengatakan kepada saya bahwa dia tidak dapat menerimanya, dan dia juga tidak mempercayainya. Saya mencoba berargumen dengannya, tetapi tidak berhasil.

Jadi pada hari itu saya kembali ke Colchester, dan pergi ke rumah seorang wanita bernama Mary Munnings, seorang janda yang memiliki toko topi di dekat pasar. Saya menceritakan kepadanya bagaimana saya telah yakin akan tata cara pengurapan dengan minyak dan lebih lanjut mengatakan kepadanya, saya sangat percaya bahwa Tuhan akan mengakui tata cara-Nya sendiri. Dia sangat terkejut, karena tahu betapa kerasnya saya menentangnya beberapa waktu sebelumnya; dan mengira itu hanya khayalan, dia bertanya, apakah saya memiliki keyakinan dalam penerapannya pada putrinya, yang lumpuh, seperti yang akan terlihat jelas dalam kisah ini. Saya menjawab ya, saya percaya, dan bertanya kepadanya apakah dia percaya itu adalah sebuah tata cara? Dia berkata, dia percaya.

Lalu aku melihat ke dalam ruangan tempat putrinya yang disebutkan tadi duduk, dan berkata, "Anakku! Apakah engkau percaya bahwa Tuhan dapat menyembuhkanmu ?" Ia menjawab, "Tangan Tuhan tidaklah terlalu pendek sehingga Ia tidak dapat menyelamatkan, dan telinga-Nya tidaklah terlalu tuli sehingga Ia tidak dapat mendengar." "Baiklah," jawabku, "jika Anda percaya pada kemampuan-Nya, saya percaya pada kemauan-Nya. Kemudian ibunya bertanya apakah saya bersedia mengurapi putrinya? Saya mengatakan kepadanya bahwa saya bersedia, tetapi karena ini hari terakhir dalam seminggu, saya tidak dapat melakukannya sekarang karena saya harus belajar. Jadi saya meninggalkan mereka, dan pada hari kedua minggu berikutnya, ketika saya hendak menjelaskan, seperti kebiasaan saya, Nyonya Munnings yang disebutkan tadi ada di sana, dan dia menganggap itu waktu yang paling tepat untuk mengurapi putrinya, selagi saya dipenuhi Roh dan kasih karunia Allah. Sesuai permintaannya, saya pergi bersamanya ke rumahnya; dan dia menyuruh pelayannya untuk membeli minyak seharga satu sen, dan mengatakan kepada saya bahwa dia berharap saya akan menepati janji saya untuk mengurapi putrinya. Saya mengatakan kepadanya bahwa janji buruk lebih baik dilanggar daripada ditepati, tetapi jika saya dapat menemukan dasar dalam Firman Tuhan, saya akan melakukannya. Meminta Alkitab, saya tidak ingin diganggu, dan mencari dari ujung ke ujung selama tiga jam, dari jam sembilan sampai jam dua belas, di mana saya telah mengumpulkan sebagian besar ayat-ayat Kitab Suci, baik untuk tata cara ibadah maupun untuk penguatan iman, seperti Yakobus 5:14, Markus 6:13, Markus 11:24, yang terakhir saya sebut sebagai meterai bagi tugas saya.

Setelah itu, aku menutup Alkitab dan berkata kepada ibu dan saudari lain yang hadir, "Aku tidak hanya menemukan perintah, tetapi juga meterai untuk itu." Maka aku mulai melaksanakan tata cara berikut: Pertama-tama aku berdoa, agar iman kita terhadap tata cara itu semakin kuat, dan agar kita juga dapat berpegang pada janji itu; kemudian aku memisahkan minyak dari penggunaan umum untuk penggunaan khusus, melalui doa.

Kemudian aku mengurapinya dalam nama Tuhan Yesus Kristus dari Nazaret, di tempat yang sakit, tiga kali, sesuai dengan jumlah pribadi Tritunggal; tetapi perhatikan, ketika aku hendak mengurapi pergelangan kakinya, aku terkejut, karena kelumpuhannya adalah sebagai berikut: tulang pinggulnya menonjol di bawah lengannya ; kakinya bengkok dan pergelangan kakinya terlepas dari tempatnya, sehingga di bagian dalam tidak terlihat, kaki kirinya berbentuk tunggul, di samping kelemahan tubuhnya yang lain karena kehilangan anggota tubuhnya. Ibunya berkata bahwa ia tidak tahu apakah anaknya dilahirkan seperti itu atau tidak, karena ia baru menyadarinya ketika anaknya masih bayi, dan ketika anaknya hampir berusia enam belas tahun, banyak orang yang dimintai bantuan oleh ibunya tetapi tidak ada gunanya, ia terus bertambah parah.

Akhirnya ia mengajukan permohonan kepada seorang ahli bedah terkemuka, yang mengatakan kepadanya bahwa ia tidak akan menerima uangnya, karena tidak ada seorang pun di dunia yang dapat membantunya, atau mengembalikan tulang-tulangnya ke tempat yang seharusnya, karena urat-uratnya menyusut dan berkumpul di bawah pahanya sebesar telapak tangan pria, dan seluruh sisi tubuhnya begitu lemah sehingga ia tidak dapat membawa beban seberat empat pon di sisi itu." Ketika saya melihat kakinya yang begitu cacat, karena saya belum pernah melihatnya sebelumnya, wajah saya muram, dan saya berkata dalam hati, "Tentu, saya lebih buruk daripada orang gila, — dapatkah tulang yang bengkok diluruskan?" dan dengan itu rasa gemetar yang hebat mencengkeram saya sehingga saya tidak dapat menahan tangan saya (kecuali dengan bantuan tangan yang lain) untuk mengolesinya, dan sementara saya dalam kebingungan, ayat ini terlintas dalam pikiran saya, "Meskipun kamu belum percaya, Ia tetap setia dan tidak dapat menyangkal diri-Nya."

Maka, segera setelah aku mengurapi dia, aku berlutut, seolah-olah dalam penderitaan, dan mengucapkan kata-kata ini: "Tuhan, aku telah melakukan bagianku, aku telah menyelesaikan tugasku; Tuhan, aku menyerahkan pekerjaan ini ke tangan-Mu untuk diselesaikan!" Dan sementara aku berkata demikian, aku jatuh seolah-olah dalam ekstasi, dan lihatlah, seolah-olah langit terbuka, dan Kristus di sebelah kanan Bapa menyampaikan sebuah permohonan. Kemudian aku berseru, "Tuhan, itulah permohonan kami, dan kami menantikan jawabannya."

Ibu dan saudara perempuannya heran dengan ungkapan itu; tetapi segera setelah saya mengatakannya, kata-kata ini disampaikan kepada saya, "Terjadilah kepadamu sesuai dengan imanmu." Saya menjawab, "Saya percaya dia akan disembuhkan." Dan kemudian saya mendapat jawaban ini,

"Ya, dia akan disembuhkan." Kemudian, sebelum saya beranjak dari lutut, saya memuji Tuhan karena telah menyembuhkannya; dan setelah selesai, saya berdiri dan berjalan beberapa putaran mengelilingi ruangan; lalu duduk, dan menatapnya, berkata: "Anakku, Tuhan telah menyembuhkanmu." Ibunya menjawab, "Tuan, apa, maksudmu mengatakan itu sebelum kau tahu?" Saya menjawab, "Singkirkan ketidakpercayaan! Anakku, Tuhan telah menyembuhkanmu."

Ibunya menjawab seperti sebelumnya; lalu aku menjawab untuk ketiga kalinya, dengan lebih sungguh-sungguh dari sebelumnya, "Anakku, Tuhan telah menyembuhkanmu." Kemudian ia bangkit dan berkata, "Apa yang harus kuberikan kepada Tuhan sebagai balasan atas segala kebaikan-Nya! Sebab, ketika engkau menyatakan aku sembuh untuk kedua kalinya, tulang-tulangku patah tanpa rasa sakit sedikit pun, dan kembali ke tempatnya." Dan dengan takjub kami melihatnya berdiri tegak dan sehat, dan lebih tinggi satu jengkal dari sebelumnya. Lalu ia mengulurkan kakinya, menunjukkan pergelangan kakinya kepada kami, dan semuanya baik-baik saja; penyakit tubuhnya pun hilang, dan jiwanya, bersama jiwa kami, dipenuhi dengan kasih sayang Tuhan, sehingga kami tidak tahu bagaimana harus menahan diri.

"Ayo," kataku kepada ibu dan saudara perempuannya, "mari kita menyanyikan pujian kepada Tuhan." "Tidak," kata ibunya, "tetangga akan mendengar kita. Karena saat itu baru pukul tiga pagi di hari Tahun Baru lalu." Aku menjawab, "Jika kita diam, batu-batu di jalan akan berseru menentang kita." Maka kami bernyanyi secara spontan dan mengakhiri pagi itu dengan berkat dan memuji Tuhan. Pagi harinya ibunya berkata, "Pergilah, lihat apakah adikmu tidak berseru." Ia naik ke atas dan membawanya turun, karena adiknya adalah anak yang sehat dan hampir berusia lima tahun. Maka keesokan harinya, ketika beberapa anggota gereja dipanggil berkumpul, dihabiskan untuk memuji Tuhan.

Ditandatangani pada pertemuan gereja kami; Kami yang namanya tertulis di bawah ini (anggota perkumpulan yang sama) menyatakan kebenaran hal ini, dan tidak mengetahui cara lain yang telah digunakan, selain bahwa Tuhan telah menunjukkan kuasa-Nya yang besar di sini — Thomas Power, Nathaniel Hicks, John Blackfill, Thomas Pettly, Daniel Hart, Robert Harris, Benjamin Smith, William Rawlings, John Maxey, Samuel Todd, John Browne, Joseph Ellingsford, Francis Howard, Philip Stowars, Jeremiah Baxter." Narasi di atas ditandatangani dan disumpah oleh banyak orang lainnya, di antaranya seorang ahli bedah yang telah memeriksa dan merawat gadis tersebut.

Seorang Wanita Sembuh dari Ketulian di Pertemuan George Jeffries

Kesaksian lebih lanjut tentang khasiat penyembuhan adalah kisah seorang guru sekolah yang terkasih yang disembuhkan secara ajaib saat Kepala Sekolah Jeffreys sedang berkhotbah. Kejadian ini terjadi di Hull pada tahun 1922. Beberapa tahun sebelumnya, saudari ini mengalami kecelakaan yang sangat serius, di mana dasar tengkoraknya retak, dan mengakibatkan gegar otak. Sebuah tulang kecil di kepala patah, yang menusuk gendang telinga kiri, membuatnya tuli total. Seorang dokter menyatakan bahwa hanya keajaiban yang dapat mengembalikan pendengarannya.

Akibat kecelakaan itu, saudari ini mengalami sakit kepala yang hebat. Pada salah satu pertemuan khusus yang diadakan di Hull pada tahun 1922, Tuhan melakukan pembebasan yang luar biasa ini. Tanpa satu pun tangan diletakkan di atasnya, ia langsung sembuh sepenuhnya. Ia menambahkan, "Tuhan memberi saya telinga yang baru." Kehidupan Ilahi memenuhi seluruh keberadaannya dengan kemuliaan yang tak terkatakan.

Cuplikan dari "Healing Rays" karya George Jeffreys.

Seorang Wanita di Australia Sembuh dari Berbagai Penyakit

Hai, nama saya Lars dan saya ingin menceritakan bagaimana Tuhan secara ajaib menyembuhkan teman saya Rebecca dari berbagai penyakit, termasuk tuli, fibromyalgia, sindrom kelelahan kronis, sindrom iritasi usus besar, tinnitus, dan rhinitis.

Rebecca bersekolah dengan Claudia dan Billy, yang telah lama menjadi penganut Kristen di jemaat kami. Tak lama setelah mengenal mereka, orang tua Rebecca menyuruhnya untuk tidak bergaul dengan mereka, karena mereka mengira mereka adalah bagian dari sekte, namun hal itu tidak menghentikan Rebecca dan persahabatan yang baik pun berkembang di antara mereka. Namun, selama bertahun-tahun mereka kehilangan kontak, karena Rebecca pindah ke Dunfermline pada usia 19 tahun untuk melanjutkan studi.

Saat itu ia tuli di telinga kanannya: Ia menderita gangguan pendengaran sensorineural bawaan. Dokter menemukannya ketika ia berusia 4 tahun, dan saat ia remaja ia harus mulai menggunakan alat bantu dengar. Ia didiagnosis menderita fibromyalgia ketika berusia 14 tahun, meskipun ia telah menderita penyakit tersebut serta banyak kondisi kesehatan lainnya untuk beberapa waktu sebelumnya. Beberapa di antaranya meliputi: sindrom kelelahan kronis, TMJD (nyeri sendi rahang), epikondilitis (tennis elbow), sindrom patellofemoral (lutut pembantu rumah tangga), sindrom iritasi usus besar, tinnitus, dan rinitis.

Sampai Rebecca berusia 19 tahun, ia berhasil menjalani hidup dengan kondisi kesehatannya apa adanya. Meskipun selalu penuh perjuangan, entah bagaimana ia masih bisa bersekolah, bekerja, dan memiliki kehidupan sosial. Namun, tak lama setelah pindah ke Dunfermline, ia jatuh sakit parah. Rasa sakitnya semakin hebat, dan kelelahannya begitu luar biasa sehingga ia hampir tidak bisa bangun dari tempat tidur. Tak lama kemudian, ia tidak mungkin lagi menjalani kehidupan normal. Rasa sakit dan kelelahan menjadi sangat melemahkan sehingga studinya terganggu dan ia kesulitan mengatasi pekerjaan paruh waktunya. Selain itu, ia juga menderita neuralgia glosofaringeal, yaitu kondisi ketika arteri dan saraf saling menekan di bagian belakang otak; ini menyebabkan rasa sakit yang sangat menyiksa, seolah-olah ditusuk langsung melalui telinga kiri ke kepala. Ada beberapa hari yang baik ketika ia bisa berjalan-jalan sebentar, namun sebagian besar waktunya ia terbaring di tempat tidur.

Jika Anda pernah menderita salah satu kondisi kesehatan ini atau yang serupa, Anda akan memahami rasa sakit dan ketidaknyamanan ekstrem yang dialaminya. Untuk mengatasi rasa sakit tersebut, ia pergi ke rumah sakit untuk mendapatkan suntikan steroid dan juga mengonsumsi berbagai jenis obat penghilang rasa sakit dan obat penenang yang kuat, termasuk tramadol (berbasis morfin) dan diazepam. Selain itu, ia juga mengonsumsi obat antiinflamasi yang kuat seperti Arthrotec, yang menyebabkan tukak lambung. Terkait neuralgia glosofaringeal, dokter ingin melakukan operasi: membuka tengkoraknya dan menempatkan sepotong kecil bantalan di antara arteri dan saraf di otaknya. Ini dilakukan untuk mencoba menghilangkan rasa sakit sepenuhnya, dan ada kemungkinan 80% operasi tersebut akan berhasil.

Pada tahap ini, dia telah kehilangan semua ambisinya, merasa terjebak dan terisolasi dari dunia: Dia tidak lagi memiliki kehidupan sosial, harus menghentikan studinya dan pekerjaan paruh waktunya. Para dokter mengatakan dia tidak akan pernah sembuh dan dia pergi menemui psikolog karena depresi dan keputusasaan yang dialaminya. Pikiran sehari-harinya terdiri dari "Bagaimana ini bisa terjadi?" "Apa yang telah saya lakukan sehingga pantas menerima ini?" dan "Apakah masih ada gunanya?"

Saat berada di titik terendahnya, ia terus-menerus dihantui pikiran untuk bunuh diri. Ia harus kembali tinggal di rumah orang tuanya karena tidak lagi mampu hidup sendiri. Saat itulah ia mulai berseru kepada Tuhan dan ingin berhubungan kembali dengan temannya, Claudia. Beberapa minggu setelah kembali ke rumah orang tuanya, ia bertemu Claudia, yang kemudian mengundangnya untuk ikut serta dalam pertemuan gereja. Di sinilah saya bertemu Rebecca untuk pertama kalinya. Rebecca bercerita betapa nyamannya ia bersama kami dan karena sakitnya, ia baru bisa datang lagi beberapa minggu kemudian. Selama pertemuan itu, kami berbicara tentang kuasa Tuhan dan bahwa Tuhan menginginkan orang-orang sehat dan mengharapkan para pengikut-Nya untuk berdoa bagi orang sakit. Kami membaca banyak ayat suci seperti Markus 16:15-20, Yesaya 53:5, Matius 4:23, dan Ibrani 13:8 dan menjelaskannya.

Banyak orang menerima doa dalam pertemuan itu dan Rebecca meminta doa untuk neuralgia glosofaringeal yang dideritanya. Kami menumpangkan tangan padanya dan berdoa dalam nama Yesus (MARKUS 16:18). Awalnya dia masih kesakitan, seolah-olah seseorang menusuk telinganya, tetapi begitu dia melangkah keluar saat meninggalkan pertemuan, rasa sakit itu benar-benar hilang; untuk pertama kalinya dalam 3,5 tahun dan sampai hari ini rasa sakit itu tidak pernah kembali. Dia menyadari bahwa Tuhan itu nyata dan kembali minggu berikutnya, meskipun orang tuanya mengancam akan mengusirnya jika dia datang lagi. Kebetulan kami mengadakan malam doa pada hari Jumat itu dan membimbing Rebecca melalui Kitab Suci tentang bagaimana diselamatkan. Kami melihat Kitab Suci tentang baptisan dengan cara menyelam dan Rebecca kemudian meminta untuk dibaptis, yang langsung kami lakukan di bak mandi di lantai atas. Setelah itu kami melihat beberapa Kitab Suci tentang menerima Roh Kudus (KISAH PARA RASUL 2:4, LUKAS 11:13), dan kemudian kami menumpangkan tangan padanya dan meminta Tuhan untuk memenuhinya dengan Roh Kudus. Akibatnya, ia kemudian mulai berbicara dalam bahasa-bahasa baru dan dilahirkan kembali.

Kemudian kami kembali meletakkan tangan di atasnya dan meminta Tuhan untuk menyembuhkannya sepenuhnya, dari semua masalah kesehatan yang dideritanya, termasuk ketulian di telinga kanannya, dan Tuhan menyembuhkannya seketika itu juga, dari semuanya! Tepat setelah saya berbicara ke telinga kanannya, dia hampir melompat karena suaranya sangat keras. Seluruh sisi kanan dunianya menjadi hidup dengan suara! Dia tidak lagi tuli dan menyingkirkan alat bantu dengarnya. Fibromyalgia-nya juga hilang dan semua rasa sakit yang dideritanya selama bertahun-tahun lenyap begitu saja. Dia mengatakan dia merasa ingin berlari, karena dia sangat berenergi. Sebagai puncaknya malam itu, untuk pertama kalinya dalam waktu yang lama dia berhasil tidur.

Kesaksian dari situs web Christian Assemblies International, sebuah denominasi Pentakosta di Australia.

Misionaris Iris Ministries Disembuhkan Melalui Bill Johnson – Kesaksian Video

Melissa McKinney adalah seorang misionaris Iris Ministries yang jatuh sakit parah saat berada di luar negeri. Setelah menemui beberapa dokter tanpa hasil, dalam mimpi Yesus berbicara kepadanya dan menyuruhnya pergi ke Gereja Bethel di Redding, CA, di mana ia akan menerima kesembuhan total. Video ini adalah kesaksiannya.
Tonton video YouTube ini yang berisi kesaksiannya.
http://www.godtube.com/watch/?v=YLLYGNNX

Penyembuhan Luar Biasa Melalui Charles F. Parham

Kebanyakan orang mengaitkan Charles Parham dengan Gerakan Pentakosta awal, tetapi ia memiliki pelayanan penyembuhan sepanjang hidupnya. Pada tahun 1905, ia mengadakan pertemuan penyembuhan di Houston, Texas. Seorang wanita datang ke pertemuan tersebut setelah mengalami kecelakaan trem pada tahun 1902 dan menjadi lumpuh serta harus menggunakan kursi roda.

Setelah berdoa, "Ia bangkit dari kursinya dan berjalan-jalan di aula dengan penuh sukacita, berteriak, bertepuk tangan, dan memuji Tuhan atas pemulihan. Kejadian itu menimbulkan kehebohan. Ny. Dulaney berjalan menuruni tangga dari aula, dan pulang. Ia menghadiri pertemuan mereka setiap hari sejak saat itu, tetapi tidak lagi duduk di kursi."

Kutipan dari The Houston Suburbanite.

Mukjizat di Bangsal 17 – Tuhan Menggunakan Agnes Sanford

Di antara ketiganya, ada mukjizat Frederick. Ia terbaring di sel pribadi, yang menurut kebiasaan rumah sakit itu, berarti kematiannya sudah dekat. Ia sangat kurus dan keriput sehingga tampak seperti monyet tua yang keriput. Kulitnya kuning, tulang rusuknya menonjol, dan kulitnya bergetar di antara tulang rusuk saat ia bernapas. Ada selang di kedua lubang hidung dan terpasang di kedua pergelangan tangannya. Dan biasanya ada dokter atau perawat bersamanya. Saat melewati sel itu, saya selalu memanjatkan doa singkat untuknya, tetapi tidak berani masuk ke dalam dan meletakkan tangan saya padanya. Dan doa umum dari kejauhan tidaklah cukup. Itu membutuhkan kehadiran langsung dan firman iman dan jika memungkinkan, penumpahan tangan untuk menyediakan saluran yang memadai bagi kuasa penyembuhan Tuhan.

Namun suatu hari, ia sendirian dan terjaga. Dengan sangat berani, tetapi terdorong oleh belas kasihan, saya masuk. Selama bertahun-tahun ini saya hanya menemukan satu motif yang efektif untuk penyembuhan: belas kasihan. Jika kita ingin menyembuhkan seseorang dengan kuasa Yesus untuk memuliakan Yesus, maka entah bagaimana kita biasanya gagal menjangkau orang itu. Yesus dimuliakan tentu saja melalui setiap penyembuhan, tetapi hanya ketika kita, seperti Dia, "tergerak oleh belas kasihan" (Markus 1:41).

"Kau tampak seperti sudah hampir habis," kataku. (Aku mendapati bahwa para pria menyukai pendekatan langsung dan tanpa basa-basi ini.) "Ya," katanya. "Ada masalah apa?" tanyaku; aku tidak melihat luka, dan aku juga tidak mencium bau osteomielitis. "Gumpalan darah," jawabnya, tanpa memberikan penjelasan. Ini, pikirku, seharusnya tidak terlalu sulit untuk disembuhkan. Karena itu aku memberitahunya tentang kekuatan yang mungkin membantunya sembuh. Dia tidak tertarik. Bahkan, dia menutup matanya, sebuah penolakan yang jelas. Tetapi karena aku sudah terlibat dalam kasus ini, aku tidak mudah menyerah. "Dengar," kataku akhirnya, menyebabkannya membuka mata karena nada suaraku yang tegas. "Jika kau membiarkanku mencoba, seperti yang kukatakan, aku berjanji tidak akan pernah menyebutkan masalah ini lagi, menang atau kalah. Nah, bagaimana?" "Oke," katanya dengan lelah, dan dengan kurangnya antusiasme.

Lalu ia menyingkirkan kain penutupnya, dan dengan ngeri aku melihat perutnya tampak seperti genangan darah gelap, hampir tidak tertutup oleh selaput tipis. "Ususku terkoyak," katanya, menyadari kekhawatiranku. "Mereka tidak mau membawaku dari medan perang, tetapi aku mengatakan kepada mereka bahwa mereka harus melakukannya." Inilah tekad untuk hidup yang sesungguhnya! Ia telah bertahan hidup selama berbulan-bulan dengan pemberian makanan melalui infus, obat-obatan, dan stimulan. Jika aku melihat perutnya pada awalnya, tanpa lambung atau organ pencernaan lainnya sejauh yang kulihat, aku tidak akan mengucapkan kata-kata iman. Tetapi di situlah ia berada, dan aku tidak bisa menariknya kembali. Jadi aku meletakkan tanganku di kedua sisi genangan darah merah yang menganga ini dan membayangkan lambung dan semua organ lainnya sempurna dan memohon kepada Tuhan untuk mewujudkannya.

Ketika sampai di rumah, saya menelepon setiap kelompok doa berpengaruh yang saya kenal dan meminta bantuan dari "gerakan bawah tanah Kristen," seperti yang pernah disebut seorang teman dengan takjub, karena saya tidak tahu bahwa ada orang-orang di seluruh negeri yang percaya bahwa Yesus hidup dan menyembuhkan hingga saat ini dan yang akan menanggapi seruan untuk berdoa. Dan saya sendiri berdoa agar mukjizat terjadi di Frederick. Ini membutuhkan mukjizat yang sesungguhnya. Ini bukan percepatan proses penyembuhan normal. Tidak ada yang bisa melakukan ini kecuali pekerjaan langsung Tuhan melalui Yesus Kristus.

Minggu berikutnya aku melewati kamarnya dengan rasa takut dan gemetar, tetapi dia sedang tidur dan aku tidak masuk. Seminggu kemudian, dua minggu setelah doa kami, aku kembali melewati kamarnya. Kamar itu kosong. Dia tidak ada di tempat tidurnya. Tetapi tempat tidurnya sangat kusut, barang-barangnya berserakan, dan namanya masih tertera di pintu. Aku melanjutkan ke ruang umum di ujung ruangan tempat para pria duduk di kursi roda, tetapi aku tidak melihatnya. Di seberang ruangan, mataku tertuju pada seorang pria muda, tampan, berwajah kemerahan yang sama sekali tidak mirip dengan pria tua renta yang kudoakan di sel itu. Pria muda ini menatapku dengan kil twinkling di matanya dan seringai penuh arti, dan kemudian aku menyadari bahwa ada sedikit kemiripan.

"Kamu bukan Frederick, kan?" tanyaku padanya. Senyumnya semakin lebar. "Ya, Bu, saya," jawabnya. Mengingat janjiku, aku tidak menyinggung hal itu, tetapi hanya berkata, "Apa yang akan kamu lakukan sekarang?" "Kurasa aku akan pergi ke Amerika Selatan dan mencari pekerjaan," jawabnya. "Sepertinya ide bagus," kataku. "Saudaraku pernah bekerja di sana, di pegunungan. Dia menyukainya." Dan aku melirik keranjangku, "Ambil apel." Dia mengambil apel, dan aku berbalik untuk pergi.

Ia berbicara sekali lagi, dan aku menoleh. "Yah, tapi kakiku masih bengkak," katanya. "Itu hanya karena kakimu belum terbiasa berdiri," jawabku. "Akan segera sembuh." Dan dengan kata-kata penyemangat itu aku pergi. Minggu berikutnya ia tidak ada di selnya. Ia dibebaskan dan berada di rumah. Suatu kali aku sempat berbincang singkat dengan seorang pendeta. Aku menceritakan kisah Frederick, karena aku tahu bahwa ia mengunjungi Bangsal 17 dan pasti pernah melihat pemuda itu.

"Apakah itu yang terjadi padanya?" serunya dengan takjub. Ia tidak merujuk pada kesembuhan tubuh pemuda itu, melainkan pada kebangkitan jiwanya. "Begitu ia bisa bangun dari tempat tidur, ia langsung datang menemui saya setiap hari," kata pendeta itu. "Ia menginginkan Alkitab. Ia ingin tahu segala sesuatu tentang Tuhan dan tentang Yesus Kristus." Tiga bulan kemudian, yang membuat saya sangat takjub, saya melewati sel itu di Bangsal 17 dan melihat nama Frederick sekali lagi di pintu. Di dalam sel berdiri seorang pemuda tinggi, tegap, dan tampan yang tampak seperti penjaga pantai di Atlantic City. "Kau tidak mungkin—" Dan sekali lagi ia berkata, "Ya, Bu, saya." "Apa yang kau lakukan di sini?" "Baru saja kembali untuk pemeriksaan rutin sembilan puluh hari," jawabnya. "Saya memang menderita penyakit kuning, tetapi sekarang sudah baik-baik saja."

Aku tidak pernah melihatnya lagi. Tetapi aku berdoa kepada Tuhan agar Dia menemukan cara untuk membimbing pemuda ini dengan lembut ke padang rumput-Nya dan melindunginya dari kabut mematikan gereja yang tidak percaya. Mungkin Frederick adalah salah satu dari mereka yang berani mengatakan kebenaran, dan membantu membangkitkan raksasa gereja yang tertidur ke dalam kehidupan baru.

Cuplikan dari buku "Sealed Orders: The Autobiography of a Christian Mystic" karya Agnes Sanford. Diterbitkan oleh Bridge-Logos Publishers, Desember 1972.

Penyembuhan Melalui James Moore Hickson

(Gaya pelaporan yang agak berlebihan, tetapi faktanya tetap sama...)

Laporan tentang Penyembuhan di Paris Melalui James Moore Hickson

Seorang aktris terkenal di Paris, terluka di dada oleh seorang kekasih yang putus asa yang ia tolak untuk dinikahi, memohon kepada tabib untuk menutup lukanya dan menghilangkan rasa sakit yang terus-menerus membakar yang membuat hari-harinya sengsara dan malam-malamnya menjadi siksaan.

Dengan napas terengah-engah, jemaat menantikan tindakan sang penyembuh, pria religius yang berusaha mempraktikkan prinsip-prinsip Kekristenan secara harfiah. Bagaimana sikapnya terhadap wanita panggung yang profesinya adalah untuk menyenangkan orang-orang yang dangkal?

"Dalam suasana tegang dan penuh kegembiraan yang terpendam, serta di tengah keheningan yang tidak mengagumkan, Tuan Hickson meletakkan tangannya pada bintang panggung cantik yang wajahnya telah memucat seperti kelopak bunga gardenia, dan berdoa! Ia tidak mengajukan pertanyaan, tidak memberikan nasihat. Ia hanya menerima permohonannya untuk bantuan spiritual dan menggunakan semua kekuatan yang diyakininya mampu ia miliki untuk membantu seorang penderita mendapatkan kembali kekuatan dan kesehatannya."

Akhirnya penumpahan tangan selesai. Pendeta dan aktris itu saling berhadapan. Tiba-tiba wanita itu merobek gaun berleher tinggi yang menyembunyikan luka yang hampir mencapai tengah tenggorokannya. "Luka sayatan yang begitu kejam ditimbulkan oleh pisau pria gila itu masih terbuka, tetapi tidak lagi merah dan tampak mengerikan! Luka itu lebih pucat dan menunjukkan tanda-tanda penyembuhan. Sekarang dikatakan bahwa aktris itu telah sembuh total, dan luka sayatan ini, yang tetap terbuka selama hampir sebelas bulan, sembuh dalam waktu dua minggu setelah perawatan Tuan Hickson – tanpa meninggalkan bekas luka."

Dicetak ulang dari surat kabar Advocate, Burnie Tasmania, 22 Januari 1929. Hickson dikenal luas di Australia berkat Misi Penyembuhannya pada tahun 1923.

Bangkit dari Kematian di Oregon

Kisah Thomas M. Welch yang terdokumentasi lengkap, yang jatuh hingga tewas dari ketinggian 55 kaki. Ia berada di bawah air setidaknya selama tiga perempat jam sebelum tubuhnya ditemukan. Ia dibangkitkan kembali melalui doa iman dan kembali bekerja pada minggu yang sama! Ini benar-benar salah satu mukjizat terbesar abad ke-20.

Untuk tautannya, silakan kunjungi http://www.healingandrevival.com/OregonMiracle.pdf

Sembuh dari Radang Sendi Berkat William Branham

JH Gunderson dari Portland, Oregon mengirimkan kesaksian berikut ke Majalah Voice of Healing. Mereka menerbitkannya pada Mei 1948.

Saya menderita radang sendi yang sudah berlangsung selama beberapa bulan. Saya sudah beberapa kali didoakan.

Jadi saya pergi ke dokter dan dia mengatakan saya menderita radang sendi yang parah, tepat di persendian. Dia memberi saya 36 suntikan di lengan saya, tetapi tidak banyak mengurangi rasa sakit. Saya menderita radang sendi di lengan, kaki, dan setiap persendian. Kondisi saya sangat buruk. Saya tidak bisa mengangkat tangan lebih tinggi dari mulut saya dan saya harus berjalan mondar-mandir dalam waktu lama sebelum bisa berpakaian. Kemudian saya memberi tahu suami saya bahwa saya akan berhenti pergi ke dokter dan sebagai gantinya akan pergi ke pertemuan doa setiap pagi. Namun tetap saja tidak ada perbaikan.

Saya berhasil mendapatkan alamat Saudara Branham, jadi saya mengirimkan saputangan untuk diurapi dan didoakan. Pada tanggal 29 Desember pagi itu, saya bangun dan semua rasa sakit telah hilang. Saya berpakaian dan pergi bekerja membersihkan dapur. Saya mencuci piring dan perabot kayu, merasa baik-baik saja.

Tiga hari kemudian saya menerima saputangan itu dari Saudara Branham, dan melihat cap posnya dan menemukan bahwa pagi itu dia berdoa dan saya disembuhkan. Saya masih sembuh total hingga sekarang.

Penyembuhan Melalui Kain Doa – Charles & Frances Hunter

Karena kita PERCAYA pada potongan-potongan kain kecil yang telah kita urapi itu, banyak orang telah disembuhkan ketika kita mengutusnya!

Salah satu kejadian paling menarik dimulai ketika kami menerima surat dari seorang nenek di Failsworth, Inggris. Dia telah mendengar tentang pelayanan penyembuhan kami dan menulis surat kepada kami. Dalam surat itu, dia menceritakan tentang cucunya yang lahir dengan cacat pinggul bawaan, ditambah hidrosefalus (kelainan bentuk akibat penumpukan cairan di otak). Bayi hidrosefalus jarang hidup lama karena itu adalah kelainan bentuk tubuh yang sangat serius, murni berasal dari iblis, dan tentu bukan pemberian Tuhan.

"Jika Anda tidak bisa datang ke Inggris," tulisnya, "maukah Anda mengirimkan saya kain doa kecil?" Inggris sangat jauh dari Houston, Texas, jadi kami dan seluruh staf kantor kami meletakkan tangan di atas sepotong kain kecil. Kami meminta Tuhan untuk membiarkan kuasa penyembuhan-Nya masuk ke dalamnya, dan bersamanya, sehingga ketika diletakkan di atas bayi, kuasa kebangkitan akan mengalir dari kain ke tubuh bayi, dan bayi itu akan sembuh total oleh kuasa Tuhan! Kami percaya dengan iman supranatural saat kami berdoa atas sepotong kain kecil itu dan mengirimkannya dengan muatan ilahi. Bayi itu sedang tidur ketika kain itu tiba, jadi neneknya mengambil sepotong kain kecil itu, menggulungnya dan memasukkannya ke dalam tangan bayi. Itulah titik kontaknya!

Nenek menulis dan memberi tahu kami bahwa begitu kain doa kecil itu menyentuh bagian dalam kepalan tangan bayi, tengkoraknya langsung kembali ke ukuran normal. BAYI ITU TIDAK LAGI MENDERITA HIDROSEFALUS. Anak itu sepenuhnya dan seketika disembuhkan secara supranatural oleh kuasa Tuhan!

Surat kami kepada nenek Inggris itu harus menempuh perjalanan menyeberangi Samudra Atlantik. Meskipun hanya dalam amplop kertas, urapan Tuhan tetap ada pada kain doa saat dikirim dari Houston, mungkin ke New York, lalu dari New York ke London, dan kemudian melalui jasa pengiriman lain dari London ke Failsworth, Inggris. KUASA TUHAN MASIH ADA! Mungkin seminggu atau sepuluh hari berlalu antara saat surat itu didoakan dan saat surat itu sampai di tangan anak itu, tetapi kuasanya tidak berkurang! Kuasa itu sama kuatnya seperti saat kami berdoa, dan begitu pula iman nenek yang siap menerima doa!

Dua minggu kemudian mereka membawa anak itu kembali ke klinik tempat ia sebelumnya dirawat, dan ketika dokter melakukan rontgen pada pinggul bayi itu, ia menemukan dua rongga pinggul yang sempurna. Anak itu lahir tanpa rongga pinggul sama sekali, dan sekarang ia memiliki dua! Neneknya menceritakan bahwa dokter di klinik itu berkata, "Ini bukan bayi yang sama yang telah kami rawat. Catatan medis menunjukkan bahwa anak itu tidak memiliki rongga pinggul. Catatan medis menunjukkan bahwa anak itu menderita hidrosefalus. Untuk apa Anda membawa anak ini? Anak ini tidak memiliki cairan di otak dan memiliki dua rongga pinggul." Haleluya!

Cuplikan dari buku "How To Heal The Sick" karya Charles dan Frances Hunter. Mereka telah berpulang ke pangkuan Tuhan, tetapi putri mereka, Joan Hunter, melanjutkan pelayanan mereka dan menjual materi pelatihan mereka serta materi miliknya sendiri. Temukan informasi lebih lanjut di: www.joanhunter.org

Seorang Pria Mengunjungi Surga Setelah Meninggal Namun Dihidupkan Kembali

Jim Anderson sekarat akibat serangan jantung hebat. Satu-satunya tanda masalah muncul setahun sebelumnya, tetapi dokternya menyebut gejalanya "terkait stres." Jim bekerja 12 jam sehari sebagai supervisor di pabrik pengolahan air limbah. Namun kali ini, Jim tahu itu jauh lebih dari sekadar stres. "Saya sedang beristirahat di kamar tidur saya dan tiba-tiba, saya merasakan sakit yang luar biasa di dada saya; dan rasa sakit itu menjalar ke lengan dan sisi leher saya," kata Jim. "Saya tidak bisa bernapas. Dan saya memanggil putri saya dan berkata, 'Kamu harus membawaku ke rumah sakit. Aku tidak akan selamat.' "

Kateter balon dimasukkan ke dalam arterinya. Kondisinya distabilkan dan dimasukkan ke dalam daftar tunggu transplantasi jantung. Namun dua hari kemudian, detak jantung Jim berhenti. Jim ingat, "Saya bisa melihat semua orang bergegas masuk ke ruangan, tetapi saya tidak bisa mendengar alarm berbunyi. Rasanya seperti saya tenggelam. Pendengaran saya tiba-tiba hilang. Saat itulah saya mulai berdoa. Saya tahu saya akan meninggal. Itu bukan doa karena takut. Itu doa yang sungguh-sungguh."

"Saat aku berdoa, langit semakin gelap hingga akhirnya gelap gulita," kata Jim. "Tiba-tiba, di kejauhan, aku melihat cahaya putih. Cahaya itu indah. Tidak menyilaukan, tetapi murni dan sempurna. Saat aku mulai mendekati cahaya itu, aku bisa melihat ujungnya; bagian luarnya mulai berputar. Dan aku tidak bisa memahami apa itu. Tetapi saat aku semakin dekat, aku bisa melihat itu adalah kata-kata doa yang berputar. Kata-kata itu terputus, masuk ke dalam cahaya. Dan aku mengikuti cahaya itu."

"Hal berikutnya yang saya rasakan adalah dipeluk... aman dan tenteram. Rasanya luar biasa. Rasanya seperti cinta yang sempurna," kata Jim. "Yang saya tahu selanjutnya, saya melihat ke bawah ke ruangan tempat tubuh saya berada. Saya bisa melihat semua orang sedang menangani saya. Saya bisa mendengar apa yang mereka katakan. Ada dua perawat di luar ruangan yang sedang melihat ke dalam. Salah satu berkata kepada yang lain, 'Mengapa mereka bekerja begitu keras? Dia sudah tiada. Jika mereka berhasil menghidupkannya kembali, dia akan menjadi seperti sayuran.' Kemudian saya memberi tahu perawat itu apa yang dia katakan. Dia hampir pingsan."

Lalu Jim berpikir dalam hati, "Di mana Debbie?" Kemudian, seketika itu juga ia berada di ruangan tempat Debbie berada. Istri Jim, Debbie, mengenang, "Saya baru saja selesai berdoa. Anda tahu, 'Dia milik-Mu, Tuhan,' karena saya tahu itu satu-satunya cara dia akan kembali kepada kami… jika Tuhan menghendakinya." Jim mengingat, "Ketika dia berdoa, saya langsung fokus pada wajahnya. Dan ketika saya melihat wajahnya, saya melihat setiap aspek kehidupan kami bersama; dari hari pertama kami bertemu, pernikahan kami, kelahiran anak-anak kami, semua emosi yang telah kami bagi… Saya tidak bisa meninggalkannya. Saya benar-benar tidak bisa meninggalkannya." "Saya berseru kepada Tuhan dan berkata, 'Tuhan, aku sangat mencintai-Mu, tetapi tolong izinkan aku kembali.' Saya berkata, 'Istriku membutuhkanku, anak-anakku sangat membutuhkanku. Tolong izinkan aku kembali.' "

Para dokter dan perawat tidak menyerah. Mereka menyetrum Jim berkali-kali hingga daging di dadanya terbakar. Kemudian para dokter mendengar detak jantung. "Aku kembali ke dunia yang penuh rasa sakit," kata Jim. "Mereka menyetrumku berkali-kali. Rasanya seperti kembali dari air. Pendengaranku kembali. Aku bisa mendengar mereka berkata, 'Aku tidak percaya dia kembali… dia kembali!' Mereka berkata, 'Bisakah kau mendengarku?' Dan aku menarik napas pertamaku sendiri. Pernahkah kau mencicipi honeysuckle? Persis seperti itulah rasa napas pertamaku. Rasanya sangat manis, sangat indah. Dan aku hanya bersyukur kepada Tuhan."

Jim masih hidup… tetapi jantungnya masih belum berfungsi dengan baik. "Mereka membuatnya koma, koma medis, untuk memungkinkan tubuhnya pulih. Jadi, saya tidak bisa berbicara dengannya selama beberapa hari," kata Debbie. Jim menghabiskan 17 hari berikutnya di ruang perawatan intensif. Ia mengalami henti jantung beberapa kali lagi. Dan setiap kali, Yesus mengajukan pertanyaan kepadanya... "Pada saat-saat berikutnya ketika saya mengalami henti jantung dan menuju ke arah terang, Dia akan bertanya, 'Apakah kamu yakin ini yang kamu inginkan?' Dan setiap kali saya meminta untuk kembali ," kata Jim. Jim terbangun dari koma yang diinduksi secara medis. Fungsi jantungnya meningkat — dari lima persen menjadi 30 persen. Ia tidak lagi membutuhkan transplantasi jantung. "Itu adalah proses yang panjang, tetapi pada dasarnya senang mendengar suaranya lagi," kata Debbie.

Dokternya memasang alat pacu jantung di dadanya. Hanya beberapa hari kemudian, Jim bisa pulang tepat waktu untuk wisuda putrinya. Seorang dokter pernah mengatakan kepada Jim bahwa ia hanya memiliki waktu satu tahun untuk hidup. Itu terjadi lebih dari tujuh tahun yang lalu. "Ini telah membuat kami lebih dekat... jauh lebih dekat. Sekarang kami membicarakan banyak hal, dan apa pun yang perlu dilakukan hari itu, akan kami selesaikan. Kami tidak lagi fokus pada hal-hal sepele," kata Debbie.

Jim tahu bahwa setiap hari yang ia habiskan bersama keluarganya adalah berkat dari Yesus Kristus. "Saya mencoba untuk bersaksi kepada setidaknya satu orang setiap hari... untuk memberi tahu mereka bahwa ini bukan tentang saya... ini tentang hidup mereka! Dan untuk mengetahui bahwa Dia ada untuk mereka, dan Dia mengasihi mereka," kata Jim.

Dari Kesaksian CBN "Surga Bisa Menunggu."

Penyembuhan Kanker Prostat

"Saya didiagnosis menderita kanker prostat (stadium lanjut) 1 ½ tahun yang lalu. Setelah menjalani program Terapi Hormon yang diresepkan dokter, PSA saya naik menjadi 95 setelah sebelumnya turun menjadi 15,7. Pendeta saya memberi tahu saya tentang Pelayanan Healing Rooms. Kami melakukan perjalanan sejauh 90 mil ke Austin Healing Rooms, dan menerima doa, dan saya mengklaim Kuasa Penyembuhan Tuhan. Saya tahu bahwa Tuhan menyembuhkan kanker saya malam itu. Saya kembali untuk berdoa beberapa kali lagi sebelum janji temu dokter saya berikutnya. Saat mereka memeriksa PSA saya lagi, angkanya telah turun menjadi 31,7, dan dokter kesulitan menemukan prostat saya karena ukurannya telah menyusut begitu banyak. Terima kasih Austin Healing Rooms atas pelayanan Tuhan dan Juruselamat kita."

Kesaksian ini berasal dari Asosiasi Ruang Penyembuhan Internasional (International Association of Healing Rooms) dari Bruce yang memberikannya setelah menerima doa di Austin Healing Rooms. Ingin tahu lebih banyak tentang IAHR? www.healingrooms.com

Keajaiban Kreatif – Jantung Baru Terbentuk di Dalam Bayi

Tiga tahun lalu, setelah kehamilan normal, Jamie melahirkan anak keduanya, Audrey. Sekilas, bayi itu tampak sehat sempurna, dan dia serta suaminya, Tom, sangat gembira memiliki bayi perempuan. Namun, para dokter kesulitan menjaga agar Audrey tetap sehat, sehingga mereka membawanya ke Unit Perawatan Intensif Neonatal (NICU). Di sana, para dokter memastikan bahwa sebagian jantung bayi hilang dan tidak ada arteri utama yang mengalir dari jantung ke paru-paru. Bayi itu kemudian dipindahkan ke rumah sakit lain di kota yang terkenal dengan perawatan jantungnya yang luar biasa.

Jamie ingat kemarahan yang membuncah di dalam dirinya dan ia merasa Roh Kudus mengingatkannya akan apa yang telah ia pelajari dari ajaran Andrew. Pada kesempatan berikutnya ia melihat bayi Audrey, ia meletakkan tangannya di atas bayi itu dan memerintahkan hati Audrey untuk hadir, dan mengucapkan 1 Petrus 2:24 atasnya, "...Oleh bilur-bilur-Nya kamu telah disembuhkan." Meskipun ia sedang melihat bayinya yang mungil dan pucat, yang dipasangi alat-alat medis dari ujung kepala hingga ujung kaki, Jamie merasakan kedamaian menyelimutinya saat ia berdoa. Ketika ia kembali ke kamar rumah sakitnya malam itu, Jamie mendengar Roh Kudus berkata, "Perhatikanlah bagaimana Aku bekerja." Jamie tahu bahwa rasa damai yang dirasakannya berasal dari hubungannya dengan Bapa—mengenal Dia, dan apa yang dikatakan firman-Nya. "Aku tidak akan pernah tahu itu jika aku terus pergi ke gereja yang kuhadiri sebelum menemukan pelayanan Andrew, karena mereka tidak pernah mengajarkan bahwa Tuhan menginginkanmu sembuh."

Sekali lagi didorong oleh Roh Kudus, Jamie menghubungi saluran bantuan di Andrew Wommack Ministries untuk meminta seorang pendeta berdoa agar dapat berdoa bersamanya. Imannya semakin kuat ketika ia mendengar otoritas yang digunakan pendeta tersebut dalam mengucapkan kesembuhan dan kesehatan atas Audrey. Kemudian pada hari itu, ketika para spesialis menyampaikan kabar buruk tentang harapan hidup yang rendah bagi bayi perempuannya, Jamie tetap teguh pada kebenaran, karena ia tahu bahwa Tuhannya tidak menciptakan masalah ini, dan bahwa Dia telah menyembuhkan Audrey.

Keesokan paginya, Jamie menelepon rumah sakit untuk menanyakan keadaan bayinya dan perawat memberitahunya bahwa ada perubahan. Semalam, ahli jantung telah melakukan pemeriksaan ekokardiografi lagi pada Audrey sebagai persiapan untuk operasi yang akan datang. Jamie Scott dan keluarga Scott, termasuk saudara laki-lakinya Josh dan William. Ketika mereka melakukan ekokardiografi, mereka melihat bahwa jantung Audrey telah terbentuk sempurna. Jamie menutup telepon dengan air mata mengalir di wajahnya dan berkata kepada Tom, "Mereka melihat jantungnya." Keluarga Scott bersukacita, mengetahui bahwa bukan dokter yang telah melakukan sesuatu untuk Audrey, melainkan Tuhan. "Aku tahu Tuhanku ada di sana dan tangan-Nya terlibat, dan Dia menunjukkan kepada mereka [para perawat dan dokter] bahwa ada kekuatan yang lebih tinggi."

Ketika Jamie dan Tom bertemu dengan para dokter untuk membahas hasil tes terbaru, mereka diberitahu bahwa masih ada "kerutan" di aorta Jamie, dan operasi kecil akan mengatasi masalah tersebut. Namun sekali lagi, Jamie berpegang teguh pada firman Tuhan sambil berpikir dalam hati, "Tuhan tidak akan melakukan sesuatu setengah-setengah, Dia akan menyelesaikan semuanya, dan Jamie tidak perlu operasi." Jamie benar, dan selama pengalaman inilah dia menyadari bahwa mengenal Tuhan, melalui wahyu yang telah diterimanya, sangatlah berharga.

Tepat seminggu setelah Jamie melahirkan Audrey, ia berjalan memasuki rumahnya dengan bayi perempuannya yang cantik dan sehat sempurna dalam pelukannya. Ungkapan, "Aku diciptakan dengan dahsyat dan menakjubkan" terus terlintas di benak Jamie selama seminggu yang ia habiskan di rumah sakit. "Dia tidak pernah melakukan sesuatu setengah-setengah. Dia adalah Tuhan yang baik dan Bapa yang setia," kata Jamie. Hari ini, Audrey adalah anak berusia tiga tahun yang sehat dan ceria.

Ini adalah kesaksian dari Pelayanan Andrew Wommack. Ingin tahu lebih banyak? www.awmi.net

Keajaiban Kreatif Melalui Matt Sorger

Saya tidak akan pernah melupakan momen ketika gadis berusia 12 tahun itu melangkah ke mimbar sementara mukjizat terjadi di seluruh stadion. Tuhan telah menuntun saya untuk berdoa agar telinga yang tuli dibuka. Saat hadirat dan kemuliaan Tuhan memenuhi atmosfer, telinga yang tidak dapat mendengar tiba-tiba mulai terbuka. Saat kesaksian datang, tim saya membawa seorang gadis muda ke mimbar. Saat mereka menyisir rambut cokelat panjangnya, saya takjub melihatnya. Dia lahir tanpa telinga. Hanya ada lubang kecil di sisi kepalanya. Saat urapan Tuhan datang kepadanya, dia bisa mendengar suara letupan di telinganya. Tiba-tiba, saat Tuhan melepaskan mukjizat kreatif, gendang telinga terbentuk di bagian dalam kepalanya dan pendengarannya terbuka untuk pertama kalinya dalam hidupnya. Saya tahu mukjizat itu tidak ada hubungannya dengan saya. Bagian saya hanyalah memimpin orang-orang dalam penyembahan sampai kemuliaan itu datang dan kemudian membiarkan Tuhan melakukan sisanya. Malam itu di Meksiko, kami melihat banyak orang disembuhkan oleh kuasa Tuhan, bahkan beberapa orang lumpuh.
Ingin tahu lebih banyak tentang Matt? www.mattsorger.com

Tim Randy Clark – Kaki Memanjang Dua Inci

Malam sebelumnya di gereja Pendeta Alda, saya melihat seorang pria berjalan pincang. Sepatu kanannya memiliki sol setinggi tiga inci, jadi jelas kaki itu lebih pendek daripada kaki kiri. Ketika waktu pelayanan dimulai, saya memanggil penerjemah dan menemuinya. Saya bertanya apakah saya bisa mendoakan agar kakinya tumbuh dan dia menjawab ya. Dalam lima menit setelah berdoa, ekspresi kesakitan muncul di wajahnya. Saya bertanya melalui penerjemah apa yang terjadi. Dia berkata, "Sakit!" Saya bertanya apakah sakitnya parah. Dia berkata, "Tidak, ini sedang tumbuh!" Kakinya tumbuh sekitar satu hingga satu setengah inci selama waktu pelayanan. Saya merasa kecewa ketika kami pergi karena kakinya belum sembuh sepenuhnya. Malam berikutnya, Jumat 07/08/05, dia ada di sana lagi, pincang dengan sepatu itu.

Dia datang kepadaku untuk meminta lebih banyak doa. Kami menggali akar masalahnya. Aku menemukan bahwa ketika dia berusia 8 bulan, sebuah bangku kayu jatuh menimpa sisi kanan pinggulnya dan bagian atas kaki kanannya. Setelah operasi, dia tidak memiliki tulang rawan di antara tulang paha dan rongga di pinggulnya. Saat dia tumbuh, gesekan tulang menyebabkan kaki itu lebih pendek daripada kaki lainnya. Dia berbaring di lantai dengan kedua kaki lurus. Mengetahui akar masalahnya, aku memerintahkan tulang rawan untuk tumbuh. Kaki kanannya tiba-tiba menekuk pada sudut 90 derajat.

Dia berkata, "Dulu aku tidak bisa melakukan itu!" Setiap kali dia duduk atau berdiri, akan terasa sakit karena tulangnya bergesekan dan dia tidak bisa menekuknya sama sekali. Sekarang tidak ada rasa sakit dan dia memiliki kelenturan penuh. Kemudian saya memerintahkan tulang pahanya untuk tumbuh dan memanjang. Wajahnya menunjukkan rasa sakit dan dia berkata, "Rasanya seperti Tuhan ada di sana dengan truk derek yang meregangkannya." Tulang itu tumbuh beberapa sentimeter dan dia meminta saya untuk berhenti berdoa. Dia bangun dan berjalan tanpa rasa sakit dan tanpa sepatu haknya. Saya masih kecewa karena itu bukan kaki kirinya, tetapi dia mengatakan bahwa dia percaya tulang itu akan terus tumbuh sepanjang malam. Entah itu terjadi atau tidak, Tuhan memberinya tulang rawan baru, menghilangkan rasa sakit, dan membuat kakinya tumbuh sekitar 2 inci!

Dilaporkan oleh Michael Clancey dari Tim Pelayanan Randy Clark pada 8 Juli 2005.
dari perjalanan Global Awakening ke San Paulo, Brasil. Laporan tertanggal 12 Juli,
2005. Digunakan dengan izin mereka.

AH Dallimore – Penyembuhan Margaret MacPherson

Kesaksian berikut ini menarik karena berasal dari seorang wanita yang tidak percaya bahwa Tuhan menyembuhkan dan ditulis dalam sebuah buku oleh seorang penulis yang juga tidak percaya bahwa Tuhan menyembuhkan, namun...

Margaret Macpherson seringkali lumpuh selama berminggu-minggu setiap musim dingin karena lumbago (penyakit dengan definisi medis yang tidak tepat). Saat dalam kondisi ini pada tahun 1931, ia menghadiri pertemuan Dallimore. Ia terkesan: Dallimore bukanlah seorang pemain sandiwara. Ia mengenakan setelan jas biasa, bukan jubah. Lampu-lampu menyala terang di atasnya. Tidak ada nada religius yang redup, tidak ada efek panggung. Hanya satu hal yang mencolok dan menarik. Saat kebaktian berlangsung, auranya semakin terang. Saya bukan salah satu dari orang-orang paranormal yang secara alami melihat aura. Tidak, ini adalah kecerahan nyata, yang dapat dilihat dengan jelas oleh seluruh rombongan saya. Bahkan menutupi cahaya putih terang dari lampu listrik di atasnya. Dallimore mengenalinya – ia sudah pernah bertemu dengannya di jalan – dan memanggilnya ke depan. 'Sebelum saya sempat berkata "Pisau!", ia telah membuat tanda salib di dahi saya dan saya langsung jatuh terlentang bersama yang lain.' Kemudian, setelah bangun dan meninggalkan aula, ia ditanyai oleh salah satu rombongannya mengapa ia jatuh. Jawabannya adalah, 'Saya menghampirinya hanya karena rasa sayang dan sopan santun kepada pria itu. Saya tidak bisa menggoyahkan kepercayaan mereka dengan berdiri: saya benar-benar tidak bisa.' Penanya kemudian mengatakan bahwa dia telah mengabaikan satu hal dalam menceritakan kisahnya: 'Margaret, kamu SEMBUH! Kamu berlari di jalan! Di mana tongkatmu? Kamu meninggalkannya di pertemuan!' Itu benar. AH Dallimore (atau lebih tepatnya kekuatan yang telah ia peroleh) telah menyembuhkan saya dari sakit punggung yang telah saya derita selama lebih dari dua puluh tahun.'

Cuplikan dari *"Miracles, Messiahs and the Media: the Ministry of AH Dallimore in Auckland in the 1930s"* karya Laurie Guy

Maria Woodworth-Etter – Wanita Penderita Tumor yang Sembuh

Saya bersyukur kepada Tuhan karena telah mempertemukan Saudari Woodworth dengan bagian selatan kota ini, karena melalui khotbahnya suami saya disembuhkan dari penyakit pecah tulang, dan, puji Tuhan, saya disembuhkan jiwa dan raga. Saya tersesat, tetapi Yesus menemukan saya. Saya sakit, tetapi Yesus menyembuhkan saya. Ingatlah bahwa Yesus melakukan segala sesuatu dengan baik. "Yesus Kristus, sama kemarin, hari ini, dan selama-lamanya." Ibrani 13:8 Ketika saya pergi ke altar, saya memiliki tumor di sisi kiri tubuh saya. Itu berasal dari jatuh yang saya alami sembilan tahun yang lalu. Sejak saat itu saya terus-menerus menderita, kesakitan, dan menderita hebat—kadang-kadang lebih buruk daripada yang lain. Tidak seorang pun dapat menceritakan penderitaan saya.

Tak seorang pun dari keluarga saya tahu betapa seringnya saya berpikir untuk mengakhiri hidup saya sendiri, penderitaan saya begitu hebat. Hanya doa dan kebaikan suami saya yang mencegah saya melakukannya. Selain tumor, saya juga menderita beberapa penyakit lain – pendarahan di organ usus bagian bawah, wasir, batuk berdarah, dan rematik. Tiga tahun lalu saya benar-benar lumpuh karena rematik inflamasi di kaki saya, kemudian di lengan dan tangan kiri saya. Kami mencoba banyak dokter di dunia ini, di kota ini dan di tempat lain, tetapi tidak berhasil, karena hanya sedikit perbaikan yang didapat. Para dokter mengatakan bahwa bahkan operasi pun tidak akan membantu saya. Kemudian kami tahu bahwa tidak ada lagi pertolongan di dunia ini bagi saya, kecuali kematian yang lambat dan berkepanjangan, mungkin berbulan-bulan atau bertahun-tahun, tetapi akhirnya akan merenggut nyawa saya. Meskipun saat itu saya masih bisa beraktivitas, saya bisa menyembunyikan rasa sakit dan penderitaan saya dari dunia, tetapi betapa menyedihkannya malam-malam panjang itu bagi saya.

Aku tak akan pernah melupakan hari ketika aku pergi ke altar pada tanggal 10 Agustus 1893. Aku adalah seorang pendosa yang miskin dan sengsara. Aku meletakkan semua dosaku, dan tubuhku yang sakit dan lumpuh ini dengan rendah hati di kaki Yesus. Yesus, dalam kebaikan dan belas kasihan-Nya, memandang orang yang hina seperti aku, dan seketika itu juga aku menjadi utuh sepenuhnya, baik jiwa maupun raga. Siapa yang tidak akan merasa bersukacita dan memuji Tuhan, memiliki kepastian yang diberkati bahwa Yesus adalah milikku, dan rasa sakit dan nyeri hilang dalam

sekejap? Oh, betapa aku bersyukur kepada Tuhan atas belas kasihan-Nya yang lembut kepada anak-anak. Aku berharap dan berdoa agar kesaksian ini akan membawa banyak jiwa yang sakit karena dosa ke kaki Yesus. Semoga Tuhan memberkati Saudari Woodworth dan rekan-rekannya, di mana pun mereka berada. Semoga Tuhan juga memberkati Saudara Spiher. Doakan aku agar aku tetap setia.
Salam dalam Kristus.
NYONYA M. FALKENRATH
St. Louis, Missouri

Kutipan dari "Tabib Dunia, Kristus Tuhan" oleh Penatua HH Spiher.
Penatua HH Spiher adalah seorang pendeta Gereja Tuhan (Winebrenner) yang membantu Maria Woodworth mendirikan gereja-gereja dari pertemuan-pertemuan penginjilannya setidaknya dua kali.

TW Ratana (Penyembuh Maori) – Penyembuhan Fannie Lammas

Dari sekian banyak penyembuhan yang dipublikasikan, ada dua yang mendapat perhatian besar dari beberapa gereja. Penyembuhan ini memengaruhi sejumlah pemimpin dan jemaat yang merenungkan secara mendalam dan penuh doa tentang pelayanan Penyembuhan Ilahi. Yang pertama adalah kasus Nona F. Lammas, seorang anggota Gereja Baptis di Nelson.

Nona Lammas telah terbungkus kerangka baja dari kepala hingga kaki selama 19 tahun dan telah menerima perawatan medis terbaik selama periode ini. Pada tahun 1921, ia menulis surat kepada Ratana dan setelah menerima balasannya, ia menghabiskan waktu yang lama dalam doa. Saat berdoa, kuasa Tuhan memungkinkannya untuk duduk, berdiri, dan kemudian berjalan tanpa bantuan. Semua orang yang mengenalnya takjub. Dokter setempatnya sendiri mengkonfirmasi bahwa ia telah sembuh. Nona Lammas berjanji untuk membagikan kesaksiannya tentang kesembuhan dan hanya enam bulan setelah kesembuhannya, ia menghabiskan 6 bulan untuk bepergian, mengunjungi banyak gereja Baptis, termasuk Tabernakel di Auckland, berbicara tentang kuasa Tuhan untuk menyembuhkan dan membangkitkan minat yang lebih besar pada pengajaran tentang Penyembuhan Ilahi.

Kisah kesembuhannya diceritakan sepenuhnya kepada Pendeta Joseph Kemp, yang menerbitkan kesaksiannya dalam sebuah buklet luar biasa yang diterbitkan dalam empat edisi, edisi pertama terjual habis tiga minggu setelah diterbitkan.

Berikut adalah uraiannya tentang peristiwa yang mengarah pada kesembuhan sebenarnya: "Dokter saya memberi tahu saya hasil konsultasi dan mengatakan tidak ada yang bisa dilakukan. Saya sudah benar-benar putus asa. Saya bertanya kepadanya apakah dia pernah mendengar tentang Ratana, si manusia ajaib. Dia berkata, "Hanya sedikit." Kemudian saya menceritakan tentang pria hebat itu dan penyembuhan-penyembuhan luar biasa yang dilakukannya, dan saya memberinya dokumen-dokumen untuk dibaca. Dia duduk di samping tempat tidur saya dan membacanya semua. Dia sangat terkesan sehingga akhirnya dia mendesak saya untuk menulis surat."

Dia berkata jika aku memiliki iman yang cukup untuk percaya, dia tidak melihat alasan mengapa aku tidak bisa disembuhkan juga
... hampir terlalu lemah untuk memegang pena, aku berhasil menulis surat kepada Ratana sedikit demi sedikit,

menjelaskan secara singkat kasusku... Aku tidak melakukan apa pun lagi sampai aku menerima balasan Ratana seminggu kemudian. Dia menyuruhku untuk percaya kepada Tuhan Yesus Kristus dengan sepenuh hati dan jiwaku dan pada kuasa-Nya untuk menyembuhkan, untuk berdoa dengan sungguh-sungguh dan tanpa lelah, dan untuk mengulangi doa-doaku. Dia berkata dia juga akan berdoa untukku.

Ia mengutip sebuah ayat—"Kamu tidak dapat melayani Allah dan mammon." Itu bukan jenis surat yang saya harapkan, tetapi semakin saya membacanya, semakin banyak hal yang tampaknya terkandung di dalamnya. Saya bertekad untuk melakukan bagian saya, jadi saya menghabiskan hampir sepanjang hari dalam doa yang sungguh-sungguh. Saya berdoa setiap saat ketika saya sendirian, berdoa dan berdoa dengan segenap hati dan jiwa saya sampai saya merasa sangat menderita dalam doa... Malam tiba dan saya merasa lebih buruk dari sebelumnya. Saya sangat kelelahan karena berdoa dengan sungguh-sungguh sehingga saya hanya mengatakan kepada Tuhan bahwa itu adalah pekerjaan-Nya dan saya menyerahkannya sepenuhnya kepada-Nya.

Lalu aku tertidur. Setiap kali terbangun, aku berdoa, dan pagi-pagi sekali keesokan harinya aku memikul beban itu lagi karena aku bertekad untuk melakukan bagianku. Sungguh melegakan mengetahui bahwa dari jauh Ratana sedang berdoa untukku. Aku berdoa dengan putus asa, dengan penuh penderitaan memohon kepada-Nya untuk menyembuhkanku. Beberapa kata terakhir yang kuingat dengan jelas. "Ya Tuhan, Engkau Maha Besar, Yang Mahakuasa; Yang Mahakuasa. Engkau dapat melakukan segala sesuatu. Oh, jika itu kehendak-Mu, sembuhkanlah aku sekarang juga."

Tiba-tiba keajaiban besar itu terjadi. Kehidupan dan kekuatan mengalir ke dalam diriku. Dari perasaan sangat lemah dan sakit, aku seketika menjadi KUAT DAN SEHAT. Perubahan itu begitu dahsyat sehingga aku bisa mengangkat diriku sendiri di tempat tidur tanpa rasa sakit dan tanpa bantuan! Aku mengeluarkan kakiku dari tempat tidur dan sambil berdoa memohon kekuatan, aku berdiri dan berjalan dengan sangat mudah dan bebas. Aku bahkan tidak merasa pusing. Aku langsung tahu bahwa aku memang telah sembuh; sama seperti Yesus Kristus menyembuhkan orang-orang ketika Dia berada di bumi, demikian pula Dia menyembuhkanku. Meskipun selemah bayi dan hanya kerangka, ketika kekuatan besar itu masuk ke dalam diriku, aku merasa benar-benar sehat. Aku melihat jam tanganku untuk mencatat waktu kejadian yang menakjubkan itu. Tepat pukul 5.30 pada tanggal 24 Februari 1921. Sungguh terlalu indah untuk dituliskan, kata-kata tidak akan pernah bisa menggambarkan atau pena tidak akan pernah bisa menuliskan sesuatu yang begitu menakjubkan.

Kejadian itu terjadi tepat sembilan belas jam setelah saya menerima surat Ratana. Saya segera berterima kasih dan memuji Tuhan atas kebaikan-Nya yang luar biasa kepada saya. "Kemudian sambil berjalan ke pintu, saya memanggil orang tua saya dan mengatakan bahwa saya telah sembuh. Mereka bangkit dan bergegas masuk dengan wajah berseri-seri penuh sukacita dan rasa syukur. Saya tidak akan pernah melupakan wajah-wajah mereka yang berseri-seri selama saya hidup… Bahkan orang terkuat sekalipun, seandainya ia berbaring telentang selama hampir setahun, tidak akan bisa bangun dan berjalan tanpa merasa pusing dan lemas karena itu bertentangan dengan hukum alam. Namun, meskipun saya berada di ambang kematian hingga saat yang tak terlupakan itu, saya langsung sembuh, dan ini saja menunjukkan betapa hebatnya mukjizat itu."

Cuplikan dari *"Sejarah Gerakan Karismatik di Selandia Baru"* oleh Pendeta
JE Worsfold. Kisah aslinya diterbitkan sebagai *"Bagaimana Saya Disembuhkan, Sebuah Mukjizat Selandia Baru"* oleh Pendeta Joseph Kemp. 1921

FF Bosworth – Enam Anak Tunarungu Disembuhkan dalam Satu Malam

Enam anak muda yang cerdas di kota kecil Rochelle, Illinois, duduk di kelas khusus di ruang bawah tanah Gereja Baptis pagi ini dan mengulang-ulang kata-kata paling sederhana yang terus-menerus diajarkan oleh guru mereka . "Sebentar lagi mereka akan mengenal seluruh alfabet," kata guru itu, "dan akan bisa berbicara."

Tidak ada yang salah dengan pikiran atau tubuh kedua gadis dan empat pemuda di kelas itu. Tetapi sebulan yang lalu mereka tidak dapat berbicara dan tidak dapat mendengar. Mereka tuli sejak lahir, empat orang dalam satu keluarga.

Bulan lalu, seorang anggota gereja senior di kota itu pergi ke rumah keluarga Houston dan mengatakan bahwa Tuhan akan menyembuhkan keempat anak tuli itu jika mereka memiliki iman. Di Chicago, Pendeta FF Bosworth berkhotbah di Gospel Tabernacle. Ribuan orang sakit telah disembuhkan setelah pria ini mendoakan mereka, tambahnya. Mengapa tidak mengirim anak-anak itu ke Chicago?

Keempat anak Houston dan dua lainnya dikirim ke Chicago. Dalam kebaktian di tabernakel suatu malam, mereka pergi

ke mimbar ketika Pendeta Bosworth bertanya apakah ada yang sakit atau lemah yang ingin didoakan. Kesembuhan terjadi seketika bagi keenamnya malam itu, mereka bersaksi. Keesokan harinya, kelas mereka di ruang bawah tanah gereja di Rochelle dilanjutkan, tetapi guru dan murid menghadapi revolusi pendidikan.
Cuplikan dari Los Angeles Times, 6 Mei 1928.

Menderita Distrofi Otot

Saya dipulangkan dari rumah sakit Youngstown dengan penyakit yang melumpuhkan, Distrofi Otot. Para dokter menganggap kasus saya tidak ada harapan. Setahun kemudian saya normal dan sehat. Padahal setahun yang lalu saya tidak bisa mengangkat segelas air, hari ini saya mengurus rumah delapan kamar, seorang suami, dan dua anak kecil. Hanya Yesus yang dapat mewujudkan perubahan ajaib dalam kondisi saya ini.

Masalahku dimulai pada musim panas tahun 1956 ketika aku merasa sangat lelah. Kami pindah ke rumah baru, jadi kupikir mungkin itu sebabnya aku merasa sangat lelah sepanjang waktu. Kemudian aku mengetahui bahwa aku akan melahirkan anak kedua. Aku menjadi semakin lelah. Sekitar bulan ketiga, aku mulai kehilangan keseimbangan. Aku mudah dan sering jatuh. Aku sangat khawatir tentang bayi itu, tetapi Tuhan memberiku keyakinan batin bahwa bayi itu akan baik-baik saja.

Selama beberapa bulan berikutnya, saya menjadi sangat lemah. Saya tidak bisa mengupas kentang, mengangkat satu liter susu, atau bahkan makan sendiri. Saya harus berjalan dengan kaki kaku agar tidak jatuh. Dokter saya bingung dengan kondisi saya, tetapi saya tidak dapat menjalani pemeriksaan yang diperlukan karena kehamilan saya. Dengan pertolongan Tuhan, saya melahirkan seorang bayi perempuan. Dia adalah anak yang sehat. Dia lahir pada tanggal 20 Juni 1957, dan dokter mengizinkan saya keluar dari rumah sakit dengan harapan saya tidak akan mengalami masalah lebih lanjut. Namun, kekuatan saya kembali melemah. Kondisi saya dengan cepat memburuk hingga saya tidak dapat mengangkat atau mengganti popok bayi. Saya bahkan tidak bisa membuka atau menutup peniti. Orang lain harus memakaikan pakaiannya setiap hari. Saya didesak untuk menggunakan kursi roda, tetapi saya menolak, karena doa telah dipanjatkan untuk saya dan saya percaya Tuhan akan menyembuhkan saya. Saya akan berjalan sedikit sesekali, hanya beberapa langkah saja. Tetapi saya terkurung di kursi roda hampir sepanjang hari.

Pada hari-hari itu saya tidak dapat memegang Alkitab saya, jadi saya sangat senang setiap kali pendeta saya, Saudara Roy Armstrong, mengunjungi saya. Dia akan membacakan Alkitab dengan lantang dan saya akan meminta Roh Kudus untuk membantu saya mengingat semua yang telah dibacanya kepada saya. Pada bulan Juli, kondisi saya terus memburuk dengan cepat dan saya tahu saya tidak akan hidup lama kecuali Tuhan melakukan mukjizat. Otot-otot saya melemah hingga daging menggantung di tulang saya seperti kain yang tergantung di tali jemuran. Saya tidak dapat makan sendiri atau merawat diri sendiri dalam banyak hal. Saya dirawat di rumah sakit dan selama tiga belas hari menjalani tes laboratorium. Saat di rumah sakit, saya menjadi putus asa. Saya mengatakan kepada Tuhan bahwa saya tahu tidak ada harapan duniawi untuk kesembuhan saya. Saya mengatakan kepada-Nya bahwa saya percaya kepada-Nya untuk menyembuhkan saya, dan saya meminta-Nya untuk berkenan memulai pekerjaan penyembuhan saat itu juga.

Maka saya mulai membuktikan janji-janji Tuhan. Awalnya saya bahkan tidak bisa mengangkat tangan saya di atas wajah saat berbaring di rumah sakit, tetapi setiap pagi saya berdoa dan mencoba mengangkat tangan saya ke sana. Dalam lima hari saya mampu mengendalikannya dan menyentuh wajah saya. Ini menguatkan keyakinan saya bahwa Tuhan sedang menjawab doa dan saya tidak takut.

Pada tanggal 10 Agustus 1957, dokter memberi tahu suami saya bahwa saya menderita Distrofi Otot stadium lanjut dan mengatakan kemungkinan besar akan menyebabkan kematian. Mereka membawa saya pulang dan membuat saya senyaman mungkin, berpikir itu hanya masalah waktu. Dokter tidak menyadari betapa dahsyatnya kekuatan penyembuhan yang sudah mulai bekerja dalam diri saya. Seiring berjalannya hari, saya melatih tubuh saya sekuat tenaga dan secara bertahap kekuatan saya kembali. Setiap kali saya bergerak, saya memanjatkan doa penuh iman. Saya mulai melangkah. Saya mulai membuka pintu lemari dapur. Saya berhasil membuka laci dan mengeluarkan peralatan makan.

Aku terus maju, bergantung pada pertolongan Tuhan; dan oh, betapa damai dan sukacitanya aku saat melihat apa yang terjadi. Alih-alih kematian, Tuhan memberiku kehidupan baru, kekuatan baru, harapan baru. Terkadang aku merasa putus asa, karena sulit untuk menanggung pikiran bahwa aku masih belum mampu merawat anak-anakku. Aku berpegang pada janji-janji Firman Tuhan dan melawan musuh jiwaku. Aku meminta Tuhan untuk mengizinkanku merawat anak-anak lagi, meskipun saat itu tampaknya mustahil. Aku masih belum bisa memasang peniti. Tetapi aku terus membaca Alkitab dan menemukan begitu banyak hal di sana yang menguatkanku.

Puji Tuhan! Dalam waktu lima minggu, saya mampu mengangkat bayi dari tempat tidur ke keranjang bayi. Saya bisa memandikannya, memasang peniti, dan memakaikan pakaian sendiri. Saya hampir tak bisa menahan sukacita.

Perlahan-lahan saya mulai mencuci, menyetrika, mengerjakan pekerjaan rumah tangga, dan memasak. Tampaknya semakin banyak yang saya lakukan, semakin Tuhan mampukan saya lakukan. Pada musim panas tahun 1958, saya hampir normal. Itu adalah perjuangan iman yang terus-menerus, tetapi Tuhan memberi saya kemenangan . Saya bersaksi di gereja bahwa saya hampir sepenuhnya sembuh, tetapi mengatakan bahwa saya masih tidak bisa berlari dan tidak bisa memakai sepatu hak tinggi. Namun, saya mengatakan bahwa Tuhan akan terus membantu saya dan otot-otot itu akan berkembang sepenuhnya. Dua bulan kemudian, saya mampu berlari dengan cukup baik dan mengenakan sepatu hak tinggi.

Hari ini, setahun setelah saya dipulangkan untuk menunggu kematian, saya sehat walafiat dan bahagia menyadari bahwa Yesus tidak hanya dapat menyelamatkan kita dari dosa, tetapi Dia juga dapat menyembuhkan tubuh kita, betapapun tak tersembuhkannya kondisi kita.

Kesaksian yang diberikan oleh Ny. Howard Fowler dalam "Pentecostal Evangel" tanggal 16 November 1958.

Rolland dan Heidi Baker – Surga Terbuka di Atas Cabo Delgado

Para pemimpin Muslim mengakui bahwa provinsi paling utara di pesisir Mozambik ini, yang dulunya dianggap "tidak terjangkau" oleh para ahli misiologi, sedang hilang dari umat Kristen. Pembangunan basis dan sekolah misi kami di lahan terluas yang tersedia di kota pelabuhan Pemba telah menimbulkan kehebohan besar. Injil menyebar ke seluruh desa sekaligus seiring dengan dicurahkannya kuasa Roh Kudus.

Bagaimana ini bisa terjadi? Berikut salah satu contohnya. Felito Utuie, seorang penginjil berusia 22 tahun yang telah kami bina dalam Tuhan, sedang berusaha mendapatkan izin dari seorang kepala desa Muslim untuk melakukan penginjilan. Kepala desa itu berulang kali menolak. Felito mengatakan kepadanya bahwa Yesus akan menyembuhkan orang sakit. Akhirnya, kepala desa itu bertanya, "Jika Anda datang, akankah saya melihat hal itu terjadi?" "Ya!" jawab Felito singkat. Maka kepala desa itu setuju untuk mengadakan pertemuan di desanya.

Pada malam penginjilan itu, pertemuan dimulai dengan suasana yang sangat tenang dan terbuka, tidak seperti beberapa pertemuan yang pernah kita adakan di mana pada awalnya kita menghadapi gangguan keras dari roh jahat. Felito memberitakan Injil yang murni dan sederhana dan bertanya, "Siapa yang menyadari kebutuhan mereka akan seorang Juruselamat?" Suara-suara berseru dalam kegelapan, "Aku ingin pengampunan! Aku ingin pengampunan!" Suara riuh rendah muncul ketika orang-orang memohon keselamatan dan berbondong-bondong maju untuk berdoa. Kemudian Felito mengumumkan bahwa dia dan timnya akan berdoa untuk orang sakit. Penyembuhan terjadi satu demi satu. Seorang ibu membawa putranya yang berusia delapan tahun yang tuli, dan dia langsung sembuh.

Felito bertanya kepada kepala suku, "Apakah Anda melihat?" Seketika kepala suku meminta mikrofon dan berkata kepada rakyatnya, "Ini nyata! Tidak ada manusia yang bisa melakukan ini! Hanya Tuhan yang bisa melakukan ini! Bawa lebih banyak orang sakit! Bawa semua orang sakit!" Seorang pria membawa putrinya yang masih kecil berusia 7 tahun yang buta total. Ia menerima doa, dan ayahnya dengan tergesa-gesa bertanya kepadanya, "Apakah kamu melihat?" Dan kemudian air mata mulai mengalir di wajahnya saat putrinya melihat dan melihat wajahnya untuk pertama kalinya dalam hidupnya! Dan penyembuhan terus berlanjut malam itu.

Sepanjang tahun lalu, kegiatan penginjilan kami seringkali membuahkan hasil seperti ini. Kami tidak berkhotbah panjang lebar atau bertele-tele. Orang-orang merespons dengan iman yang sederhana, dan begitu mereka melihat bahwa Yesus itu nyata dan akan menyentuh mereka secara ajaib, mereka menginginkan Dia! Mereka menginginkan keselamatan, mereka menginginkan gereja, mereka menginginkan seorang pendeta, sekarang juga! Para pemimpin mereka memohon kepada kami, “Jangan tinggalkan kami! Kalian tidak bisa meninggalkan kami seperti ini! Kami belum pernah melihat mukjizat seperti ini!”

"Kamu harus kembali dan mengajari kami!" Heidi khususnya telah menerima pengurapan khusus untuk orang tuli, buta, dan lumpuh, dan melihat mereka disembuhkan di hampir setiap kegiatan penginjilan. Suatu kali dia berdoa larut malam untuk seorang pria lumpuh dan buta yang tidak langsung sembuh. Tetapi dia meminta penduduk desa untuk mengirim utusan untuk memberitahunya segera setelah pria itu sembuh. Jadi keesokan harinya dia bersama seorang teman Muslim yang baik dan pengusaha terkemuka di kota ketika seorang utusan berlari terengah-engah ke jendela mobil yang mereka tumpangi. "Dia sudah sembuh! Dia bisa berjalan dan melihat!" Utusan itu baru saja berlari selama tujuh jam untuk memberitahunya… Dengan berlinang air mata dan takjub, teman Muslim kami berseru, "Doakan saya! Doakan saya sekarang!"

Laporan dari Buletin Iris Ministries, pelayanan yang dimulai oleh Rolland dan Heidi.
Baker, pada 14 September 2005. Ingin membaca lebih lanjut? Kunjungi situs web mereka di: www.irismin.org

Tim Randy Clark – Bocah Cacat Sejak Lahir Disembuhkan

Seorang ibu membawa putranya yang berusia 5 tahun ke pertemuan di Guntur, India. Ia lumpuh sejak lahir. Lengan dan tangannya lumpuh. Jari-jarinya benar-benar kaku dan menekuk ke belakang membentuk sudut 45 derajat. Saat saya berlutut di sampingnya, Roh Kudus mencurahkan belas kasihan yang begitu besar di hati saya untuk anak ini. Lengannya benar-benar lemas dan tangannya kaku karena kelumpuhan. Setelah memegang tangannya sambil berdoa selama sekitar 5 menit, ada kedutan di jari kelingkingnya. Saya terus berdoa, berhenti beberapa kali untuk memeriksa kemajuan penyembuhannya. Saya memiliki seorang putra kecil seusianya dan Tuhan terus menyuruh saya berdoa seolah-olah itu adalah putra saya sendiri. Melihat mata anak ini membuat air mata saya mengalir.

Tuhan sepenuhnya menyembuhkan dan memulihkan lengan, tangan, dan jari-jarinya.
Dilaporkan oleh Carey Cramer dari Tim Pelayanan Randy Clark pada 26 Januari 2005.
Dari Laporan Kebangkitan Global tertanggal 31 Januari 2006. Digunakan dengan izin mereka.

Ethel Willitts – Gadis Cacat yang Disembuhkan

Keluarga saya menghadiri KEBAKTIAN PENYEMBUHAN yang diadakan oleh Ethel R. Willitts di Akron, OH pada tahun 1938. Ibu Willitts mengadakan kebaktian di sebuah tabernakel kayu lapis portabel yang sangat besar. Pertemuan berlangsung setiap malam dan pada Minggu siang. Bangunan itu biasanya penuh sesak. Setiap pertemuan, puluhan ambulans akan berhenti di samping tabernakel dan menurunkan tandu di depan bangunan dalam barisan ganda. Setiap kebaktian, orang-orang akan disembuhkan dan pulang. Ibu Willitts akan menyampaikan khotbah pengajaran, menginstruksikan orang-orang tentang menerima penyembuhan dan menerima Yesus Kristus ke dalam hidup mereka sebelum kebaktian penyembuhan. Kemudian dia akan berdoa untuk orang sakit di setiap pertemuan. Dinding depan tabernakel, di belakang pembicara, dipenuhi dengan kruk dan penyangga.

Salah satu penyembuhan luar biasa yang kami alami secara pribadi adalah penyembuhan seorang bayi perempuan yang cacat. Ia tidak memiliki dagu yang terlihat, benjolan di belakang lehernya, dan kedua tangan serta kakinya bengkok. Ia dibawa ke depan untuk didoakan dan langsung sembuh. Karena ramainya orang, kami tidak melihatnya malam itu, tetapi kami duduk di belakangnya dan orang tuanya malam berikutnya. Bayi kecil itu mengenakan penutup kepala di sekitar dagunya yang menonjol dan tidak ada benjolan di belakang lehernya. Ia bermain dengan kakinya menggunakan tangan kecilnya. Ia sembuh total dan dipulihkan oleh KUASA YESUS KRISTUS.

Kesaksian Pribadi Paul Chidester. Digunakan dengan izinnya.

Stephen Jeffreys – Wanita Lumpuh Disembuhkan Saat Melihat Yesus di Sebuah Pertemuan

Sulit menemukan kata-kata untuk mengungkapkan semua yang berarti setelah menjalani hidup yang penuh penderitaan. Sejak bayi, saya selalu sakit, tidak pernah melewati satu tahun pun tanpa harus beristirahat. Kemudian, pada tahun 1900, beberapa hari sebelum pernikahan saya, saya membantu mengangkat mesin pemeras, dan melukai diri sendiri secara internal. Hanya lima minggu setelah menikah, kejadian ini membuat saya harus beristirahat selama sepuluh minggu, kemudian saya mulai bisa beraktivitas kembali, tetapi hampir selalu kesakitan. Ini berlangsung selama bertahun-tahun, kadang-kadang bisa beraktivitas, tetapi lebih sering terbaring di tempat tidur. Pada musim panas tahun 1906, kami tinggal di sebuah tempat bernama Thorne, dekat Doncaster (kami sebelumnya pernah tinggal di tempat yang sama, di mana saya telah dirawat oleh tidak kurang dari enam dokter, serta menjadi pasien rawat jalan di rumah sakit, dan berulang kali diberitahu bahwa tidak ada yang bisa dilakukan).

Di Thorne, saya menderita meningitis dan selama berminggu-minggu terbaring dalam kondisi kritis. Doa-doa dipanjatkan bahkan di Gereja Paroki di sana untuk kesembuhan saya. Demi satu anak yang telah Tuhan berikan kepada kami, Tuhan mendengar banyak doa, nyawa saya diselamatkan, tetapi saya terpaksa memakai kacamata hitam; saraf mata saya sangat terpengaruh sehingga cahaya menyebabkan muntah yang mengerikan – yang oleh dokter disebut penyakit otak. Beberapa bulan setelah itu, saat mengunjungi Peterborough, teman-teman saya di sana menyarankan saya untuk meminta nasihat dari dokter mereka, serta di Rumah Sakit Peterborough, karena hidup saya penuh dengan penderitaan. Seandainya saya tidak mengetahui sedikit pun tentang istirahat dan kedamaian yang datang dari Yesus, saya tidak akan pernah bisa hidup dan bertahan. Oh, pujilah Manusia Kalvari, Yesus yang penuh belas kasihan, yang telah membuka mata rohani saya, dan membuat saya menyadari kebutuhan saya akan seorang Juruselamat; dan meskipun menerima Dia pada usia dua puluh satu tahun berarti saya diusir dari rumah. Haleluya! Dia lebih dari cukup.

Dokter di Peterborough, setelah pemeriksaan menyeluruh, mengkonfirmasi apa yang telah dikatakan dokter sebelumnya, tidak ada obatnya; vonisnya adalah ini, penyakit jantung, masalah paru-paru, bahkan, dia berkata kepada teman saya secara pribadi bahwa saya penuh penyakit, hampir tidak ada organ yang sehat di tubuh saya, kanker, sedikit kelainan pada usus. Dia mengakhiri dengan mengatakan bahwa bagian dalam tubuh saya seperti spons busuk dan akhirnya jika saya hidup saya akan menjadi buta total, namun, puji syukur kepada Yesus, saya sama sekali tidak membutuhkan kacamata sekarang. Saya sehat sepenuhnya. Saya memuji Nama-Nya yang terkasih. Oh Haleluya, atas apa yang telah Tuhan lakukan untuk saya. Saya tidak akan pernah berhenti memuji Dia! Pada tahun 1910, kami datang ke Grimsby (suami saya bekerja di kereta api).

Saya tiba di sini pada tanggal 26 Desember, masih bisa beraktivitas seperti biasa, dalam kesakitan yang luar biasa, hingga tanggal 5 April 1911, ketika saya kembali harus berbaring di tempat tidur. Ketika dokter datang, ia mengatakan paling lama dua minggu akan menjadi akhir hidup saya. Kondisi saya sangat mengerikan sehingga ia tidak yakin saya bisa bertahan bahkan selama dua minggu, namun minggu, bulan, ya, bahkan tahun-tahun berlalu, selalu di tempat tidur, dan oh, betapa menderitanya, meskipun saya diberi morfin untuk meredakan rasa sakit, dengan dosis yang semakin meningkat sehingga beberapa orang yang mengetahui jumlahnya heran mengapa tidak ada keinginan untuk obat tersebut. Pujilah Dia, yang melakukan keajaiban! Berulang kali suami saya dipanggil, untuk segera meninggalkan tugas jika ia ingin melihat saya hidup. Saya sudah sangat dekat dengan kematian sehingga para wanita datang ke rumah untuk mempersiapkan jenazah saya untuk dimakamkan; dua kali rumah saya terbakar dan saya tidak berdaya dan akan terbakar sampai mati jika tidak ada bantuan dari luar.

Tiga tahun pertama saya terbaring, saya tidak pernah keluar rumah. Keinginan untuk keluar selama musim panas keempat begitu kuat sehingga suami saya menyewa kereta khusus (karena saya harus berbaring, kursi mandi tidak berguna). Musim panas berikutnya kami memesan satu di Hull, dan saya pun dibawa keluar, diangkat dari tempat tidur saya di dapur ke tempat tidur di kereta khusus tulang belakang. Kereta itu digerakkan mendekat ke tempat tidur saya. Saya tidak pernah dipakaikan pakaian, bahkan saya melepaskan semua pakaian dan sepatu bot saya, berpikir saya tidak akan pernah membutuhkannya lagi. Jadi tahun-tahun berlalu, dan, meskipun saya mengenal Yesus, saya cukup yakin bahwa itu adalah kehendak-Nya agar saya menderita dan hanya berdoa untuk kasih karunia dan kesabaran yang abadi. Oh, betapa butanya saya, berpikir bahwa itu adalah kehendak-Nya untuk
menimpakan penderitaan pada anak-Nya.

Puji Tuhan, pembebasan telah datang. Suami saya membaca beberapa kasus penyembuhan di London,
Melalui pelayanan salah satu hamba-Nya, Pendeta Stephen Jeffreys. Kami berdoa agar jika ada berkat yang akan diberikan kepada saya, Dia akan mengirimkan utusan-Nya ke Grimsby. Utusan itu datang, dan setelah mengikuti kebaktian dan mendengarkan firman yang luar biasa tentang Hidup dalam Yesus, saya meminta Tuhan untuk membimbing saya. Dia mengarahkan saya ke Yakobus 5:14-15. Pada kebaktian berikutnya, saya dapat
Saat itu, aku menaati Firman-Nya; diurapi dengan minyak dalam Nama Tuhan. Aku menerima urapan yang luar biasa, tetapi tidak disembuhkan. Haleluya, jawabannya datang dua minggu kemudian, pada tanggal 5 Maret 1922, sekitar pukul 15.30. Dia, Sang Yang Bangkit, datang dengan kuasa dan mengangkatku dari kereta. Kemuliaan bagi Nama-Nya yang berharga! Penantian selama dua minggu tidak dapat

meredupkan iman yang telah Dia berikan; aku tahu Dia tidak akan mengecewakanku.

Pada tanggal 28 Februari, saya meminta suami saya untuk membelikan saya sepatu, karena saya sangat yakin bahwa Dia setia, meskipun kaki saya belum pernah menyentuh lantai selama hampir sebelas tahun. Kemuliaan bagi Yesus! Dia membuat saya tetap berharap. Jumat malam, 3 Maret, rasa sakitnya sangat hebat; seolah-olah Iblis tahu waktunya di tubuh fana ini terbatas. Itu adalah siksaan yang hebat, namun Tuhan membawa saya untuk menyadari malam itu bahwa morfin harus dihentikan. Saya ingin Yesus dimuliakan, jadi saya berkata, "Ya Tuhan, sekalipun itu berarti kematian, aku milik-Mu, lakukanlah kepadaku sesuai kehendak-Mu. Berikanlah kepadaku Roh-Mu agar aku tetap setia kepada-Mu."

Dari hari Jumat hingga Minggu sore – jam-jam terasa panjang, perjuangan melawan Musuh, mencoba mendapatkan sedikit keringanan dengan morfin, sungguh berat, tetapi Dia menjadi perantara bagi saya dan memberi kemenangan. Ketika dibawa ke Pelabuhan Perlindungan lama di Jalan Freeman, tempat pertemuan diadakan, saya masih dipenuhi penderitaan dan lebih tak berdaya dari sebelumnya, tetapi puji Tuhan selama pertemuan itu, yang merupakan pertemuan kesaksian, saya melihat Yesus, Manusia Kalvari yang berharga.

Ia berdiri dan memandang, dengan penuh kasih dan belas kasihan di mata-Nya; lalu sepertinya Tangan yang kuat diletakkan di bawahku, dan aku diangkat ke atas, hingga aku merasa telah mencapai surga, lalu aku diturunkan dengan lembut, dan aku melihat aku masih berada di pertemuan itu, namun merasa seringan udara. Oh, betapa bahagianya, betapa gembiranya, saat aku menyadari bahwa Sang Penyembuh Sendiri telah datang dan membawa kehidupan baru, kehidupan kebangkitan yang nyata, di mana sebelumnya hanya ada kematian yang hidup. Dalam Nama-Nya, aku bangkit dari kereta, berjalan mengelilingi aula dengan mata berkaca-kaca dan tangan terangkat, sementara orang-orang bernyanyi berulang-ulang, “Hidup kuasa Nama Yesus!” Haleluya! Haleluya! Tidak ada tangan manusia yang menyentuhku. Pendeta dan para pekerja berada di mimbar ketika Ia datang. Yesus, Juruselamatku, yang melakukan perubahan ini dalam diriku. Aku ingin orang lain mengenal Dia dan memiliki Hidup-Nya. Ini bukan penyembuhan, tetapi Sang Penyembuh Sendiri, yang membawa Kehidupan dan Kesehatan, dan energi.

Ratusan orang di Grimsby dan tempat lain telah melihatku diantar dengan kursi roda selama bertahun-tahun, tampak seperti mayat. Sekarang mereka melihatku berjalan di jalanan, melakukan pekerjaan rumah tangga, bahkan mencuci pakaianku sendiri. Semua ini karena Yesus. Aku berutang semuanya kepada-Nya. Para dokter dan perawat, para pekerja kereta api, polisi dan lainnya, terheran-heran melihat, meskipun mereka tidak dapat memahami, perubahan luar biasa yang telah terjadi. Selama sepuluh tahun sebelas bulan aku adalah makhluk tak berdaya yang terbaring di tempat tidur.

Sekarang aku penuh semangat, mampu berjalan bermil-mil, kesehatanku lebih baik dari sebelumnya. Semuanya telah ditebus untukku di Kalvari, dan sekarang Yesus telah memberikan kepenuhan, Baptisan Roh Kudus, berbicara dalam bahasa lain, semuanya untuk memuliakan Dia. Oh, hatiku begitu penuh dengan Dia. Aku hanya ingin Dia yang dimuliakan. Aku hanyalah seorang berdosa yang diselamatkan oleh kasih karunia-Nya yang luar biasa. Tempatku adalah di kaki-Nya yang berharga dan berdarah. Aku merindukan agar orang lain dapat menerima semua yang ingin Dia berikan. Hidup ini, oh, sangat berbeda. Aku hanya menantikan dan mengharapkan Dia datang, Yesus yang berharga, lembut, dan Kudus, Mempelai Pria yang Terberkati hatiku. Sekalipun demikian, datanglah segera, Tuhan Yesus.

Saya ingin menyampaikan di sini bahwa dokter mengatakan tidak ada jejak penyakit yang tersisa. Saya dapat membaca dan menjahit tanpa kacamata, pada usia lima puluh dua tahun. Kemuliaan bagi Yesus! Oh, pujilah Dia. Aku memuji Dia! Haleluya! – Ny. B. ALTOFT, 6 Stansted Street, Grimsby

Cuplikan dari "Stephen Jeffreys" yang ditulis oleh Agnes Adams

Raymond T. Richey – Kerusakan Perang Ekstrem yang Dipulihkan

LC DeWeese, dari Houston, Texas, dari Korps Angkatan Darat Pertama, Pasukan Ekspedisi Amerika, yang menderita demam tinggi, dibawa keluar dari Hutan Argonne pada tanggal 13 November, dua hari setelah penandatanganan Gencatan Senjata. Ia dibawa dari satu rumah sakit ke rumah sakit lain, di mana para dokter dan ahli bedah terampil bekerja selama berbulan-bulan, akhirnya menyatakan kasusnya tidak ada harapan. Mereka menyerahkan pasien kepada para dokter magang di rumah sakit untuk menunggu kematian, dengan sertifikat kematian yang telah dikeluarkan. Ketika pertama kali dibawa ke rumah sakit, prajurit ini muntah-muntah dan menderita hebat. Dari rumah sakit ini ia dipindahkan ke Rumah Sakit Pangkalan 119 di Vichy, yang dikelola oleh pemerintah di tempat pemandian yang populer ini. Di sini ia tinggal selama beberapa bulan, kondisinya semakin memburuk. Dari sini ia dikirim ke Bordeaux untuk kemudian dikirim ke Amerika Serikat.

Ia praktis terbaring di tempat tidur terus-menerus, kondisinya terlalu buruk untuk bergabung kembali dengan pasukannya. Ia akhirnya mendarat di New York dan dipindahkan ke Rumah Sakit Debarkasi No. 3. Dari sana ia dipindahkan ke rumah sakit pangkalan di Jefferson Barracks, St. Louis, Mo. Di sana, foto rontgen diambil, menunjukkan bahwa perutnya telah rusak parah dan menyerupai spons. Setelah itu, operasi dilakukan pada tanggal 8 Mei 1919. Selama operasi ini, usus buntu, sebagian besar usus, dan sebagian perut diangkat. Operasi ini sangat serius sehingga nyawa seolah-olah meninggalkan tubuhnya dan denyut nadi sangat lemah sehingga dokter tidak dapat mendeteksi denyut nadi atau pernapasan, dan ginjal menolak untuk berfungsi, semua air mengering dan pembusukan terjadi dari dada ke bawah. Sekarang jelas bahwa kasusnya tidak ada harapan dan sertifikat kematian dikeluarkan.

Dari keadaan koma yang sangat parah ini, secercah kehidupan yang sangat samar mulai terlihat dan pasien mulai sadar kembali. "Sekarang," kata DeWeese, "Tuhan yang telah kutolak, mulai berbicara kepadaku, sementara orang-orang di rumah berdoa agar nyawaku diselamatkan. Para dokter yang merawat mengakui bahwa mereka telah mencapai batas kemampuan mereka. Hanya Tuhan yang harus melakukan sisanya. Setelah cukup pulih untuk meninggalkan rumah sakit, saya mengikuti pelatihan kejuruan di Iowa State College, Ames, Iowa. Tetapi tiga minggu dihabiskan di sini, dan saya harus kembali ke rumah sakit. Kemudian saya pergi ke Des Moines, Iowa. Di sini saya harus menjalani operasi lagi. Setelah membuat sayatan, para dokter menyimpulkan bahwa mereka tidak dapat melanjutkan lebih jauh, dan mereka menjahit saya. Saya diberitahu bahwa mereka telah melakukan semua yang mereka bisa dan hanya masalah waktu singkat sampai kematian menjemput saya. Saya meninggalkan rumah sakit untuk pulang, di mana saya akan meninggal."

"Saat berada di Houston, saya mendengar tentang Kebangunan Rohani Zaman Dahulu dan penyembuhan luar biasa yang terjadi sebagai jawaban atas doa. Saya menghadiri pertemuan itu dan mendengarkan Penginjil Raymond T. Richey, dan menjadi tertarik pada pertemuan-pertemuan tersebut. Di sana saya diyakinkan akan dosa-dosa saya dan menyerahkan hidup saya kepada Tuhan. Beberapa malam kemudian saya didoakan dan disembuhkan secara ajaib. Tinggi saya lima kaki sebelas inci, dan berat badan saya turun drastis hingga tidak lebih dari seratus pon. Sekarang berat badan saya sekitar dua ratus pon, makan dengan baik, dan menikmati kesehatan yang sempurna. Selama sakit, saya dilarang bersekolah secara permanen karena cacat permanen, dokter menyatakan bahwa saya tidak akan pernah lagi dapat melanjutkan studi saya. Oleh Dewan Pelatihan Kejuruan Biro Veteran Amerika Serikat, saya diberi peringkat Kelas "D."

Cuplikan dari "Apa yang Telah Tuhan Kerjakan" karya Eloise May Richey

Smith Wigglesworth – Perawat Sembuh dari Penyakit yang Melumpuhkan

Nona H. Todd dari Naremburn, NSW, bersaksi: "Saat menjalankan pekerjaan saya sebagai perawat di Sydney, saya mengalami kecelakaan serius, yang mengakibatkan patah tulang tempurung lutut dan pergeseran tulang rawan internal, yang menyebabkan sinovitis dan artritis (kronis). Saya telah mendapatkan perawatan medis terbaik baik di Sydney maupun Orange tanpa hasil yang permanen. Saya hanya bisa berdiri sebentar lalu kembali berbaring di tempat tidur, dan seterusnya selama delapan belas bulan; dan bulan-bulan itu sangat panjang dan melelahkan, terutama ketika, setelah sekitar empat belas bulan, saya mengalami kemalangan berupa robekan serat otot kaki yang lain, yang mengakibatkan saya harus beristirahat selama enam minggu. Rasa sakitnya terkadang sangat parah. Saya benar-benar lumpuh tanpa prospek untuk dapat kembali menjalankan profesi saya. Karena dalam keadaan sehat sepenuhnya, sulit untuk membayangkan masa depan dengan kedua kaki lumpuh, dan bergantung pada orang lain untuk merawat dan menjaga saya."

"Betapa butanya aku, karena sejak dirawat di Orange karena sakit, aku hidup di antara orang-orang yang percaya dan berusaha membujukku untuk mendengarkan ajaran Kitab Suci tentang penyembuhan ilahi, tetapi aku berpikir berbeda. Memang Alkitab menceritakan hal-hal yang menakjubkan di masa lalu, tetapi bagiku masa itu telah berlalu dan keadaan sekarang berbeda. Ada banyak pembicaraan tentang Penginjil Smith Wigglesworth, tetapi aku tidak tertarik. Setelah penginjil itu memulai misinya, yang hanya berlangsung lima hari, saudaraku, bersama dengan orang lain, berbicara dengan sangat meyakinkan kepadaku tentang kenyataan ajaran Kitab Suci tentang penyembuhan ilahi, dan meskipun aku menentangnya sampai saat itu, aku kembali membaca Alkitabku dan, seperti anak yang hilang, pada akhirnya, aku pun terdorong untuk berkata, 'Aku akan bangkit dan pergi kepada Bapa-Ku.'" Dan, puji Tuhan yang terkasih, betapa banyak berkat yang telah Dia siapkan untuk diberikan kepadaku. Aku telah menjadi seorang Kristen selama bertahun-tahun, tetapi aku harus dibangunkan terlebih dahulu sebelum aku dapat mendengar suara-Nya dan membiarkan Dia mengurapi mataku. Saat membaca Kitab Suci, aku terhenti oleh kata-kata, 'Satu hal yang kutahu, bahwa dahulu aku buta, sekarang aku melihat.' Yohanes 9:25. Ini terus terngiang di benakku sepanjang hari

Jumat dan Sabtu; juga firman Tuhan, 'Akulah Tuhan, janganlah berubah.' Ayat-ayat ini terus-menerus terlintas di benakku sehingga aku memutuskan untuk pergi ke misi malam itu untuk berdoa.

"Di satu kaki saya dipasangi alat dari baja dan kulit untuk mencegah sendi lutut terkunci dan terjepit, yang menyebabkan rasa sakit yang hebat, dan kaki yang lain dibalut perban ketat. Dengan bantuan sepasang kruk, saya keluar menuju mobil untuk diantar ke pertemuan, dan meskipun menderita hebat, saya percaya saya akan disembuhkan. Setelah khotbah, saya bergabung dengan mereka yang akan dilayani, dan ketika penginjil meletakkan tangannya di atas saya dan berdoa, saya mengalami pengalaman yang aneh namun indah, seolah-olah air dingin dengan kekuatan besar disemprotkan ke kedua anggota tubuh saya yang terluka. Kekuatannya begitu kuat sehingga bahkan menyakiti saya, dan saya tahu itu adalah Tuhan, tetapi ketika saya berbalik untuk pergi, saya tidak merasa lebih baik, dan mengungkapkan kekecewaan kepada dua atau tiga orang."

"Sepanjang perjalanan pulang aku menangis tersedu-sedu, mencurahkan isi hatiku kepada Tuhan, dan terus berkata, 'Tuhan, aku percaya, tolonglah ketidakpercayaanku.' Sesampainya di rumah, aku dibantu keluar dari mobil, dan setelah berjalan beberapa langkah, aku berkata bahwa aku pikir aku bisa berjalan sendiri. Tepat saat aku mencapai ambang pintu, dinding cahaya terang yang bersinar menyambutku, begitu terangnya sehingga hampir membuatku terhuyung, dan seketika itu juga aku berseru, 'Puji Tuhan, aku sembuh,' dan sungguh aku sembuh. Aku berjalan di dalam rumah sambil memuji Tuhan, dan naik turun beranda belakang, memuliakan Tuhan dan berjalan seperti sebelum kecelakaan itu. Melihat kruk, aku berkata, 'Kembalikan kruk itu kepada teman baik yang meminjamkannya kepadaku. Aku tidak akan membutuhkannya lagi.' Maka kruk itu dikembalikan tepat sebelum tengah malam. Haleluya! Keesokan paginya saat bangun tidur, aku membuang penyangga baja dan kulit serta perban, dan tidak pernah menyentuhnya lagi sejak itu, karena aku telah sepenuhnya sembuh."

"Dua hari kemudian saya dibaptis dengan penuh sukacita dalam Roh Kudus sesuai dengan Kisah Para Rasul 2:4. Alkitab saya sekarang lebih berarti bagi saya daripada sebelumnya. Sekarang saya melihat Tuhan saya sebagai Juruselamat saya dari dosa, Tabib Agung, Dia yang membaptis dengan Roh Kudus, dan Dia yang akan segera datang untuk mempelai-Nya."

Cuplikan dari buku Miracles in Australia and New Zealand karya Smith Wigglesworth.

AJ Byers – Wanita Sembuh Setelah 35 Tahun Menderita

Saya terlahir dengan penyakit dan tidak diharapkan untuk bertahan hidup. Selama tiga puluh lima tahun saya tidak tahu bagaimana rasanya menghirup napas yang sehat dan normal, dan sering kali saya bertanya kepada Tuhan mengapa saya harus menderita seperti ini. Dia menjawab, "Agar Aku dapat menunjukkan kuasa-Ku melalui engkau." Saya berkata, "Tuhan, jika demikian, saya ingin tunduk kepada kehendak-Mu." Dalam satu tahun saya pergi ke rumah sakit lima kali dan setiap kali berada di ambang kematian. Saya menderita neuralgia kronis pada jantung, katarak kronis pada seluruh sistem tubuh, masalah ginjal dan organ reproduksi wanita. Saya hampir kehilangan penglihatan. Mata saya lemah sepanjang hidup saya, sehingga memerlukan operasi ketika saya masih kecil dan harus memakai kacamata selama bertahun-tahun.

Kami selalu didampingi oleh dokter dan ahli bedah terbaik, tetapi tampaknya mereka tidak dapat berbuat apa pun untuk saya. Akhirnya mereka mengatakan bahwa operasi mungkin memberi saya kesempatan untuk pulih. Sekarang, saya tidak berpikir saya bisa selamat dari operasi, tetapi saya mengatakan kepada Tuhan bahwa jika itu adalah cara Dia akan membawa saya pulang, saya bersedia, tetapi jika Dia memiliki cara lain atau rencana yang lebih baik untuk saya, beri tahu saya. Saya berkata, "Tuhan, saya tahu bahwa Engkau dapat menyembuhkan saya tanpa operasi jika Engkau menghendakinya, karena Firman-Mu berkata, 'Yesus Kristus, sama kemarin, hari ini, dan selama-lamanya,' dan bahwa mereka yang percaya kepada-Mu tidak akan dipermalukan." Dan dalam penderitaan saya, saya hanya berserah kepada Tuhan. Saya belum pernah mendengar kebenaran dalam kepenuhannya dikhotbahkan dan belum menemukan orang-orang kudus Allah yang sejati; tetapi sementara orang-orang di sekitar saya menunggu saya mati, Tuhan mengutus dua pengkhotbah Injil-Nya yang sejati untuk menemui saya (Saudara Kriebel dan Crose). Saya mengatakan kepada mereka bahwa saya tahu Tuhan telah mengutus mereka. Mereka mengatakan akan mendoakan saya.

Beberapa hari kemudian saya dibawa keluar dari rumah sakit dan dikirim ke Oakland. Saya telah meminta Tuhan untuk membimbing saya, jadi saya hanya menunggu-Nya. Suatu hari ketika saya kembali berada di ambang kematian, Tuhan berbicara kepada saya untuk memanggil Saudara Crose. Dia datang keesokan harinya. Sebagai jawaban atas doa, saya dapat bangun dari tempat tidur. Saudara C. mengurapi saya dalam nama Yesus dan memanjatkan doa iman. Saya mendapat kepastian bahwa doa itu telah didengar. Saya dapat bangun dari tempat tidur beberapa kali, tetapi penderitaan saya sekarang lebih hebat daripada sebelumnya, dan saya merasa bahwa Tuhan telah sepenuhnya meninggalkan saya.

Aku merasa dia ada di suatu tempat, tetapi sangat jauh. Sementara itu, kekuatan kegelapan mencengkeramku dan sepertinya mencabik-cabikku. Aku tidak hanya menderita, tetapi juga mengalami siksaan yang mengerikan, yang berlangsung berhari-hari dan bermalam-malam. Kau tahu, aku harus mengambil pelajaran dari ini yang telah Tuhan tetapkan untukku. Selain itu, aku telah lari dari Tuhan, dan aku membutuhkan hukuman yang berat. Tuhan menyertaiku, dan menguatkanku, meskipun aku tidak menyadarinya saat itu.

Suatu hari, perasaan itu menghampiri saya bahwa Tuhan sedang memikirkan saya, dan saya berseru, "Aku tidak akan mati, tetapi hidup, dan memberitakan perbuatan-perbuatan Tuhan." Kemudian saya dibawa ke jemaat Oakland pada Januari 1910, dan diurapi oleh Saudara Byers. Saudara Kriebel dan Holcomb meletakkan tangan mereka di atas saya dan memohon kepada Tuhan untuk menyentuh tubuh saya. Untuk sementara waktu, saya tidak merasa ada perubahan, tetapi kepercayaan saya ada pada Tuhan, dan saya bersedia menerima penyembuhan itu sesuai kehendak Tuhan. Saya merasa yakin bahwa doa-doa itu berada di hadapan takhta Tuhan. Pada malam yang sama, saya merasakan Yesus datang ke sisi tempat tidur saya dan meletakkan tangan-Nya dengan lembut di kepala saya, dan kemudian saya merasakan kuasa Tuhan mengalir melalui seluruh tubuh saya. Saya berseru, "Tuhan Yesus, saya tidak layak menerima semua ini." Saya dapat melihat sesuatu seperti hujan turun dari surga, semua warna pelangi, hanya lebih jernih dan lebih terang.

Aku hampir tak dapat menemukan kata-kata untuk mengungkapkan rasa syukurku. Rasanya seperti aku baru saja bangkit dari kematian. Aku mulai melihat segala sesuatu di sekitarku dengan jelas dan menyadari bahwa Tuhan benar-benar telah menyembuhkanku dari semua penderitaanku. Semuanya tampak terlalu indah untuk menjadi kenyataan, tetapi puji Tuhan, memang demikian adanya. Aku mulai menjadi lebih kuat, nafsu makanku membaik, dan aku secara bertahap mampu kembali menjalankan tugas-tugas kehidupan. – Marie Spaulding

Cuplikan dari "200 Contoh Nyata Penyembuhan Ilahi" karya AL Byers

George Jeffreys – Pria Lumpuh yang Sembuh Seketika

Tuan James Gregson sembuh secara ajaib di Leeds pada bulan April 1927. Kerumunan besar yang menyaksikan keajaiban itu akan lama mengingat hari kesembuhannya yang tiba-tiba. Ia benar-benar lumpuh, satu-satunya kemampuan geraknya adalah dengan susah payah mendorong dirinya sendiri di tanah sambil menyeret kakinya yang bengkok di belakangnya.

Saya berprofesi sebagai pembuat besi. Pada tanggal 2 Februari 1922, saya mengalami kecelakaan serius. Saya jatuh dari ketinggian ke dalam kotak batubara, semua tulang saya bergeser dari tempatnya. Tulang belakang saya juga cedera. Saya dibawa ke rumah sakit, di mana saya menerima semua perawatan yang dapat diberikan rumah sakit, tetapi saya menjadi lumpuh dan tak berdaya. Saya harus merangkak di tanah; kaki saya bengkok dan saya menyeretnya dalam posisi menyilang. Saya tidak bisa duduk, tetapi harus berbaring. Hidup saya penuh penderitaan. Pada Rabu malam, istri saya membaca di koran sebuah kisah tentang seorang wanita buta yang mendapatkan penglihatannya kembali dalam pertemuan kampanye Kepala Sekolah George Jeffreys. Saat dia membaca, saya yakin bahwa saya dapat disembuhkan jika saja saya bisa pergi ke pertemuan itu. Saya pergi pada hari Sabtu dengan kruk saya, menyeret kaki saya di belakang. Malam itu saya diselamatkan: Dia mengampuni semua dosa saya. Kemudian saya pergi lagi pada hari Minggu ke Koloseum. Hanya Tuhan yang tahu bagaimana saya sampai di sana, dan ketika saya sampai di sana, saya harus berjuang keras untuk masuk, tetapi beberapa orang merasa kasihan kepada saya dan menarik saya ke belakang.

Kemudian para petugas membawa saya masuk dan membaringkan saya di depan mimbar. Salah seorang dari rombongan kebangunan rohani datang kepada saya dan berkata, "Saudara, Anda tampak tidak nyaman; bolehkah saya membuat Anda lebih nyaman? " dan saya menjawab, "Saya tidak pernah nyaman," karena saya kesakitan siang dan malam. Kepala Sekolah mendoakan saya, dan ketika dia meletakkan tangannya di atas saya, saya merasa seolah-olah selusin tangan diletakkan di seluruh tubuh saya dan saya merasa setiap tulang kembali ke tempatnya. Saya langsung sembuh dan benar-benar pulih. Saya hanya tinggal kulit dan tulang; mata saya cekung. Dalam dua minggu saya bertambah berat badan dua stone lima pound, dan saya terus menambah berat badan. Saya dapat kembali bekerja sekuat sebelumnya. Saya tidak pernah absen kerja sehari pun sejak itu karena sakit. Haleluya! Segala kemuliaan bagi Allah! Pujilah Tuhan!"
Cuplikan dari *"Healing Rays"* karya George Jeffreys,

Tim Randy Clark – Dua Bersaudara Tunarungu dan Bisu Disembuhkan

Dua anak laki-laki dibawa kepada saya oleh ibu mereka. Ia meminta saya untuk mendoakan anak tertua yang bisu dan tuli. Setelah doa, saya memintanya untuk mengeluarkan suara dan ia berbicara. Saya harus bertanya kepada ibunya apakah ia benar-benar bisu dan tuli karena ia berbicara dengan sangat jelas. Penerjemah saya berkata, "Ya, memang." Ia menunjuk ke anak bungsu ibunya dan mengatakan bahwa ia juga bisu dan tuli. Awalnya saya tidak percaya, tetapi ia bersikeras bahwa anaknya memang bisu dan tuli seperti kakaknya. Tuhan datang dan anak itu mendengar dan berbicara. Saya meminta Pendeta James untuk memastikan kembali bahwa kedua anak itu benar-benar bisu dan tuli, dan keduanya disembuhkan. Ia mengkonfirmasinya.

Dilaporkan oleh Charles Polston. Dari Laporan Kebangkitan Global tertanggal 3 Februari 2005. Digunakan dengan izin mereka.

Jennie Smith – Sembuh Setelah Bertahun-tahun Menderita Hebat

Kami memberikan contoh penyembuhan lain, yang kisahnya telah dibaca oleh banyak orang, dan didengar oleh tidak sedikit orang dari mulut penderita yang telah sembuh itu sendiri. Kisah luar biasa tentang kebahagiaan Jennie Smith, dari Philadelphia, diceritakan dalam buku kecil "From Baca to Beulah." Penyakitnya, yang begitu misterius, menyiksa, dan berlangsung lama sehingga pendetanya menyebutnya sebagai "kisah penderitaan yang jarang atau bahkan tidak pernah tertandingi," tidak dapat dijelaskan panjang lebar di sini. Cukuplah dikatakan bahwa dia adalah seorang lumpuh yang tak berdaya selama sekitar enam belas tahun, menderita kesakitan yang sangat hebat hampir sepanjang waktu.

Salah satu anggota tubuhnya mengalami kejang yang begitu hebat dan tak terkendali sehingga harus dikurung dalam kotak yang kuat, dan seringkali ditahan dengan beban berat. Selama penderitaannya yang luar biasa, iman dan pengabdiannya tampaknya diuji dengan sangat kuat, sehingga dengan menjadikan tempat tidurnya sebagai mimbar, ia banyak digunakan untuk membangkitkan kehidupan spiritual orang-orang yang berada di sekitarnya. Sementara itu, ia mulai berpegang pada janji Tuhan untuk penyembuhan tubuh, dan mendapatkan tanda-tanda kuasa-Nya dalam beberapa kali pemulihan sebagian, ia terdorong untuk meminta dan memperoleh kesembuhan total.

Kisah ini diceritakan dengan kata-katanya sendiri. Setelah seharian menderita luar biasa, beberapa teman Kristen berkumpul di sekitarnya pada malam hari saat ia berbaring di kursi malasnya. Ia berkata: "Malam itu dikhususkan untuk berdoa, dipimpin oleh pendeta Everett. Setelah satu jam atau lebih, beberapa orang terpaksa pergi. Seorang saudara, yang belum pernah saya temui sebelumnya, saat berjabat tangan sebelum pergi, berkata, 'Saudariku, kau meminta terlalu banyak; kau terlalu cemas untuk sembuh.'"

Tuhan dapat lebih memanfaatkanmu di atas dipanmu daripada saat kau berdiri.' Aku bersyukur atas kata-kata saudara itu. Kemudian aku merenungkan hatiku. Tuhan yang Maha Mulia tahu bahwa aku dengan jujur menjawab, 'Tidak, aku tidak cemas untuk sembuh. Aku telah memenangkan hati nuraniku. Sekalipun panas tungku ditingkatkan seribu kali lipat, aku dapat berkata, Kehendak-Mu terlaksana, dan merasakan sakit akan terasa manis jika sepenuhnya ditunjukkan kepadaku bahwa itu adalah kehendak Bapa agar aku menderita. Dan aku percaya waktunya telah tiba bagiku untuk mengetahui kehendak itu.' Sampai saat ini dalam pertemuan itu, belum ada kesatuan pikiran yang kurasa harus ada. Aku berkata kepada mereka yang masih tinggal, 'Bisakah kalian tinggal bersamaku sampai pagi jika perlu? Aku merasa bahwa dengan menunggu Bapa kita akan memberi kita berkat. Apakah kita sehati dalam hal ini?'

Dokter saya, Dr. Morgan, adalah orang pertama yang berkata, 'Saya akan tetap di sini, dan saya sepenuhnya setuju dengan Anda.' Mereka semua berkumpul di sekitar kursi saya. Kelompok kecil itu tidak akan pernah melupakan masa itu. Saat itu sudah lewat pukul sembilan. Kami terus menunggu di hadapan Tuhan. Sesekali, salah satu dari mereka mengutip, dengan komentar, ayat suci yang sesuai, atau melakukan doa singkat. Saya sendiri berbaring dalam penantian yang tenang, masih menderita, tetapi dengan perasaan yang luar biasa akan kehadiran ilahi.

Sebagian besar waktu saya hampir tidak menyadari lingkungan sekitar, karena begitu larut dalam persekutuan dengan Bapa Surgawi saya. Sekitar pukul 11, saya terdorong untuk mempersembahkan diri saya kepada Tuhan dalam pengabdian baru, dengan berkata: 'Aku memberikan tubuh ini kembali—mata ini untuk melihat, bibir ini untuk berbicara, telinga ini untuk mendengar, dan, jika itu kehendak-Mu, kaki ini untuk berjalan—untuk Yesus. Semua yang ada padaku—semua, semua adalah milik-Mu, Bapa terkasih. Biarlah kehendak-Mu yang berharga terlaksana.' Hingga saat ini tidak ada penghentian penderitaan atau peningkatan kekuatan, bahkan, saya lebih lemah dari biasanya. Setelah keheningan singkat, tiba-tiba terlintas dalam pikiran saya sebuah gambaran yang sangat jelas tentang penyembuhan lengan yang layu. Sepertinya saya bisa melihatnya tercabut sepenuhnya.

Pada saat yang sama, Roh Kudus menganugerahkan iman dalam jiwaku untuk mengklaim berkat serupa. Seolah-olah surga terbuka pada saat itu, dan aku menyadari baptisan kekuatan, sejelas dan sepositif seperti sengatan listrik yang melewati tubuhku. Aku benar-benar merasakan kekuatan itu mengalir ke punggungku, dan ke anggota tubuhku yang tak berdaya. Meletakkan tanganku di sandaran kursi, aku mengangkat diriku ke posisi duduk. Saudara-saudara Garrigues, yang duduk di kedua sisi kursi, secara alami melompat ke depan dan memegangiku untuk membantu. Namun, ini tidak perlu.

Dr. Morgan, yang duduk di dekatku, melangkah maju dan menurunkan papan kaki ranjang, dan sementara tangan teman-temanku masih berada di pundakku, aku bangkit dan berdiri. Saudari Fannie tidak ingat pernah melihatku berdiri. Dia sangat terkejut sehingga dia mengangkat kedua tangannya dan berteriak, 'Oh, Jennie, Jennie!' Tidak ada kata-kata yang dapat mengungkapkan perasaanku. Seluruh jiwaku masih bergetar dengan pujian saat aku menceritakan saat itu. Saat aku berdiri, Saudara NV. HG meletakkan tangannya di atas kepalaku, sambil berkata, 'Puji Tuhan, dari mana semua berkat mengalir.' Pikiran pertamaku adalah 'Bisakah aku berlutut?' Aku meminta untuk melakukannya, dan berlutut dengan alami seolah-olah aku sudah terbiasa melakukannya.

Kehadiran ilahi begitu terasa sehingga tak sepatah kata pun terucap. Kami mencurahkan isi hati kami dalam ucapan syukur dan pujian yang hening. Kemudian saya bangkit dan berjalan melintasi ruangan dengan sangat mudah dan alami; tidak ada rasa geli atau sensasi tidak menyenangkan lainnya. Saya duduk di kursi goyang selama beberapa menit. Rasanya begitu luar biasa bahwa saya tidak perlu belajar berjalan. Anggota tubuh dan badan saya terasa seperti baru."
Cuplikan dari *"Pelayanan Penyembuhan"* karya AJ Gordon

RA Torrey – Kelainan Bentuk Tubuh Anak Disembuhkan

Ada seorang pendeta Metodis di Dakota yang memiliki seorang anak yang cacat. Ada cacat pada tulang punggungnya sehingga anak kecil itu membungkuk dan perutnya menonjol, menyebabkan rasa sakit terus-menerus, dan anak itu tidak bisa tidur. Orang tuanya membawa anak itu ke Minneapolis untuk melihat apa yang dapat dilakukan oleh para spesialis, tetapi para spesialis mengatakan kepada mereka bahwa tidak ada harapan untuk anak itu, bahwa mereka mungkin akan memasang gips agar ia dapat hidup, meskipun cacat, tidak lebih dari dua atau tiga tahun. Meskipun orang tuanya adalah penganut Metodis, mereka sangat menginginkan kesehatan anak mereka sehingga mereka mencoba "Ilmu Kristen," tetapi tidak menemukan bantuan dalam sistem yang keliru itu. Kemudian pendeta itu berkata kepada istrinya, "Mari kita bawa dia ke saudara Torrey." Mereka membawanya ke rumah saya, seorang anak kecil berusia sekitar dua tahun, sangat cacat dan sangat menderita. Saya memeluk anak itu dan berdoa untuknya. Tuhan memberi saya iman yang diperlukan dan anak itu sembuh. Kesembuhan datang seketika. Malam itu ia tidur normal untuk pertama kalinya, bahkan bagian tubuhnya yang cacat pun menjadi normal.

Sekitar delapan belas tahun kemudian, saya mengadakan pertemuan di Petoskey, Michigan. Dalam salah satu pertemuan siang hari, seorang pendeta Metodis dari salah satu kota tetangga datang. Dia berdiri di tengah pertemuan dan menceritakan kisah ini, mengatakan bahwa dia adalah ayah dari putri itu dan bahwa putrinya telah sembuh total dan menjadi kandidat untuk ladang misi luar negeri. Beberapa hari kemudian, putri itu sendiri datang, seorang wanita muda yang cantik dan sempurna. Beberapa minggu yang lalu, dia berada di Auditorium kami di Los Angeles pada kebaktian Minggu pagi kami.

Cuplikan dari "Penyembuhan Ilahi" karya RA Torrey

AC Valdez Sr. – Mata Baru Tercipta

Saya mengenal seorang pria bernama "Martin Buta." Di tempat seharusnya matanya berada, hanya ada bagian datar. Para spesialis terbaik di Amerika Serikat telah memeriksanya di Universitas Johns Hopkins. Mereka mengatakan tidak mungkin dia akan pernah bisa melihat. Martin Buta menikah dengan seorang wanita cantik yang merawatnya dengan sangat baik. Saat dia dan istrinya menghadiri kebaktian dan mendengar tentang mukjizat yang terjadi di sekitar mereka, iman mereka bertambah. Suatu malam selama kebaktian, saya menyaksikan sesuatu yang membuat saya takjub hingga hari ini—karya Tuhan yang tak terduga dan tak terjelaskan. Martin Buta berdiri. Dia tidak tahu mengapa. Kemerahan pertama kali muncul di bagian datar tempat seharusnya mata berada. Area ini mulai membengkak dan membesar. Kemudian sesuatu yang tidak nyata terjadi. Mata, sebesar mata ayam, mulai terbentuk. Sedikit demi sedikit, mata itu membesar hingga ukuran normal, "Ya Tuhan, aku bisa melihat!" teriak Martin. Air mata syukur mulai mengalir dari mata baru Martin. Saya hanya bisa mengagumi karya Tuhan. Mata Martin bukan satu-satunya yang basah!
Cuplikan dari *"Kebakaran di Jalan Azusa"* karya AC Valdez, Sr.

Brian Fenimore – Kesembuhan Tak Terduga Seorang Pendeta Baptis

Saya sedang mengadakan pertemuan di Wisconsin. Seorang pria membawa pria lain ke pertemuan itu. Pria yang dibawa itu adalah seorang pendeta Baptis di Amerika Selatan dan dia membenci pertemuan-pertemuan Karismatik. Pria yang membawanya adalah pendukungnya; bahkan, dia adalah salah satu penyumbang terbesarnya. Pria itu memberi tahu pendeta bahwa dia harus datang ke pertemuan itu dan pendeta merasa tidak punya banyak pilihan. Sekarang bayangkan sikap pendeta itu ketika datang ke pertemuan yang saya adakan di mana saya berdoa untuk orang-orang yang sakit.

Dia marah padaku. Bahkan, aku menyadari dia marah padaku sekitar pertengahan pertemuan. Tidak ada senyum di wajahnya, sebaliknya ada kemarahan yang luar biasa dan tatapan yang mengatakan, "Aku akan membunuhmu." Aku bisa merasakannya, meskipun dia saudaraku dalam Kristus, dia ingin aku masuk surga sebelum dia. Aku menyadari bahwa sebaiknya aku berhenti menatapnya karena dia menghancurkan imanku. Jadi aku berhenti melihat ke sisi ruangan itu. Aku meliriknya sekali dan dia memiliki tatapan yang sangat marah. Aku berpikir, "Aku tidak tahu apa yang akan kulakukan, tetapi aku akan keluar dari ruangan ini sebelum dia menangkapku." Di akhir pertemuan, kami mulai berdoa untuk orang-orang. Ada seorang wanita yang memiliki alergi yang membuat hidupnya sengsara dan Tuhan menyembuhkannya saat itu juga. Itu mengejutkan semua orang di ruangan itu. Pendeta melihatnya. Jadi aku mengundang tim pelayanan untuk maju dan berdoa.

Orang-orang sedang berdoa ketika saya melihat pendeta berdiri. Kali ini dia tidak melihat ke arah pintu, dia melihat ke arah saya sambil berjalan. Saya berpikir dalam hati, "Oh tidak, ini dia. Dia datang untuk memukuli saya." Saya mencoba berdiri dalam posisi paling "suci" saya saat dia berjalan mendekat. Dia berdiri di depan saya dan berkata,

"Sembuhkan Saya." Saya sangat terkejut sehingga saya berkata, "Apa?" Dia berkata, "Saya ingin disembuhkan sekarang juga." Ketika saya bertanya apa yang salah dengannya, dia berkata; "Saya punya masalah perut dan lutut saya sakit sekali, dan saya ingin disembuhkan sekarang juga." Dia bahkan tidak bertanya apakah saya mau mendoakannya. Dia hanya ingin disembuhkan.

Jadi saya mengundang Roh Kudus untuk datang. Saya berkata kepadanya, "Kamu sadar bahwa aku tidak bisa menyembuhkanmu, jadi mari kita tunggu saja Tuhan yang melakukannya." Kami hanya duduk di sana dan saya mengamatinya sebentar. Saya berkata kepadanya, "Aku tidak akan melakukan apa pun kecuali Tuhan menampakkan diri." Dia bertanya, "Apa maksudnya?" Saya hanya berkata, "Kamu akan mengetahuinya seiring berjalannya waktu." Tuhan mulai melayaninya. Dia berdiri dengan tangan terentang dan mata tertutup. Tangannya mulai gemetar. Saya bertanya apakah dia bisa merasakannya. Dia berkata, "Merasakan apa?" Saya menyuruhnya membuka mata dan melihat. Dia membuka matanya dan melihat lengannya seolah-olah itu bukan miliknya. Dia bertanya, "Bagaimana itu bisa terjadi?" Dia melihat lengannya seolah-olah itu adalah sesuatu yang tidak melekat padanya. Saya mengatakan kepadanya bahwa dia merasakan Roh Kudus. Namun, dia masih belum mengerti, dan dia berkata, "Tapi aku tidak punya kendali atas lenganku dan aku tidak bisa merasakannya." Saya meyakinkannya bahwa itu tidak apa-apa dan menyuruhnya untuk rileks.

Ia juga berkeringat deras. Keringat itu mengalir di wajahnya dan mengumpul di kedua sisi dagunya. Saking banyaknya, keringat itu membentuk aliran air yang menggenang di dadanya. Saya bertanya apakah ia merasa panas dan jawabannya adalah "Tidak." Ia tidak bisa merasakan tubuhnya sendiri. Anehnya, ketika saya bertanya apakah ia merasakan sesuatu, ia berkata, "Saya tidak merasakan apa pun." Saya mulai bertanya kepada Tuhan apa yang sedang Dia lakukan dan Tuhan berkata kepada saya, "Brian, Aku sedang melayaninya, tetapi ia tidak menyadarinya. Ia terlepas, jadi teruslah berusaha dan lakukan apa yang Aku perintahkan." Tuhan menyuruh saya meletakkan tangan saya di dekat perutnya, jadi saya meminta izin-Nya dan pendeta itu setuju. Tuhan berkata, "Katakan padanya bahwa Aku akan menyembuhkannya dan kemudian Aku akan menjadikannya penginjil penyembuhan dan mengirimnya kembali ke negaranya." Saya berpikir, "Oh tidak, betapa berantakannya," tetapi saya melakukan apa yang Tuhan minta dan saya meletakkan tangan saya di dekat perutnya dan berkata kepadanya, "Tuhan akan menyembuhkanmu dan Dia akan menjadikanmu seorang penginjil penyembuhan dan kemudian Dia akan mengirimmu kembali ke negaramu sebagai penginjil kebangunan rohani."

Dia gemetaran dan saya memintanya untuk memberi tahu saya apa yang perlu disembuhkan. Dia berkata, "Perut saya sakit dan lutut saya juga." Tuhan menyuruh saya untuk berdoa untuk lututnya. Jadi saya meletakkan tangan saya di lututnya dan memegangnya dengan cepat. Tuhan menyuruh saya untuk berbicara kepada lututnya dan memerintahkan rasa sakit itu hilang. (Lihat, mudah sekali ketika Tuhan memberi tahu Anda apa yang harus dilakukan.) Saya berkata, "Dalam nama Yesus, saya perintahkan rasa sakit itu hilang." Pria itu menggerakkan kakinya sebentar dan berkata, "Hmm, sudah tidak sakit lagi." Kemudian Tuhan berbicara kepada saya dan berkata, "Dia tidak memberitahumu, tetapi dia memiliki banyak masalah pencernaan saat ini dan mulailah berdoa agar hal-hal itu hilang." Saat saya berdoa, saya melihat gambaran usus dengan semua peradangan ini. Saya mulai memerintahkan peradangan itu hilang dan perutnya mulai bergerak. Tuhan menyembuhkannya di tempat itu juga. Itu sungguh menyenangkan.

Rolland dan Heidi Baker – Orang Buta Melihat, Orang Tuli Mendengar, dan Banyak yang Diselamatkan

Saat film berakhir dan Yesus naik ke udara kembali ke surga, kami menyalakan beberapa lampu neon sederhana dan Heidi melompat untuk menyapa kerumunan dengan penerjemah bahasa Makua-nya. Dia mulai berbicara dalam bahasa Makua sendiri, yang membuat semua orang kagum. Bayangkan seorang gadis Amerika berambut pirang berbicara dialek suku mereka yang tidak dikenal di desa terpencil ini! Dan kemudian "Mama Aida" mencurahkan isi hatinya menggambarkan Yesus yang luar biasa dan hidup ini, yang merupakan satu-satunya harapan keselamatan mereka, satu-satunya orang yang mutlak harus mereka temukan dan miliki selamanya. Dia adalah Allah yang dinyatakan. Siapa yang menginginkan Dia? Siapa yang menginginkan pengampunan-Nya, hati-Nya, hidup kekal-Nya? Kali ini tidak ada yang melempar batu dan pasir. Tidak ada yang berteriak, mengejek, dan mengganggu pertemuan. Semua orang di kerumunan ini dengan antusias tertarik untuk mengejar kabar baik ini, keselamatan yang telah ditawarkan kepada mereka untuk pertama kalinya.

Tapi tunggu. Masih ada lagi. Siapa pun yang membutuhkan penyembuhan, majulah! Terutama yang buta dan tuli! Yesus ada di sini untuk menyembuhkan! Sekelompok kecil orang berdesak-desakan ke depan, tidak tahu persis apa yang akan terjadi. Heidi menemukan seorang wanita buta dan mulai berdoa dengan lembut dan perlahan untuknya. Beberapa menit berlalu. Biarkan iman dan kasih mengalir. Berjuanglah untuk penyembuhan. Berdirilah teguh. Bersantailah dalam kuasa-Nya. Tak lama kemudian wanita itu bisa melihat, tetapi seberapa jelas? Teruslah berdoa. Angkat kunci, jari, benda-benda lain. Dia mengenali semuanya. Sekarang dia bisa melihat dengan jelas. Dia sangat bahagia, dan berita itu menyebar ke seluruh kerumunan. Kami menjadi sangat gembira. Seorang tuna rungu muncul. Sekali lagi Heidi dan kami semua berdoa. Bersabarlah. Jangan berhenti. Teruslah berdoa. Mulailah berbicara, memberi petunjuk. Bisakah dia mendengar? Bisakah dia mengulangi kata-kata? Dalam beberapa menit, dia bisa! Dan kemudian dia mulai mengulangi seluruh kalimat dengan jelas dan mudah. Orang-orang mengetahuinya dan bersorak gembira. Sudah bertahun-tahun sejak ada yang mendengarnya berbicara — mereka tidak ingat berapa lama. Seluruh desa mengenal kedua orang ini dan apa yang baru saja Yesus lakukan untuk mereka. Sekarang, siapa yang ingin mengikuti Yesus? Semua orang!! Sekarang juga! Desa itu menjadi hidup dan tidak akan pernah sama lagi…

Kami berdoa bersama-sama. Kami merayakan. Para misionaris tamu dan pendeta setempat bergantian memberikan semangat kepada para jemaat baru. Kami terus berdoa untuk orang sakit. Kami sudah mulai memikirkan bagaimana caranya mendatangkan seorang pendeta ke desa ini dan memperkuat apa yang telah dicapai dalam satu malam.

Dari buletin Iris Ministries tanggal 9 November 2004. Ingin tahu lebih banyak tentang mereka? Kunjungi situs web mereka di: www.irismin.org

Charles Spurgeon – Seorang Gila Dibebaskan

Orang lain, seorang pengunjung dari Wales yang datang ke London, yang menderita gangguan mental parah akibat cacat fisik atau penyakit tertentu, memohon dengan sangat memilukan kepada keluarganya untuk memanggil Tuan Spurgeon agar ia dapat berdoa di samping tempat tidurnya. Mereka menganggapnya sebagai omong kosong orang gila. Tetapi akhirnya mereka setuju untuk meminta Tuan Spurgeon mengunjunginya. Doa Tuan Spurgeon hari itu memiliki efek yang sangat menenangkan bagi orang gila yang malang itu dan tampaknya sebagian memulihkan keseimbangan mentalnya. Keluarga itu sangat terkejut dan gembira atas efek permohonan tersebut sehingga, meskipun mereka sepenuhnya mempercayainya karena sebab alami, mereka dengan sungguh-sungguh memohon agar Tuan Spurgeon kembali.

Ia datang ke rumah itu pada malam yang sama, setelah kebaktian malam, dan tinggal beberapa saat, berdoa dengan sepenuh hati untuk kesembuhan pasien, yang dengan penuh iba turut dipanjatkan olch si sakit yang malang. Tuan Spurgeon sendiri kemudian menyatakan bahwa meskipun ia berdoa dengan sepenuh hati dan berusaha percaya bahwa pasien akan sembuh, namun ia tidak dapat meyakinkan dirinya sendiri bahwa kunjungannya memiliki manfaat lain selain hanya untuk menenangkan perasaan para perawat, yang terganggu oleh tangisan pria malang itu. Namun pada malam setelah doa dipanjatkan, pria sakit itu terbangun dengan kaget dan berteriak, yang membuat para perawatnya ketakutan. Tetapi ternyata ia sepenuhnya waras. Ia menyatakan bahwa ia bermimpi bertemu dengan Juru Selamat, dan bahwa Juru Selamat telah meyakinkannya bahwa setan-setan telah diusir. Beberapa hari kemudian, ia dapat keluar rumah, dan tak lama kemudian pindah ke Kanada, di mana ia menjadi pengusaha sukses, dan meninggal dunia pada tahun 1882.

Cuplikan dari buku "Kehidupan Charles Haddon Spurgeon" tahun 1892 karya Russell H. Conwell.

Francis MacNitt – Wanita dengan Kaki Layu yang Disembuhkan

Contoh penyembuhan melalui doa perenungan yang paling luar biasa yang pernah saya saksikan terjadi setelah retret yang kami berikan di Keuskupan Sonson, Rionegro, Kolombia, Amerika Selatan, pada Februari 1975. Uskup Alphonso Uribe mengundang saya untuk memberikan retret bagi para imam di sana, dan tim kami termasuk Pastor Carlos Aldunate, SJ (dari Chili), Suster Jeanne Hill, OP, Ibu William Callaghan, dan Alberto del Corral sebagai penerjemah. Meskipun retret itu untuk para imam, orang lain mendengar tentangnya dan datang ke tempat retret meminta doa.

Jadi, tidak mengherankan bagi saya ketika setelah konferensi terakhir (sekitar pukul 4 sore), Ibu Callaghan, Suster Jeanne, dan yang lainnya berdoa untuk seorang wanita muda Kolombia; mereka memanggil saya untuk menunjukkan kaki wanita itu yang cacat dan memberi tahu saya bahwa sesuatu telah terjadi—kakinya telah tumbuh satu inci atau lebih. Jadi saya bergabung dengan mereka dalam doa mereka. Berbicara dengan wanita berusia 19 tahun itu, Teresa Patino, saya mengetahui bahwa dia telah menginjak benda tajam di rawa ketika dia baru berusia lima tahun. Karena kurangnya perawatan medis yang tepat, infeksi berkembang dan kemudian menyebar ke tulangnya dan berkembang menjadi osteomielitis. Akibatnya, kaki kanannya menjadi bengkok, dari lutut ke bawah. Kaki itu sekitar enam inci lebih pendek dari kaki lainnya dan juga bengkok. Ada juga bekas luka yang dalam di tempat upaya cangkok tulang yang gagal.

Saat kami berdoa dengan lembut selama dua jam, kakinya tampak memanjang sekitar satu inci. Sekitar delapan orang dari kami berdoa, bergantian memegang kakinya (karena berlutut selama beberapa jam bisa menyakitkan). Uskup sendiri ikut berdoa sebagai bagian dari kelompok tersebut. Kemudian kami istirahat untuk makan malam dan kembali berdoa selama dua jam lagi malam itu. Sekali lagi, tampaknya kakinya memanjang satu inci lagi. Selain itu, kaki yang bengkok itu secara bertahap menjadi lurus. Anda tidak dapat melihatnya terjadi, karena sangat bertahap, tetapi dengan membandingkan panjangnya setiap 10 menit atau lebih, kami dapat melihat perubahan komparatif yang terjadi.

Keesokan harinya kami berkumpul di rumah Alberto del Corral di Medellin—lagi-lagi bersama Uskup Uribe—dan berdoa dua jam lagi di pagi hari dan dua jam di siang hari, doa seperti ini sangat melelahkan. Hari itu kaki tersebut tampak bertambah panjang satu inci (sehari sebelumnya sudah bertambah sekitar tiga inci), sehingga menjelang malam hanya ada perbedaan sekitar dua inci antara kedua kaki. Namun yang paling luar biasa, kaki kanan, yang datar dan hampir tidak memiliki lengkungan, tumbuh dan berubah bentuk hingga lengkungannya muncul seperti pada kaki normal. Jari-jari kaki yang cacat, yang ukurannya sekitar setengah dari jari-jari kaki lainnya, juga tumbuh hingga hampir sebesar jari-jari kaki normalnya. Dalam beberapa jam, jari-jari kaki kanannya hampir berlipat ganda ukurannya!

Beberapa perkembangan tidak biasa lainnya terjadi yang membantu kami untuk lebih memahami beberapa faktor yang telah kami pelajari tentang penyembuhan. Hal itu berkaitan dengan hubungan antara penyembuhan tubuh dan penyembuhan spiritual. Dua kali kami menyadari adanya kebutuhan akan penyembuhan di tingkat spiritual; kedua kesadaran itu—satu di pagi hari, satu di sore hari—muncul karena penyembuhan dan pertumbuhan tampaknya telah berhenti. Setelah penghentian pertama, kami menemukan bahwa Teresa perlu memaafkan ibunya atas apa yang telah terjadi setelah osteo berkembang. Karena keluarganya miskin, ibu Teresa harus menyerahkan Teresa dan menitipkannya kepada orang lain yang mampu membiayai perawatan medisnya. Itu adalah satu-satunya hal yang dapat dilakukan dalam keadaan tersebut, tetapi bagi Teresa sebagai seorang anak, itu terasa seperti penolakan. Setelah kami meminta Teresa untuk memaafkan ibunya dan setelah berdoa untuk penyembuhan batin atas perasaan penolakannya, kaki Teresa kembali mulai lurus dan tumbuh.

Insiden kedua terjadi pada siang hari ketika kaki itu tampaknya kembali berhenti tumbuh (ini selalu sulit dipastikan, karena hanya dapat diperiksa dengan pengukuran komparatif selama kurang lebih setengah jam). Kali ini kami menemukan bahwa saudara laki-laki Teresa mengalami cedera parah dalam kecelakaan beberapa tahun sebelumnya dan dia telah mempersembahkan kondisinya yang lumpuh kepada Tuhan dengan syarat Dia mau menyelamatkan nyawa saudaranya. Jadi dia merasa bersalah atas penyembuhan yang terjadi, karena baginya itu seperti mengingkari janji yang pernah dia buat kepada Tuhan. Di sinilah Uskup Uribe turun tangan untuk membantu dengan menggunakan wewenangnya, sebagai wakil Tuhan untuk membebaskannya dari dampak sumpah tersebut. Sekali lagi kakinya mulai sembuh.

Saat hari doa itu berakhir, kami juga memperhatikan bagaimana bekas luka yang dalam di kakinya semakin mendekat ke permukaan dan, kecuali di dua titik, sekarang berwarna putih, bukan ungu seperti sebelumnya saat kami memulainya sehari sebelumnya. Karena sekarang kaki kanannya sudah cukup panjang untuk mencapai tanah (selama bertahun-tahun ia membutuhkan kruk karena kaki kanannya terlalu pendek untuk mencapai tanah), Teresa ingin mencoba berjalan untuk pertama kalinya sejak ia masih kecil, tetapi kami menyuruhnya menunggu sampai ia memeriksakannya ke dokter.

Alberto menawarkan untuk membawanya ke dokter dan membentuk tim yang akan terus berdoa bersamanya. Uskup Uribe juga berjanji untuk mampir ke rumahnya dan berdoa bersamanya sekali seminggu. Sejak itu, kakinya terus tumbuh hingga hanya tersisa selisih setengah inci. Pada suatu sesi, kakinya berbelok hingga bekas luka yang sebelumnya membentuk spiral di sepanjang kakinya menjadi garis lurus dari lutut ke kaki. Kelompok itu berkonsultasi dengan dokter yang memeriksa Teresa dan mengatakan bahwa tulangnya masih patah dan lemah, serta menyarankan agar ia tidak berjalan dulu. Alberto menggambarkan perkembangan selanjutnya: Tak lama setelah kunjungannya ke dokter, sebuah kelompok berkumpul lagi dengan Uskup Uribe untuk berdoa lebih lanjut. Saat kami meletakkan tangan di atas Teresa, kami memperhatikan bahwa tempat tulang patah terasa cukup hangat dan benjolannya sangat mengecil.

Kami berdoa selama kurang lebih dua jam dan akhirnya Uskup Uribe meminta Teresa untuk meregangkan kaki dan telapak kakinya, suatu tindakan yang selalu menyebabkan rasa sakit yang hebat. Dengan ragu-ragu, Teresa meregangkan kakinya dan saat ia melakukannya, tulang tersebut tetap pada tempatnya untuk pertama kalinya dalam beberapa tahun. Ia tidak merasakan sakit atau ketidaknyamanan saat menggerakkan kakinya.

Kami semua sangat gembira dan bersyukur, karena sepertinya tulangnya telah menyatu. Namun, kami menyarankan Teresa untuk menemui dokter sebelum menggunakan kakinya. Beberapa hari kemudian dia menemui bukan satu, tetapi dua dokter, yang keduanya mengkonfirmasi bahwa tulangnya telah menyatu." Sekarang, untuk pertama kalinya dalam 14 tahun, Teresa dapat berjalan kembali. Mustahil untuk menghitung secara pasti berapa jam doa yang dicurahkan untuk penyembuhan luar biasa ini. Begitu pula berapa banyak orang yang berdoa. Dan masih dibutuhkan lebih banyak doa karena kakinya masih membutuhkan penyembuhan lebih lanjut. Tetapi sebagian besar penyembuhan, yang membutuhkan pertumbuhan, pelurusan, dan perbaikan kaki dan telapak kakinya—ketika para dokter telah kehilangan harapan akan adanya perbaikan lebih lanjut—kini telah terjadi.
Sekali lagi—mustahil untuk mengatakan dengan pasti—saya rasa tidak ada kesembuhan yang dialami Teresa akan terjadi jika kita tidak mempelajari sesuatu tentang unsur waktu yang dibutuhkan dalam berdoa untuk kesembuhan, atau jika tidak ada teman-teman yang bersedia menghabiskan waktu berjam-jam berkumpul di sekitar Teresa untuk berdoa.

Melihat perubahan yang terjadi pada kaki yang cacat seperti kaki Teresa sungguh menggembirakan; melihat air mata syukur di matanya saat ia merasakan kakinya menguat adalah semua imbalan manusiawi yang dibutuhkan siapa pun setelah menghabiskan berjam-jam berdoa bersamanya. Tetapi ketika Anda mulai berdoa, Anda tidak pernah tahu—kecuali Tuhan mengungkapkannya—seberapa banyak yang mungkin terjadi, atau tidak terjadi. Dan itu adalah pekerjaan yang sulit—kadang-kadang, melelahkan. Tidak heran Yesus menyebut penyembuhan-Nya sebagai "perbuatan"—"Perbuatan-perbuatan yang Kulakukan dalam nama Bapa-Ku adalah kesaksian-Ku" (Yoh 10:25), daripada sebagai "mukjizat." Melihat efek dari doa yang mendalam telah memberi saya pandangan baru tentang penyembuhan. Dulu, ketika saya melewati orang lumpuh, saya akan bertanya-tanya apakah doa akan menyembuhkannya, tetapi pada saat yang sama saya merasa bahwa peluang kesembuhan—walaupun mungkin—sangat kecil. Sekarang ketika saya melihat orang lumpuh, saya hanya bertanya-tanya apakah dia tidak dapat disembuhkan, atau setidaknya membaik secara dramatis, jika saja ada seseorang yang dapat meluangkan waktu untuk duduk di sampingnya dan berdoa.

Cuplikan dari *"Kuasa untuk Menyembuhkan"* karya Francis MacNutt. Francis MacNutt, pada saat itu, adalah seorang Imam Katolik dan sangat berpengaruh terhadap Pembaruan Karismatik di dalam Gereja Katolik. Pada tahun 1970-an ia meninggalkan imamat, akhirnya menikah, bergabung dengan Keuskupan Episkopal Florida dan memulai Pelayanan Penyembuhan Kristen. Anda dapat menemukan informasi lebih lanjut di situs web pelayanan tersebut: www.christianhealingmin.org

Heidi Baker dan Supresa Sithole – Pendeta Disembuhkan di Ambang Kematian

3 AGUSTUS, MAPUTO, MOZAMBIQUE — Surpresa Sithole, direktur nasional kami di Mozambik, tampaknya tidak mampu berpikir negatif. Dipenuhi Roh Kudus, ia tersenyum lebar dan mudah tertawa dalam segala keadaan. Ia adalah teman setia saya di hutan, dan kami pergi ke mana-mana untuk berkhotbah bersama. Yesus secara supranatural memanggilnya dari orang tuanya yang berprofesi sebagai

dukun di desa dan telah menjadikannya pemimpin yang berpengaruh di antara gereja-gereja kami.

Namun untuk sesaat hari ini, ia lebih serius. Ia sedang menelepon dari Afrika Selatan, dan sekali lagi kita menghadapi ujian iman. Simon Ndubani, salah satu pendeta terkuat kita dan anggota komisi kepemimpinan kita di Afrika Selatan, sedang sakit. Sebenarnya, ia hampir meninggal. Dimulai dengan batuk dan diare, kondisinya telah memburuk selama setahun, tetapi karena tidak punya uang untuk berobat ke dokter, ia belum didiagnosis. Orang-orang menduga ia menderita kanker perut stadium lanjut, atau AIDS — tetapi ia telah dites negatif HIV. Biasanya seorang pria yang sangat besar, ia kini tampak sangat kurus. Dalam tiga hari terakhir kondisinya memburuk drastis. Ia sangat kesakitan. Ia tidak bisa makan. Ia tidak bisa berjalan. Hari ini ia bahkan tidak bisa bergerak atau berbalik di tempat tidur. Penglihatannya kabur, dan dalam beberapa jam terakhir ia kehilangan kemampuan berbicara dan pendengarannya.

Sulit dipahami, tetapi Simon telah menjadi salah satu pengkhotbah kami yang paling berbakat, dan telah menunjukkan iman yang besar. Yesus telah menggunakannya untuk menyembuhkan orang buta dan lumpuh seketika. Banyak orang yang putus asa di gerejanya datang kepadanya untuk berdoa, dan telah diselamatkan. Dia dikenal sebagai hamba Tuhan yang hebat. Tetapi sekarang dia berada di ambang kematian, miskin dan tak berdaya. Dia tidak punya uang, asuransi, atau tunjangan kesehatan. Keluarganya tidak memiliki transportasi. Istrinya menangis tersedu-sedu dan berada di ambang kematian.

Ini benar-benar berita yang mengerikan. Bagaimana dengan reputasi Tuhan? Bagaimana gereja-gereja kita akan menghadapi kekecewaan seperti ini? Apa yang akan kita katakan? Surpresa dan saya berdoa melalui telepon, dan kami terus berdoa, bersama dengan banyak orang lain. Surpresa mengantar Simon ke rumah sakit dan menggendong tubuhnya yang kurus dan bertulang ke kamarnya. Simon dalam keadaan koma, dan Surpresa masih harus menggendongnya ke toilet setiap sepuluh menit. Sungguh berantakan. Dokter memperkirakan Simon akan meninggal malam ini. Jika dia hidup tiga hari, itu akan menjadi mukjizat. Istri Simon sangat takut dan putus asa sehingga dia bahkan tidak mau datang ke rumah sakit untuk menjenguknya.

Surpresa, Heidi dan aku akan mengadakan pertemuan konferensi besar dalam beberapa hari lagi di Mozambik. Kami harus menyampaikan Kabar Baik kepada ribuan orang sakit dan miskin yang tidak memiliki harapan selain Yesus. Kami tidak dapat membela reputasi Tuhan. Kami hanya akan terus mengasihi-Nya. Simon adalah milik-Mu, Yesus. Jadilah Allah dan tabibnya. Kami adalah milik-Mu, dan kami akan terus hidup untuk-Mu.

Maka sepanjang malam dan keesokan harinya kami terus berdoa untuk Simon — dan mempersiapkan pertemuan kami di Maputo dan di utara. Malam berikutnya tiba, dan Simon masih nyaris tidak sadarkan diri. Kami terus melanjutkan. Tidak ada arah lain selain ke atas, ke dalam hati-Nya. Hari Sabtu tiba, dan Surpresa diharapkan membuka konferensi regional kami untuk provinsi-provinsi selatan malam ini. Tetapi dia masih di rumah sakit bersama Simon. Saya meneleponnya lagi, berjuang dalam perjuangan iman yang baik, karena dia harus segera berangkat ke Mozambik.

Surpresa menjawab dengan penuh kerendahan hati. "Yah, sepertinya keajaiban besar telah terjadi. Saya duduk di sini bersama Simon pagi ini, dan kami telah mengobrol dan tertawa selama berjam-jam. Bahkan, Simon tidak ingat pergi ke rumah sakit atau bahkan mengapa dia ada di sini! Dia baik-baik saja. Para dokter akan memberinya transfusi darah tambahan, melakukan beberapa tes, dan mengirimnya pulang…"

Surpresa meninggalkan uang untuk Simon untuk makanan dan transportasi, lalu berangkat ke Maputo tempat kami mengadakan pertemuan yang luar biasa. Beberapa hari kemudian kami mendengar melalui telepon bahwa Simon sudah pulih seratus persen dan melakukan semua yang biasa dia lakukan… Yesuslah yang berkuasa!

Dari buletin Iris Ministries tanggal 14 Agustus 2002. Ingin membaca lebih lanjut? Kunjungi: www.irismin.org

James Moore Hickson – Wanita yang Sembuh dari Lupus

Salah satu contoh penyembuhan Kristus yang paling indah di zaman kita adalah kisah seorang wanita miskin yang menderita lupus. Ia mencari nafkah dengan menerima pekerjaan mencuci pakaian, tetapi seiring waktu orang-orang mulai takut mempekerjakannya karena penyakitnya. Kemudian ia merasa seperti orang buangan, dan ia tidak tahu bagaimana menjalani hidup. Penderitaan dan kesusahannya begitu besar sehingga ia tergoda untuk mengakhiri hidupnya. Ia dibawa untuk didoakan dan ditumpangi tangan, dan saya tidak akan pernah melupakan pemandangan wanita kecil yang malang itu, tampak sangat sengsara, wajahnya penuh penyakit. Saya hanya bisa memegang tangannya dan meletakkannya di Tangan Kristus. Saat kami berdoa bersama, saya begitu menyadari belas kasihan-Nya sehingga saya tidak dapat menahan air mata. Saya tahu bahwa Yesus hadir bersama kami, tetapi mata rohaninya terbuka untuk melihat-Nya, dan ia berkata kepada saya setelahnya, 'Saya melihat Tuhan. Ia berdiri di depan saya, dan Tangan-Nya berada di atas tanganmu.' Tuhan kita menyembuhkan perempuan itu, dan kita dapat berkata dengan sepenuh hati hari ini, atau memang benar, 'Pujilah Tuhan, hai jiwaku, dan jangan lupakan segala kebaikan-Nya: Yang mengampuni segala kesalahanmu, yang menyembuhkan segala penyakitmu; yang menebus hidupmu dari kehancuran; yang memahkotai engkau dengan kasih setia dan belas kasihan.'

Cuplikan dari *"Sang Pengantin Pria Akan Datang"* karya James Moore Hickson.

Kutukan Terpatahkan dan Seorang Wanita Berjalan

Dalam Amsal 17:19 dikatakan, "Siapa membalas kebaikan dengan kejahatan, ia akan mendapat kutukan." Kenyataannya adalah jika Anda berbuat jahat kepada seseorang yang berbuat baik kepada Anda, maka kutukan akan dilepaskan. Contoh lain terdapat dalam Markus 11:12-14, 21 & 22. Ini adalah Yesus mengutuk pohon ara. Dalam hal ini, Ia mengutuk pohon ara, tetapi dampaknya tidak terlihat selama sehari. Orang berpikir bahwa karena mereka mengucapkan kutukan tetapi masalahnya tidak langsung terlihat, maka kutukan itu tidak memiliki efek. Padahal, kutukan itu memiliki efek, baik Anda melihatnya dalam sekejap atau selama sepuluh tahun. Efeknya PASTI akan terjadi pada orang-orang.

Suatu kali ketika saya berada di Meksiko, saya mendoakan seorang wanita dengan kondisi fisik tertentu. Satu hal yang Tuhan katakan kepada saya adalah bahwa saudara-saudarinya mengutuknya sejak usia tiga tahun. Dia hampir lumpuh total dan kami harus membimbingnya agar dia memaafkan saudara-saudarinya. Saya harus mematahkan kekuatan kutukan itu padanya dan ketika saya melakukannya, Tuhan menyembuhkannya sepenuhnya. Dia mengambil alat bantu jalannya dan membuangnya, lalu Tuhan menyembuhkannya di tempat itu juga. Saya sangat kagum bahwa mukjizat benar-benar bisa terjadi. Tahukah Anda berapa kali dia telah didoakan di gereja dan tidak kunjung sembuh? Ada akar penyebab mengapa hal itu terjadi. Ketika Anda berurusan dengan orang secara emosional, spiritual, atau fisik dan tidak ada terobosan, maka Anda perlu mulai menggali lebih dalam dan menelusuri lebih banyak hal dalam kehidupan orang tersebut.

Ada alasan mengapa hal itu masih ada. Tahukah Anda mengapa gereja begitu bingung tentang penyembuhan? Kita tidak mengerti mengapa Tuhan mengatakan Dia akan menyembuhkan orang, tetapi kemudian mereka tidak sembuh. Mohon pahami, dengan penuh kebaikan, ini tidak terjadi tanpa sebab. Tidak ada sesuatu pun di alam semesta ini yang terjadi tanpa sebab.

Eksploitasi yang Lebih Besar - 1- Tautan Podcast Audio

Bab 1 Pendahuluan -
https://anchor.fm/otakada.org/episodes/Introd–to-Enough-is-Enough-to-Captivity-of-Satan-and-Welcome-to-Freedom-in-Christ—light-baptism-eshkai

Bab 2 Bagian 1 -
https://anchor.fm/otakada.org/episodes/Part-1-Enough-is-Enough-to-Captivity-of-Satan-welcome-to-freedom-powered-by-hunger-and-anger-part-1-esfrdk

Bab 3 Bagian 2
https://anchor.fm/otakada.org/episodes/Enough-is-Enough-to-Captivity-and-welcome-to-Freedom—How-to-heal-or-be-cured-of-COVID–19–part-2-er35cm

Bab 4 Bagian 3 -
https://anchor.fm/otakada.org/episodes/Enough-is-Enough-to-CAPTIVITY-of-the-devil–Welcome-to-FREEDOM-in-Christ-Jesus—Activation-part-3-er5bu4

Bab 5 Bagian 4 -
https://anchor.fm/otakada.org/episodes/Enough-to-Captivity-of-Satan–Welcome-to-the-Freedom-in-Christ-can-Christians-be-demonized–Part-4-errv2l

Bab 6 dan 7 – bagian 5 dan 6 -
https://anchor.fm/otakada.org/episodes/Seven-7-critical-steps-to-deliverance--How-to-Identify-and-Expel-Demon-Groupings-part-5-6-esap4h

Bab 8 Bagian 7 -
https://anchor.fm/otakada.org/episodes/The-Holy-Ghost-POWER-resident-in-YOU-in-words-transferred-through-the-air-into-WATER-and-OIL-part-7-esv324

Bab 9 Bagian 8 - Tautan Podcast:
https://anchor.fm/otakada.org/episodes/Part-8—Enough-is-Enough-to-Captivity-of-Satan-and-Welcome-to-Freedom-in-Christ-Jesus—Where-on-et3d3

Bab 10 Bagian 9 -
https://anchor.fm/otakada.org/episodes/Freedom-from-Schizophrenia--QA-and-Practical-guidelines-on-Healing--deliverance-and-restoration-etgret

Eksploitasi yang Lebih Besar - 1 - Tautan Video YouTube

Bab 1 Pendahuluan - https://youtu.be/B-JVbeIMBDY
Bab 2 Bagian 1 - https://youtu.be/MrjLuZC8N1c
Bab 3 Bagian 2 - https://youtu.be/ydFE_lD8SqU
Bab 4 Bagian 3 - https://youtu.be/4A2heCj3B5I
Bab 5 Bagian 4 - https://youtu.be/ILEBjZeQAMs
Bab 6 dan 7 – bagian 5 dan 6 -
https://youtu.be/mzXVmNH880Q
Bab 8 Bagian 7 - https://youtu.be/gUuO1IuRKnc
Bab 9 Bagian 8 - https://youtu.be/9wzp-2vYLDQ
Bab 10 Bagian 9 - https://youtu.be/f4NEJFp7A18

Prestasi yang Lebih Besar - 1 - Bab 1 – pengantar tentang sudah cukup bagi penawanan dan selamat datang pada kebebasan di dalam Kristus

Memancarkan terang Tuhan di dunia yang sesat ini + Doa untuk Baptisan dalam Roh Kudus + 2 Kisah oleh Trevor Farrell dari Trevor Place dan Robert W. Schambach tentang Kehidupan Seorang *Pria* yang Selamat dari Kursi Listrik - Pendahuluan

Referensi Kitab Suci:

Matius 5:14-16
Terjemahan Kisah Sengsara
14 "Hidupmu menerangi dunia. Biarlah orang lain melihat terangmu dari kejauhan, karena bagaimana mungkin kamu menyembunyikan kota yang berdiri di atas bukit? 15 Dan siapa yang akan menyalakan lampu lalu menyembunyikannya di tempat yang gelap? Sebaliknya, lampu itu diletakkan di tempat di mana setiap orang di rumah dapat memperoleh manfaat dari cahayanya. 16 Karena itu, jangan sembunyikan terangmu! Biarlah terangmu bersinar terang di hadapan orang lain, sehingga perbuatan-perbuatanmu yang terpuji akan bersinar

sebagai terang bagi mereka, dan kemudian mereka akan memuji Bapamu di surga."

Saat saya menyampaikan pengantar untuk buku "Cukup Sudah untuk Tawanan Setan dan Selamat Datang dalam Kebebasan di dalam Kristus – Memancarkan Terang Allah di Dunia yang Sesat Ini + Baptisan dalam Roh Kudus + 2 Kisah", saya ingin kita memperhatikan, mengingat, dan menerapkan (Membangkitkan) tujuh atribut penting *A, B, C, D, E* , F, dan G dalam diri kita agar kita berhasil memancarkan terang Kristus kepada dunia yang berada di bawah pengaruh dan kendali si jahat. Kebebasan di dalam Kristus hanya dapat diungkapkan dalam buah-buah di sekitar kehidupan kita. Ketujuh atribut ini sangat penting sebagai bahan untuk membantu kita menjadi semua yang perlu kita lakukan dan menjadi. Atribut-atribut tersebut adalah:

1- A: Ketersediaan

2- B: Keberanian

3- C: Kasih Sayang

4- D: Ketekunan

5- E: Cinta yang Tulus

6-F: Kemarahan yang Membara

7-G: Kelaparan Hebat

Kita perlu berdoa memohon kepada Roh Kudus untuk membantu kita membangkitkan sifat-sifat ini dalam berbagai tingkatan di dalam diri kita seiring dengan munculnya kesempatan atau ketika kita menciptakan kesempatan tersebut melalui dorongan Roh Kudus.

Kesalahan terbesar yang dapat kita lakukan ketika dihadapkan pada situasi dan keadaan yang menakutkan di dunia kita adalah mulai meragukan karunia dan kemampuan yang telah Tuhan berikan kepada kita masing-masing untuk memancarkan kemuliaan-Nya ke dunia kita yang gelap. Yang tidak ingin kita lakukan adalah mengubur karunia itu dan tidak melakukan apa pun. Kita semua dapat yakin bahwa Tuhan akan meminta pertanggungjawaban kita atas bagaimana kita telah menggunakan harta karun yang ada di dalam diri kita untuk kemuliaan-Nya.

Dalam mempertimbangkan ayat suci di atas, pertanyaan yang mungkin muncul adalah: Apakah terang ini? Bagaimana hal itu berkaitan dengan karunia yang telah Tuhan tetapkan bagi saya, dan apa yang sebenarnya harus saya lakukan untuk membuat terang di dalam diri saya dikenal dan dinyatakan di dunia yang gelap demi kemuliaan Tuhan?

Titik awal yang baik adalah dengan melihat Yesus, karena Yesuslah terang dunia. Kita harus memancarkan Dia kepada orang lain di dunia kita. Mari kita lihat Lukas 4:18-19 dalam pernyataan visi dan misi Yesus, karena pernyataan misi dan visi-Nya adalah pernyataan misi dan visi kita juga:

Lukas 4:18-21

Terjemahan Kisah Sengsara

18-19 "Roh Tuhan ada padaku, dan Ia telah mengurapi aku untuk menjadi harapan bagi orang miskin, kebebasan

bagi orang yang patah hati, dan mata baru bagi orang buta, dan untuk memberitakan kepada para tahanan: 'Kamu telah dibebaskan!' Aku datang untuk menyampaikan kabar Yubileum, karena waktu penerimaan Allah yang besar telah dimulai."

20 Setelah membaca itu, Ia menggulung gulungan itu, mengembalikannya kepada pelayan, lalu duduk. Semua orang memandang Yesus, bertanya-tanya apa yang akan Ia katakan selanjutnya. 21 Kemudian Ia menambahkan, "Semua Kitab Suci ini telah digenapi hari ini di hadapanmu."

Yesus, untuk memastikan bahwa orang-orang tidak ragu tentang misi dan visi ini, melakukan persis seperti yang dinubuatkan tentang Dia dan menyelesaikannya. Anda dapat membaca kisahnya di:

Matius 4:23-25

Terjemahan Kisah Sengsara

Pelayanan Penyembuhan Yesus

23 Yesus melayani dari tempat ke tempat di seluruh provinsi Galilea. Ia mengajar[a] di sinagoge-sinagoge, memberitakan pengharapan akan Kerajaan Allah[b] dan menyembuhkan segala macam penyakit dan penderitaan di antara orang-orang. 24 Ketenaran-Nya tersebar di mana-mana! Banyak orang yang menderita kesakitan dan kesakitan karena berbagai macam penyakit dibawa kepada Yesus untuk disembuhkan—penderita epilepsi, lumpuh, dan mereka yang disiksa oleh kuasa setan semuanya dibebaskan. Setiap orang yang dibawa kepada Yesus disembuhkan!

25 Hal ini mengakibatkan banyaknya orang yang mengikutinya, termasuk orang-orang dari Galilea, Yerusalem, tanah Yehuda, wilayah Sepuluh Kota yang dikenal sebagai Dekapolis, dan daerah di seberang Sungai Yordan.

Dan setelah melatih para murid selama 3 tahun, Dia melepaskan mereka untuk menjalankan misi dan pernyataan visi ini. Kita dapat melihat cuplikan dari hal itu dalam

Kisah Para Rasul 5:12-16

Terjemahan Kisah Sengsara

Para Rasul Melakukan Mukjizat, Tanda-Tanda, dan Keajaiban

12 Para rasul melakukan banyak tanda, keajaiban, dan mukjizat di antara orang-orang. 13 Dan orang-orang percaya bersatu dengan luar biasa ketika mereka berkumpul secara teratur di pelataran Bait Suci di daerah yang dikenal sebagai Serambi Salomo . Tidak seorang pun berani menyakiti mereka, karena semua orang menghormati mereka.

14 Semakin banyak orang yang percaya kepada Tuhan dan jumlahnya bertambah—banyak sekali laki-laki dan perempuan. 15 Bahkan, ketika orang-orang tahu Petrus akan lewat, mereka membawa orang-orang sakit ke jalan-jalan dan membaringkan mereka di atas dipan dan tikar, karena mereka tahu bahwa kuasa yang luar biasa yang

terpancar dari Petrus akan menaungi mereka dan menyembuhkan mereka. 16 Banyak sekali orang berbondong-bondong datang ke Yerusalem dari desa-desa terdekat. Mereka membawa serta orang-orang sakit dan orang-orang yang dirasuki setan—dan semua orang disembuhkan!

Jadi, apa yang membuat orang-orang biasa ini menjadi manusia super dari Tuhan yang supernatural? Apa yang dapat membantu Anda dengan atribut ABCDEFG yang telah kita bahas di atas? Jawabannya terletak pada pernyataan terakhir Yesus dalam

Kisah Para Rasul 1:3-8

Terjemahan Kisah Sengsara

3 Setelah penderitaan-Nya di kayu salib, Yesus berkali-kali menampakkan diri kepada para rasul itu selama empat puluh hari. Yesus membuktikan kepada mereka dengan banyak tanda yang meyakinkan bahwa Ia telah bangkit.

Selama pertemuan-pertemuan ini, Ia mengajarkan kepada mereka kebenuran tentang kerajaan Allah dan makan bersama mereka. Yesus memberi mereka petunjuk, "Jangan meninggalkan Yerusalem, tetapi tunggulah di sini sampai kamu menerima karunia yang telah Kukatakan kepadamu, karunia yang telah dijanjikan Bapa. 5 Sebab Yohanes membaptis kamu dengan air, tetapi beberapa hari lagi kamu akan dibaptis dengan Roh Kudus!"

6 Setiap kali mereka berkumpul, mereka bertanya kepada Yesus, "Tuhan, apakah sekarang saatnya Engkau membebaskan Israel dan memulihkan kerajaan kami?"

7 Ia menjawab, "Bapa-lah yang menetapkan tanggal-tanggal tetap dan waktu-waktu penggenapannya. Kamu tidak diperbolehkan mengetahui waktu dari segala sesuatu yang telah Ia persiapkan dengan wewenang-Nya sendiri. 8 Tetapi Aku menjanjikan kepadamu hal ini—Roh Kudus akan turun atasmu dan kamu akan dipenuhi dengan kuasa. Dan kamu akan menjadi utusan-Ku ke Yerusalem, ke seluruh Yudea, ke provinsi-provinsi yang jauh—bahkan ke tempat-tempat terpencil di bumi!"

Yohanes menyoroti fakta bahwa iblis memegang kendali di dunia kita dan menekankan kembali tugas yang untuknya Yesus datang ke dunia dalam 1 Yohanes 5:19 dan 1 Yohanes 3:8 dan saya membaca:

1 Yohanes 5:19

Terjemahan Kisah Sengsara

19 Kita tahu bahwa kita adalah anak-anak Allah dan bahwa seluruh dunia berada di bawah kesengsaraan dan pengaruh Iblis.

Dan **1 Yohanes 3:8**

Terjemahan Kisah Sengsara

8 Tetapi orang yang hidup dalam dosa adalah milik iblis, karena iblis telah berbuat dosa sejak semula. Alasan Anak

Allah dinyatakan adalah untuk membatalkan dan menghancurkan pekerjaan iblis.

Yesus menyatakan dalam Matius 12:29 – "Tidak seorang pun dapat masuk ke rumah orang yang kuat dan mengambil harta miliknya, kecuali ia terlebih dahulu mengikat orang yang kuat itu, barulah ia dapat menjarah rumahnya."

Kita tidak dapat merebut kota ini dengan kekuatan kita sendiri, tetapi dengan kuasa Roh Kudus:

Dengarkan Yohanes Pembaptis dalam **Lukas 3:16**

Terjemahan Kisah Sengsara

16 Tetapi Yohanes menjelaskan dengan gamblang, "Akan datang seorang yang lebih perkasa daripada aku. Dialah yang tertinggi. Bahkan, aku tidak layak menjadi hamba-Nya. Aku hanya dapat membaptis kamu di sungai ini, tetapi Dialah yang akan membaptis kamu ke dalam Roh kekudusan dan ke dalam api-Nya yang menyala-nyala.

Roh Kudus adalah penolong yang akan membantu kita memajukan kerajaan Allah di dunia yang gelap dengan memancarkan terang Kristus setelah menghancurkan benteng musuh, yaitu Setan. Cara kita diperlengkapi adalah melalui Baptisan dalam Roh Kudus.

Baptisan dalam Roh Kudus adalah pengalaman yang memberdayakan, memperlengkapi orang percaya yang dipenuhi Roh untuk bersaksi dan melayani di mana kita dapat dengan mudah mengekspresikan 7 sifat di atas dengan begitu mudahnya.

Anda dapat menerima baptisan Roh Kudus dengan mengucapkan doa ini sehingga dari dalam diri Anda akan mengalir sungai-sungai air hidup yang menyegarkan Anda dan memberdayakan Anda untuk melayani dan memancarkan terang-Nya ke dunia meskipun menghadapi perlawanan yang kuat:

Mari kita sholat:

Ya Tuhan, jadikan aku bejana kuasa-Mu, dalam nama Yesus.
Bukalah langit dan biarlah kemuliaan-Mu, Allah, turun ke atasku, dalam nama Yesus. Ya Allah, baptislah mata, telinga, dan mulutku agar aku menerima, mendengar, dan mengucapkan hal-hal yang menakjubkan. Aku menerima api baru dan urapan baru, dalam nama Yesus. Biarlah api Allah menghanguskan setiap pekerjaan kegelapan dalam hidupku.

Biarlah Roh Allah menyucikan akal budi, kehendak, dan perasaanku, dalam nama Yesus.

Biarlah Roh Allah menyucikan jiwa, roh, dan tubuhku, dalam nama Yesus.

Baptislah aku dengan Roh Kudus dan api sesuai dengan janji-Mu dalam Lukas 3:16.

Tuhan, biarlah Roh-Mu dicurahkan kembali ke atas Tubuh Kristus di seluruh dunia. Bapa, dalam nama Yesus, aku menginginkan segala yang Engkau miliki untukku.

Aku menginginkan kepenuhan Roh Kudus dengan segala karunia Roh yang bekerja dalam hidupku. Karena itu, aku merendahkan diri di hadapan-Mu sekarang dan memohon kepada-Mu sesuai dengan firman-Mu, baptislah aku dalam Roh Kudus sekarang juga. Aku menyerahkan diriku untuk mengalir dalam karunia-karunia yang akan ditunjukkan atau dipancarkan Roh Kudus melalui diriku.

Semoga urapan, kemuliaan, dan kuasa Allah datang kepadaku dan ke dalam hidupku saat ini juga.

Semoga saya diberdayakan untuk melayani mulai hari ini dan seterusnya dengan ketujuh atribut yang telah disebutkan di atas – Ketersediaan, Keberanian, Belas Kasih, Ketekunan, dan Cinta yang Tulus .

Terima kasih, Tuhan Yesus, karena telah membaptisku dalam Roh Kudus-Mu. Amin."

Aku menyerahkan lidahku agar Roh Kudus dapat memberiku kemampuan berbicara sehingga Dia dapat berbicara melalui aku. Aku menerima baptisan Roh Kudus dengan iman, itu milikku dan sekarang aku memilikinya.

Sekarang, mulailah memuji Tuhan dan biarkan kata-kata yang muncul di dalam dirimu mengalir keluar dari mulutmu. Kamu harus berbicara, Roh Kudus akan memberikan kata-kata itu kepadamu.

Anda dapat melakukan semua ini di rumah, di dalam mobil, kantor, di mana pun Anda merasa terpanggil atau mendapat dorongan untuk berdoa.

Untuk memperkuat anjuran kami, berikut adalah dua kisah nyata dengan penerapan 7 sifat yang telah kita pelajari hari ini.

Kita semua dipanggil untuk memberitakan Injil dan menunjukkan hadirat Allah dengan menyembuhkan orang sakit. Kita semua diperlengkapi untuk melakukan hal-hal mendasar, tidak semua orang memiliki tugas utama atau jabatan di bidang pelayanan penyembuhan dan pembebasan ini.

Tugas utama kita mungkin adalah administrasi, yang dikuatkan oleh Roh Kudus. Kita mungkin berada di posisi perdana menteri dalam pemerintahan dan kita dapat mengubah takdir suatu bangsa menuju kebenaran dengan memberlakukan undang-undang yang mendukung tujuan Allah. Beberapa mungkin menjadi dokter di rumah sakit yang melayani penyembuhan kepada orang sakit melalui ilham ilahi dan pengobatan.

Kami menyajikan dua cerita ini hari ini dan saya mendorong Anda untuk memperhatikan 7 atribut di atas dalam cerita-cerita ini:

Salah satunya dari Trevor, seorang anak berusia tiga belas tahun yang mengambil langkah berani untuk mengatasi masalah sosial bagi para tunawisma, dan kisah kedua adalah tentang konfrontasi antara seorang wanita yang putranya akan dieksekusi dengan kursi listrik dan doa penginjil di menit-menit terakhir yang mencegah eksekusi tersebut:

Trevor Farrell

Trevor Ferrell (lahir 1972) adalah warga negara Amerika yang, sejak remaja, menarik perhatian publik karena upayanya membantu para tunawisma. Ia memulai Kampanye Trevor untuk Tunawisma pada tahun 1983, ketika ia berusia 11 tahun. Pada tanggal 8 Desember 1983, ia menonton program berita tentang tunawisma. Hal ini mendorongnya untuk bertanya kepada orang tuanya, Frank dan Janet Ferrell, bagaimana ia dapat membantu. Mereka mengantar putra mereka ke Philadelphia malam itu untuk memberikan alas tidur kepada seorang tunawisma yang tidur di trotoar di depan Union League di Center City. Ia dan orang tuanya kemudian mendirikan tempat penampungan tunawisma, Trevor's Place. Orang tuanya juga menulis sebuah buku, yang juga berjudul Trevor's Place, untuk lebih menjelaskan tindakan yang telah dilakukan, dengan permohonan untuk tindakan lebih lanjut. Buku tersebut diterbitkan pada tahun 1985.

Karya Trevor Farrell diakui oleh Presiden Ronald Reagan dalam pidato kenegaraan Presiden tahun 1986. Sebuah film televisi yang mendramatisasi kegiatan penampungan tersebut, berjudul Christmas on Division Street, ditayangkan pada tahun 1991. Film tersebut menampilkan aktor Fred Savage sebagai Trevor. Sebuah episode tahun 1994 dari serial Lifestories: Families in Crisis, berjudul Brotherly Love: The Trevor Ferrell Story, juga menggambarkan upayanya.

Ketika Farrell berusia 18 tahun, keluarganya menghentikan upaya mereka dalam kampanye tersebut. Saat ini Farrell bekerja untuk United Parcel Service dan menjalankan toko barang bekas di Lancaster Avenue di Philadelphia. Pada tahun 1985, Ferrell menerima Penghargaan Samuel S. Beard untuk Pelayanan Publik Terbesar oleh Individu Berusia 35 Tahun atau Kurang, sebuah penghargaan yang diberikan setiap tahun oleh Jefferson Awards.

Selengkapnya:

Kisah 1: Kisah Trevor dalam menyebarkan kasih Kristus kepada dunia yang acuh tak acuh dan tidak mengasihi.

Sebuah kisah nyata, tentang seorang anak laki-laki bernama Trevor. Kisah ini menunjukkan bahwa ada hal-hal kecil yang dapat dilakukan anak-anak yang membuat perbedaan besar. Suatu malam, Trevor melakukan apa yang dilakukan banyak anak berusia 13 tahun lainnya: Ia menonton TV. Di berita, ia melihat sebuah cerita tentang beberapa tunawisma yang tidur di jalanan dalam keadaan dingin, di daerah pusat kota Philadelphia tempat ia tinggal. Trevor tidak pernah benar-benar berhenti berpikir betapa beruntungnya ia tinggal di pinggiran kota yang cukup makmur di kota yang sama. Kisah para tunawisma itu menyentuh hatinya dan ia mulai bertanya-tanya apa yang dapat ia lakukan untuk membantu orang-orang ini. Bagi Trevor, mungkin mudah untuk melupakannya. Ada begitu banyak kisah sedih yang kita lihat di TV. Ini bisa saja hanya salah satu kisah sedih yang dia abaikan. Trevor mungkin juga berpikir, "Yah, apa yang bisa kulakukan? Aku hanya seorang anak kecil," tetapi dia tidak berpikir begitu. Sebaliknya, dia mulai bertanya-tanya bagaimana dia bisa membantu dan itu membuatnya ingat bahwa ada beberapa selimut cadangan yang tidak terpakai di garasi mereka. Jadi, dia pergi ke ayahnya dan bertanya apakah dia bisa mengantarkan selimut-selimut itu kepada orang-orang di pusat kota yang tidak punya rumah untuk bermalam.

Ayah Trevor mungkin menganggap permintaan itu agak aneh. Mudah bagi kita untuk ingin mempertahankan apa yang kita miliki, mudah bagi orang dewasa untuk berpikir bahwa mereka telah bekerja keras untuk mendapatkan apa yang mereka miliki, jadi mengapa mereka harus memberikannya? Kurasa itu hampir sama dengan seorang anak yang berpikir, Butuh waktu lama untuk menabung uang saku saya untuk membantu membeli sepeda baru ini, jadi mengapa saya harus meminjamkannya kepada teman yang perlu pulang dengan tergesa-gesa?

Ayah Trevor adalah pria yang baik hati. Dia mengantar Trevor ke pusat kota untuk membagikan beberapa selimut berlebih mereka kepada beberapa orang di jalanan. Kurasa ketika tiba waktunya untuk meringkuk dan tidur malam itu, orang-orang cukup senang dengan kehangatan tambahan dari selimut baru tersebut.

Trevor juga merasa senang. Dia merasa puas telah membagikan selimut-selimut itu. Dia merasakan kehangatan batin, hampir seperti dirinya sendiri telah diselimuti selimut emosional. Tetapi dia menyadari ada risikonya—rasanya mungkin begitu menyenangkan sehingga dia ingin melakukannya lagi.

Keesokan harinya, Trevor pergi ke toko kelontong terdekat dan tempat-tempat umum lainnya di lingkungannya yang memiliki papan pengumuman. Dia memasang tanda-tanda yang meminta orang-orang untuk menyumbangkan selimut atau makanan berlebih yang tidak mereka butuhkan. Hasilnya mengejutkan. Kebaikan itu menular. Trevor menemukan begitu banyak orang yang bersedia membantu sehingga dalam seminggu dia telah memenuhi garasi ayahnya dengan makanan dan selimut. Apa yang dimulai Trevor dengan kebaikannya tumbuh dan menyebar ke seluruh komunitas. Tidak lama kemudian, kemurahan hati orang-orang meluap dari garasi ayahnya dan Trevor dan ayahnya harus mencari bangunan yang lebih besar untuk menampung semua sumbangan yang diterima. Percaya atau tidak, sekarang ada sejumlah gudang khusus di seluruh Philadelphia yang menyimpan makanan dan selimut untuk memberi makan dan menghangatkan para tunawisma? Semuanya disebut "Trevor's Place."

Penerapan cerita 1 untuk dipertimbangkan dalam klaim kami :

'Mungkinkah Tuhan memanggil seseorang untuk mengatasi masalah Almajari di Nigeria dengan menyediakan asrama, makanan, dan pendidikan yang berpusat pada ajaran Kristen untuk membesarkan generasi yang saleh di negeri kita? Jika kita tidak melakukannya, iblis akan membajak mereka untuk tujuan membunuh, mencuri, dan menghancurkan. Kita bisa berbicara sesuka kita, tetapi tugas kita adalah memancarkan terang dan kasih Kristus terlepas dari segalanya, dan itu akan membuka hati mereka untuk mau mendengarkan apa yang kita katakan tentang Yesus kita ini. Bacalah Matius 25:1-46

Kisah 2: Nyawa Seorang Pria Diselamatkan dari Kursi Listrik – Kisah yang diceritakan oleh putri pendeta – Kekuatan doa syafaat dalam memancarkan terang Kristus ke dunia yang tidak adil .

Ia sedang berkhotbah di Newark, New Jersey, pada tahun 1960. Waktu itu pukul 21.30. Seorang wanita berjalan menyusuri lorong tengah, dan ayah saya, RW Schambach, tahu apa artinya itu. Itu berarti seseorang akan mengganggu khotbahnya. Wanita itu berjalan menyusuri lorong tengah dan berdiri tepat di depan pendeta malam itu. Pendeta itu memegang Alkitab di tangannya dan sedang menyampaikan khotbah yang luar biasa! Beraninya seseorang mengganggu seorang hamba Tuhan?

Sebenarnya, wanita yang berharga itu menyela Yesus dengan iman yang penuh keputusasaan, sama seperti empat orang yang merobohkan atap tempat Yesus mengajar agar teman mereka bisa mendapatkan mukjizat. Iman mereka menggerakkan Tuhan, dan itulah yang dilakukan iman sejati.

Ketika wanita di Newark itu mendekati ayah saya, dia berkata, "Saudara Schambach, mohon maafkan saya. Saya belum pernah menghentikan seorang pendeta seumur hidup saya. Tapi ini keadaan darurat. Anak saya akan dieksekusi di kursi listrik pukul sepuluh."

Menurut pengakuannya sendiri , Saudara Schambach berpikir, "Ya Tuhan!" Dia membuat khotbahnya terhenti. Setelah mendengar itu, dia tidak bisa berkhotbah sepatah kata pun lagi.

Ia pernah berdoa untuk orang-orang yang sekarat di rumah sakit, tetapi ia tidak pernah berdoa untuk siapa pun yang akan mati di kursi listrik. Pria ini telah divonis bersalah oleh juri. Ia telah dinyatakan bersalah. Ia akan mati untuk membayar pembunuhan yang dituduhkannya—dan itu akan terjadi dalam tiga puluh menit. Saudara Schambach tidak bisa berkhotbah! Ia menutup buku. Ia bahkan tidak bisa berdoa! Ia meminta semua orang di gereja untuk berdiri.

Orang-orang sering bertanya kepada ayah saya, "Apakah saya membutuhkan Roh Kudus?" Ketika kita menghadapi kebutuhan seperti yang disampaikan wanita ini, seseorang tidak tahu bagaimana cara berdoa. Inilah mengapa kita semua membutuhkan kepenuhan Roh Kudus!

Roh Kudus mulai berdoa melalui ayah saya. Dia berkata rasanya seperti seseorang memakaikan jubah padanya—itu adalah jubah pengurapan untuk mukjizat, dan dia bisa merasakan pengurapan itu. Berlimpah berkat saat dia berdoa dalam bahasa roh. Kemudian, seperti yang dia katakan, dia mulai menguping Roh Kudus dengan berdoa dalam bahasa

Inggris. Ketika dia mulai berdoa dalam bahasa Inggris, apa yang dia ucapkan mengejutkannya:

"Tuhan, dalam nama Yesus, buktikan kejahatan si pembunuh sebenarnya melalui Roh Kudus. Buatlah dia mengakui kejahatannya."

Di dalam hatinya, ayahku menyesali perbuatannya. Ia berpikir, Diamlah, bodoh. Pria itu sudah dinyatakan bersalah. Ia meminta Tuhan untuk menangkap pembunuh sebenarnya. Ia tidak tahu, tetapi Roh Kudus tahu bahwa putra wanita itu tidak melakukan kejahatan tersebut. Roh Kudus berdoa melalui ayahku, berkata, "Tangkap pembunuh sebenarnya dan buat dia mengaku."

Setelah Ayah selesai berdoa, dia menatap wanita itu dan berkata, "Pulanglah, tidurlah! Anakmu tidak akan mati di kursi listrik!" Sekali lagi dia menegur dirinya sendiri, berpikir, Diamlah, pendeta bodoh! Ingat, kau harus kembali ke sini besok malam dan berkhotbah!

Terkadang Roh Kudus akan mengatakan hal-hal yang sulit Anda percayai. Terkadang ketika Anda berkhotbah, Anda mengatakan hal-hal yang mengejutkan Anda. Tetapi bukan Anda yang berbicara, melainkan Roh Kudus.

Apakah Anda siap dengan hasil akhir cerita ini?

Ayah kembali ke hotelnya dan langsung tidur. Keesokan paginya ia bangun dan pergi ke restoran yang berjarak satu blok. Dalam perjalanan masuk, ia membeli New York Daily News. Astaga! Pernahkah Anda berteriak kegirangan saat melihat koran? Nah, dia pernah. Tahukah Anda apa isi judul beritanya? "Nyawa Seorang Pria Diselamatkan dari Kursi Listrik—Kisah di halaman 3." Ia tidak sarapan. Oh, tidak. Ia duduk di trotoar dan merobek koran itu ke halaman tiga.

Ayah ingat persis apa yang tertulis di koran itu. Ia bahkan bisa menyebutkan nama jaksa wilayahnya. Namanya Tuan Hogan. Kisahnya berbunyi, "Semalam pukul 9:40, Tuan Hogan menerima telepon dari seorang pria." (Ingat, saat itu pukul 9:30 ketika wanita itu mengganggu kebaktian. Pukul 9:40, Tuhan menjawab doa wanita itu. Oh, haleluya!) Pria di ujung telepon berkata, "Anda membakar orang yang salah."

"Apa maksudmu? Siapa ini?" tanya Tuan Hogan.

"Tidak peduli siapa orangnya. Tapi Anda memiliki seorang pria yang dijadwalkan untuk dieksekusi di kursi listrik karena pembunuhan seorang pria di wilayah Bronx bagian atas. Anda menemukan tubuhnya di sebuah apartemen lantai dua, telungkup dengan luka tusukan."

Tuan Hogan berkata, "Bagaimana Anda tahu ini?"

Dia berkata, "Sayalah yang melakukan kejahatan itu."

"Di mana kamu?" tanya Tuan Hogan.

Dia menjawab, "Saya berada dua blok dari kantor polisi tertentu. Dan saya sedang dalam perjalanan ke sana untuk menyerahkan diri."

Tuan Hogan menghentikan eksekusi tersebut. Dia pergi ke kantor polisi dan menginterogasi tersangka baru itu hingga pukul tiga pagi, mengulang pertanyaan yang sama. "Mengapa Anda menyerahkan diri?"

Berulang kali jawaban yang sama datang, "Bro, aku tidak pernah berniat menyerahkan diri. Tapi ketika aku meneleponmu tadi malam, sesuatu merasukiku dan membuatku mengaku."

Semoga Anda sudah menemukan 7 atribut dalam cerita-cerita di atas?

Pergilah dan lakukan hal yang sama di lingkungan yang telah Tuhan panggil kamu untuk masuki. Ikuti kata hatimu!

Semoga Tuhan melimpahkan hidupmu hingga karunia-karuniamu memancarkan terang ke dunia yang gelap, dalam nama Yesus, Amin.

Eksploitasi yang Lebih Besar – 1 – Bab 2 – Dua (2) Cerita – Cerita pertama: oleh Norvel Hayes:

Mukjizat yang Terjadi – Mukjizat kreatif di tangan putrinya dan Eksploitasi Robert Schambach di India + Naskah Doa Pembebasan Diri + Doa Perjanjian Penyembuhan, Pembebasan, dan Pemulihan Bagian 1

Teman-teman terkasih,

Selamat datang di rangkaian pelatihan kami untuk KESELAMATAN TOTAL – Penyembuhan, Pembebasan, dan Pemulihan – Roh, Jiwa, dan Tubuh bagi Anda, bagi teman-teman Anda, dan bagi siapa pun yang sangat membutuhkan sentuhan Tuhan.

Hari ini saya membawakan dua kisah yang menggugah untuk membangun iman Anda sehingga Anda dapat terhubung dalam iman untuk menerima mukjizat Anda atau untuk orang lain hari ini. Di akhir pesan ini, ada doa dan poin kontak untuk terhubung dengan kuasa Tuhan melalui media ini untuk Penyembuhan, Pembebasan, dan Pemulihan – Roh, Jiwa, dan Tubuh dalam nama Yesus, Amin. Jadi, bersiaplah!

Seri ini, yang diberi judul **"Cukup sudah dengan penyakit, kemiskinan, dan kematian rohani, dan selamat datang di seri Penyembuhan, Pembebasan, dan Pemulihan roh, jiwa, dan tubuh Anda"**, ditujukan untuk Anda jika Anda menjawab ya untuk salah satu pertanyaan berikut:

1) Apakah Anda pernah kehilangan sesuatu atau seseorang, atau sedang kehilangan sesuatu atau seseorang, atau apakah Anda terus-menerus dihantui oleh rasa takut dan cemas akan kehilangan sesuatu atau seseorang?

2) Apakah ada seseorang dalam siklus Anda yang sedang mengalami keguguran saat ini?

Maka rangkaian pengajaran ini adalah untukmu, untuk putra dan putrimu; untuk ayah dan ibumu, untuk paman dan bibimu, untuk keponakanmu, untuk teman dan musuhmu. Ini untuk siapa pun yang memiliki nafas Allah yang hidup di dalam dirinya.

Sebagai catatan yang menyegarkan, saya ingin mengucapkan terima kasih kepada Anda semua atas semua ucapan selamat atas pakaian imamat yang mencerminkan posisi saya sebagai duta Kristus. Kita semua harus menyadari bahwa kita adalah duta dan dipanggil ke dalam jabatan imamat. Kita perlu menggunakan gambar dan demonstrasi visual agar kata-kata tertulis dapat terhubung dengan pengalaman sehari-hari kita sehingga kita dapat terus mengingatkan diri kita sendiri akan tanggung jawab yang luar biasa ini untuk melayani umat manusia – baik yang telah ditebus maupun yang belum ditebus – dan terus melakukan pekerjaan itu – Kita harus menghidupi apa yang kita ucapkan. Kita harus menjadi penghasil bukti.

Itu adalah petunjuk dalam masa penantianku untuk melayani dalam kapasitas itu dan berpakaian dengan pantas untuk pekerjaan yang telah Dia panggil dan lakukan untukku. Kita semua adalah imamat kerajaan – Kita semua, semua orang percaya dalam Kristus berada dalam kelas kerajaan. Kita adalah putra dan putri pencipta alam semesta, Yesus Kristus adalah saudara kita dan kita dipanggil untuk melayani orang lain dalam nama Yesus, Amin.

Untuk membuktikan fakta di atas, saya memanggil Rasul **Petrus, Yohanes, dan Paulus** untuk bersaksi di hadapan pengadilan hari ini:

1 Petrus 2:9

Alkitab Terapan

9 Tetapi kamu adalah bangsa pilihan, imamat kerajaan, bangsa yang kudus, umat khusus milik Allah sendiri, supaya kamu memberitakan keutamaan [perbuatan-perbuatan ajaib, kebajikan-kebajikan, dan kesempurnaan] Dia yang telah memanggil kamu keluar dari kegelapan kepada terang-Nya yang ajaib.

Wahyu 1:5-6

Alkitab Terapan

5 dan dari Yesus Kristus, [a] Saksi yang setia dan dapat dipercaya, [b] Anak Sulung dari antara orang mati, dan Penguasa atas raja-raja di bumi. Kepada Dia yang [selalu] mengasihi kita dan yang [sekali untuk selamanya] [c] telah membebaskan kita [atau membasuh kita] dari dosa-dosa kita dengan darah-Nya sendiri (kematian-Nya yang penuh pengorbanan)— 6 dan telah membentuk kita menjadi suatu kerajaan [sebagai warga-Nya], [d] imam-imam bagi

Allah dan Bapa-Nya —kepada Dialah kemuliaan dan kuasa dan keagungan dan kekuasaan selama-lamanya. Amin.

2 Korintus 5:20

Alkitab Terapan

[20] Karena itu, kami adalah duta-duta Kristus, seolah-olah Allah sedang menyampaikan seruan-Nya melalui kami; kami [sebagai wakil Kristus] memohon kepada kamu atas nama Kristus agar kamu diperdamaikan dengan Allah.

Tidak ada kelompok orang khusus di rumah Allah karena kita semua adalah saudara. Yesus datang untuk menciptakan perubahan besar pada status quo di zaman-Nya dan sebagai perpanjangan dari Kristus, kita harus mempertahankan perubahan itu agar pekerjaan-Nya tidak terhalang oleh tradisi manusia.

Aku memanggil Markus ke mimbar saksi, untuk memberikan kesaksian tentang apa yang Yesus katakan mengenai perintah-perintah-Nya dan tradisi manusia:

Markus 7:8

Alkitab Terapan

[8] Kalian mengabaikan dan melalaikan perintah Allah, dan berpegang teguh pada tradisi manusia."

Jadi, jika perintah dalam Markus 16:15-18 tidak berfungsi di gereja-gereja kita, itu berarti tradisi manusia telah menggantikan perintah Allah untuk pergi, menjadikan murid, dan menunjukkan kuasa-Nya kepada orang-orang yang tidak percaya.

Jika Tuhan telah menetapkan kita, lalu apa tujuan penetapan manusia? Kecuali untuk meneruskan tradisi manusia. Biarlah Tuhan menjadi Tuhan dan biarlah setiap pria, wanita, atau organisasi menjadi pembohong!!!

Posisi kita tidak seperti posisi tanggung jawab dunia. Kita harus menjadi pemimpin yang melayani di semua lini. Bacalah perkataan Yesus dalam

Markus 9:35

Alkitab Terapan

35 ***Setelah duduk [untuk mengajar], Ia memanggil kedua belas [murid] dan berkata kepada mereka, "Jika seseorang ingin menjadi yang pertama, ia harus menjadi yang terakhir [dalam hal pentingnya] dan menjadi pelayan bagi semua orang."***

Sekarang, PELAYANAN: **Cukup sudah dengan penyakit, kemiskinan, dan kematian rohani, dan selamat datang di seri penyembuhan, pembebasan, dan pemulihan roh, jiwa, dan tubuh Anda.**

Seri hari ini adalah Cukup Sudah! Didorong oleh Rasa Lapar untuk MENERIMA dari Tuhan dan Kemarahan terhadap Iblis karena MERAMPOK warisan kita secara membabi buta! – Bagian 1

Di akhir pesan ini, saya akan mengundang Anda melalui media ini untuk menjalin hubungan dengan Yesus yang hidup demi keselamatan roh Anda, kemudian pembebasan demi keselamatan jiwa Anda, dan penyembuhan serta pemulihan demi keselamatan tubuh Anda dan segala sesuatu yang telah hilang dalam nama Yesus Kristus. Saya menempatkan doa perjanjian di sana, Anda hanya perlu menyentuhnya dan Anda akan disembuhkan. Tetapi pertama-tama, kita perlu berbicara agar Anda berada dalam keadaan pikiran yang tepat untuk menerima dari Tuhan.

Yesus dengan lantang dan jelas menyatakan misi dan visi-Nya, yang dulu, sekarang, dan selamanya adalah untuk mewujudkan keselamatan—KEBEBASAN bagi seluruh umat manusia, baik mereka berkulit hitam, putih, cokelat, pendek, tinggi, dan sebagainya, seperti yang tertulis dalam Lukas 4:17-21.

Lukas 4:17-21

Terjemahan Kisah Sengsara

16–17 Ketika Ia datang ke Nazaret, [a] tempat Ia dibesarkan, Ia masuk ke sinagoge, seperti yang selalu Ia lakukan pada hari Sabat. Ketika Yesus maju ke depan untuk membaca Kitab Suci, [b] mereka memberikan gulungan kitab nabi Yesaya kepada-Nya. Ia membuka gulungan itu dan membaca di mana tertulis, 18–19 "Roh Tuhan ada pada-Ku dan Ia telah mengurapi Aku untuk menjadi pengharapan [c] bagi orang miskin, kebebasan bagi orang yang patah hati, dan mata baru [d] bagi orang buta, dan untuk memberitakan kepada para tahanan, [e] 'Kamu telah dibebaskan!' Aku datang untuk menyampaikan kabar Yubileum , [f] karena waktu penerimaan Allah yang besar [g] telah dimulai." [h]

20 Setelah membaca itu, Ia menggulung gulungan itu, mengembalikannya kepada pelayan , lalu duduk. Semua orang memandang Yesus, bertanya-tanya apa yang akan Ia katakan selanjutnya. 21 Kemudian Ia menambahkan, "Semua Kitab Suci ini telah digenapi hari ini di hadapanmu."

Yesus menunjukkannya, dan memberi kita perintah untuk melakukan hal yang sama – membebaskan para tawanan. Bacalah ini dalam **Markus 16:15-19**

Terjemahan Kisah Sengsara

[15] ***Dan Ia berkata kepada mereka, "Sambil kamu pergi ke seluruh dunia, beritakanlah secara terbuka kabar baik Injil kepada seluruh umat manusia!*** [16] ***Siapa pun yang percaya kepada kabar baik dan dibaptis akan diselamatkan, dan siapa pun yang tidak percaya kepada kabar baik akan dihukum.*** [17] ***Dan tanda-tanda mukjizat ini akan menyertai orang-orang yang percaya: Mereka akan mengusir setan dengan kuasa nama-Ku. Mereka akan berbicara dalam bahasa roh.*** [18] ***Mereka akan dilindungi secara gaib dari ular dan dari minuman yang beracun.*** [a] ***Dan mereka akan menumpangkan tangan atas orang sakit dan menyembuhkan mereka."***

[19] ***Setelah mengatakan hal-hal itu, Yesus diangkat ke surga dan duduk di tempat kehormatan di sebelah kanan Allah!***

Jika Anda memperhatikan teks di atas dengan saksama, pada ayat 16 kita melihat keselamatan bagi roh kita; pada ayat 17, kita melihat keselamatan bagi jiwa kita dan ayat 18, kita melihat keselamatan bagi tubuh kita.

Banyak dari kita hanya berpegang pada ayat 16 – keselamatan roh kita dengan mengorbankan jiwa dan tubuh kita. Kita mengabaikan dua ayat terakhir yang sebenarnya sangat penting agar kita dapat menikmati kebebasan total. Menariknya, ketiga ayat tersebut mengharuskan kita untuk percaya dengan iman agar dapat menerima keselamatan. Kita tidak kesulitan mengakui Yesus. Kita kesulitan mengakui penyembuhan dan pembebasan serta mengklaim kemenangan yang Yesus peroleh bagi kita dengan darah-

Nya sendiri. Karena ketidaktahuan, kita menderita dan umur kita dipersingkat. Kita juga gagal memancarkan terang Kristus kepada dunia dengan bukti nyata. Kita hanya berbicara, berbicara, dan berbicara tanpa ada pengesahan atas pesan tersebut.

Yesus tidak pernah mengutus siapa pun tanpa disertai tanda-tanda dan mukjizat karena yang dalam harus memanggil yang dalam. Manusia adalah makhluk spiritual dan roh mereka beresonansi dengan kejadian-kejadian supernatural. Karena sebagian besar gereja telah meremehkan hal-hal supernatural, alternatif lain yang kurang menarik menemukan jalannya ke dalam tubuh Kristus. Ini memilukan, ini memalukan, dan seharusnya membuat kita marah pada kebohongan yang telah kita percayai dari musuh jiwa kita dan membuat kita haus akan semua yang Tuhan miliki untuk kita.

Kita tidak bisa mengambil berkat dari alam roh dengan hati yang suam-suam kuku, sikap "aku baik-baik saja", dan masih mengharapkan yang terbaik dari Tuhan.

Yesus berkata dalam dua tempat penting dalam kitab suci tentang perlunya rasa lapar untuk mendapatkan seluruh Allah. Aku memanggil ke mimbar saksi hari ini **Matius 5:3,6 Terjemahan Passion**

[3] ***"Betapa banyaknya harta yang ditawarkan kepadamu** [a] **apabila kamu merasa miskin secara rohani!** [b] **Sebab tidak ada biaya untuk masuk ke dalam kerajaan surga.***

[6] ***"Betapa berlimpahnya kekayaanmu apabila kamu mendambakan kebenaran!** [a] **Sebab kamu akan dikelilingi oleh keberkahan .***

Jika Anda melihat ayat 3, ayat itu berbicara tentang kemiskinan—Merasa miskin, keselamatan diberikan kepada Anda. Jangan mencoba memaksa orang untuk menyerahkan hidup mereka kepada Kristus. Mereka harus sampai pada titik di mana mereka menyadari betapa miskinnya mereka tanpa Kristus melalui kehidupan kita sebagai contoh bagi orang-orang yang tidak percaya. Bahkan, kita diberitahu bahwa penyembuhan, pembebasan, dan pemulihan seharusnya menjadi tanda bagi orang-orang yang tidak percaya. Karena kita tidak memiliki tanda-tanda, orang-orang masih ragu-ragu, bahkan di gereja—sama sekali suam-suam kuku terhadap hal-hal Allah. Tunjukkan tanda-tanda itu dan lihatlah keselamatan Tuhan.

Ayat kedua dalam ayat 6 menggunakan kata "mendambakan" kebenaran. Kata lain untuk kebenaran adalah "kebaikan" atau "keadilan". Yesus mengatakan bahwa jika kamu tidak mendambakan kebaikan atau keadilan, maka tidak akan ada keberhasilan dalam hidupmu dan hidupku.

Bagaimana lagi saya bisa menjelaskannya agar Anda mengerti bahwa jika pencipta alam semesta telah memberi saya semua yang saya butuhkan untuk hidup dan kesalehan, dan saya tidak mendambakan hal itu, kebaikan itu, atau keadilan itu, maka itu adalah ketidakadilan dan keburukan yang lebih besar dalam pengalaman kita sehari-hari.

Yesus juga berbicara tentang akibat dari sikap suam-suam kuku – Aku memanggil saksi untuk bersaksi:

Wahyu 3:16

Alkitab Terapan

16 Karena kamu suam-suam kuku (tidak berguna secara rohani), dan tidak panas dan tidak dingin, Aku akan memuntahkan kamu dari mulut-Ku [menolak kamu dengan jijik] .

Allah sangat peduli pada jiwa-jiwa. Sampai-sampai Ia harus mengutus Putra-Nya untuk mati bagi kita agar kita dapat mengambil kembali semua yang telah dicuri. Ia menyuruh kita untuk membawa pertempuran ke gerbang musuh dan memulihkan jiwa-jiwa. Tunjukkan bahwa Anda sedang mengambil kembali rampasan perang dengan tanda-tanda agar orang lain yang masih ragu-ragu juga ikut masuk: Bacalah kesaksian lain: **1 Yohanes 3:8**

Alkitab Terapan

8 Orang yang melakukan dosa [memisahkan diri dari Allah, dan menyinggung Dia dengan perbuatan-perbuatan ketidaktaatan, ketidakpedulian, atau pemberontakan] adalah milik iblis [dan mengambil karakter batin dan nilai-nilai moralnya dari iblis, bukan dari Allah]; karena iblis telah berdosa dan melanggar hukum Allah sejak semula. Anak Allah datang untuk tujuan ini, untuk menghancurkan pekerjaan iblis .

Dan Yesus memanggilmu untuk melakukan hal yang sama dan bersungguh-sungguh. Teguhlah dan rebut kembali semuanya, bukan sebagian, semua yang telah dicuri musuh dan hauslah akan semua yang Dia sediakan untukmu.

Saya mempunyai dua (2) cerita untuk memperkuat pesan hari ini, untuk membangun imanmu dan kemudian kita akan berdoa untuk keselamatan roh, jiwa dan tubuh dalam nama Yesus Kristus.

Saat Anda membaca cerita-cerita ini, temukan **A, B, C, D, E, Didukung oleh F dan G** – Apresiasi: **A – Ketersediaan** ; B – **Keberanian** ; C – **Belas Kasih** ; D – **Ketekunan;** E – **Cinta Sejati** ; Didukung oleh **F: Kemarahan yang Membara** dan G: **Kelaparan yang Hebat**

Kisah pertama: oleh Norvel Hayes: Terjadinya Keajaiban – Keajaiban kreatif di tangan putrinya

Saya telah mengunjungi berbagai macam gereja di seluruh negeri dan, secara keseluruhan, Gereja kurang memahami karunia melakukan mukjizat dibandingkan karunia Roh Kudus lainnya.

Allah memiliki karunia yang diberikan kepada Gereja yang disebut kemampuan melakukan mukjizat.

Apakah yang dimaksud dengan mukjizat? Itu adalah karunia kuasa, di mana kuasa dari Tuhan dikirim dari surga ke bumi untuk melakukan sesuatu yang melampaui pemikiran alami manusia. Ketika Tuhan melakukan mukjizat , mukjizat supranatural, sangat sulit bagi manusia untuk mempercayainya.

Putri saya mulai mengalami benjolan-benjolan di sekujur tubuhnya, terutama di tangannya.

Apa itu simpul otot?

Simpul otot adalah area otot yang keras dan sensitif yang mengencang dan berkontraksi bahkan saat otot dalam keadaan istirahat. Serat otot yang tegang ini dapat menyebabkan rasa sakit di bagian tubuh lain saat disentuh. Simpul otot ini juga dikenal sebagai titik pemicu.

Aku tidak bisa berbuat apa-apa. Aku berdoa dan terus berdoa. Lalu aku meminta ahli bedah untuk memotongnya. Tapi mereka kembali dan membawa semua sepupu dan saudara mereka. Aku berdoa lagi, dan mereka semakin besar. Aku berdoa lagi, dan mereka menyebar. Aku tidak tahu harus berbuat apa.

Aku punya kabar untukmu: Yesus tahu apa yang harus dilakukan.

Suatu malam, saat aku sedang berjalan di ruang tamu, sambil santai, tiba-tiba aku masuk ke dunia lain. Aku tidak lagi berada di ruang tamu. Aku berada di dunia tempat Tuhan tinggal. Dia mulai berbicara kepadaku.

Dia berkata, “Sampai kapan kamu akan menoleransi pertumbuhan-pertumbuhan di tubuh putrimu itu?”

“Sampai kapan aku harus menoleransi mereka? Mereka bukan tanggung jawabku, Yesus.”

Dia berkata, "Kamu adalah kepala rumah ini."

Sebagian pria tidak menyadari bahwa apa yang terjadi di rumah mereka adalah kesalahan mereka—kesalahan mereka dan kesalahan Iblis. Tuhan dengan jelas mengatakan kepada saya tanpa ragu bahwa itu adalah kesalahan saya karena putri saya memiliki 42 benjolan di tubuhnya.

Bagaimana mungkin ini salahku? Iblis yang menaruhnya di sana. Aku tahu, tapi aku punya hak, wewenang, kekuatan, dan nama Yesus untuk mematahkan kekuatannya dan mengusirnya, untuk meminta mukjizat dari Tuhan bagi putriku. Bagian yang menyedihkan adalah, aku tidak melakukannya. Jadi, seiring berjalannya hari, minggu, dan bulan, tubuh kecilnya semakin dipenuhi benjolan. Karena ketidaktahuanku tentang karunia melakukan mukjizat dan kegagalanku untuk mengambil otoritas atas Iblis di rumahku sendiri, putriku memiliki tangan yang paling jelek di sekolah menengah.

Tuhan menyuruhku mengutuk hal-hal itu dalam nama-Nya, dan hal-hal itu akan lenyap. Tetapi Dia mengatakan kepadaku bahwa aku harus percaya dan tidak ragu.

Saat Dia mengatakan itu, aku mulai kembali ke tubuhku. Berdiri di ruang tamu, aku kembali menjadi Norvel Hayes. Aku mendapati diriku berdiri di sana sambil menangis dan gemetar.

Aku putus asa. Putriku telah memohon padaku untuk membantunya. Tangannya sangat jelek sehingga dia malu bahkan untuk berkencan.

Setelah kembali dari berbicara dengan Tuhan, saya masuk dan mengutuk mereka dalam nama Yesus, menyuruh mereka mati dan lenyap. Saya mengklaim kemenangan agar kuasa Tuhan datang dan memberi putri saya tangan baru, untuk melakukan mukjizat baginya.

Kamu harus mengatakan apa yang kamu maksud. Selama kamu bertele-tele dan mengabaikan tanggung jawabmu untuk berdiri teguh di atas Firman Tuhan, aku punya kabar buruk untukmu: kamu tidak akan mendapatkan apa pun. Yang akan kamu lakukan hanyalah berdoa.

Anda bisa menjadi pengajar Alkitab, pengkhotbah Alkitab, penginjil, atau apa pun yang Anda inginkan, tetapi jika Anda tidak berpegang teguh pada Firman Tuhan untuk rumah Anda sendiri, Iblis akan datang dan menghancurkan keluarga Anda. Anda harus mengusir Iblis.

Anda harus marah kepada Iblis dan mengklaim kuasa Tuhan melalui iman.

Suatu siang, aku mendengar suara di kamar Zona, seperti lemari yang terbalik. Dia berlarian menyusuri lorong, sambil memegangi tangannya di depan tubuhnya, menangis, "Ayah! Ayah! Ini membuatku takut. Ini menyeramkan. Lihat tanganku. Aku punya tangan baru! Aku punya tangan baru!"

Aku melihat, dan kedua tangannya berkilau. Itu adalah tangan terindah yang pernah kulihat pada seorang gadis berusia 16 tahun. Aku mengambil tangan kecilnya dan mengangkatnya. Tangan itu tampak seperti kulit bayi, begitu merah muda dan segar, seperti kulit bayi setelah mandi.

Dia berkata, "Aku hanya berdiri di sana, Ayah, dan aku melihat ke luar sebentar. Ketika aku melihat kembali, aku punya tangan baru! Aku punya tangan baru! Aku bisa mengerti mengapa Yesus melakukan sesuatu untukmu karena Ayah bekerja untuk-Nya. Apakah Ayah bermaksud mengatakan bahwa Yesus mengasihi seorang gadis berusia 16 tahun sampai memberinya tangan baru?"

Aku berjalan menghampirinya dan memegang tangannya lagi. Aku berkata, "Ya, sayang, Yesus sangat mengasihi gadis-gadis berusia 16 tahun sehingga Ia datang ke rumah mereka dan memberi mereka mukjizat berupa tangan yang baru."

Saya ingin Anda tahu bahwa saya selalu bersaksi tentang tangan putri saya. Saya membagikannya setiap kali saya mendapat kesempatan. Saya telah membagikannya di TV beberapa kali, dan ketika saya membagikannya di TV di Los Angeles, pembawa acara mulai menangis begitu hebat sehingga dia tidak bisa berbuat apa-apa. Di mana pun saya menceritakannya, Roh Allah mengurapi dan melayang di atas saya saat saya menceritakan mukjizat Allah bagi putri saya.

Anda lihat, Tuhan ingin Anda tahu dan percaya bahwa Dia adalah Tuhan yang melakukan mukjizat.

Saya ingin Anda tahu bahwa Anda dapat sampai pada titik di mana Anda percaya Alkitab untuk diri Anda sendiri. Anda dapat percaya akan mukjizat Anda sendiri. Ketika segala sesuatu tampak mustahil, pandanglah kepada Tuhan dan percayalah kepada-Nya sendiri. Berdirilah di sana karena Anda adalah anak Tuhan, katakan, "Aku percaya kepada Tuhan," dan Dia akan melepaskan kuasa-Nya untuk Anda. Itu adalah ledakan kuasa yang cukup besar untuk menutupi pohon jeruk. Itu adalah ledakan kuasa yang dapat membuat kapak mengapung. Itu cukup kuat untuk membuat keledai berbicara. Itu cukup kuat untuk menciptakan tangan baru. Itu adalah ledakan kuasa untuk memberi Anda apa pun yang Anda inginkan, dan Tuhan melakukannya dengan sangat mudah.

Sebuah ledakan kuasa datang ke rumahku untuk memberikan putriku tangan yang baru. Setiap kali aku meneleponnya dan berkata, "Nak, Roh Kudus menyuruhku untuk memberi tahu mereka tentang mukjizat yang Yesus lakukan untuk tanganmu," dia selalu bertanya, "Ayah, sudahkah Ayah memberi tahu mereka bahwa ketika Yesus memberiku mukjizat, semua simpul itu tidak pernah kembali?" Tidak ada yang pernah kembali. Tuhan adalah Tuhan yang melakukan mukjizat.

Mukjizat adalah sebuah karunia. Karunia melakukan mukjizat adalah untuk Anda, sesuai kehendak Roh Kudus. Tetapi perhatikanlah. Roh Kudus selalu berkehendak bagi orang-orang yang percaya pada pasal 12 dari 1 Korintus. Lihatlah, itulah bagian yang indah. Roh Kudus selalu berkehendak bagi orang-orang yang percaya Alkitab! Kemuliaan bagi Allah selama-lamanya.

Doa untuk Mukjizat

Jika Anda membutuhkan mukjizat dari Tuhan, dan Anda menginginkan mukjizat dari Tuhan, dan Anda percaya bahwa Yesus adalah pemberi mukjizat Anda, terimalah mukjizat Anda sekarang juga. Tidak masalah apa pun bentuknya. Yesus akan memberikan mukjizat yang Anda butuhkan. Mukjizat itu diberikan oleh Roh Allah, sesuai kehendak Roh.

Katakanlah: "Terima kasih, Yesus. Engkau adalah pekerja mukjizat. Firman itu benar. Kebenaran akan mendatangkan mukjizat bagiku, jika aku mempercayainya. Dan aku mempercayainya. Itu adalah karunia, cuma-cuma dari surga, bagi orang percaya. Itu adalah kekuatan yang dahsyat yang datang dan melakukan hal yang mustahil."

"Terima kasih, Yesus, untuk pasal kedua belas dari Surat Pertama Korintus. Aku menerima mukjizatku dalam nama Yesus. Terima kasih, Yesus, untuk mukjizatku."

Cerita 2: India karya Schambach

Ketika saya menjadi pendeta di sebuah gereja pada awal tahun 1950-an, kami mensponsori seorang misionaris di India dengan membayar gajinya. Dia menghabiskan tiga puluh tahun di sana—tiga puluh tahun yang panjang.

Pada suatu kesempatan, dia mengatakan sesuatu yang membuat saya bahkan tidak ingin mendukungnya. Dia berkata bahwa dia telah menghabiskan tiga puluh tahun di India dan belum pernah melihat satu pun orang Muslim yang lahir baru. Saya berkata, "Investasi macam apa yang sedang saya lakukan? Kita menginvestasikan uang dan mempertahankan orang itu di India untuk memberitakan Injil, tetapi belum ada satu jiwa pun yang diselamatkan. Sudah saatnya kita menata ulang prioritas kita." Jadi saya pergi ke India untuk mencari tahu apa yang terjadi.

Pertama kali saya berkunjung pada tahun 1956, saya berkhotbah kepada 50.000 orang. Saya mengunjungi semua pasar. Saya melihat pengemis, orang buta, dan orang yang tidak bisa berjalan. Saya belum pernah melihat begitu banyak orang sakit. India adalah salah satu negara termiskin di dunia dengan begitu banyak orang tunawisma dan tidak punya uang.

Kami menginvestasikan ribuan dolar untuk membangun sebuah bangunan yang melindungi orang-orang dari terik matahari agar mereka dapat mendengar Injil. Pada hari pembukaan itu, saya sangat gembira. Saya berkhotbah selama dua jam, dan penerjemah saya menerjemahkan selama dua jam—total empat jam. Mereka ingin saya melanjutkan. Ketika saya memberikan ajakan pertobatan, saya sangat kecewa. Saya telah berkhotbah kepada 50.000 orang, dan tidak satu jiwa pun yang datang untuk menerima Yesus.

Pikiranku kembali pada misionaris itu dan aku berkata, "Ya Tuhan." Tetapi aku tahu Tuhan memanggil kita untuk melakukan lebih dari sekadar memberitakan Firman. Dia memanggil kita untuk mendemonstrasikan Injil.

Meskipun tidak seorang pun maju untuk menerima Kristus, dan orang banyak jelas sudah siap untuk berkat, saya berkata, "Saya belum selesai sekarang. Tuhan mengatakan bahwa tanda-tanda mengikuti Firman-Nya. Saya telah melakukan apa yang Tuhan panggil saya untuk lakukan; sekarang saya akan membiarkan Tuhan melakukan apa yang telah Dia katakan akan Dia lakukan." Saya mengundang tiga orang dari hadirin untuk maju—mereka adalah pengemis. Saya tahu siapa mereka. Satu buta, satu tuli dan bisu, dan yang lainnya adalah seorang wanita lumpuh yang tidak pernah berjalan tegak. Dia berjalan dalam posisi horizontal di atas tumit kakinya dan tumit tangannya. Dia memiliki penyakit yang menghalanginya untuk berdiri tegak.

Di hadapan 50.000 orang yang menyaksikan, saya meletakkan tangan saya pada wanita buta itu terlebih dahulu. Saya berkata, "Dalam nama Yesus, saya perintahkan mata yang buta ini untuk melihat." Seketika itu juga, Tuhan membuka matanya dan dia berlari melewati hadirin, berteriak dalam bahasanya sendiri, "Aku bisa melihat! Aku bisa melihat!"

Selanjutnya, saya pergi ke orang bisu tuli itu dan menaruh jari-jari saya di telinganya dan ibu jari saya di lidahnya. Saya berkata, "Dalam nama Yesus, saya perintahkan roh bisu tuli ini untuk keluar!" Seketika itu juga, roh itu merespons dan pria itu mulai berbicara bahasa Inggris dalam beberapa menit. Dia tidak tahu bahasanya sendiri. Dia dulunya bisu tuli, tetapi Tuhan telah membuka telinganya dan melonggarkan lidahnya.

Ketika tiba saatnya berdoa untuk wanita lumpuh itu, saya berkata, "Sekarang saya akan menumpangkan tangan pada wanita ini atas nama Muhammad. Saya akan memberinya waktu yang sama." Penerjemah saya tidak mau menerjemahkan pernyataan ini. "Silakan lakukan apa yang saya minta, Tuan—percayalah pada bimbingan Roh Kudus dalam hal ini." Yang lebih sesuai dengan penuturannya di tahun-tahun berikutnya. Awalnya adalah, "Lakukan apa yang saya suruh. Anda adalah penerjemah saya; saya adalah hamba Tuhan."

Tak seorang pun di antara hadirin mengharapkan dia untuk berdiri, karena mereka tahu Muhammad sudah meninggal. Saya berkata, "Nah, itulah perbedaan antara tuhan yang kalian sembah dan tuhan yang saya sembah. Saya tidak datang ke sini untuk merendahkan tuhan kalian; saya datang untuk meninggikan tuhan saya. Kalian mengunjungi tempat suci kalian. Saya mengunjungi tempat suci saya, tetapi tempat suci saya kosong karena Dia sudah tidak ada di sana lagi. Itulah perbedaan antara kuburan-kuburan itu. Saya datang untuk memberi tahu kalian bahwa Yesus saya tidak mati—Dia hidup, dan Dia sama hari ini seperti kemarin."

Aku menumpangkan tangan pada wanita itu atas nama Muhammad dan berkata, "Bangkitlah dan berjalanlah atas nama Muhammad." Seseorang bertanya kepadaku apa yang akan kulakukan jika dia bangun. Kurasa aku akan masuk Islam. Tapi dia tidak bangun.

Maka aku berkata, "Aku akan menggunakan nama yang di atas segala nama, nama Yesus—Anak Domba yang disembelih untuk dunia. Yesus mati untuk orang-orang India dan untuk seluruh dunia." Wanita itu belum pernah melangkah tegak selama lima puluh delapan tahun. Aku menumpangkan tangan padanya dalam nama Yesus dari Nazaret dan berkata, "Dalam nama Yesus, bangkitlah dan berjalanlah." Ia berdiri tegak dan berjalan untuk pertama kalinya dalam hidupnya, karena Yesus Kristus adalah Allah!

Tahukah kamu apa yang terjadi? Orang-orang di kerumunan itu mulai melompat dari pepohonan, dan segerombolan orang berlari ke arahku. Aku melompat ke belakang penerjemahku. Aku pikir mereka akan melumuriku dengan ter dan bulu lalu mengusirku dari negara mereka. Aku belum pernah melihat serbuan orang sebanyak itu. Mereka meneriakkan sesuatu dengan suara keras. Aku bertanya kepada penerjemahku, "Apa yang mereka katakan?"

Dia berkata, "Mereka berteriak-teriak, 'Yesus hidup! Yesus adalah Kristus! Yesus adalah Tuhan!' Mereka datang untuk diselamatkan." Sungguh menggembirakan! Tak seorang pun dari mereka datang ketika saya berkhotbah, tetapi ketika mereka melihat demonstrasi Injil, mereka datang.

Allah telah memanggil Gereja untuk menunjukkan kuasa-Nya. Bukankah Anda bersyukur bahwa Dia hidup di zaman sekarang?

Kemudian Filipus pergi ke kota Samaria dan memberitakan Kristus kepada mereka. Dan orang banyak itu dengan sehati segenap hati mendengarkan apa yang dikatakan Filipus, mendengar dan melihat mukjizat-mukjizat yang dilakukannya.

(Kisah Para Rasul 8:5-6).

Keselamatan bagi rohmu:

Doa Keselamatan – Ucapkan dan Sungguh-sungguhkan Sekarang Juga!

Apakah Anda setuju dengan semua yang telah Anda baca sejauh ini? Jika ya, jangan menunggu lebih lama lagi untuk memulai hidup baru Anda di dalam Yesus Kristus. Ingat, doa ini bukanlah formula ajaib. Anda hanya mengungkapkan isi hati Anda kepada Tuhan. Mari berdoa bersama kami:

"Bapa, aku tahu bahwa aku telah melanggar hukum-Mu dan dosa-dosaku telah memisahkan aku dari-Mu. Aku sungguh menyesal, dan sekarang aku ingin berpaling dari kehidupan berdosa masa laluku kepada-Mu. Ampunilah

aku, dan bantulah aku untuk tidak berbuat dosa lagi. Aku percaya bahwa Putra-Mu, Yesus Kristus, telah mati untuk dosa-dosaku, telah bangkit dari kematian, hidup, dan mendengar doaku. Aku mengundang Yesus untuk menjadi Tuhan dalam hidupku, untuk memerintah dan berkuasa di hatiku mulai hari ini dan seterusnya. Kirimkanlah Roh Kudus-Mu untuk membantuku menaati-Mu, dan melakukan kehendak-Mu selama sisa hidupku. Dalam nama Yesus aku berdoa, Amin."

Anda dapat memulai perjalanan 40 hari sesuai kecepatan Anda secara online melalui tautan ini https://www.otakada.org/get-free-40-days-online-discipleship-course-in-a-journey-with-jesus/

Apakah Anda sakit atau membutuhkan pembebasan atau pemulihan?

Bagi mereka yang sakit atau tidak sehat dalam bentuk apa pun, atau membutuhkan pembebasan? Atau pemulihan, silakan sentuh titik di bawah ini dengan iman ***(Iman adalah melihat hasil positif yang tepat dari situasi Anda saat ini, mengetahui bahwa Yesus telah melakukan bagian-Nya lebih dari 2000 tahun yang lalu untuk mengamankan kesembuhan dan pembebasan Anda, pemulihan sebagai uang muka, percaya bahwa uang muka itu tersedia bagi Anda untuk diambil, seperti saldo positif di rekening giro Anda di bank, tanpa pertanyaan apa pun karena kami setuju dengan Anda dan menyatakan SEMBUHLAH dalam nama Yesus Kristus, Amin)***

Dengan kuasa yang telah Engkau berikan kepadaku dan kepada mereka, aku menggunakan kuasa itu sekarang dengan iman, disertai amarah mereka terhadap musuh dan kerinduan untuk mendapatkan apa yang telah

Engkau berikan secara cuma-cuma kepada kita semua. Aku mengutuk setiap penyakit, setiap penderitaan, baik itu kanker, COVID-19, roh penyakit, kerasukan setan atau penindasan, roh kemiskinan, kemunduran, dan keterlambatan pemenuhan apa yang telah Allah tetapkan dan lepaskan.

Kami melawan anomali, Aku mengikat mereka, kami mengutuk mereka sampai ke akarnya dan kami mengusir mereka dengan kuasa dalam nama Yesus Kristus. Amin. Kami memohonkan kesembuhan, pembebasan, dan pemulihan dalam hidup mereka dalam nama Yesus Kristus yang perkasa. Terima kasih Tuhan atas kesaksian-kesaksian yang tetap ada untuk kemuliaan, kehormatan, dan penyembahan-Mu. Terima kasih atas jiwa-jiwa yang ditambahkan ke dalam kerajaan-Mu sebagai hasil dari pesan ini, mukjizat-mukjizat yang sudah kami lihat sekarang dan yang terwujud untuk kemuliaan-Mu dalam nama Yesus, Amin. Selesai! Bersukacitalah!

Sentuh titik yang ditandai sebagai titik kontak dan akui dengan mulutmu – AKU TELAH DISEMBUIKAN, AKU TELAH DIBEBASKAN dan AKU TELAH DIPULIHKAN dalam Roh, Jiwa, Tubuh dan segala sesuatu di sekitarku dalam nama YESUS Kristus, Amin!!!

Mulailah melakukan apa yang sebelumnya tidak dapat Anda lakukan dan mulailah mengaku dosa sampai kesembuhan total, pembebasan, dan pemulihan menjadi buah dalam hidup Anda dalam nama Yesus, amin. Tetaplah haus akan segala sesuatu dari Tuhan, tetaplah marah dan rebut kembali semua yang telah ditahan musuh dalam nama Yesus, amin.

Catatan:
Bersaksilah tentang kesembuhan untuk kemuliaan Tuhan dan untuk mempermalukan musuh! Kirimkan email atau WhatsApp kepada kami jika Anda masih membutuhkan persetujuan kami mengenai masalah ini. Dan bergabunglah dalam seri pelatihan yang dimulai Kamis minggu depan. Temukan detailnya segera di situs web kami!

Prestasi yang Lebih Besar - 1 – Bab 3 - Cari tahu Caranya dari Para Tokoh Hebat di bagian 2

Cukup sudah dengan penindasan dan selamat datang di kebebasan – Cara menyembuhkan atau disembuhkan dari COVID-19, Kanker & Lainnya – Bagian 2

Ini adalah Seri Pelatihan untuk Penyembuhan, Pembebasan, dan Pemulihan bagi Diri Sendiri dan Orang Lain!

Pelatihan Praktis Langsung untuk Penyembuhan, Pembebasan, dan Pemulihan

Temukan tautan podcast yang menjelaskan sesi penyembuhan dan pembebasan.

Di sini https://anchor.fm/otakada.org/episodes/Enough-is-Enough-to-Captivity-and-welcome-to-Freedom—How-to-heal-or-be-cured-of-COVID–19–part-2-er35cm
Lihat tautan Youtube: https://youtu.be/ydFE_lD8SqU Anda akan menemukan dalam video ini Cara disembuhkan atau disembuhkan dari COVID-19, Cara disembuhkan atau disembuhkan dari Kanker; Cara disembuhkan atau disembuhkan dari Tekanan Darah Tinggi, dan lainnya. Sebuah proses sederhana melalui pelayanan dalam penyembuhan, pembebasan, dan pemulihan dalam Roh,

Jiwa, Tubuh, dan semua yang ada di sekitar Anda. Selamat menikmati!

Prestasi yang Lebih Besar - 1 – Bab 4 - Cari Tahu Caranya dari Para Tokoh Hebat - bagian 3

Cukup sudah bagi PENJARAHAN iblis dan Selamat Datang di KEBEBASAN dalam Kristus Yesus – Aktivasi ke dalam Perang Harian – Doa Deklarasi Harian untuk Perlengkapan langsung di tempat Doa – Bagian 3 - Naskah oleh Cindy Trimm

Saudara-saudari terkasih, memindahkan diri sendiri atau orang lain dari alam tawanan iblis ke alam kebebasan adalah sebuah tindakan perang. Sebuah deklarasi perang. Bukan melawan manusia, tetapi melawan musuh-musuh jiwa kita. Paulus dalam nasihatnya kepada jemaat Korintus di **2 Korintus 10:2-6**

Alkitab Terapan

2 Aku meminta agar ketika aku datang nanti, aku tidak akan terdorong untuk bersikap berani seperti yang hendak kutunjukkan kepada sedikit orang yang menganggap kita hidup menurut daging [seperti manusia tanpa Roh]. 3 Sebab sekalipun kita hidup dalam daging [sebagai manusia fana], kita tidak berperang [rohani] menurut daging dan menggunakan senjata manusia. 4 Senjata peperangan kita bukanlah senjata fisik [senjata daging dan darah]. Senjata kita adalah senjata ilahi yang ampuh

untuk menghancurkan benteng-benteng. [5] Kita menghancurkan argumen-argumen yang rumit dan setiap hal yang tinggi dan sombong yang menentang pengetahuan [yang benar] tentang Allah, dan kita menawan setiap pikiran dan tujuan untuk taat kepada Kristus, [6] siap menghukum setiap perbuatan ketidaktaatan, apabila ketaatanmu sendiri [sebagai jemaat] sudah sempurna.

Yesus berkata, "Aku akan membangun gereja-Ku dan pintu neraka tidak akan dapat mengalahkannya." Ia telah memberikan kuncinya dalam karunia Roh, seperti yang dinasihati Paulus kepada jemaat Korintus dalam 1 Korintus 12. Semua karunia ini adalah untuk peperangan rohani. Ketika kita tidak menggunakan karunia ini, kita akan mengalami kerugian sebagai orang Kristen.

Saat kita terlibat dalam peperangan dengan musuh tahun ini, menyatakan bahwa sudah cukup bagi penawanan, kita harus siap untuk menggunakan karunia Roh sepenuhnya! Perlengkapan senjata ini adalah perlengkapan senjata rohani dan dapat ditegakkan melalui cara-cara rohani. Kita tidak dapat melawan musuh dengan pengetahuan kepala atau penalaran, argumen atau negosiasi atau kelembutan. Kita tidak dapat menegakkan atau mengenakan seluruh perlengkapan senjata menggunakan senjata duniawi yang bersifat jasmani. Efesus 6:11-18 dapat ditegakkan dengan menggunakan 9 (sembilan) karunia rohani dalam 1 Korintus 12. Itulah mengapa kita tidak boleh mengabaikan hal ini. Jika kita mengabaikannya, tidak mungkin kita dapat menarik diri sendiri atau orang lain keluar melalui sudut pandang penegakan di mana kita dapat melihat hasil fisik di bumi ini.

Mesin "Cukup Sudah" untuk membebaskan diri dari penawanan iblis dan menyambut kebebasan di dalam Kristus.

Dalam podcast dan video YouTube ini, saya menyertakan 50 menit berisi 100 doa deklarasi harian yang akan membantu Anda berjuang dalam perjuangan iman yang baik dengan mengambil inisiatif menyerang, karena itulah alasan Kristus datang, untuk menghancurkan pekerjaan si jahat (1 Yohanes 3:8). Itulah intinya pelayanan kita. Untuk berperang dan membawa orang-orang ke dalam kerajaan Allah. Inilah mesin harian yang, jika dilakukan dengan serius, akan menjamin kemenangan setiap saat. Berdoa tanpa henti adalah penjaga untuk keberhasilan usaha bagi kerajaan Allah di alam bumi – Yesus memberi teladan dengan berdoa tanpa henti, dan demikian pula kita.

Nikmati podcast/video ini dan tambahkan kata-kata Anda sesuka hati, tetapi jadikan ini rutinitas harian. Saya juga menyertakan opsi teks/PDF di situs web kami untuk diunduh melalui tautan blog. Luangkan waktu minimal satu jam untuk berdoa. Ini baru permulaan.

PS: Ketika kita diserang atau orang lain diserang, satu jam yang kita lewatkan untuk berdoa di tempat tersembunyi akan menjadi jam-jam penderitaan dalam tawanan Setan. Setan adalah majikan yang keras dan kita tidak boleh membiarkan celah. Kita harus menyerang balik dalam nama Yesus Kristus, Amin.

Doa Deklarasi 50 menit, 100 deklarasi:

Aktivasi Menuju Perang – Deklarasi Harian

Saya telah menyusun daftar 92 perintah di sini dan 100 dalam versi audio yang akan berfungsi sebagai kekuatan pengaktif yang mengumumkan kehadiran dan status tugas aktif Anda dalam roh. Pernyataan-pernyataan yang dibuat ditempatkan dalam bentuk doa, mirip dengan pernyataan sumpah seorang perwira. Masing-masing pernyataan ini didasarkan pada kitab suci. Saya telah mencantumkan ayat suci yang menjadi dasar setiap bagiannya.

Gunakan doa ini setiap hari, dan doakanlah dari lubuk hatimu. Hafalkanlah. Gunakan referensi Kitab Suci dalam renungan harianmu. Pelajarilah. Itu akan memberimu kekuatan untuk berjuang dalam perjuangan iman yang baik. Perhatikan bagaimana keadaan dan situasi berubah menjadi lebih baik. Ingatlah, hanya ketika kamu ditempatkan di tengah-tengah pertempuran atau situasi yang mustahil, dan ketika tidak ada seorang pun atau apa pun yang dapat menyelamatkan atau membebaskanmu selain Tuhan, di situlah seorang pejuang sejati dilahirkan. Alih-alih menyerah, mengalah, atau menjadi mangsa strategi musuh, anggaplah masa-masa perjuangan, ujian, dan godaanmu sebagai kesempatan ilahi untuk dilatih dalam seni doa strategis dan peperangan rohani. Yakinlah bahwa masa-masa ini adalah medan pelatihan otentik yang telah dipilih Tuhan untuk membawamu ke dalam kekuasaan sejati. Seperti halnya bagi Daud, ini mungkin saja medan yang digunakan Tuhan untuk melatihmu untuk peristiwa utama: **memaksimalkan potensi dan memenuhi tujuan di kelima ranah.**

Alkitab menyatakan dalam Ayub 22:27-28 bahwa kamu harus "berdoa kepada-Nya, dan Ia akan mendengarmu." Kata " *berdoa* " berarti "menyusun, membangun, atau merancang." Setiap pernyataan berikut telah disusun, dibangun, dan dirancang berdasarkan Kitab Suci. Referensi Kitab Suci diberikan di akhir setiap pernyataan. Saat kamu berdoa, berdoalah dengan keyakinan bahwa "pintu-pintu neraka tidak akan mengalahkanmu" (Mat. 16:18). Ingat, pernyataan-pernyataan ini dibuat untuk melawan roh jahat dan bukan manusia. Jangan menunjukkan belas kasihan; jangan menyandera siapa pun! Ingatlah untuk bersikap seumum mungkin dan sespesifik mungkin ketika kamu memiliki detail, mengganti “aku” dengan “kamu” atau “dia” dengan “dia” atau “kami” dengan “mereka”, dan sebagainya.

Doa Aktivasi untuk peperangan spiritual

pembuat undang-undang dan agen penegak hukum resmi Tuhan :

1. **Aku datang** dalam nama Yesus yang telah bangkit, yang adalah milik-Nya dan yang kulayani, “supaya

di dalam nama Yesus setiap lutut berlutut, baik yang di surga, yang di bumi, maupun yang di bawah bumi; dan supaya setiap lidah mengaku bahwa Yesus Kristus adalah Tuhan" (Filipi 2:10-11; lihat juga Mazmur 82).

2. **Aku mewujudkan** dan menegakkan rencana dan tujuan asli Allah, mengalahkan rencana dan tujuan Setan (Daniel 6).
3. **Aku menetapkan** dan menyatakan bahwa dalam pertempuran ini tidak ada senjata intrinsik (internal) atau ekstrinsik (eksternal), baik itu emosional, finansial, sosial, fisik, psikologis, interpersonal, spiritual, atau organisasi,. yang dibentuk melawan aku akan berhasil (1 Sam. 17:47; Yes. 54:17; Yer. 51:20; Yoh. 14:30; 2 Kor. 7:5; Ef. 4:27).
4. **Aku mengenakan** perlengkapan senjata terang dan dari Tuhan (Roma 13:12; Efesus 6:13-17):

- **Kebenaran untuk menutupi pinggangku (Mazmur 51:6)**

- **Perisai kebenaran untuk menutupi hatiku dan rongga dadaku (Mazmur 5:12; 2 Korintus 6:7)**

- **Injil damai sejahtera untuk menutupi kakiku (Yesaya 52:7)**

- **Perisai iman untuk melindungi tubuhku baik dalam bertahan maupun menyerang (Ibrani 10:38; 11:1, 6)**

- **Helm keselamatan untuk menutupi kepalaku (Yesaya 59:17; 1 Tesalonika 5:8)**

- **Pedang Roh, yaitu Firman Allah (Ef. 6:17; Wahyu 1:16)**

- **Tuhan Yesus Kristus (Roma 13:14)**

- **Jubah kebenaran (Yesaya 61:10)**
- **Kemuliaan Allah adalah upahku (Yesaya 58:8).**
- **Aku menetapkan** dan menyatakan bahwa senjata peperanganku bukanlah senjata duniawi, melainkan senjata yang ampuh melalui Allah (1 Sam. 17:45; Rom. 13:12; 2 Kor. 10:3–6; Ef. 6:13–18).
- **Aku meruntuhkan** benteng-benteng dan menghancurkan khayalan-khayalan yang sia-sia dan segala sesuatu yang meninggikan diri melawan pengetahuan tentang Yesus Kristus. Pikiranku sekarang tunduk kepada kekuasaan Kristus (Yesaya 14:13-14; Yehezkiel 28:2; 2 Korintus 10:5).
- **Saya menyatakan** bahwa urapan Allah menghancurkan setiap kuk dalam hidup saya dan bahwa jiwa, roh, dan tubuh saya sekarang berfungsi sesuai dengan sistem protokol ilahi (1 Korintus 9:27; 14:40).
- **Aku menetapkan** dan menyatakan bahwa aku telah sembuh dan dipenuhi Roh Kudus; penyakit dan penderitaan telah jauh dariku (Yesaya 53:5).
- **Aku menetapkan** parameter, batasan, dan perbatasan ilahi serta membuat undang-undang dan menetapkan hukum-hukum kerajaan surga untuk mengatur semua kegiatan di dalamnya (1 Tawarikh 4:10; Mazmur 147:14; Yesaya 60:18).
- **Aku menolak** (melarang dan memveto) setiap sanksi jahat, aktivitas yang merusak, perintah, arahan, mandat, atau perintah yang menentang kehendak Tuhan mengenai hidupku, pelayananku, dan keluargaku (Mat. 18:18).
- **Aku membatalkan** keputusan dan ketetapan jahat yang menyangkut pelayananku, hidupku, dan kehidupan anggota keluarga, teman, dan rekan-rekanku (Yesaya 38:1–5; 39:6–8; Matius 16:19).

- **Aku mengendalikan** jalur udara, galaksi, sistem, bola, stratosfer, belahan bumi, atmosfer, alam, wilayah, dan domain (Yer. 1:10; Mat. 16:19; 18:18; 1 Kor. 6:2–3; Ef. 2:6; Wahyu 5:10; 11:12).
- **Aku mengusir** roh-roh jahat dan menggunakan Mikhael, malaikat agung lainnya, dan seluruh malaikat untuk menangani segala pertentangan, perselisihan, perebutan kekuasaan, dan perlawanan setan terkait perintah ini (2 Raja-raja 7:5–7; 2 Tawarikh 32:21; Daniel 3:24–25; 6:22; 10:13; Mazmur 91:11; 103:20; Ibrani 1:14).
- **Aku menyatakan** keberhasilan usaha ilahi dan malaikat, dukungan, penguatan, dan pertolongan. Sesuai dengan Firman-Mu dalam Mazmur 103:20, malaikat-malaikat sekarang "berkuasa" untuk mengerahkan dan melindungi diriku, harta benda, dan milikku (2 Raja-raja 6:17; Daniel 3:15–30; Kisah Para Rasul 12:1–10).
- **Ya Tuhan, wahai Gibbor** , lawanlah mereka yang melawan Aku; lawanlah mereka yang melawan Aku. Ambillah perisai dan tameng, dan berdirilah untuk menolong Aku! Keluarkan juga tombak dan lembing, dan halangilah jalan mereka yang mengejar dan menganiaya Aku. Kenakanlah pakaian perang-Mu. Kumpulkanlah perlengkapan-Mu; kumpulkan persenjataan dan amunisi-Mu dari gudang senjata ilahi-Mu. Jadikanlah panah-panah-Mu berkilau, kumpulkanlah perisai-perisai-Mu, dan jadikanlah pembalasan sebagai tujuan utama-Mu saat Engkau menumbangkan kereta perang, kuda, dan penunggangnya. Biarlah teror menyerang hati musuh-musuh-Ku dan membuat hati mereka gentar.
- **Aku menetapkan** dan menyatakan bahwa oleh-Mu aku menerobos pasukan dan melompati tembok. Engkau adalah Allahku: Allah yang menguatkanku dan menyempurnakan jalanku. Engkaulah yang

menjadikan kakiku seperti kaki rusa betina, memberiku kestabilan sehingga aku mampu berdiri teguh dan maju di ketinggian ujian dan kesulitan yang berbahaya. Engkau menempatkanku dengan aman di tempat-tempatku yang tinggi. Engkau mengajari tanganku untuk berperang dan jari-jariku untuk bertarung, menganugerahiku kekuatan dan kemampuan supranatural sehingga lenganku dapat mematahkan busur baja. Engkau adalah Batu Karangku, Perisaiku, dan Menara Kuatku. Engkau telah melengkapi aku dengan perisai keselamatan-Mu, dan tangan kanan-Mu meneguhkan aku sebagai pemenang dalam pertempuran ini. Kalahkan musuh. Berikan lehernya kepadaku. Biarlah aku mengejar dan menyusul mereka sampai mereka terluka dan binasa, jatuh di kakiku, tidak akan pernah bangkit lagi. Teguhkan namaku di surga. Biarlah mereka yang mendengar tentang aku tunduk dan taat kepadaku.

- **Aku menyatakan** bahwa Engkaulah yang telah memberkati aku. Engkaulah yang memberi aku kekuatan. Bukan karena kekuatanku atau kekuasaanku, melainkan karena Roh Tuhan. Sebab ketika musuh datang seperti banjir, Roh-Mu mengangkat panji-panji melawannya (Kel. 15:3; Ul. 32:41–42; Mazmur 7:13; 18:29–50; 35:1–8; 144:5–7; Yes. 42:13–14; 59:16–19; Hag. 2:22).
- **Aku melarang** dan tidak mengizinkan kegiatan-kegiatan yang bertentangan lebih lanjut dari tokoh-tokoh setan yang memiliki tugas-tugas jahat terkait hidupku, pelayananku, dan keluargaku, dan aku berperang melawan mereka (Neh. 4:14).
- **Aku tidak menyetujui** dan melarang segala bentuk campur tangan, gangguan, atau perlawanan setan (Daniel 10:1-13).

- **Aku menolak** pertentangan, niat, provokasi, dan negosiasi setan mengenai hidupku dan jiwaku, dan menempatkan tujuan kenabian dan takdir ilahi di atas dan melawan semua aktivitas dan kekuatan yang bertentangan dengan kehendak Allah dalam Kristus Yesus mengenai hidupku (1 Sam. 1:1–8; 1 Raja-raja 22:1–23; 1 Tawarikh 21:1–2; Ayub 1:7–12; 3:25; Yudas 9).
- **Aku mengikat** gangguan setan dan menegur konsentrasi setan (2 Sam. 11:1-2). Aku menghentikan dan melarang semua pengawasan setan (1 Sam. 18; Mat. 26:4; Markus 11:18; Lukas 6:11; Kisah Para Rasul 16:16-19).
- **Aku mengangkat** beban palsu dan menyingkirkan perasaan berat, penindasan, dan depresi. Aku menyerahkan semuanya kepada Tuhan yang menopangku. Aku tidak akan tergoyahkan (Mzm. 12:5; 54:2; 55:22; Yes. 10:27; 61:3; Mat. 11:28–30; Yoh. 14:1).
- **Aku menetapkan** dan menyatakan bahwa melalui pengurapan, semua perjanjian, kontrak, rantai, belenggu, ikatan, kecenderungan, dan penawanan yang bertentangan dengan, menentang, atau menghalangi penggenapan rencana dan tujuan asli Allah dipatahkan. Aku dibebaskan dari aliansi, kesetiaan, ikatan jiwa, roh warisan, dan kutukan turun-temurun/setan/iblis. Aku memutuskan semuanya dengan pedang Tuhan, darah, dan Roh. Aku berbicara kepada DNA-ku dan menyatakan bahwa aku bebas dari semua pengaruh yang diturunkan dari satu generasi ke generasi berikutnya—secara biologis, sosial, emosional, fisiologis, psikologis, spiritual, atau melalui saluran lain yang tidak kuketahui tetapi diketahui oleh Allah. Aku menolak setiap roh yang bertindak sebagai penjaga gerbang atau penjaga pintu jiwaku, dan aku

melepaskan setiap aliansi, asosiasi, kesetiaan, atau perjanjian lebih lanjut, baik secara sadar maupun tidak sadar. Aku membuka diri untuk pembebasan ilahi. Bapa, biarlah kehendak-Mu terjadi sekarang! Sempurnakanlah segala hal yang berkaitan dengan Aku (Ulangan 5:9; 7:8-9; Pengkhotbah 7:26; Yesaya 61:1; Kisah Para Rasul 8:9-13; Galatia 5:1; 1 Tesalonika 5:23-24; 2 Timotius 2:25).

- **Aku menetapkan** dan menyatakan bahwa perisai doa, pengurapan, dinding api, tabir asap, dan *garis keturunan* membentuk pagar perlindungan di sekelilingku dan menyembunyikanku dari malapetaka musuh, roh jahat, dan semua kepribadian iblis, sehingga menyulitkan, jika bukan tidak mungkin, bagi mereka untuk secara efektif melacak atau menelusuri keberadaanku di alam roh. Tidak akan ada lubang atau celah pada pagar perlindungan ini (Kel. 12:13; Ayub 1:7-10; Mazmur 91; Zakharia 2:5).
- **Aku menyatakan** namaku ke angkasa dan menyatakan bahwa para pejuang doa, pendoa syafaat, dan penjaga nubuat sedang mengangkatku di alam roh. Aku menyatakan bahwa mereka tidak akan berhenti atau turun dari menara pengawas mereka sampai tugas mereka selesai. Aku menetapkan dan menyatakan bahwa mereka akan melaksanakan tugas-tugas syafaat mereka di bawah arahan Roh Kudus dan Yesus Kristus, yang adalah pendoa syafaat utamaku (Yeremia 27:18; Yehezkiel 3:17; Lukas 18:7; Yohanes 16:13; Roma 8:26–27, 34; Ibrani 7:25).
- **Aku menetapkan** dan menyatakan bahwa Roh Tuhan ada padaku—roh hikmat, pengertian, nasihat ilahi, kekuatan supranatural, pengetahuan, dan rasa takut yang mendalam akan Yehuwa. Seiring kemajuanku, aku diberdayakan secara ilahi dan

bertambah dalam keterampilan dan pengertian (Yesaya 11:2-3; Efesus 1:17-18; Kolose 1:9-11; 3:10).

- **Aku melenyapkan** dan memusnahkan kesan-kesan, ilusi, proyeksi, persepsi, sugesti, kecurigaan, dan tipu daya setan yang dipasang sebagai umpan atau jebakan bagi jiwaku dan mereka yang ditugaskan untuk berdoa bersamaku, untukku, atas namaku, dan mereka yang bekerja denganku, ditugaskan kepadaku, dan berinteraksi denganku setiap hari (1 Raja-raja 22:5–40; Kisah Para Rasul 13:50; 2 Tesalonika 2).
- **Aku dengan tegas menolak** tipu daya iblis dan melarang pembajakan pikiran ilahi, ilham, wahyu, wawasan, hikmat, pengetahuan, dan pengertian yang berasal dari takhta Bapa surgawi-Ku, terutama mereka yang memulai, mendorong, mempertahankan, dan memperkuat otoritas kerajaan-Ku di alam bumi dan di alam surgawi, dan yang memfasilitasi tujuan penebusan Allah (Mat. 13:19; Ef. 6:11).
- **Aku menghentikan** segala tindakan yang mengalihkan perhatian, mengganggu, dan merusak. Karena alasan inilah Anak Allah dinyatakan, yaitu untuk menghancurkan pekerjaan musuh (Yohanes 2:15-17; Kisah Para Rasul 16:16-19; 1 Yohanes 3:8).
- **Aku menang** melawan hambatan, larangan, dan segala batasan setan. Aku menetapkan dan menyatakan bahwa semua tembok yang tak terlihat dan tak terkalahkan dihancurkan (Yosua 6:1; Kolose 1:16).
- **Aku melaksanakan** penghakiman ilahi terhadap aktivitas setan/iblis, dan aku berperang dalam roh Elia dan Yehu (1 Raja-raja 18; 2 Raja-raja 9:1–10:28).

- **Saya tidak menyetujui** , membatalkan, membongkar, membatalkan, dan dengan tegas menentang segala operasi, manuver, manipulasi, subversi, strategi, taktik, rencana, dan tipu daya setan yang dirancang untuk menghalangi, mencegah, menggagalkan, menolak, atau menunda rencana dan tujuan asli Allah dari perwujudannya yang cepat dan segera, khususnya pada waktu dan musim yang tepat (Daniel 7:25).
- **Saya melarang** perubahan dan pengubahan apa pun terhadap waktu atau hukum yang menyangkut hidup dan pelayanan saya atau kehidupan keluarga saya. Saya bergerak selaras dan sinkopasi dengan gerakan koreografis, simfoni, dan terorkestrasi dari Tuhan (Kej. 1:1–5; Dan. 6:1–15; 7:15–27).
- **Aku menetapkan** bahwa jika hukum, undang-undang, kodifikasi, rancangan undang-undang, piagam, dan konstitusi diubah, maka perubahan itu dilakukan untuk kepentinganku, sehingga aku dapat makmur di tempat penugasanku dan di negeri tempat aku berdomisili (Daniel 6:25-28).
- **Aku menetapkan** dan menyatakan bahwa waktu dan musimku berada di tangan Tuhan dan tidak akan diubah atau disesuaikan oleh siapa pun atau apa pun. Aku berfungsi di bawah urapan anak-anak Isakar, dan Allah memberi aku kemampuan ilahi untuk secara akurat membedakan waktu dan musimku (1 Tawarikh 12:32; Mazmur 31:15; Pengkhotbah 3:1-8; Daniel 2:21-22).
- **Aku menetapkan** dan menyatakan bahwa mata rohku berfungsi dengan penglihatan 20/20 untuk pemahaman dan penafsiran yang benar tentang gerakan ilahi. Telingaku selaras dengan frekuensi Roh yang benar, dan aku memiliki transmisi yang jelas (2 Raja-raja 6:17; Ayub 42:5; Mazmur 119:18;

Yesaya 29:18; Yeremia 1:11–16; 2 Korintus 4:4; 7:2; Efesus 4:18; Wahyu 4:1).

- **Saya nyatakan** bahwa hari ini saya bertindak sesuai dengan jadwal/kalender ilahi Allah. Saya nyatakan bahwa agenda Allah adalah agenda saya. Saya bukan milik saya sendiri; saya telah ditebus dengan harga yang mahal. Karena itu, saya menyerahkan diri hanya kepada-Nya. Saya nyatakan bahwa, seperti Yesus, "Aku datang: dalam kitab itu tertulis tentang Aku" (Mazmur 40:7; lihat juga Mazmur 139:16; 1 Korintus 7:23; Yakobus 4:7).
- **Bapa, gagalkan** rencana para pembuat onar, pencemooh, pengolok-olok, pencela, penganiaya, dan pembunuh karakter. Singkapkan perwakilan setan dan berikan kepadaku strategi dan taktik ilahi untuk mengidentifikasi, melawan, dan mengatasi rencana dan konspirasi yang dibuat untuk kehancuranku (Esth. 9:25; Mzm. 5:10; 7:14–16; 34:21; 35:1–8; 52:5; 83:13–17; 141:10; Ams. 26:27; 28:10; Dan. 3, 6; Mat. 7:15–23; 2 Kor. 11:14–15):
- **Hunuskan tombakmu dan hentikan mereka di jalan.**
- **Biarlah mereka dipermalukan dan dihina.**
- **Biarkan mereka jatuh karena nasihat mereka sendiri.**
- **Biarkan mereka berbalik dan dibuat bingung.**
- **Biarlah mereka menjadi seperti sekam yang diterbangkan angin.**
- **Biarlah malaikat Tuhan menganiaya mereka.**
- **Biarlah jalan mereka melalui tempat-tempat yang gelap dan licin, dengan malaikat Tuhan mengejar dan menyiksa mereka.**
- **Biarlah mereka yang mencari dan menginginkan nyawa-Ku dipermalukan dan dihina.**

- **Biarlah mereka yang merencanakan keburukanku berbalik dan dipermalukan.**
- **Biarlah kehancuran datang kepada mereka secara tiba-tiba.**
- **Biarkan mereka jatuh ke dalam kehancuran mereka sendiri.**
- **Biarkan kehancuran menimpa mereka tanpa mereka sadari.**
- **Biarkan mereka tersandung dan jatuh ke dalam kehancuran yang telah mereka rencanakan untukku.**
- **Biarlah mereka terluka dan hancur oleh senjata yang telah mereka rancang untukku.**
- **Biarlah mereka terperangkap dalam jaring yang sama yang mereka pasang untukku.**
- **Biarkan mereka jatuh ke dalam lubang yang mereka gali untukku.**
- **Biarlah mereka digantung dengan tali gantungan yang mereka buat untukku.**
- **Biarlah mereka terbakar dalam api yang telah mereka nyalakan untukku.**
- **Biarlah mereka dimangsa oleh binatang buas yang telah mereka siapkan untukku.**
- **Hancurkan mereka saat mereka sedang melakukan kejahatan.**
- **Biarlah kejahatan mereka dibalas kepada mereka dua kali lipat.**
- **Cabut mereka dari tempat tinggal mereka.**
- **Singkirkan mereka dari tanah orang hidup.**
- **Biarlah kejahatan membunuh mereka dan kehancuran menjadi nasib mereka.**
- **Buatlah mereka seperti roda yang berputar dalam kebingungan.**
- **Jadikanlah seperti tunggul yang diterpa angin.**

- **Jadikan mereka seperti kayu yang terbakar oleh api.**
- **Siksa mereka dengan badai-Mu.**
- **Menyebarkan rasa takut dan teror yang mencekam hati mereka.**
- **Biarlah mereka bingung dan menderita selamanya.**
- **Aku mengerahkan** bala tentara surga untuk berperang melawan bala tentara kegelapan (1 Sam. 17). Ambil kendali atas, hentikan, dan tetapkan moratorium terhadap gerakan-gerakan iblis dan aktivitas setan lebih lanjut yang berasal dari:
- **Dunia bawah dan enam wilayahnya (Yesaya 14:9, 15; 38:18; Daniel 7:1–28; Wahyu 20:13–14)**
- **Kematian (Ayub 34:22; 1 Korintus 15:55)**
- **Neraka/Sheol/Hades (Yesaya 14:19)**
- **Kuburan (Yes. 38:10; Yeh. 31:15)**
- **Lubang itu (Yehezkiel 32:23)**
- **Jurang maut, bagian bawah jurang (Yesaya 38:17; Mazmur 30:3)**
- **Wilayah laut (Ayub 41:1–31; Yehezkiel 26:16)**
- **Surga (Ef. 2:6; 6:12; Wahyu 12:7)**
- **Alam duniawi, bawah bumi, dan surgawi (Yesaya 14:12–14; Yeremia 1:10; Lukas 11:16–26; Roma 8:14–23; Filipi 2:10)**
- **Aku menimpakan** firman nubuat di atas segala upaya, strategi, dan taktik musuh yang gagal (1 Tim. 1:18–20).
- **Aku membatalkan** dan meniadakan, sesuai dengan Yesaya 54:17, perkataan yang buruk, keinginan jahat, sihir, ramalan, mantra, kutukan, dan kejahilan. doa-doa sihir, dan setiap kata sia-sia yang diucapkan bertentangan dengan rencana dan tujuan awal Tuhan.

- **Aku membatalkan** kutukan yang terkait dengan ucapan-ucapan ini dan menetapkan serta menyatakan bahwa ucapan-ucapan itu tidak akan berlaku, tidak akan terjadi, tidak akan berakar, dan perlakuan verbal kasar mereka akan dikembalikan kepada mereka dua kali lipat.
- **Aku menyatakan** bahwa setiap lidah yang berdusta adalah salah dan kebenaran akan menang. Pasanglah kait di lubang hidung mereka, kekanglah bibir mereka, dan sembunyikanlah aku dari cambuk lidah mereka (Ayub 5:21; Mazmur 5:6-10; Yesaya 37:29).
- **Aku** menentang kebohongan, fitnah, spekulasi, tuduhan, salah tafsir, dan pembunuhan karakter. Bapa, suruh langit bersujud dengan penghakiman ilahi; lemparkan kilat untuk menghancurkan mereka; tembakkan panah-Mu untuk membinasakan mereka; ulurkan tangan-Mu dari atas dan singkirkan mereka dariku. Aku tidak akan kehilangan wilayah atau daerah kekuasaan karena upaya atau inisiatif mereka yang merusak (1 Raja-raja 21:1–16; Mazmur 144:5–7).
- **Aku melarang** penuduh saudara-saudara untuk mengendalikan atau memengaruhi jiwa atau pikiran siapa pun yang berhubungan dengan-Ku (Wahyu 12:10).
- **Saya membalikkan** pengaruh dari segala stigma dan menyatakan bahwa anugerah ilahi, rahmat, kehormatan, dan doa baik kini menggantikan semua perasaan, persepsi, dan pikiran negatif mengenai diri saya, keluarga saya, dan pekerjaan/pelayanan yang saya dipanggil untuk lakukan.
- **Aku menetapkan** dan menyatakan bahwa kemuliaan dan kebesaran adalah bagianku (Kej. 12:1-3; Mazmur 5:12).
- **Ya Bapa** , gagalkanlah tanda-tanda para penyihir dan tukang sihir yang menolak pengurapan, seperti yang

Engkau lakukan terhadap Jannes dan Jambres pada zaman Musa. Gagalkanlah pertanda-pertanda para pendusta, ahli astrologi, paranormal, peramal, tukang sihir, dan sejenisnya. Permalukanlah para peramal, dan jadikanlah pengetahuan gelap mereka sebagai kebodohan (Yesaya 44:25; 2 Timotius 3:8).

- **Tegur** dan bubarkan persekutuan setan, dan tangkap mereka oleh Roh Kudus. Biarlah setiap upaya dan usaha terselubung dan/atau rahasia gagal (2 Tawarikh 20:35; Nehemia 4:7-8; Ester 3-9; Ayub 5:12-14; Mazmur 35:4; 55:9; 70:2; 83:17; 129:5).
- **Perangkat yang mereka buat mengecewakan karena tangan mereka tidak mampu melaksanakan pekerjaan mereka.**
- **Hadapi mereka dengan cara mereka yang licik dan penuh tipu daya.**
- **Biarlah mereka bertemu dengan kegelapan di siang hari dan meraba-raba di tengah hari seperti di malam hari.**
- **Lepaskan virus ilahi untuk menyerang basis data setan, dan perintahkan agar basis data tersebut dimusnahkan dan dihancurkan.**
- **Semoga semua komunikasi dan jaringan jahat di masa depan gagal. Segala upaya hanya akan menghasilkan ketidakjelasan dan kesalahpahaman.**
- **Sebarkan roh kebingungan di antara mereka.**
- **Biarlah lidah mereka terbagi.**
- **Tolak dan gulingkan sabotase, subversi, dan kemunduran.**
- **Semoga setiap serangan balasan gagal.**
- **Teguhkanlah** perkataan hamba-Mu di tengah-tengah mereka, dan laksanakanlah nasihat para utusan-Mu (Yesaya 44:26).

- **Kirimkan** serangan dan manuver malaikat ilahi dan kenabian melawan kecerdasan iblis (Yosua 5:13-14; Mazmur 103:20-22).
- **Tangkaplah** mereka yang bertindak dalam roh Izebel atau Belial. Jangan biarkan mereka menolak pengurapan, merebut kekuasaan, atau memperoleh kekuasaan apa pun baik di dunia nyata maupun di alam roh (1 Sam. 10:27; 1 Raja-raja 19:1–5; 21:1–16).
- **Aku melarang** manifestasi setan dan menyatakan bahwa tindakan "pengguguran" ilahi dan "keguguran" terjadi di dalam rahim dan inkubator setan (2 Korintus 10:5).
- Bapa, Engkau telah memberikan kepadaku pekerjaan besar untuk diselesaikan. Aku berjuang untuk mendapatkan kembali keuangan dan semua sumber daya yang menjadi hakku. Segala sesuatu yang telah dipersiapkan untukku sebelum dunia dijadikan, yang berkaitan dengan hidupku (pelayanan, panggilan) dan kesalehanku, kini datang kepadaku. Aku tidak akan ditolak. Aku tidak akan menerima pengganti. Aku memanggil sumber daya dari utara, selatan, timur, dan barat. Aku menetapkan dan menyatakan bahwa setiap sumber daya yang diperlukan bagiku untuk memenuhi rencana dan tujuan awal Allah akan datang kepadaku tanpa penundaan sekarang (2 Petrus 1:3).
- **Aku menetapkan** dan menyatakan bahwa kekayaan orang jahat tidak lagi disimpan untukku, tetapi dilepaskan sekarang. Biarlah mereka yang menahan kekayaanku lebih lama dari seharusnya menderita dan tersiksa tanpa henti sampai mereka melepaskan apa yang menjadi hakku. Aku perintahkan Setan untuk "muntahkan," meludahkannya, melepaskannya , dan membiarkannya pergi (Ayub 20:15-18; Mazmur 66:12; Pengkhotbah 2:26).

- **Ya Tuhan** , lepaskanlah belenggu raja-raja! Dalam nama Yesus, perintahkanlah agar pintu gerbang berdaun dua dibuka. Majulah di depanku dan luruskanlah jalan yang bengkok. Hancurkanlah pintu gerbang tembaga, dan belahlah palang-palang besi. Berikanlah kepadaku, sesuai dengan kekayaan-Mu dalam kemuliaan, belas kasihan-Mu yang lembut dan kasih karunia-Mu yang tak terukur, harta benda kegelapan, dan kekayaan tersembunyi di tempat-tempat rahasia (Yesaya 45:1-3). Aku menyatakan bahwa urapan Koresh mengalir tanpa hambatan dan tanpa cela dalam hidupku (Yesaya 60:10-17; Filipi 4:19).
- **Angkatlah** kepalamu, hai penjaga pintu gerbang, dan tinggikanlah dirimu selama-lamanya, hai penjaga pintu yang kekal, supaya Raja kemuliaan, Tuhan yang kuat dan perkasa, Tuhan semesta alam, dapat masuk (Mazmur 24:7-10). Aku menyatakan kesadaranku bahwa aku tidak dapat menolak akses-Nya. Karena itu, aku tidak akan dan tidak dapat ditolak dari apa yang menjadi hakku!
- **Aku menetapkan** dan menyatakan pelepasan kekuatan bangsa-bangsa bukan Yahudi, emas dan perak dari Tarshish kenabianku, dan ratu Syeba kenabianku untuk datang membawa setiap harta/sumber daya/anugerah berharga yang layak bagi putra dan putri Raja segala raja.
- **Aku menetapkan** dan menyatakan bahwa Aku akan menyusu susu bangsa-bangsa bukan Yahudi dari dada raja-raja (Yesaya 60:16). Aku akan diperluas seperti kelimpahan laut yang diubah menjadi milik-Ku (Yesaya 60:5). Anak-anak bangsa asing akan membangun tembok-tembok-Ku, dan raja-raja mereka akan melayani Aku (Ayub 27:16-17; Yesaya 60).

- **Aku menetapkan** dan menyatakan bahwa Tuhanku telah membawaku ke tempatku yang makmur, dan aku tinggal di Goshen kenabianku. Aku bertambah kaya dan makmur di negeri tempat aku tinggal dan diutus sebagai duta Tuhan. Sebagai wakil resmi-Nya, semua hak, hak istimewa, rasa hormat, dan kehormatan diplomatik dan aristokratis diberikan kepadaku. Kasih karunia, kebenaran, kebaikan, dan belas kasihan adalah pengawalku.
- **Aku menetapkan** dan menyatakan bahwa hikmat adalah penasihatku; Roh Kudus adalah konsultanku; Yesus Kristus adalah pembelaku. Allah, El Elyon, satu-satunya hakimku telah menyatakan dan karena itu aku menetapkan bahwa para pejabatku adalah damai, para pemungut pajakku adalah kebenaran, tembok-tembokku adalah keselamatan, dan gerbang-gerbangku adalah pujian (Kej. 47:27; Yes. 60:17–18).
- **Aku menetapkan** dan menyatakan bahwa waktu yang telah ditetapkan untuk kemurahan-Ku tidak akan digagalkan (Mazmur 102:13).
- **Aku mencurahkan** urapan berikut ini untuk kekayaan dan kemakmuran atas hidupku, pelayananku, dan kehidupan setiap anggota keluarga, rekan kerja, dan sahabatku, agar Allah dan hanya nama Allah yang dimuliakan:
- **Pengurapan Yabes (1 Tawarikh 4:10)**
- **Pengurapan Abraham (Kej. 12:1–3)**
- **Pengurapan Melkisedek (Kej. 14:18; Ibr. 5:6–10)**
- **Pengurapan Yusuf (Mazmur 105:21)**
- **Pengurapan Yakobus (Kej. 28:1; 30:43)**
- **Pengurapan Ishak (Kejadian 26:1-14)**
- **Pengurapan Mesias (Lukas 8:1-3)**

- **Pengurapan menurut Salomo (1 Tawarikh 29; 2 Tawarikh 9)**
- **Tujuh kali lipat pengurapan Eden (Kej. 1:28, 30; 2:15)**
- **Pengurapan Uzia (2 Taw. 26:5–15)**
- **Pengurapan Yosua (Yosua 6:1-3)**
- **Aku** dilimpahi berkat setiap hari (Mazmur 68:19).
- **Aku** melawan roh kekurangan. Tuhan memberkati pekerjaan tanganku. Oleh Dia dan melalui Dia aku melakukan perbuatan-perbuatan besar. Sekali lagi aku tegaskan, aku tidak akan ditolak (Daniel 11:32)!
- **Aku menyatakan** keberhasilan dan kemajuan dalam nama Yesus (2 Korintus 2:14). **Aku menetapkan** dan menyatakan bahwa kerajaan surga memerintah dan berkuasa. (Wahyu 11:15).
- **Aku mengutus** firman ini sebagai angin Euroklydon di alam roh untuk menghancurkan dan membinasakan perkemahan musuh. Biarlah keempat angin Roh dan surga berhembus sebagai angin penghancur dan penakluk (Yeremia 51:1; Kisah Para Rasul 27:14).
- **Aku menetapkan** dan menyatakan bahwa doa ini dan semua doa di masa mendatang memiliki karakteristik seperti proyektil ilahi di alam roh dan bahwa doa-doa itu mengenai sasaran (Mazmur 57:4).
- **Aku menetapkan** bahwa hukum-hukum yang mengatur doa ini dan semua strategi serta taktik peperangan rohani mengikat melalui Firman, darah, dan Roh Kudus (1 Yohanes 5:7-8).
- **Aku nyatakan** bahwa setiap roh yang dilepaskan dari tugas jahatnya sekarang menjadi bagian dari alas

kaki Yesus (Mazmur 110:1). *Aku menutup doa ini dalam nama Yesus...amin!*

- **Bapa, singkapkanlah di dalam diri kami kekayaan kemuliaan dan kasih karunia-Mu yang tak terbatas, sampai kekuatan supranatural membanjiri batin kami dengan kuasa ilahi dan kekuatan dahsyat-Mu, dalam nama Yesus Kristus, Amin. Efesus 3:16-21**
- **Roh Kudus, selagi kami senantiasa membangkitkan Roh-Mu di dalam diri kami dan menyatakannya melalui iman dalam kehidupan orang lain, semoga kehidupan Kristus tercurah jauh di dalam diri kami, sehingga kasih Kristus menjadi sumber dan akar kehidupan kami, dalam nama Yesus Kristus, amin. Efesus 3:16-21**
- **Kita menerima kemampuan dan kuasa ilahi untuk mengalami limpahan kasih Kristus yang menakjubkan dalam segala dimensinya, dalam nama Yesus Kristus, amin. Efesus 3:16-21**
- **Kami menerima curahan kasih-Mu ke dalam hidup kami sampai kami dipenuhi melimpah dengan kepenuhan Allah dalam nama Yesus Kristus, Amin. Efesus 3:16-21**
- **Kita menerima keberanian dan akal sehat untuk menyatakan kuasa Allah yang perkasa yang bekerja di dalam kita untuk menyelesaikan dan mencapai jauh lebih banyak daripada permintaan kita, mimpi kita yang paling luar biasa, dan melampaui imajinasi terliar kita dalam nama Yesus Kristus, Amin. Efesus 3:16-21**
- **Bapa, kami memohon kuasa ajaib-Mu di dalam diri kami untuk senantiasa memberi kami kekuatan baik di saat yang tepat maupun tidak tepat untuk melakukan hal-hal besar dalam nama Yesus, amin. Efesus 3:16-21**

- **Bertambahkanlah kasih karunia dan hikmat di hadapan-Mu, Tuhan Allah, dan di hadapan manusia, dalam nama Yesus Kristus, Amin. Efesus 3:16-21**
- **Terimalah segala pujian mulia yang senantiasa naik sebagai hasil dari perbuatan-perbuatan masa lalu, masa kini, dan masa depan dalam nama Yesus, Amin. Efesus 3:16-21**
- **Firman yang telah disampaikan ini tidak akan kembali kepada kita dengan sia-sia, melainkan akan melaksanakan tujuan pengirimannya dan akan kembali dengan kesaksian tentang kemuliaan Allah kita (Yesaya 55:11).**

- **Aku menetapkan dan menyatakan pekerjaan dan perjalanan hidupku sesuai dengan firman Tuhan yang tertulis, pencerahan dan arahan Roh Kudus membimbingku setiap hari untuk selaras dengan firman itu, dalam nama Yesus Kristus, Amin. Yohanes 16:13, 2 Timotius 3:15-16**

- **Aku menetapkan dan menyatakan bahwa mulai hari ini dan seterusnya, ketika aku meletakkan tanganku atas orang sakit, mereka akan sembuh, aku akan berbicara dalam bahasa-bahasa baru. Aku akan mendapat penafsiran, orang sakit akan sembuh seketika dan aku melindungi diriku, keluargaku, dan semua orang di sekitarku dengan darah Yesus Kristus yang berharga dari gejala dan penyakit orang-orang yang kita doakan, baik secara rohani, jiwa, maupun fisik, dalam nama Yesus Kristus. Markus 16:15-18, Yohanes 7:38, Lukas 10:19**

- **Aku menetapkan dan menyatakan bahwa mulai hari ini dan seterusnya, aku akan mengikuti** minimal 1 jam atau lebih berbicara dalam bahasa roh untuk membangun diriku dalam Roh Kudus sehingga aku dapat efektif dalam pelayanan yang untuknya Allah memanggilku. Yudas 1:20, Markus 16:17, Yesaya 28:11, 1 Korintus 14:39, 1 Korintus 14:18

- Aku menetapkan dan menyatakan bahwa mulai hari ini dan seterusnya, aku beroperasi di alam supranatural penyembuhan, pembebasan, mukjizat, dan kekayaan untuk kemuliaan Allah Yang Mahakuasa. Markus 16:15-18; Matius 28:17-20; Wahyu 5:12; 1 Timotius 5:18; Filipi 4:19; Amsal 8:18; 1 Raja-raja 10:23; Kejadian 49:25; Ulangan 18:1-14

- Aku menetapkan dan menyatakan bahwa aku akan membangkitkan karunia yang kumiliki dalam Roh Kudus untuk menghasilkan karunia yang telah Roh Kudus tanamkan dalam diriku. Mazmur 80:2, Mazmur 35:23, 2 Timotius 1:6, 2 Petrus 1:13

- Aku menetapkan dan menyatakan mulai hari ini dan seterusnya aku beroperasi dalam ranah karunia kenabian – Firman pengetahuan, Firman hikmat, penafsiran bahasa roh dan berbagai macam bahasa roh untuk pembangunan, arahan dan manifestasi firman Allah dan untuk peperangan rohani (Roma 15:12; Roma 14:19; Efesus 4:29,12,16; 1 Korintus 14:12,3,26; 2 Korintus 12:19; Yudas 1:20).

- Aku menetapkan dan menyatakan bahwa aku bekerja dan berjalan dengan kesadaran bahwa Allah Bapa, Putra, dan Roh Kudus berdiam di dalam diriku dan aku adalah duta mereka, membawa realitas surga ke bumi di sekitarku dan memberi tahu dunia apa yang ada dalam pikiran kerajaan Allah tentang segala hal. Amsal 13:14; Efesus 6:20; 2 Korintus 5:20; 2 Korintus 6:1,16 Yohanes 17:10,23,26

- Aku menetapkan dan menyatakan bahwa mulai hari ini dan seterusnya, penyembuhan, pembebasan, mukjizat, penciptaan dan pembagian kekayaan adalah gaya hidup dalam hidupku dan bukan sebuah peristiwa, dalam nama Yesus Kristus. Cukup sudah sesi penyembuhan. Matius 4:23; Matius 16:10; Matius 14:21; Lukas 6:35; Kisah Para Rasul 10:38; Efesus 6:7; Filipi 2:13; Yakobus 2:26; Yosua 1:8; Yakobus 1:27; Yakobus 4:17

- Aku menetapkan dan menyatakan bahwa mulai hari ini dan seterusnya, aku mati terhadap kehidupan diri sendiri setiap hari, aku memikul salibku dan mengikuti dorongan dan tuntunan Roh Kudus di dalam diriku sehingga tindakan kuasa Roh Kudus di dalam diriku akan dimaksimalkan dalam hidupku. Markus 10:21; Matius 16:24, Lukas 9:23; Markus 8:34; 2 Korintus 4:16; 1 Korintus 15:34

- Aku menetapkan dan menyatakan bahwa buah Roh Kudus – kasih ilahi yang menghangatkan dalam segala ekspresinya – sukacita yang melimpah; damai sejahtera yang menaklukkan; kesabaran yang bertahan; kebaikan dalam perbuatan; hidup yang penuh kebajikan; iman yang menang; kelembutan hati; kekuatan roh

tidak terbatas dalam diriku dalam nama Yesus, amin. Matius 7:20-23; Galatia 5:19-21

- **Aku menetapkan dan menyatakan, aku akan menuntun orang kepada Kristus dan membaptis mereka dalam Roh dengan bukti berbicara dalam bahasa roh dan memperlengkapi mereka untuk taat kepada semua yang telah Yesus ajarkan kepadaku dalam firman-Nya. Matius 28:18-20; Markus 16:15-18**

- **Aku menetapkan dan menyatakan, aku akan mengasihi Allah dengan segenap hatiku, jiwaku, dan segenap kekuatanku, dan mengasihi sesama seperti diriku sendiri, serta memperlakukan orang lain dengan penuh hormat dan integritas. Matius 22:37**

- **Aku menerima kasih Allah, anugerah Tuhan kita Yesus Kristus, dan kehadiran Roh Kudus yang tetap untuk mewujudkan semua komitmen ini menjadi buah-buah yang kekal dalam nama Yesus, Amin.**

Prestasi yang Lebih Besar - 1 – Bab 5 - Cari Tahu Caranya dari Para Tokoh Hebat - bagian 4

Cukup Sudah, Jangan Terus-terusan Terperangkap dalam Tawanan Setan dan Selamat Datang dalam Kebebasan di dalam Kristus – Dapatkah Orang Kristen Dirasuki Setan? Kebohongan yang Disebarluaskan Setan, Sang Penawan, untuk Menahan Banyak Orang Kristen dalam Tawanan Melalui Ketidaktahuan. Bagaimana Menemukan Kehadiran Mereka dalam Hidup Anda dan Mengusir Mereka + Kisah Nyata dari Kesaksian Seorang Asisten Kongres Terkemuka tentang Pembebasan Diri yang Dibimbing seperti yang Diceritakan oleh Derek Prince Bagian 4 + Naskah Doa Pembebasan Diri + Doa Perjanjian Penyembuhan, Pembebasan, dan Pemulihan

Saudara-saudari terkasih, ini adalah bagian ke-4 dari "Cukup Sudah" terhadap penawanan Setan dan selamat datang pada kebebasan di dalam Kristus Yesus.

Dalam rangkaian ini, kita sedang membangun pasukan pejuang untuk menghadapi musuh di garis depan dan membebaskan tawanan ke dalam kebebasan di dalam Kristus pada tiga tingkatan – Keselamatan roh yang disebut lahir baru, Keselamatan jiwa yang disebut pembebasan, dan keselamatan tubuh kita yang disebut penyembuhan.

Ini adalah strategi swakarya dalam kerangka kerja terdistribusi dan Tuhan Yesus Kristus adalah Panglima Tertinggi kita. Tugas kita adalah memperlengkapi Anda untuk terlibat. Untuk membebaskan diri Anda, orang-orang terkasih Anda , dan orang lain di sekitar Anda. Tujuan kita adalah untuk membangunkan raksasa yang tertidur di dalam setiap orang percaya dan membuat Anda mempelajari pola pikir seorang pejuang di medan perang dan terlibat dalam kampanye yang sukses tanpa menimbulkan korban dalam nama Yesus.
Anda harus memahami bahwa " **Pertahanan terbaik** adalah serangan yang baik", sebuah pepatah yang telah diterapkan di banyak bidang usaha, termasuk permainan dan pertempuran militer. Ini juga dikenal sebagai prinsip ofensif strategis dalam perang.

Jika Anda mencermati Efesus 6 mulai dari ayat 12, Anda akan segera melihat bahwa Tuhan tidak menyediakan perlengkapan perang untuk punggung Anda karena Dia mengharapkan kita untuk terlibat dan tidak mundur kapan pun. Tidak ada ruang bagi prajurit yang melarikan diri atau berlari untuk berperang lagi karena pertempuran telah dimenangkan di surga. Tugas kita adalah menggunakan otoritas dan kuasa yang diberikan kepada kita melalui Roh Kudus yang tinggal di dalam kita untuk menegakkan kemenangan itu karena musuh akan selalu ingin melampaui batasnya. Menguji keadaan untuk melihat apakah kita tidak mengetahui tipu daya si jahat. Sayangnya, begitu banyak dari kita yang tidak mengetahui tipu daya si jahat.

Bacalah ini:

1 Petrus 5:7-9
Alkitab Terapan

7 Serahkanlah segala kekhawatiranmu [segala
kecemasanmu, segala keresahanmu, dan segala
keprihatinanmu, sekali untuk selamanya] kepada-Nya,
karena Ia peduli kepadamu [dengan kasih sayang yang
terdalam, dan menjagamu dengan sangat saksama]. 8
Berhati-hatilah [seimbang dan terkendali], waspadalah
dan berhati-hatilah setiap saat. Musuhmu, iblis,
berkeliaran seperti singa yang mengaum [sangat lapar],
mencari mangsa untuk dimangsa. 9 Tetapi lawanlah dia,
teguhlah dalam imanmu [melawan serangannya—
berakar, kokoh, tak tergoyahkan], karena kamu tahu
bahwa penderitaan yang sama dialami oleh saudara-
saudarimu di seluruh dunia. [Kamu tidak menderita
sendirian.]

Anda dapat melihat dalam ayat-ayat ini bahwa Setan sangat lapar untuk melahap kita, untuk memakan kita hidup-hidup untuk makan siang, makan malam, dan makan larut malam. Untuk menghadapi musuh jenis ini, Anda membutuhkan hal-hal berikut seperti yang telah kami soroti sebelumnya, yaitu **A, B, C, D, E, F, dan G. Saya harus menekankan bahwa doa ini bukan untuk semua orang. Hanya segelintir orang yang akan memenuhi syarat untuk diterima melalui 7 atribut ini.**

Berikut ini rinciannya :

A. **Ketersediaan (Roh, jiwa, dan raga)**
B. **Keberanian**
C. **Rasa empati terhadap sesama**
D. **Tekad**
E. **Cinta yang Tulus**
F. **Kemarahan yang membara**

G. **Kelaparan Hebat**

Jika Anda tidak memiliki atribut-atribut ini sebagai bahan minimum, akan mustahil untuk melancarkan kampanye yang sukses karena semua bahan di atas perlu dicampur bersama untuk menghasilkan iman sebesar biji mustard guna membawa perubahan, karena Tuhan memberi makan orang yang lapar, bukan anak-anak yang dingin atau suam-suam kuku, baik dalam penyembuhan, pembebasan, dan pemulihan di dalam maupun di luar.
Rampasan sudah siap untuk dikumpulkan, tetapi dibutuhkan iman yang teguh seperti biji mustard untuk mengumpulkannya ke dalam pengalaman kita.

Hari ini, kita akan membahas **"Cukup Sudah untuk Menawan Setan" dan "Selamat Datang di Kebebasan dalam Kristus" – Dapatkah orang Kristen dirasuki setan? Kebohongan yang dijual oleh si Penawan, Setan, untuk menahan banyak orang Kristen dalam penawanan melalui ketidaktahuan. Bagaimana menemukan kehadiran mereka dalam hidup Anda dan menyingkirkan mereka + Kisah nyata dari kesaksian seorang asisten kongres terkemuka tentang pembebasan diri yang dibimbing** bagian 4. Kita akan melihat kebohongan yang dijual Setan untuk menahan banyak orang dengan mengungkapkannya.
Roh jahat atau setan, menurut pemahaman saya, adalah tingkatan terendah dari "pasukan roh jahat" (Efesus 6:12) yang diarahkan Setan terhadap umat manusia. Mereka memiliki tiga tujuan utama yang diberikan Setan kepada mereka:

1. pertama-tama untuk menyiksa dan menindas kita;
2. Kedua, untuk mencegah kita mengenal Kristus sebagai Juruselamat;
dan jika itu pun gagal, ketiga,

3. untuk menghalangi kita melayani Kristus secara efektif.

Sebagai jawaban atas pertanyaan apakah orang Kristen dapat dirasuki setan? Ya, orang Kristen dapat dirasuki setan, dimulai dengan pengaruh eksternal pada pikiran, kerasukan sebagian di mana mereka sebagian menguasai pikiran, dan dominasi penuh di mana orang yang kerasukan kehilangan kehendak bebas.
Mereka mendapatkan akses kepada kita ketika kita membuka pintu kepahitan, ketidakmaafan, kebencian, kesombongan, dan pemberontakan, dll., yang banyak menghantui orang Kristen, memberi musuh pijakan dan ruang, tempat tinggal di dalam pikiran kita.

Roh Kudus akan berdiam dalam bejana yang tidak sepenuhnya bersih, asalkan Ia telah diberi akses ke area pusat dan pengendali kepribadian manusia: hati.
Ajaran bahwa setiap aspek kehidupan seseorang harus benar-benar bersih sebelum Roh Kudus berdiam di dalam dirinya dapat menghasilkan salah satu dari dua konsekuensi yang tidak diinginkan. Ajaran ini dapat menghalangi beberapa orang percaya yang tulus untuk mencari pengisian Roh Kudus, karena mereka berkata pada diri sendiri, "Saya tidak akan pernah bisa mencapai standar itu." Atau, ajaran semacam ini dapat menekan orang lain yang telah menerima baptisan Roh Kudus ke dalam bentuk kemunafikan yang merasa diri benar. Alasan mereka kurang lebih seperti ini: "Saya pasti sudah sempurna untuk menerima Roh Kudus, jadi sekarang saya harus terus menjadi sempurna sepanjang waktu." Hasilnya adalah gaya hidup Kristen yang pura-pura. Orang-orang seperti itu masih mudah marah, tetapi sekarang mereka menyebutnya kemarahan yang benar. Mereka masih mengkritik pendeta atau sesama orang Kristen, tetapi mereka menyebutnya kebijaksanaan. Mereka masih memanjakan

nafsu fisik mereka, tetapi mereka membenarkannya dengan mengatakan, "Segala sesuatu diperbolehkan."

Berurusan dengan dosa adalah perjuangan hidup dan mati. Bukanlah hal yang memalukan untuk mengakui bahwa dosa masih bekerja dalam hidup kita. Sebaliknya, bahaya besar kita terletak pada penolakan untuk mengakuinya, yang membuat kita tidak siap untuk melawan godaan ketika godaan itu datang. Jika Roh Kudus menunggu sampai kita sempurna untuk berdiam di dalam kita, itu akan seperti seorang profesor yang berkata kepada murid-muridnya, “Saya akan mulai mengajar kalian setelah kalian lulus ujian.” Murid-muridnya akan menjawab, “Tetapi profesor, bukan itu yang kami butuhkan! Kami membutuhkan Anda untuk mulai mengajar kami sekarang, sehingga kami akan mempelajari apa yang kami butuhkan untuk lulus ujian.” Sekaranglah saatnya kita membutuhkan Roh Kudus, agar kita dapat memiliki pertolongan-Nya yang tersedia bagi kita secara terus-menerus untuk mengatasi kuasa kejahatan dan mencapai standar kekudusan Allah. Salah satu area konflik tertentu di mana kita membutuhkan pertolongan Roh Kudus adalah dalam berurusan dengan setan.

Roh Kudus tidak akan menahan pertolongan-Nya jika Ia melihat adanya setan di dalam diri kita. Sebaliknya, Ia melihat kebutuhan kita lebih jelas daripada kita sendiri, dan Ia memberi kita kuasa untuk mengusir setan-setan itu. Karena Ia berbelas kasihan kepada kita, Ia bersedia tinggal di dalam diri kita, dan bekerja bersama kita untuk menegakkan kemenangan Kristus atas segala kuasa musuh. Kemajuan kita bergantung pada sejauh mana kita bekerja sama dengan Roh Kudus di dalam diri kita.

Izinkan saya menekankan sekali lagi: Roh Kudus tidak datang untuk berdiam di dalam kita karena kita sudah sempurna. Ia datang untuk membantu kita agar kita menjadi sempurna. Tentu saja, Roh Kudus tidak akan membantu kita dalam pergumulan kita dengan setan jika kita berniat untuk terus hidup dalam dosa. Tetapi jika kita mengakui dosa-dosa kita dan dengan tulus bertobat, Ia akan berperang bersama kita melawan setan-setan yang memperbudak kita. Dengan pertolongan-Nya kita akan mampu mengusir mereka dan dibebaskan.

Mari kita lihat kisah di bawah ini untuk memperkuat fakta bahwa orang Kristen yang lahir baru dan dipenuhi Roh Kudus dapat menjadi tempat tinggal bagi setan karena kita memberi mereka ruang dalam hidup kita melalui celah yang kita ciptakan dengan sengaja.

Kesaksian Kisah Nyata dari Pembantu Kongres Terkemuka yang Dibebaskan dari Setan melalui Pembebasan Diri Terbimbing, seperti yang diceritakan oleh Derek Prince:

Dalam kesaksian berikut, seorang asisten kongres di Washington, DC, berbicara terus terang tentang perjuangan pribadinya:

Saya dibaptis dalam Roh Kudus sekitar tujuh tahun yang lalu. Pada akhir Juni tahun lalu, di sebuah gereja di Washington, DC, saya menerima kesembuhan instan dari gangguan pendengaran saraf. Kemudian pada bulan Agustus, dokter saya mengkonfirmasi bahwa saya telah sembuh dari kista dan tumor di payudara. Saya adalah anggota staf utama seorang anggota Kongres dan, meskipun beliau secara pribadi sangat senang dengan pengalaman penyembuhan saya, kesaksian saya tidak diterima dengan baik di kalangan politik tempat saya bergaul. Pada bulan September, saya mengundurkan diri dari pekerjaan saya dan menghabiskan beberapa bulan berikutnya untuk beristirahat dan meluangkan waktu bersama Tuhan.

Kemudian pada pertengahan Desember saya menjadi depresi dan putus asa. Minggu pertama Januari sangat mengerikan! Suatu hari saya kehilangan kendali. Saya sendirian di sini, dan itu berkaitan dengan masalah yang sangat sepele. Saya langsung menyadari dosa yang telah saya lakukan—kemarahan. Dan ketika saya mencoba berdoa memohon pengampunan dalam bahasa Inggris, saya merasa tercekik… bukan karena emosi, tetapi tekanan yang jelas di tenggorokan saya—kekuatan fisik yang sangat nyata. Seorang teman menyarankan bahwa saya mungkin membutuhkan pelepasan roh jahat. Jadi saya membeli kaset Anda yang membahas tentang pelepasan roh jahat dan demonologi.

Saya selalu menghindari segala sesuatu yang berhubungan dengan roh, setan, hantu, dan sejenisnya, karena percaya bahwa jika saya membiarkan mereka, mereka pasti akan meninggalkan saya. Saya sama sekali tidak ingin berurusan dengan roh dan setan! Namun, saya mendengarkan rekaman Anda tentang pembebasan. Saya meletakkan Alkitab di atas meja dan mengikuti alur yang Anda sampaikan melalui Kitab Suci. Di akhir rekaman, ketika Anda memberikan instruksi kepada kelas Anda, saya memutuskan untuk mengikuti juga. Kemudian Anda memulai doa pembebasan, tetapi rekaman berakhir tiba-tiba—dan hampir hal terakhir yang Anda katakan dalam rekaman itu adalah, "Ingat, Yesus adalah Pembebasmu." Saya tidak tahu apa yang harus saya harapkan atau apa yang harus saya lakukan. Jadi doa saya kepada Tuhan adalah bahwa saya tidak tahu apa yang harus saya lakukan, tetapi karena Dia adalah Pembebas saya, saya menyerahkan diri sepenuhnya kepada-Nya.

Saya menyebutkan hal-hal yang bukan berasal dari Tuhan yang saya rasa jahat dan berdosa dan yang tidak ingin saya jadikan bagian dari diri saya—kebencian, ketidakmaafan, keraguan, kecemasan, ketakutan, dll. Seperti yang telah saya katakan, saya tidak tahu apa yang akan terjadi. Dalam beberapa menit saja, tidak lebih dari dua atau tiga menit, saya mulai muntah dan mual dengan cara yang sangat putus asa. Setelah sekitar sepuluh menit, saya merasa bahwa daerah perut saya tidak akan pernah sama lagi! Tetapi saya tidak merasa atau percaya bahwa saya benar-benar terbebas.

Kemudian saya meminta iblis atau roh jahat itu untuk menyebutkan nama mereka dan saya memerintahkan mereka untuk keluar. Ini tidak terjadi. Mengapa, saya tidak tahu. Kemudian saya meminta Tuhan untuk memberi tahu saya apakah ada lagi, dan apa nama-nama mereka, sehingga saya dapat meminta pembebasan dari mereka. Yang pertama adalah roh bunuh diri, dan kekuatannya sangat dahsyat. Saya merasakannya sampai ke puncak kepala saya. Saya merasakan sedikit kelegaan, tetapi tidak sepenuhnya. Saya meminta Tuhan untuk memberi tahu saya apakah ada lagi—dan saya diberi tahu bahwa itu adalah roh tuli. Pembebasan dari roh itu luar biasa! Itu berlangsung lebih lama daripada yang lain, dan kekuatannya benar-benar menarik perut saya ke punggung, dan saya secara fisik merasakan pencabutan perut saya yang keras, dan dalam hal ini juga saya merasakan tekanan di kepala saya. Saya benar-benar terbebas, dan sejak saat itu saya telah merasakan kedamaian yang luar biasa.

Apa saja karakteristik dan aktivitas yang dapat membantu kita mengidentifikasinya dalam kehidupan?

Sebelumnya telah kami nyatakan bahwa mereka memiliki tiga tujuan utama yang diberikan oleh setan: ***pertama, untuk menyiksa dan menindas kita; kedua, untuk mencegah kita mengenal Kristus sebagai Juruselamat; dan jika gagal, ketiga, untuk mencegah kita melayani Kristus secara efektif.*** Dalam mencapai tujuan-tujuan ini, setan biasanya tidak terlihat. Mereka tidak dapat dilihat oleh mata manusia. Namun, kita dapat mengenali kehadiran dan aktivitas mereka dengan cara yang sama seperti kita mengenali kehadiran angin. Sebenarnya, ini adalah perbandingan yang tepat karena baik dalam bahasa Ibrani maupun Yunani, kata untuk roh juga merupakan kata untuk angin. Kita tidak pernah benar-benar melihat angin, tetapi kita melihat efek yang dihasilkan angin: debu beterbangan di jalanan, awan melayang di langit, pohon-pohon membengkok ke satu arah, hujan menerpa pandangan kita. Semua **"tanda" ini** mengungkapkan kehadiran dan aktivitas angin. Begitu pula dengan setan. Kita biasanya tidak melihat mereka, tetapi kita mengenali kehadiran mereka melalui tindakan-tindakan khas tertentu. Berikut adalah beberapa aktivitas mereka yang paling umum: **1. Setan membujuk. 2. Setan mengganggu. 3. Setan menyiksa. 4. Setan memaksa. 5. Setan memperbudak. 6. Setan menyebabkan kecanduan. 7. Setan menodai. 8. Setan menipu. 9. Setan menyerang tubuh fisik. Kita akan membahasnya lebih detail di bagian 5 dari seri ini. Namun untuk saat ini, mari kita lihat sinyal peringatan yang akan mendorong kita untuk bertindak.**

SINYAL PERINGATAN – KEMUNGKINAN MEMBUTUHKAN PEMBEBASAN – HAL-HAL YANG PERLU DIPERHATIKAN SEBAGAI SINYAL YANG MUNGKIN:

Ciri-ciri berikut perlu diperhatikan lebih cermat jika ciri-ciri tersebut menonjol, menetap, atau berulang dalam jangka waktu tertentu, atau progresif – cenderung menjadi lebih ekstrem, bukan sebaliknya. Periksa diri Anda berdasarkan peringatan-peringatan ini. Deskripsi singkat perilaku berikut dapat menjadi tanda minta tolong:

1. **Pola pikir yang membingungkan atau tidak teratur: kehilangan kontak dengan realitas – delusi (keyakinan yang salah tetap dipertahankan meskipun ada bukti yang bertentangan) – halusinasi; ucapan yang tidak terhubung.**

2. **Obsesi: keterikatan yang mendalam pada suatu subjek atau ide hingga mengabaikan yang lain, kompulsi, dorongan yang tak terkendali.**
3. **Ketidakmampuan untuk mengatasi: masalah kecil, rutinitas harian.**
4. **Kesulitan dalam menjalin/mempertahankan pertemanan: keterampilan sosial yang buruk, isolasi, menarik diri dari masyarakat, gaya hidup "Toner".**
5. **Pola kegagalan yang terjadi di semua bidang: di sekolah, di tempat kerja, dalam olahraga, dan dalam hubungan pribadi.**
6. **Depresi berkepanjangan atau parah: ancaman/upaya bunuh diri.**
7. **Ketidakdewasaan: perilaku kekanak-kanakan (seperti mengompol), ketergantungan berlebihan pada ibu (terlalu bergantung saat kecil, ketergantungan berkelanjutan di usia remaja dan dua puluhan), kegagalan untuk mengikuti perkembangan kelompok sebaya.**
8. **Serangkaian penyakit fisik yang tidak memiliki pola perkembangan yang khas dan/atau tidak merespons pengobatan.**
9. **Mengabaikan kebersihan pribadi (lingkungan yang berantakan dan tidak higienis) atau terlalu memperhatikan kerapian dan kebersihan.**
10. **Kesulitan beradaptasi dengan orang dan tempat baru.**
11. **Kecemasan dan kekhawatiran yang berlebihan: fobia, perasaan dianiaya.**
12. **Terlalu banyak atau terlalu sedikit tidur.**
13. **Sikap mementingkan diri sendiri yang berlebihan: ketidakpedulian terhadap perasaan, tindakan, dan ide orang lain, kurangnya empati terhadap penderitaan atau kebutuhan orang lain.**

14. **Peningkatan atau penurunan berat badan yang signifikan dan cepat.**
15. **Emosi yang teredam, "datar" (tidak adanya reaksi marah, gembira, atau sedih terhadap rangsangan) atau emosi yang tidak tepat (perubahan suasana hati yang tajam dan tidak dapat dijelaskan, bertingkah konyol di saat-saat serius, menangis tanpa diduga).**
16. **Citra diri dan pandangan negatif: kompleks "inferioritas", perasaan tidak berharga.**
17. **Sering terjadi perubahan rencana secara acak: ketidakmampuan untuk bertahan pada pekerjaan, program sekolah, pengaturan tempat tinggal, kegagalan untuk menepati janji, dan mematuhi keputusan.**
18. **Agresivitas ekstrem (sikap suka berkelahi, permusuhan, kekerasan, amarah) atau sikap penurut yang berlebihan (kurangnya daya saing dan ketegasan diri yang normal, penolakan untuk berkonfrontasi, menghindari argumen).**
19. **Pengambilan risiko yang tidak masuk akal atau irasional.**
20. **Kurangnya semangat dan antusiasme: lesu, sedih, suasana hati selalu "murung", selera humor terbatas atau hilang.**

ENAM LANGKAH DASAR MENUJU PEMBEBASAN ANDA ADALAH:

1. **Identifikasi masalah Anda.**
2. **Maafkan, berdoa, dan perbaiki hubunganmu dengan Tuhan.**
3. **Hancurkan kutukan dan ikatan jiwa yang menimpa dirimu dan keturunanmu.**
4. **Usir setan-setanmu.**
5. **Berdoalah untuk kesembuhan jiwa dan raga Anda.**

6. **Disiplinkan hidup Anda dengan mengubah cara berpikir dan bertindak.**

Doa Singkat untuk Pembebasan Diri.

"Tuhan Yesus Kristus, aku percaya Engkau mati di kayu salib untuk dosa-dosaku dan bangkit kembali dari kematian. Engkau menebusku dengan darah-Mu dan aku milik-Mu, dan aku ingin hidup untuk-Mu. Aku mengaku semua dosaku—yang diketahui dan yang tidak diketahui—aku menyesali semuanya. Aku meninggalkan semuanya. Aku mengampuni semua orang lain sebagaimana aku ingin Engkau mengampuni aku. Ampuni aku sekarang dan sucikan aku dengan darah-Mu. Aku bersyukur kepada-Mu atas darah Yesus Kristus yang sekarang menyucikan aku dari segala dosa. Dan aku datang kepada-Mu sekarang sebagai penyelamatku. Engkau mengetahui kebutuhan khususku—hal yang mengikat, yang menyiksa, yang menajiskan; roh jahat itu, roh najis itu—aku mengklaim janji firman-Mu, "Barangsiapa yang menyeru nama Tuhan akan diselamatkan." Aku memanggil-Mu sekarang. Dalam nama Tuhan Yesus Kristus, bebaskan aku dan lepaskan aku. Setan, aku meninggalkanmu dan semua perbuatanmu. Aku melepaskan diriku darimu, dalam nama Yesus, dan aku memerintahkanmu untuk meninggalkanku sekarang juga dalam nama Yesus. Amin!"

Biarlah itu datang dari hatimu dan lihatlah keselamatan dari Tuhan!

Apakah Anda sakit atau membutuhkan pemulihan?

Bagi mereka yang sakit atau tidak sehat dalam bentuk apa pun, atau membutuhkan pembebasan? Atau pemulihan,

silakan sentuh titik di bawah ini dengan iman (Iman adalah melihat hasil positif yang tepat dari situasi Anda saat ini, mengetahui bahwa Yesus telah melakukan bagian-Nya lebih dari 2000 tahun yang lalu untuk mengamankan kesembuhan dan pembebasan Anda, pemulihan sebagai uang muka, percaya bahwa uang muka itu tersedia bagi Anda untuk diambil, seperti saldo positif di rekening giro Anda di bank, tanpa pertanyaan apa pun karena kami setuju dengan Anda dan menyatakan SEMBUHLAH dalam nama Yesus Kristus, Amin)

Dengan kuasa yang telah Engkau berikan kepadaku dan kepada mereka, aku menggunakan kuasa itu sekarang dengan iman, dengan amarah mereka terhadap musuh dan kerinduan untuk mendapatkan apa yang telah Engkau berikan secara cuma-cuma kepada mereka semua. Aku mengutuk setiap penyakit, setiap penderitaan, baik itu kanker, COVID-19, baik itu roh penyakit, baik itu kerasukan setan atau penindasan, baik itu roh kemiskinan, kemunduran, keterlambatan pemenuhan apa yang telah Allah tetapkan dan lepaskan. Kami melawan anomali, aku mengikat mereka, kami mengutuk mereka sampai ke akarnya dan kami mengusir mereka dengan kuasa dalam nama Yesus Kristus. Amin. Kami memohon pelepasan penyembuhan, pembebasan, dan pemulihan ke dalam hidup mereka dalam nama Yesus Kristus yang perkasa. Terima kasih Tuhan atas kesaksian-kesaksian yang tetap ada untuk kemuliaan, kehormatan, dan penyembahan-Mu. Terima kasih atas jiwa-jiwa yang ditambahkan ke dalam kerajaan-Mu sebagai hasil dari pesan ini, mukjizat-mukjizat yang sudah kami lihat sekarang dan yang terwujud untuk kemuliaan-Mu dalam nama Yesus, Amin. Selesai! Bersukacitalah!

Sentuh titik yang ditandai sebagai titik kontak ini dan akui dengan mulutmu – AKU ADALAH

Aku disembuhkan, aku dibebaskan dan aku dipulihkan dalam rohku, jiwaku, tubuhku dan segala sesuatu di sekitarku dalam nama Yesus Kristus, Amin!!!

Mulailah melakukan apa yang sebelumnya tidak dapat Anda lakukan dan mulailah mengaku dosa sampai kesembuhan total, pembebasan, dan pemulihan menjadi buah dalam hidup Anda dalam nama Yesus, amin. Tetaplah haus akan segala sesuatu dari Tuhan, tetaplah marah dan rebut kembali semua yang telah ditahan musuh dalam nama Yesus, amin.

Catatan:

Bersaksilah tentang kesembuhan untuk kemuliaan Tuhan dan untuk mempermalukan musuh! Kirimkan email atau WhatsApp kepada kami jika Anda masih membutuhkan persetujuan kami mengenai masalah ini. Dan bergabunglah dalam seri pelatihan yang dimulai Kamis minggu depan. Temukan detailnya segera di situs web kami!

Eksploitasi yang Lebih Besar – 1 Bab 6 & 7 – Tujuh (7) langkah penting menuju pembebasan +

Cara Mengidentifikasi dan Mengusir Kelompok Setan dan Visi Konflik Akhir dan Cara Menang Secara Strategis di Empat (4) Garis Depan Keterlibatan seperti yang diceritakan oleh Frank dan Ida Mae Hammond – Bagian 5 & Bagian 6 + Naskah Doa Pembebasan Diri + Doa Perjanjian Penyembuhan, Pembebasan dan Pemulihan

Saudara-saudari terkasih, hari ini kami mempersembahkan bagian ke-5 dan bagian ke-6 dari rangkaian khotbah kami tentang sudah cukup bagi penawanan dan selamat datang kepada kebebasan di dalam Kristus.

Ketika Anda dan saya meluangkan banyak waktu untuk berdoa mengenai masalah diri sendiri, keluarga, gereja, bangsa kita, dan bangsa-bangsa di dunia selama periode 90 hari seperti yang kita lakukan tahun lalu – 1 Oktober hingga 29 Desember 2020, memohon kepada Tuhan untuk

kerajaan-Nya dan kehendak-Nya atas kelima bidang ini, ada cara Tuhan menanamkan dalam diri kita apa yang menjadi prioritas utama hati-Nya bagi setiap anak di kelima bidang tersebut.

Saya sangat percaya, kali ini, ini berkaitan dengan pembebasan dari belenggu setan menuju kebebasan yang Dia berikan melalui kematian-Nya. Begitu banyak orang menyerahkan hidup mereka kepada Kristus setiap hari, tetapi jika Anda dan saya melihat hidup kita secara kritis dengan lensa Roh Kudus – kita akan menyadari bahwa ada area dalam hidup kita yang sepenuhnya berada di bawah belenggu Setan yang tidak dapat diatasi oleh doa tanpa henti dalam roh kita, dalam jiwa kita, atau dalam tubuh kita dan di sekitar kita. Ini membutuhkan pertempuran langsung dengan musuh jiwa kita - menegakkan mandat kerajaan yang telah kita tinggalkan di rak-rak berdebu di lemari kita. Meminta Tuhan untuk datang berperang dalam pertempuran yang telah Dia menangkan untuk kita dan memberi kita kunci untuk berperang... untuk terus berjuang sampai Dia kembali adalah kesalahan penempatan tanggung jawab dan prioritas. Garis komando yang salah tempat dan salah arah.

Tindakan peperangan yang sesungguhnya inilah, menurut saya, di sinilah jumlah pekerja sangat sedikit. Di garis depan pertempuran melawan musuh.

Maksud saya, kita harus memenangkan jiwa-jiwa, banyak sekali, dan memperlengkapi mereka untuk berjuang dalam perjuangan iman yang baik sehingga mereka dapat mengalami kebebasan yang Kristus berikan kepada kita semua melalui kematian dan kebangkitan-Nya. Wilayah yang harus kita kuasai adalah pikiran dan tubuh kita, sehingga tanpa banyak bicara, orang-orang yang tersesat dapat melihat apa yang kita alami setiap hari – Kebebasan dalam Kristus – Lingkaran penuh. Bukan hanya dalam roh, tetapi juga dalam jiwa dan tubuh kita.

Saya ingin menyampaikan penghargaan kepada **Dr. John Lake; Derek Prince, Frank Hammon, Ida Mae** dan banyak lainnya yang telah tiada dan berpulang ke pangkuan Tuhan, karena saya telah menerima bimbingan rohani melalui tulisan-tulisan mereka selama pencarian saya dalam 100 tahun terakhir tentang keberhasilan para Orang Suci dan mengapa begitu banyak dari kita, termasuk saya, orang Kristen modern, kekurangan kuasa dan otoritas yang diberikan kepada kita oleh Yesus Kristus dalam Markus 16:15-19 untuk menghadapi dan melakukan kampanye ofensif yang sukses melawan kekuatan kegelapan. Menegakkan apa yang telah Dia menangkan di alam bumi.

Dokumen-dokumen ini terbukti sangat tepat waktu dan sangat informatif mengenai masalah kuasa dan otoritas orang percaya di dalam Kristus atas dunia kejahatan yang selalu diselimuti begitu banyak kerahasiaan oleh segelintir orang dengan keberhasilan yang sangat minim karena mereka gagal untuk mencontoh diri mereka sendiri. Ini telah menjadi masalah kelas, masalah kebanggaan yang dimiliki oleh semua orang percaya.

Aku tahu ini adalah tipu daya musuh untuk membuat banyak orang terikat melalui ketidaktahuan oleh rencana jahatnya. Dengan kuasa dalam nama yang di atas segala nama, nama Yesus Kristus yang diberkati dan dibangkitkan, aku berkata, "Cukup sudah bagi penawanan iblis!" Ini sudah menjadi kemungkinan, hanya jika kita bersedia, kita akan memakan buah keselamatan kita - (dikutip dari saya).
Mari kita membaca

Yesaya 1:19 (NKJV):

Jika kamu bersedia dan taat , kamu akan menikmati hasil bumi yang baik;

Agar dapat **menikmati** kebaikan, **kita harus** bersedia **dan taat untuk menindaklanjuti semua perintah dalam firman-Nya melalui pikiran, perkataan, dan perbuatan** . Terkadang Tuhan **akan** menyuruh kita **melakukan** sesuatu dan **kita menaati** -Nya, tetapi **kita mungkin melakukannya** dengan enggan atau dengan sikap tanpa kasih.
Itu bukan bagian kita dalam nama Yesus. Kita bersedia dan taat kepada semua perintah yang telah Yesus berikan kepada kita dalam Markus 16:15-19 dalam semangat mengasihi Allah dan mengasihi sesama seperti diri kita sendiri dalam nama Yesus, Amin.

Jika kita tidak mau dan tidak taat untuk melaksanakan perintah-perintah itu, maka tidak akan ada kekosongan di dalam diri kita dan di sekitar kita, musuh akan memakan kekayaan negeri ini – jiwa laki-laki dan perempuan, anak laki-laki dan perempuan, ayah dan ibu, dan segala sesuatu yang berkaitan dengan kehidupan dan kesalehan – itu bukanlah bagian kita dalam nama Yesus. Amin.
Jadi, bagaimana seharusnya pola pikir kita? Bacalah dan renungkan ini perlahan-lahan - :

2 Petrus 1:3

Alkitab Terapan
3 ***Karena kuasa ilahi-Nya telah menganugerahkan kepada kita segala sesuatu yang diperlukan untuk kehidupan rohani yang dinamis dan kesalehan, melalui*** *pengetahuan yang benar* ***dan pribadi tentang Dia yang telah memanggil kita dengan kemuliaan dan keunggulan-Nya sendiri.***

Itulah seharusnya pola pikir kita. Kita adalah penakluk di dalam Kristus – Masa Lalu, Masa Kini, dan Masa Depan! Kita selalu menang. Kita bukanlah pecundang di medan pertempuran mana pun. Amin?

Jadi, di bagian 4, kita telah membahas judul – Dapatkah orang Kristen dirasuki setan? Kebohongan yang dijual setan kepada kita untuk menyembunyikan operasinya dalam hidup kita, Bagaimana Anda dan saya tahu bahwa mereka beroperasi di dalam dan di sekitar kita dan bagaimana kita dapat mengusir mereka, dan kita menutupnya dengan kisah pembebasan diri oleh seorang wanita dari jarak jauh. Anda dapat menemukannya melalui tautan di bawah ini atau langsung ke situs web kami di https://www.otakada.org

Pada bagian 5 dan bagian 6 ini, kita akan mengeksplorasi - **"Tujuh (7) langkah penting menuju pembebasan + Cara Mengidentifikasi dan Mengusir Kelompok Iblis dan Visi Konflik Akhir dan Cara untuk menang secara Strategis di Empat (4) Garis Depan Keterlibatan – Bagian 5 dan Bagian 6"**
Di Otakada Cyber Church, kami menyebarkan lebih dari 2 juta konten ke seluruh dunia, dan Tuhan mengubah hidup melalui kebenaran abadi dalam Firman-Nya!

Bersama dengan ANDA, kami sedang membangun BAIT SUCI ROHANI YANG LUAS
di DALAM HATI KAMI agar Roh Allah BERDIAM dan BEKERJA dengan MUDAH di MASA dan MUSIM ini, jadi TETAPLAH bersama kami dan BANGUNLAH bersama kami!
Mengenai hari Tuhan, Paulus menulis kepada jemaat Tesalonika di

1 Tesalonika 5:14-23

Alkitab Terapan

[14] Kami [dengan sungguh-sungguh] mendesak kamu, orang-orang percaya, untuk menasihati orang-orang yang menyimpang [yang tidak disiplin, yang tidak taat, yang tidak tertib], mendorong orang-orang yang penakut [yang kurang berani secara rohani], menolong orang-orang yang lemah [secara rohani], bersabarlah terhadap semua orang [selalu kendalikan amarahmu].
[15] Pastikan jangan ada orang yang membalas kejahatan dengan kejahatan, tetapi selalu carilah kebaikan bagi sesama dan bagi semua orang.
[16] Bersukacitalah selalu dan bergembiralah dalam imanmu;
[17] berdoalah tanpa henti dan tekun;
[18] dalam segala hal [apa pun keadaannya] bersyukurlah dan senantiasa berterima kasihlah kepada Allah; karena inilah kehendak Allah bagi kamu dalam Kristus Yesus.
[19] Jangan memadamkan [menundukkan, atau tidak menanggapi pekerjaan dan bimbingan] Roh Kudus.
[20] Jangan mencemooh atau menolak karunia nubuat atau wahyu lisan—kata-kata pengajaran atau nasihat atau peringatan.
[21] Tetapi ujilah segala sesuatu dengan saksama [a] agar kamu dapat mengenali apa yang baik. Berpegang teguhlah pada apa yang baik.
[22] Jauhilah segala bentuk kejahatan [menjauhi dan menjauhinya].
[23] Kiranya Allah damai sejahtera sendiri menguduskan kamu sepenuhnya [yaitu, memisahkan kamu dari hal-hal yang najis dan vulgar, menjadikan kamu murni, utuh, dan tidak rusak—dikuduskan bagi-Nya—dipisahkan untuk tujuan-Nya]; dan kiranya roh, jiwa, dan tubuhmu tetap utuh dan [ditemukan] tanpa cela pada kedatangan Tuhan kita Yesus Kristus.

Dalam surat-surat terakhirnya kepada orang-orang percaya, Petrus juga memperingatkan kita agar tidak mengabaikan tipu daya musuh kita.

1 Petrus 5:7-9

Alkitab Terapan

[7] Serahkanlah segala kekhawatiranmu [segala kecemasanmu, segala keresahanmu, dan segala keprihatinanmu, sekali untuk selamanya] kepada-Nya, karena Ia peduli kepadamu [dengan kasih sayang yang terdalam, dan menjagamu dengan sangat saksama]. [8] Berhati-hatilah [seimbang dan berdisiplin diri], waspadalah dan berhati-hatilah setiap saat. Musuhmu, iblis, berkeliaran seperti singa yang mengaum [sangat lapar], mencari mangsa untuk dimangsa. [9] Tetapi lawanlah dia, teguhlah dalam imanmu [melawan serangannya—berakar, kokoh, tak tergoyahkan], karena kamu tahu bahwa penderitaan yang sama dialami oleh saudara-saudarimu di seluruh dunia. [Kamu tidak menderita sendirian.]

Dalam menjawab pertanyaan – Dapatkah setan merasuki orang Kristen? Kita melihat bagian terakhir dari

1 Tesalonika 23 berkata : ***"Semoga Allah damai sejahtera sendiri menguduskan kamu seluruhnya [yaitu, memisahkan kamu dari hal-hal yang najis dan vulgar, menjadikan kamu murni, utuh, dan tidak rusak—dikuduskan bagi-Nya—dipisahkan untuk tujuan-Nya]; dan semoga roh, jiwa, dan tubuhmu tetap utuh dan [ditemukan] tanpa cela pada kedatangan Tuhan kita Yesus Kristus."***

Kata pengudusan dalam bahasa Yunani berarti pembebasan. Pembebasan dalam kehidupan pikiran kita yang mengarah pada emosi yang salah, yang kemudian mengarah pada tindakan yang salah. Ini berada dalam ranah emosi , akal **budi** , dan **kehendak.**

Roh diperbarui atau dihidupkan kembali dari keadaan mati ketika kita menerima keselamatan roh kita melalui iman –

sebuah tindakan kehendak. Jiwa dan tubuh membutuhkan usaha – yang juga membutuhkan tindakan kehendak.

Itulah sebabnya Paulus menulis dalam Filipi 2:12b,13 – Kerjakanlah keselamatanmu sendiri dengan takut dan gentar. Sebab Allah-lah yang bekerja di dalam kamu, baik untuk berkehendak maupun untuk melakukan kehendak-Nya yang baik.
Dalam rangkaian khotbah ini, kita sedang membangun pasukan pejuang untuk menghadapi musuh di garis depan dan membebaskan tawanan ke dalam kebebasan di dalam Kristus pada tiga tingkatan – Keselamatan roh yang disebut lahir baru, Keselamatan jiwa yang disebut pembebasan, dan Keselamatan tubuh kita yang disebut penyembuhan.

Ini adalah strategi swakarya dalam kerangka kerja terdistribusi, sebuah tindakan kehendak yang disiplin, dan Tuhan Yesus Kristus adalah Panglima Tertinggi kita. Tugas kami adalah memperlengkapi Anda untuk terlibat. Untuk membebaskan diri Anda, orang-orang terkasih Anda, dan orang lain di sekitar Anda. Tujuan kami adalah untuk membangunkan raksasa yang tertidur di dalam setiap orang percaya dan membuat Anda mempelajari pola pikir seorang pejuang di medan perang dan terlibat dalam kampanye yang sukses tanpa menimbulkan korban dalam nama Yesus.

Anda harus memahami bahwa " **Pertahanan terbaik** adalah serangan yang baik", sebuah pepatah yang telah diterapkan di banyak bidang usaha, termasuk permainan dan pertempuran militer. Ini juga dikenal sebagai prinsip ofensif strategis dalam perang.

Seperti yang telah kami sebutkan di bagian 4, tidak ada ruang bagi prajurit yang melarikan diri atau berlari untuk berperang lagi karena pertempuran telah dimenangkan di surga. Tugas kita adalah menggunakan otoritas dan kuasa yang diberikan kepada kita melalui Roh Kudus yang berdiam untuk menegakkan kemenangan itu karena musuh akan selalu ingin melampaui batasnya. Kita sedang menguji apakah kita tidak mengetahui apa yang sebenarnya terjadi. Sayangnya, begitu banyak dari kita yang tidak mengetahui tipu daya si jahat.

Untuk menghadapi jenis musuh ini sebagai pasukan yang terlatih, kita membutuhkan hal-hal berikut seperti yang telah kita soroti sebelumnya, yaitu **A, B, C, D, E, F, dan G. Saya harus menekankan bahwa rangkaian ini bukan untuk semua orang. Hanya segelintir orang yang akan memenuhi syarat untuk bergabung berdasarkan 7 atribut ini.**

Berikut ini rinciannya :

A. **Ketersediaan (Roh, jiwa, dan raga)**
B. **Keberanian**
C. **Rasa empati terhadap sesama**
D. **Tekad**
E. **Cinta yang Tulus**
F. **Kemarahan yang membara**
G. **Kelaparan Hebat**

Jika Anda tidak memiliki atribut-atribut ini sebagai bahan minimum, akan mustahil untuk melancarkan kampanye yang sukses karena semua bahan di atas perlu dicampur bersama untuk menghasilkan iman sebesar biji mustard guna membawa perubahan, karena Tuhan memberi makan orang yang lapar, bukan anak-anak yang dingin atau suam-suam kuku, baik dalam penyembuhan, pembebasan, dan pemulihan di dalam maupun di luar.

Rampasan sudah siap untuk dikumpulkan, tetapi dibutuhkan iman yang teguh seperti biji mustard untuk mengumpulkannya ke dalam pengalaman kita.

Hari ini, dalam **Cukup Sudah dengan Tawanan Setan dan Selamat Datang di Kebebasan dalam Kristus Yesus - Tujuh (7) langkah penting menuju pembebasan + Cara Mengidentifikasi dan Mengusir Kelompok Setan dan Visi Konflik Akhir dan Cara untuk menang secara Strategis di Empat (4) Garis Depan Keterlibatan – Bagian 5 Bagian 6**

Roh jahat atau setan, menurut pemahaman saya, adalah tingkatan terendah dari "pasukan roh jahat" (Efesus 6:12) yang diarahkan Setan terhadap umat manusia. Mereka memiliki tiga tujuan utama yang diberikan Setan kepada mereka:

1. pertama-tama untuk menyiksa dan menindas kita;
2. Kedua, untuk mencegah kita mengenal Kristus sebagai Juruselamat;
dan jika itu pun gagal, ketiga,
3. untuk menghalangi kita melayani Kristus secara efektif.

Berikut sembilan (9) atribut setan

1. Setan membujuk. 2. Setan mengganggu. 3. Setan menyiksa. 4. Setan memaksa. 5. Setan memperbudak. 6. Setan menyebabkan kecanduan. 7. Setan menajiskan. 8. Setan menipu. 9. Setan menyerang tubuh fisik.

Sekarang kita akan melihat tujuh (7) langkah menuju pembebasan sebagai berikut: 1) Kejujuran; 2) Kerendahan Hati; 3) Pertobatan; 4) Pelepasan Diri; 5) Pengampunan; 6) Doa; 7) Peperangan
Berikut detailnya:

Tujuh Langkah Menuju Pembebasan

1. **Kejujuran**

Seseorang harus jujur pada dirinya sendiri dan kepada Tuhan jika ia mengharapkan untuk menerima berkat pembebasan dari Tuhan. Kurangnya kejujuran membuat beberapa bagian kehidupan seseorang tetap dalam kegelapan. Roh-roh jahat berkembang biak dalam kegelapan seperti itu. Kejujuran membantu membawa mereka ke dalam terang. Setiap dosa yang tidak diakui atau dipertobatkan memberi iblis "hak hukum" untuk tetap tinggal. Mintalah Tuhan untuk membantu Anda melihat diri Anda seperti yang Dia lihat dan untuk menyingkapkan segala sesuatu yang bukan berasal dari-Nya.

Aku mengakui dosaku kepada-Mu, dan kejahatanku tidak kusembunyikan. Aku berkata, "Aku akan mengaku dosa-dosaku kepada Tuhan," dan Engkau mengampuni kejahatan dosaku. Mazmur 32:5

Ya Allah, selidikilah aku dan ketahuilah hatiku; ujilah aku dan ketahuilah pikiranku; lihatlah apakah ada jalan yang jahat dalam diriku, dan tuntunlah aku ke jalan yang kekal. Mazmur 139:23,24

2. Kerendahan Hati

Hal ini mencakup pengakuan bahwa seseorang bergantung pada Tuhan dan karunia-Nya untuk keselamatan.

Allah menentang orang yang sombong, tetapi memberi kasih karunia kepada orang yang rendah hati. Karena itu, tunduklah kepada Allah. Lawanlah iblis, maka ia akan lari dari kamu. Yakobus 4:7

Hal ini juga melibatkan keterbukaan sepenuhnya dengan para hamba Tuhan yang melayani dalam pembebasan.

Akui kesalahanmu satu sama lain, dan berdoalah satu sama lain, supaya kamu disembuhkan. Yakobus 5:16a

3. Pertobatan

Pertobatan adalah penolakan yang teguh terhadap dosa dan Setan. Seseorang harus membenci semua kejahatan dalam hidupnya dan berhenti menyetujuinya.
"Dapatkah dua orang berjalan bersama-sama, jika mereka tidak sepakat?" (Amos 3:3) Seseorang harus membenci dosa-dosanya.
Dan di situ kamu akan mengingat jalan-jalanmu dan segala perbuatanmu, yang menyebabkan kamu menjadi najis; dan kamu akan membenci dirimu sendiri di hadapanmu karena segala kejahatan yang telah kamu lakukan. Yehezkiel 20:43

Pembebasan bukan hanya untuk mendapatkan kelegaan dari masalah, tetapi untuk menjadi lebih seperti Yesus melalui ketaatan kepada semua yang Allah tuntut. Pertobatan adalah berpaling dari semua yang menghambat pertumbuhan rohani, pelayanan, dan persekutuan. Pertobatan membutuhkan pengakuan terbuka atas semua dosa. Itu menghilangkan hak hukum roh jahat.

4. Pelepasan

Pelepasan adalah meninggalkan kejahatan. Pelepasan adalah tindakan yang dihasilkan dari pertobatan.
Ketika Yohanes Pembaptis melihat banyak orang Farisi dan Saduki datang untuk dibaptis olehnya, ia berkata kepada mereka, "Hai generasi ular berbisa, siapakah yang telah memperingatkan kamu untuk melarikan diri dari murka yang akan datang? Karena itu, hasilkanlah buah-buah yang sesuai dengan pertobatan." Matius 3:7-8
Menghasilkan buah yang sesuai dengan pertobatan melibatkan lebih dari sekadar kata-kata. Itu adalah demonstrasi pertobatan... bukti bahwa seseorang benar-benar telah berpaling dari dosa-dosanya. Misalnya, jika seseorang bertobat dari nafsu, ia mungkin perlu menghancurkan beberapa materi pornografi. Jika seseorang telah bertobat dari kesalahan agama, ia mungkin perlu

sepenuhnya meninggalkannya dengan menghancurkan semua literatur dan barang-barang yang terkait dengan kesalahan tersebut.

Dan banyak orang yang beriman datang, dan mengaku, serta menunjukkan perbuatan-perbuatan mereka.
Banyak juga di antara mereka yang menggunakan ilmu sihir mengumpulkan buku-buku mereka dan membakarnya di hadapan semua orang; lalu mereka menghitung harganya, dan ternyata harganya lima puluh ribu keping perak. Kisah Para Rasul 19:18,19
Pelepasan berarti pemutusan hubungan sepenuhnya dengan Setan dan semua perbuatannya.

5. Pengampunan

Allah dengan cuma-cuma mengampuni semua orang yang mengaku dosa dan memohon ampunan melalui Putra-Nya. (Lihat 1 Yohanes 1:9). Ia mengharapkan kita untuk mengampuni semua orang lain yang pernah berbuat salah kepada kita dengan cara apa pun.
Sebab jika kamu mengampuni kesalahan orang lain, Bapa surgawi kamu juga akan mengampuni kamu. Tetapi jika kamu tidak mengampuni kesalahan orang lain, Bapa kamu juga tidak akan mengampuni kesalahan kamu. Matius 6:14,15
Kesediaan untuk memaafkan mutlak diperlukan untuk pembebasan. (Lihat Matius 18:21-35). Tidak ada pelayan pembebasan yang dapat melakukan pembebasan kecuali kandidat telah memenuhi syarat-syarat Allah.

6. Doa
Berdoalah kepada Tuhan agar Ia membebaskan dan melepaskanmu dalam nama Yesus.
Barangsiapa yang menyeru nama Tuhan, ia akan diselamatkan. Yoel 2:32

7. Peperangan

Doa dan peperangan adalah dua aktivitas yang terpisah dan berbeda. Doa ditujukan kepada Allah dan peperangan ditujukan kepada musuh. Peperangan kita melawan kuasa-kuasa iblis bukanlah peperangan jasmani, melainkan rohani (Lihat Efesus 6:10-12; II Korintus 10:3-5). Gunakan senjata penyerahan diri kepada Allah, darah Kristus

Yesus Kristus, Firman Allah, dan kesaksian Anda sebagai orang percaya. (Lihat Yakobus 4:7; Wahyu 12:11; Efesus 6:17). Identifikasi roh-roh jahat itu, sebutkan nama mereka secara langsung dengan suara yang tegas, dan dengan iman perintahkan mereka untuk pergi dalam nama Yesus. Masuki pertempuran dengan tekad dan keyakinan akan kemenangan. Kristus tidak akan gagal! Dialah Sang Pembebas!

"Dan tanda-tanda ini akan menyertai orang-orang yang percaya: dalam nama-Ku mereka akan mengusir setan." Markus 16:17a

"Lihatlah, Aku memberikan kepadamu kuasa untuk menginjak ular dan kalajengking, dan atas segala kuasa musuh; dan tidak ada sesuatu pun yang dapat membahayakan kamu." Lukas 10:19

"TUHAN adalah batu karangku, bentengku, dan PENYELAMATKU." Mazmur 18:2a

Kami memperluas penjelasan ini dengan memberikan Anda pengelompokan iblis. Satu iblis bertindak sebagai benteng utama dan iblis-iblis lain menemani benteng utama ini untuk menimbulkan kekacauan lebih lanjut dalam kehidupan Tentara Kristus, yaitu Anda. Mereka melekat berdasarkan beberapa kebiasaan negatif yang disebabkan oleh kehendak kita, dan itu mengundang mereka masuk seperti magnet untuk mendiami alam

jiwa dan tubuh orang percaya. Ingat, kegelapan menarik kegelapan. Terang menolak kegelapan.

Segala sesuatu yang kita lakukan yang tidak disetujui Tuhan atau tidak sesuai dengan ajaran Alkitab adalah kegelapan. Lihatlah Galatia 5 di mana Paulus menjelaskan bagaimana kita dapat mempertahankan kebebasan yang diberikan Kristus kepada kita. Segala sesuatu di luar kebebasan adalah daya tarik bagi alam kegelapan. Ingat, mereka sangat membutuhkan tempat tinggal dan tubuh manusia adalah salah satu prioritas utama mereka.
Bacalah ini:

Galatia 5:13-25
Alkitab Terapan
13 *Karena kamu, saudara-saudaraku, telah dipanggil untuk merdeka; hanya janganlah kemerdekaanmu itu menjadi kesempatan bagi sifat berdosa (keduniawian, keegoisan), tetapi melalui kasih layanilah dan carilah kebaikan bagi sesama.*
14 *Sebab seluruh Hukum Taurat [mengenai hubungan antarmanusia] digenapi dalam satu perintah, "Engkau harus mengasihi sesamamu seperti dirimu sendiri [yaitu, engkau harus memperhatikan sesama tanpa mementingkan diri sendiri dan melakukan hal-hal yang bermanfaat bagi mereka]."*
15 *Tetapi jika kamu saling menggigit dan saling menghancurkan [dalam pertengkaran dan perselisihan], waspadalah supaya kamu [bersama seluruh persekutuanmu] tidak saling membinasakan.*

16 *Tetapi kukatakan, hiduplah secara terus-menerus dalam Roh Kudus [carilah Dia dan tanggapilah bimbingan-Nya], maka kamu pasti tidak akan melakukan keinginan sifat berdosa [yang bertindak impulsif tanpa mengindahkan Allah dan perintah-perintah-Nya].*
17 *Sebab sifat berdosa*

mempunyai keinginan yang bertentangan dengan Roh, dan keinginan Roh bertentangan dengan sifat berdosa; karena keduanya [sifat berdosa dan Roh] saling bertentangan [terus-menerus berkonflik], sehingga kamu [sebagai orang percaya] tidak selalu melakukan apa pun yang kamu inginkan. [18] Tetapi jika kamu dibimbing dan dipimpin oleh Roh, kamu tidak tunduk pada Hukum Taurat. [19] Sekarang, perbuatan-perbuatan sifat [e] berdosa itu nyata: yaitu percabulan, kenajisan, hawa nafsu (ketidakbertanggungjawaban total, kurangnya pengendalian diri), [20] [f] penyembahan berhala, [g] sihir, permusuhan, perselisihan, iri hati, amarah, pertengkaran, perpecahan, faksi [yang menyebarkan ajaran sesat], [21] kedengkian, kemabukan, perilaku yang rusuh, dan hal-hal lain yang serupa. Aku memperingatkanmu sebelumnya, seperti yang telah kukatakan sebelumnya, bahwa orang-orang yang melakukan hal-hal seperti itu tidak akan mewarisi Kerajaan Allah. [22] Tetapi buah Roh [hasil dari kehadiran-Nya di dalam kita] adalah kasih [kepedulian tanpa pamrih terhadap orang lain], sukacita, damai sejahtera [batin], kesabaran [bukan kemampuan untuk menunggu, tetapi bagaimana kita bertindak sambil menunggu], kebaikan, kemurahan, kesetiaan, [23] kelemahlembutan, pengendalian diri. Terhadap hal-hal seperti itu tidak ada hukum. [24] Dan mereka yang milik Kristus Yesus telah menyalibkan [h] sifat berdosa beserta hawa nafsu dan keinginannya.

[25] Jika kita [mengaku] hidup oleh Roh Kudus, kita juga harus berjalan oleh Roh [dengan integritas pribadi, karakter yang saleh, dan keberanian moral—perilaku kita diberdayakan oleh Roh Kudus].

Kelompok iblis

Setan diidentifikasi berdasarkan sifatnya. *Setan kebencian* disebut "kebencian". Setiap setan memiliki spesialisasinya masing-masing. Setan kebencian tidak menumbuhkan nafsu—ia hanya memicu kebencian. Ketika setan diperintahkan untuk menyebutkan nama mereka, mereka biasanya akan menyebutkan nama sesuai dengan sifat mereka, misalnya *pemberontakan* , *kutukan, ketidakpedulian* , dll. Kadang-kadang setan akan memberikan nama pribadi seperti "Jim" atau "Shirley". Terkadang mereka akan memberikan nama asing. Ini adalah tindakan tipu daya untuk mencegah pendeta pelepasan mengetahui sifat asli mereka. Pendeta harus memerintahkan setan untuk mengungkapkan sifat mereka, dengan mengatakan, "Apa sifatmu, setan?"

Setan yang bersemayam di dalam tubuh jarang ditemukan sendirian; mereka biasanya berkelompok. Pengelompokan tersebut dapat disebut sebagai koloni, klan, atau keluarga. Ketika satu setan terdeteksi atau dikenali, seseorang harus segera waspada untuk mencari teman-temannya. Sekelompok setan bersatu untuk tujuan mengendalikan area tertentu dalam kehidupan seseorang. Oleh karena itu, ada pola roh yang sangat logis yang dapat ditemukan dalam kelompok tertentu. Jenis roh tertentu ditemukan berulang kali dalam kombinasi yang sama; namun, seseorang tidak boleh berasumsi bahwa kombinasinya akan selalu sama.

KEMUNGKINAN UNTUK PENGELOMPOKAN TIDAK TERBATAS.

Di dalam setiap kelompok akan ada *"orang kuat"* atau roh penguasa. Seringkali selama pelayanan, roh penguasa akan diidentifikasi secara khusus. Tidak selalu perlu bahwa ia diidentifikasi sebagai roh penguasa untuk melakukan pembebasan. Identifikasi tersebut biasanya akan disertai alasan. Pertama, Roh Kudus mungkin mengarahkan urutan prosedur. Pelayan pembebasan akan waspada terhadap rencana pertempuran apa pun yang mungkin diberikan Tuhan. Ada situasi di mana Tuhan akan mengarahkan agar roh penguasa ditangani terlebih dahulu dan kemudian para pengikutnya. Di waktu lain, arahan Tuhan adalah untuk mengusir roh-roh yang lebih rendah terlebih dahulu dan roh penguasa terakhir. Tampaknya tidak ada gunanya mempertanyakan mengapa Tuhan memimpin dengan satu cara dan kemudian cara lain. Seorang prajurit yang baik dilatih untuk mengikuti perintah tanpa mempertanyakan komandannya. Terkadang ia mungkin diberi keleluasaan besar dalam memilih rute serangannya sendiri, dan di waktu lain perintahnya cukup spesifik. Hal yang sama berlaku dalam pertempuran peperangan rohani.

Alasan kedua mengapa roh penguasa dapat diidentifikasi adalah untuk kepentingan orang yang menerima pembebasan. Sangat membantu untuk mengetahui roh mana yang harus diwaspadai di masa depan. Beberapa roh sangat terkait dengan pola kebiasaan yang harus diubah dan area manusia duniawi yang harus disalibkan. Setelah pembebasan, orang tersebut harus berjuang sendiri untuk mempertahankan pembebasannya. Sangat membantu untuk mengetahui dengan tepat apa yang sedang diperjuangkan, dan apa yang merupakan daging dan apa yang merupakan roh jahat. Dari pengalaman yang diperoleh melalui ratusan sesi pembebasan dan dalam menangani kelompok-kelompok setan, saya yakin bahwa roh penguasa adalah roh pertama yang menyerang area tertentu. Karena dialah yang pertama masuk, dia dapat menetapkan dirinya sebagai penguasa. Dia kemudian menjadi kunci untuk membuka jalan bagi roh-roh lain untuk masuk. Ketika setan diusir, tidak jarang memberikan perintah kepada roh penguasa, "Keluarlah dan bawa semua temanmu bersamamu!" atau "Keluarlah dan bawa semua akarmu!" Jika ada bagian dari suatu kelompok yang tidak diusir, maka jalan masih terbuka bagi kelompok tersebut untuk diterima kembali. Karena alasan ini, pengusiran harus dilakukan seoptimal mungkin.

Lebih dari satu roh dari jenis tertentu dapat ditemukan dalam suatu kelompok. Misalnya, koloni kepahitan mungkin berisi beberapa *iblis kebencian.* Selain itu, jenis iblis tertentu mungkin hadir di lebih dari satu kelompok. Misalnya, *iblis kemarahan* mungkin ditemukan dalam klan kepahitan dan iblis kemarahan lainnya dalam klan kesempurnaan. Dalam satu pelepasan, beberapa kelompok roh diusir. Di setiap kelompok terdapat *roh depresi.* Hanya melalui pengoperasian karunia supranatural berupa kemampuan membedakan, seseorang dapat mengetahui bahwa semua kombinasi roh tersebut telah ditangani.
Contohnya: Rasa pahit

KEPAHITAN

Dalam Ibrani 12:15 terdapat peringatan: "jangan sampai ada akar kepahitan yang tumbuh dan menyusahkan kamu, sehingga banyak orang menjadi najis karenanya." Akar kepahitan bertanggung jawab atas banyak "masalah". Kepahitan yang terpendam di dalam hati dalam jangka waktu tertentu akan membuka pintu bagi invasi setan. Ini mungkin merupakan celah paling umum bagi aktivitas setan. Dalam sebagian besar kasus, kepahitan itu ditujukan kepada seseorang dalam keluarga dekat.

Roh-roh kepahitan terus menghidupkan kembali kejadian-kejadian menyakitkan. Hal-hal yang terjadi bertahun-tahun lalu tetap segar dan hidup dalam ingatan seolah-olah baru terjadi hari ini. Dengan demikian, seseorang tidak hanya mengatasi masalah saat ini tetapi selalu dihadapkan pada tumpukan luka masa lalu. Roh *ketidakmaafan* terus menghidupkan setiap detail luka; terus-menerus meninjaunya dalam pikiran orang tersebut. Luka yang paling sepele pun tidak dimaafkan atau dilupakan. Kapan pun sikap kepahitan ditemukan, seseorang dapat mengharapkan untuk menemukan iblis-iblis kepahitan , *kebencian,* dan

permusuhan. Dalam beberapa kasus, rantai roh berlanjut hingga mencakup roh-roh lain atau semua roh dalam kelompok tersebut.
Daftar kelompok setan berikut mewakili pola yang dialami melalui sesi pelepasan roh jahat yang sebenarnya.

Pengelompokan ini hanya merupakan saran tentang apa yang mungkin ditemui. Daftar ini sama sekali tidak dimaksudkan untuk menjadi lengkap, dan pengelompokannya juga tidak bersifat tetap.

Penjelasan diberikan mengenai beberapa pengelompokan yang tercantum. Hal ini bertujuan untuk memberikan wawasan tentang masalah yang disebabkan oleh kelompok roh tertentu. Sebagian besar kelompok cukup mudah dipahami.
Kami percaya bahwa informasi yang diberikan di bawah ini akan terbukti sangat bermanfaat bagi mereka yang terjun ke pelayanan pelepasan roh jahat. Ini akan membantu siapa pun untuk lebih memahami bagaimana iblis mengatur diri mereka sendiri dalam kelompok-kelompok. Bertahun-tahun studi dan pengalaman diringkas menjadi beberapa halaman.

PENGELOMPOKAN IBLIS UMUM

1. RASA PAHIT
Kebencian, Kedengkian, Ketidakmaafan, Kekerasan, Amarah, Pembalasan, Pembunuhan

2. PEMBERONTAKAN
Kehendak sendiri, keras kepala, ketidaktaatan, anti-ketundukan.

3. PERSELISIHAN

Perselisihan, Pertengkaran, Perdebatan, Perkelahian

4. KONTROL
Sifat posesif, dominasi, ilmu sihir.

5. PEMBALASAN
Kehancuran, Dendam, Kebencian, Sadisme, Menyakiti, Kekejaman

6. TUDUHAN
Menilai Kritik Mencari Kesalahan

7. PENOLAKAN
Ketakutan akan Penolakan Penolakan Diri Sendiri

8. KETIDAKAMANAN
Rasa rendah diri, mengasihani diri sendiri, kesepian, rasa malu, rasa kurang percaya diri, ketidakmampuan, ketidakcakapan

9. KECEMBURUAN
Iri hati, kecurigaan, ketidakpercayaan, keegoisan.

10. PENARIKAN
Cemberut, melamun, fantasi, kepura-puraan, ketidaknyataan

11. MELARIKAN DIRI
Ketidakpedulian, Stoikisme, Pasif, Kantuk, Alkohol, Narkoba

12 PASIVITAS
Ketidakpedulian yang aneh, kelesuan, kelesuan

13. DEPRESI
Keputusasaan, kemurungan, kekecewaan, sikap pesimis.

Keputusasaan, Kekecewaan, Bunuh Diri, Kematian, Insomnia, Morbiditas

14. BERAT
Kesuraman Beban Rasa Jijik

15. KEKHAWATIRAN
Kecemasan Ketakutan Kecemasan Kekhawatiran

16. KEGUGURAN
Sakit Kepala Tegang Kebiasaan Gugup Kegelisahan Kegembiraan Insomnia Berkeliaran

17. KEPEKAAN
Kesadaran diri, rasa takut pada manusia, rasa takut akan ketidaksetujuan.

18. PENGANIAHAN
Ketidakadilan, takut dihakimi, takut dikutuk, takut dituduh. Takut ditegur Kepekaan

19. PENYAKIT MENTAL
Kegilaan, Kegilaan, Mania, Keterbelakangan Mental, Pikun, Skizofrenia

20. SKIZOFRENIA

21. PARANOIA
Kecemburuan, Iri Hati, Kecurigaan, Ketidakpercayaan, Penganiayaan, Ketakutan, Konfrontasi

22. KEBINGUNGAN
Frustrasi Ketidakkonsistenan Kelupaan

23. KERAGUAN
Ketidakpercayaan Skeptisisme

24. KETIDAKPASTIAN
Penundaan, Kompromi, Kebingungan, Kelupaan, Ketidakpedulian

25. PENIPUAN DIRI SENDIRI
Penipuan diri sendiri, rayuan diri sendiri, kesombongan.

26. MENGAGUMKAN
Kebingungan, ketakutan terhadap manusia, ketakutan akan kegagalan, roh gaib, spiritualisme, roh-roh

27. PENYEMBAHAN BERHALA DALAM PIKIRAN
Intelektualisme Rasionalisasi Kesombongan Ego

28. KETAKUTAN (Segala Jenis)
Fobia (Semua Jenis) Histeria

29. TAKUT PADA OTORITAS
Kebohongan dan Tipu Daya

30. KEBANGGAAN
Keegoisan, Kesombongan, Keangkuhan, Keangkuhan, Keangkuhan

31. KASIH SAYANG
Teatrikal, Akting, Kecanggihan, Kepura-puraan

32. KESERAKAN
Mencuri, Kleptomania, Nafsu Materi, Keserakahan, Ketidakpuasan

33. KESEMPURNAAN
Kesombongan, Keangkuhan, Ego, Frustrasi, Kritik, Kejengkelan
Intoleransi Kemarahan

34. KOMPETISI
Perdebatan yang Mendorong Kesombongan dan Ego

35. KETIDAKSABATAN
Kegelisahan, Frustrasi, Intoleransi, Kebencian, Kritik

36. BEBAN PALSU
Tanggung jawab palsu, belas kasihan palsu

37. KESEDIHAN
Kesedihan, Sakit Hati, Patah Hati, Menangis, Kesedihan, Kejam

38. KELELAHAN
Kelelahan, keletihan, kemalasan

39. KELEMAHAN
(penyakit atau gangguan kesehatan apa pun)

40. KEMATIAN

41. WARISAN
(Fisik) (Emosional) (Mental) (Kutukan)

42. HIPERAKTIVITAS
Kegelisahan dan Tekanan yang Mendorong
43. MENGUMPAT
Kursus Penghujatan, Bercanda, Gosip, Kritik, Fitnah, Mengejek, Meremehkan, Mencaci Malah

44. KECANDUAN & KOMPULSIF Nikotin Alkohol
Obat-obatan
Kecanduan Kafein

45. KESERAKAN

Kegelisahan, Makan kompulsif, Kebencian, Frustrasi, Kemalasan
Mengasihani diri sendiri, memberi penghargaan pada diri sendiri

46. PENYANGKALAN DIRI SENDIRI
Kebencian terhadap diri sendiri, penghukuman diri sendiri

47. RASA BERSALAH
Kecaman Rasa Malu
Ketidaklayakan Rasa Malu

48. KENAJISAN SEKSUAL
Nafsu Fantasi Nafsu Masturbasi Homoseksualitas Lesbianisme Perzinahan Percabulan Insest Pelacuran Pemerkosaan, Paparan, Frigiditas

49. SEKTE
Saksi Yehuwa
Ilmu Kristen
Rosikrusianisme
Teosofi
Urantia
Subud
Latihan
Persatuan
Mormonisme
Bahaisme
Unitarianisme (Perkumpulan, komunitas, dan lembaga sosial yang menggunakan Alkitab dan Tuhan sebagai dasar tetapi mengabaikan penebusan melalui darah Yesus Kristus)

50. OKULTISME
Ramalan telapak tangan dengan papan Ouija, analisis tulisan tangan, tulisan tangan otomatis, ESP.

Hipnotisme Horoskop Astrologi
Levitasi, Ramalan, Pencarian Air, Kartu Tarot, Bandul, Ilmu Sihir, Sihir Hitam, Sihir Putih, Mantra, Jimat, Benda-Benda Gaib, dll.

51. AGAMA
Ritualisme, Formalisme, Obsesi Doktrinal, Rayuan, Kesalahan Doktrinal, Takut akan Tuhan, Takut akan Neraka, Takut akan Kehilangan Keselamatan, Religiusitas, dll.

52. SPIRITISME
Seance, Pemandu Roh, Nekromansi, dll.

53. AGAMA-AGAMA PALSU
Buddhisme Taoisme Hinduisme Islam Shintoisme
Konfusianisme
Dll.

Konflik Terakhir – Mimpi Spiritual

Kita semua tahu bahwa sepanjang sejarah Alkitab, Tuhan kadang-kadang berbicara kepada hamba-hamba-Nya melalui penglihatan dan mimpi. Pada hari Pentakosta, Petrus mengutip dari nabi Yoel:
"Dan akan terjadi pada hari-hari terakhir," firman Allah, "Aku akan mencurahkan Roh-Ku atas segala manusia; anak-anakmu laki-laki dan perempuan akan bernubuat, orang-orang muda akan melihat penglihatan, dan orang-orang tua akan bermimpi." Kisah Para Rasul 2:17
Pada tanggal 9 Juli 1970, Tuhan berbicara kepada saya dalam mimpi rohani. Dia menjelaskan kepada saya bahwa saya harus melayani kebenaran yang ditunjukkan kepada saya melalui mimpi ini. Saya berdoa semoga ini menjadi berkat dan inspirasi bagi Anda, seperti halnya bagi banyak orang lain yang telah berbagi dengan Anda.

MIMPI

Saat mimpi itu dimulai, saya mendapati diri saya memasuki sebuah stadion besar.

Tribun penonton benar-benar penuh sesak, dan ada suasana kegembiraan dan antisipasi atas apa yang akan terjadi. Itu akan menjadi pertandingan bisbol, dan aku akan menjadi salah satu pemainnya. Aku sudah mengenakan seragamku. Seragam timku berwarna merah dan

putih. Saya melihat anggota tim lawan dan mereka mengenakan seragam hitam dan putih.

Saat aku melangkah ke lapangan, aku menyadari bahwa semua rekan satu timku berada di pinggir lapangan, terlibat perdebatan sengit dengan semua anggota tim lawan. Aku tidak ingin terlibat dalam keributan itu dan berjalan ke lapangan, berharap yang lain akan segera bergabung denganku. Saat aku melangkah ke lapangan, salah satu anggota tim lawan ikut bergerak bersamaku. Pikiranku dipenuhi kekhawatiran untuk segera memulai perdebatan. Dari posisi matahari, aku tahu masih ada sekitar dua jam waktu siang hari tersisa. Aksi harus segera dimulai.

Akhirnya perdebatan di pinggir lapangan mereda, dan tim-tim mulai mengambil posisi masing-masing. Tim kami akan berada di lapangan dan tim lawan akan memukul. Saya berjalan ke lapangan kiri menyadari bahwa saya belum diberi tugas mengenai posisi yang akan saya mainkan. Saya mencari pelatih saya dan melihat bahwa dia berada di tengah lapangan. Dia memberi isyarat agar saya menjaga base ketiga, dan saya segera mengambil posisi di sana.

Tim kami mulai "bersemangat", seperti yang mereka katakan. Kami semua saling meneriakkan kata-kata penyemangat dan ikut larut dalam suasana pertandingan. Selanjutnya, kami mulai melakukan latihan pemanasan - meregangkan lengan, menekuk lutut , dan membungkukkan punggung. Sekarang saatnya permainan dimulai.

Pelempar melempar bola pertama melewati home plate. Pemukul lawan memukulnya dengan sekuat tenaga. Dia memukul...

Sebuah bola melambung sangat tinggi. Aku memperhatikannya saat bola itu melayang tinggi di atas kepalaku dan kembali, kembali, kembali, jatuh di luar lapangan permainan. Rasa takut mencengkeram hatiku. Aku berpikir, "Jika semua pemain mereka sekuat itu, peluang apa yang kita miliki?" Aku menyadari bahwa aku harus sangat waspada. Aku menggeser berat badanku dari satu kaki ke kaki lainnya. Jika bola berikutnya datang ke arahku, aku harus segesit kucing, siap melompat ke segala arah untuk menangkap bola dan mengeluarkan pemain lawan. Pada titik ini, mimpi itu berakhir. Ketika aku bangun dan mulai mengingat mimpi itu, reaksi awalku adalah kekecewaan. Aku menyukai bisbol dan kecewa karena aku tidak bisa menyelesaikan mimpi itu.

INTERPRETASI

Mimpi rohani tidak dapat dipahami—mimpi itu harus ditafsirkan. Ketika Roh Kudus mengingatkan saya tentang mimpi itu keesokan paginya, Dia mulai memberi saya penafsirannya. Saya mengambil pensil dan kertas dan mulai menulis penafsiran secepat yang saya bisa. Semuanya menjadi jelas dalam beberapa saat. Itu ditulis tanpa gangguan, persis seperti yang diberikan Roh Kudus kepada saya.

Lapangan permainan itu melambangkan seluruh dunia. Tribun yang dipenuhi penonton adalah gambaran yang disajikan dalam Ibrani 12:1.

Karena itu, karena kita pun dikelilingi oleh begitu banyak saksi...

Tuhan memberitahuku bahwa mereka yang berada di tribun adalah awan besar para saksi. Mereka adalah semua orang Kristen yang pernah hidup dan sekarang sedang memandang dunia dari posisi surgawi mereka. Semua bapa leluhur dan orang-orang kudus dari zaman Perjanjian Lama dan Perjanjian Baru berada di tribun. Ada Abraham, Yakub, Ishak, Yusuf, Daud, Daniel, Yeremia, Yesaya, Petrus, Yakobus, dan Yohanes, dan semua yang lainnya. Mereka adalah orang-orang yang telah berada dalam "perlombaan panji" di generasi sebelumnya. Banyak dari mereka telah berprestasi dan berada di "aula kemasyhuran" seperti yang tercatat dalam Ibrani pasal sebelas. Mereka menantikan dengan penuh harap bagaimana kita yang berada di lapangan pada generasi ini akan berprestasi.

Kemudian Tuhan berkata kepadaku, "INI ADALAH SERI DUNIA! INI ADALAH KONFLIK TERAKHIR ANTARA KEKUATAN JAHAT DAN KEKUATAN KEBENARAN. INI UNTUK MENENTUKAN JUARA DUNIA!"

Kemudian saya diberi tahu arti seragam itu. Seragam kami berwarna merah dan putih. Merah melambangkan darah Yesus. Itu menandai kita sebagai orang-orang yang milik Tuhan. Darah itu berbicara tentang kuasa kita di dalam Kristus Yesus. "Mereka mengalahkan dia (Setan) oleh darah Anak Domba ..." (Wahyu 12:11). Putih melambangkan kemurnian. Mereka yang berada di tim Tuhan saat ini harus ditandai dengan kemurnian. Roh Kudus sangat menekankan kekudusan pribadi dan kebenaran praktis. Ini bukan saatnya untuk berjalan dengan satu kaki di dunia dan kaki lainnya di Kerajaan Allah!
Tim lawan mengenakan seragam hitam dan putih.

Hitam adalah simbol kejahatan. Warna ini melambangkan Setan dan perbuatan jahatnya. Tim lawan jelas diidentifikasi sebagai Iblis dan pasukannya yang terdiri dari roh-roh jahat. Saya bingung. Tim Iblis juga memiliki warna putih pada seragamnya. Apa artinya ini? Sementara pertanyaan itu terbentuk dalam pikiran saya, Roh Kudus memberikan jawaban... Hitam dan putih melambangkan campuran kebaikan dan kejahatan. Setan tidak pernah datang kepada kita dengan kegelapan dan kejahatan sepenuhnya. Dia juga datang kepada kita dengan warna putih. Hitam dan putih melambangkan campuran *kebenaran* dan *kesalahan.* Ini adalah salah satu campuran strategis terbesar Setan. Saat ini, lebih dari sebelumnya, ada campuran kebaikan dan kejahatan; kebenaran dan kesalahan.

Roh Kudus berfirman dengan jelas, bahwa pada akhir zaman sebagian orang akan murtad dari iman dan mengikuti roh-roh penyesat dan ajaran-ajaran setan. 1 Timotius 4:1

Mengapa saya terlibat dalam konflik ini? Tuhan menunjukkan kepada saya bahwa kehadiran saya dalam perjumpaan itu adalah sebagai perwakilan. Saya mewakili banyak orang Kristen yang bergerak ke medan konflik spiritual untuk melancarkan serangan terhadap kekuatan neraka.

Aku bertanya, "Tetapi, Tuhan, mengapa semua rekan timku berada di pinggir lapangan berdebat dengan tim lawan?" Tuhan menjelaskan bahwa ini hanyalah taktik lain dari musuh. Ia mencoba untuk membuat umat Tuhan berada di pinggir lapangan, menjauh dari aksi utama, dan membuat mereka terikat. Ia menunjukkan kepadaku bahwa ini melambangkan perpecahan dalam Kekristenan *denominasional* . Iblis membuat orang Kristen berada di pinggir lapangan membela doktrin dan tradisi mereka sendiri, tanpa menyadari bahwa mereka telah ditipu oleh iblis. Sudah saatnya umat Tuhan bersatu dan melanjutkan pekerjaan yang ada! Pada kenyataannya, inilah yang terjadi sebagai akibat dari pencurahan Roh Kudus yang besar di seluruh dunia saat ini.

Kekhawatiran saya adalah hari itu hampir berakhir. Hanya tersisa beberapa jam lagi waktu siang hari. Sungguh, malam akan datang ketika tidak seorang pun dapat bekerja. Kita hidup di jam-jam terakhir sejarah manusia. Kita harus memanfaatkan setiap menitnya. Kita harus menyadari bahwa sebagai orang Kristen, kita harus turun ke medan perang dan mengalahkan Setan dan pasukannya.

Akhirnya tim-tim mulai bergerak ke lapangan. Satu orang tidak membentuk sebuah tim! Fase kehidupan gereja yang sedang kita masuki membutuhkan kerja tim... persatuan! Tuhan kemudian mengingatkan saya bahwa ada *sembilan* pemain dalam sebuah tim bisbol. Angka sembilan menunjukkan *sembilan karunia* Roh dan *sembilan buah* Roh. Mereka yang berada di tim Tuhan dalam konflik terakhir dengan kekuatan Setan akan beroperasi di bawah arahan Roh Kudus. Karunia-karunia Roh - firman hikmat, firman pengetahuan, iman, karunia penyembuhan, melakukan mukjizat, nubuat, membedakan roh, berbagai macam bahasa dan penafsiran bahasa (Lihat 1 Korintus 12:8-10) - akan beroperasi dalam pelayanan mereka. Buah Roh - kasih, sukacita, damai sejahtera, kesabaran, kelemahlembutan, kebaikan, iman, kerendahan hati, pengendalian diri - akan terlihat. (Lihat Galatia 5:22,23). Pujilah Tuhan! Dia membawa tim-Nya ke lapangan di *zaman kita*. Itu adalah tim *yang dipenuhi Roh* . Karunia-karunia Roh
Roh Kudus sedang dipulihkan di gereja. Buah-buahnya sedang ditunjukkan di antara umat Allah seperti belum pernah terjadi sebelumnya. Hambatan yang telah memisahkan kita dan membuat kita terpinggirkan begitu lama sedang diatasi. Hambatan denominasi sedang runtuh. Pertanyaan-pertanyaan doktrinal yang memecah belah sedang dikuburkan. Yesus adalah Tuhan! Kita sedang mengalami aliran kasih. Kita berada di landasan yang sama. Kita dapat beribadah dan melayani bersama di bawah Roh Kudus.

Ketika saya melangkah ke lapangan, seorang anggota tim lawan ikut bergerak bersama saya. Dalam pengalaman nyata, saya melangkah ke medan konflik ketika saya mengalami Roh Kudus. Saat itulah saya diberkahi dengan kuasa dan menjadi ancaman bagi iblis. Setelah pengalaman itu, karunia Roh mulai beroperasi dalam pelayanan saya, dan sebagian besar kuasa yang dihasilkan diarahkan kepada iblis. Baptisan dalam Roh Kudus tentu saja tidak mengakhiri masalah saya - sebenarnya masalah saya tampak lebih besar dari sebelumnya. Dalam semalam, sebagian besar teman saya menjadi musuh yang menolak saya dan menuduh saya sombong dan penuh tipu daya. Ketakutan mencengkeram hati saya dan saya bertanya-tanya apa yang akan terjadi pada saya. Kekuatan iblis telah bergerak ke medan untuk melawan saya!

Pada saat itu saya berada di posisi yang serba salah. Tahukah Anda apa artinya berada di posisi serba salah? Ungkapan ini digunakan untuk menggambarkan seseorang yang bingung dan tidak tahu di mana dia berada. Saya tahu saya berada di tengah konflik dan di lapangan, tetapi tidak tahu apa peran saya. Ini cukup dan secara gamblang menggambarkan dilema saya setelah baptisan Roh Kudus. Bukankah ini Bagaimana gambaran banyak orang Kristen? Mereka seperti berada di sisi yang salah. Mereka belum pernah benar-benar menemukan kehendak Tuhan untuk hidup mereka. Mereka berkeliaran tanpa tujuan. Mereka tidak benar-benar membantu tim. Tempat yang seharusnya mereka isi dibiarkan kosong. Ada celah di barisan. Tetapi Sang Pelatih ada di sana, siap memberi arahan! Siapakah Sang Pelatih? Dia adalah Roh Kudus. Dan di manakah Dia dapat ditemukan? Ini adalah ciri aneh dari mimpi itu. Biasanya pelatih berada di pinggir lapangan atau di ruang ganti. Tetapi di sini pelatih berada tepat di tengah lapangan. Di manakah Roh Kudus hari ini? Dia ada tepat di tengah-tengah kita. Dia ada di sana untuk memberi kita arahan saat kita memandang

kepada-Nya. Dia menunjukkan kepada saya bahwa saya harus berada di posisi ketiga. Kita akan membahas maknanya sebentar lagi.
Para anggota tim dengan cepat menemukan posisi mereka masing-masing. Permainan akan segera dimulai. Kami mulai meneriakkan kata-kata penyemangat satu sama lain. Oh, betapa indahnya pemandangan gereja ini.

Marilah kita saling memperhatikan untuk saling mendorong dalam kasih dan perbuatan baik. Janganlah kita meninggalkan perkumpulan kita bersama, seperti kebiasaan sebagian orang, tetapi marilah kita saling menasihati, dan terlebih lagi, karena hari itu semakin dekat. Ibrani 10:24-25
Kemudian latihan kami dimulai. Tuhan menunjukkan kepada saya bahwa latihan fisik para pemain bola sejajar dengan latihan spiritual orang Kristen. Jika kita ingin tetap bugar untuk konflik spiritual, kita harus mengikuti aturan dan disiplin latihan spiritual—menekuk lutut dalam doa, mengangkat tangan dalam pujian, membungkukkan punggung dalam penyembahan! Haleluya! Para peserta dalam konflik kejuaraan dunia akan selalu dalam kondisi prima. Jangan sampai dikatakan tentang kita bahwa...
Anak-anak dunia ini, semasa hidupnya, lebih bijak daripada anak-anak terang. Lukas 16:8b
Jika para pria di arena olahraga dapat mendisiplinkan hidup mereka dan tetap dalam kondisi terbaik untuk meraih mahkota duniawi, betapa lebih lagi seharusnya orang Kristen membayar harga yang mahal untuk sepenuhnya siap menghadapi konflik terbesar dari semuanya.

Sekarang, saatnya konflik dimulai. Tuhan menunjukkan kepadaku bahwa tim kita berada di lapangan dalam posisi bertahan. Dia mengatakan kepadaku bahwa aku, umat-Nya, telah berada dalam posisi ini cukup lama. Sudah saatnya untuk mengalahkan iblis dan melakukan serangan. Pertahanan yang baik itu penting, tetapi tim penyeranglah

yang mencetak gol. Melalui peperangan rohani, gereja mengambil langkah ofensif saat ini. Setan-setan diusir. Penguasa dan kekuatan kegelapan rohani diserang dan dikalahkan. Yesus pernah berkata...
Jika Aku mengusir setan dengan jari Allah, sesungguhnya Kerajaan Allah telah datang kepadamu. Lukas 11:20

Inilah hari peperangan rohani dan kemenangan rohani. Sebelum Kerajaan Allah dapat menjadi kenyataan dalam hidup Anda atau saya, kekuatan neraka yang mengepung kita harus dihadapi dan diatasi. Sebelum gereja dapat memenuhi apa yang dinubuatkan Tuhan mengenai gereja-Nya yang menang (Mat. 16:18), gereja harus mengambil langkah-langkah berikut:
Serangan terhadap iblis. Pesan dan praktik peperangan rohani menyebar dengan cepat di seluruh gereja saat ini. Iblis sedang dilawan dan dipaksa untuk melarikan diri. Untuk pertama kalinya kita melihat sisi belakang iblis. Sungguh pemandangan yang indah!

Saya teringat kisah tentang anak-anak laki-laki yang bermain bola di lapangan suatu hari. Seorang pria lewat. Dia bertanya kepada salah satu anak laki-laki bagaimana jalannya permainan. Anak laki-laki itu menjawab bahwa permainannya berjalan baik. Pria itu bertanya tentang skor. Anak laki-laki itu mengatakan skornya 35 banding 0. Pria itu ingin tahu tim mana yang unggul. Anak laki-laki itu mengatakan bahwa tim lawan yang unggul. Kemudian pria itu berkomentar bahwa tim anak laki-laki itu kalah telak. Anak laki-laki itu tampak bingung dan berkata, “Oh, tidak, Pak! Kami tidak kalah.” Sekarang pria itu bingung. Dia ingin tahu bagaimana anak laki-laki itu bisa menyimpulkan bahwa mereka tidak kalah padahal mereka tertinggal 35 banding 0. Lalu anak laki-laki itu menjelaskan, “Pak, kami belum mulai memukul bola.”

Betapa indahnya gambaran gereja! Iblis telah terus menambah jumlah korban. Tetapi sekarang saatnya bagi gereja untuk mengambil inisiatif dan mengalahkan iblis. Amin!

Kemudian bola pertama dilemparkan. Pemukul lawan memukul bola dengan sangat keras. Bola melambung tinggi dan jauh tetapi jatuh di luar garis lapangan. Tuhan berkata, "Aku ingin menunjukkan kepadamu pekerjaan musuh. Itu seperti bola yang dipukul tadi. Musuh memang memiliki kekuatan. Dan apa yang dia lakukan seringkali sangat hebat dan mengesankan, tetapi semuanya 'melanggar'."

Ketakutan yang melanda hatiku adalah hal yang umum dialami banyak hamba Tuhan ketika mereka melihat semua yang dilakukan iblis. Mereka bertanya-tanya apakah ada peluang untuk menang. Mereka mulai berpikir tentang diangkat dalam pengangkatan (rapture). Tetapi Tuhan tidak sedang mendatangkan gereja seperti itu! Dia adalah Tuhan dari gereja yang militan. Dia telah menunggu generasi seperti kita untuk turun ke medan perang. Di bawah kepemimpinan-Nya, itu akan terlaksana. Musuh akan dikalahkan. Apakah Anda berada di tim? Apakah Anda mengambil inisiatif menyerang iblis?

Pada titik ini dalam mimpi itu, saya menyadari bahwa saya harus siap. Saya harus memberikan yang terbaik. Saya harus mampu bergerak ke arah mana pun yang dibutuhkan dan mengalahkan lawan.
Karena itu, perhatikanlah cara hidupmu, jangan seperti orang bodoh, tetapi seperti orang bijak, manfaatkanlah waktu sebaik-baiknya, karena zaman ini jahat. Efesus 5:15-16
Mimpi itu sepertinya berakhir sebelum waktunya. Aku bertanya kepada Tuhan mengapa aku tidak diizinkan melihat akhir permainan. Tuhan balik bertanya mengapa aku ingin

melihatnya sampai akhir. Aku menjelaskan bahwa aku ingin mengetahui hasilnya. Kemudian Tuhan berkata kepadaku sesuatu yang indah, "Anakku," kata-Nya, "kamu tidak perlu mengetahui hasilnya; kamu sudah mengetahuinya. Firman-Ku telah menjanjikanmu bahwa kamu berada di tim yang menang. Itu akan terjadi seperti yang telah Kukatakan. Tidak, kamu tidak perlu mengetahui hasilnya, tetapi kamu perlu tahu bahwa AKHIRNYA

KONFLIK TELAH DIMULAI!

Ya, sahabat Kristenku yang terkasih, kita berada di akhir zaman. Konflik terakhir antara kekuatan Setan dan tentara Allah SUDAH berlangsung. Kita melihat buktinya di mana-mana. Ini adalah seruan untuk berperang. Tidak ada lagi waktu untuk menunda. Peperangan telah dimulai! Apakah Anda terlibat?

SEKUEL

Penafsiran mimpi itu belum berakhir. Saya diberi arti dari setiap pangkalan. Pangkalan pertama mewakili *hubungan sosial* , pangkalan kedua adalah *hubungan bisnis* , dan pangkalan ketiga adalah *hubungan gereja.* Karena itulah saya ditugaskan di pangkalan ketiga. Tugas saya adalah mengusir iblis ketika dia mencoba masuk ke pangkalan ketiga - di gereja.

Basis utama mewakili apa yang dilambangkannya—*hubungan di rumah.* Roh Kudus menunjukkan kepada saya bahwa segala sesuatu dimulai dari basis utama dan berakhir di basis utama. Ketika anggota tim Tuhan datang untuk memukul, mereka harus mulai dari rumah dan mendapatkan pukulan di sana. Tidak peduli seberapa mengesankan mereka berlari di basis hubungan sosial, bisnis, atau bahkan gereja, jika mereka tidak memulai dengan benar di rumah, mereka hanyalah orang munafik!

Saat ini Tuhan menekankan pentingnya kehidupan rumah tangga yang benar. Dia sedang menata rumah tangga kita.

Dia mengembalikan peran suami dan ayah ke posisi otoritasnya di rumah. Rumah tangga menjadi pusat kehidupan spiritual. Inilah tatanan ilahi Tuhan. Kita tidak akan bisa benar dalam hubungan lain dalam hidup sampai kehidupan kita benar di rumah.
rumah. Tim iblis sedang melancarkan serangan bertubi-tubi ke rumah kita. Iblis harus dikalahkan terlebih dahulu dalam serangannya terhadap rumah kita. Setiap anggota keluarga harus memikul peran yang telah ditetapkan Tuhan:

Istri-istri, tunduklah kepada suamimu, seperti kepada Tuhan... Suami-suami, cintailah istrimu, seperti Kristus juga mengasihi gereja dan menyerahkan diri-Nya untuknya... Anak-anak, taatilah orang tuamu dalam Tuhan, karena ini adalah benar. Efesus 5:22,25, 6:1
Ujian pertama bagi kehidupan Kristen datang dari rumah. Jika kasih, sukacita, dan damai sejahtera Roh Kudus tidak terpancar dari kehidupan kita dalam hubungan dengan anggota keluarga kita sendiri, maka Setan telah meraih kemenangan atas kita. Ketika menjadi jelas bahwa Setan telah mendapatkan pijakan di rumah kita dan melalui diri kita sendiri, itu adalah panggilan untuk peperangan rohani. Kalahkan iblis dalam hidup Anda sendiri dan dalam keluarga Anda, dan kemudian Anda akan dapat melanjutkan peperangan ke area kehidupan lainnya.
Dalam perumpamaan-Nya tentang serpihan kayu dan balok, Yesus menunjukkan kepada kita bahwa kita harus menata hidup kita sendiri terlebih dahulu sebelum dapat melayani orang lain. Mari kita pastikan tidak ada *babi di ruang tamu kita sendiri.*

Doa Singkat untuk Pembebasan Diri

"Tuhan Yesus Kristus, aku percaya Engkau mati di kayu salib untuk dosa-dosaku dan bangkit kembali dari kematian. Engkau menebusku dengan darah-Mu dan aku

milik-Mu, dan aku ingin hidup untuk-Mu. Aku mengaku semua dosaku—yang diketahui dan yang tidak diketahui—aku menyesali semuanya. Aku meninggalkan semuanya. Aku mengampuni semua orang lain sebagaimana aku ingin Engkau mengampuni aku. Ampuni aku sekarang dan sucikan aku dengan darah-Mu. Aku bersyukur kepada-Mu atas darah Yesus Kristus yang sekarang menyucikan aku dari segala dosa. Dan aku datang kepada-Mu sekarang sebagai penyelamatku. Engkau mengetahui kebutuhan khususku—hal yang mengikat, yang menyiksa, yang menajiskan; roh jahat itu, roh najis itu—aku mengklaim janji firman-Mu, "Barangsiapa yang menyeru nama Tuhan akan diselamatkan." Aku berseru kepada-Mu sekarang. Dalam nama Tuhan Yesus Kristus, bebaskan aku dan lepaskan aku. Setan, aku meninggalkanmu dan semua perbuatanmu. Aku melepaskan diriku darimu, dalam nama Yesus, dan aku memerintahkanmu untuk meninggalkanku sekarang juga dalam nama Yesus. Amin!"

Biarlah itu datang dari hatimu dan lihatlah keselamatan dari Tuhan!

Apakah Anda sakit atau membutuhkan pemulihan?

Bagi mereka yang sakit atau tidak sehat dalam bentuk apa pun, atau membutuhkan pembebasan? Atau pemulihan, silakan sentuh titik di bawah ini dengan iman ***(Iman adalah melihat hasil positif yang tepat dari situasi Anda saat ini, mengetahui bahwa Yesus telah melakukan bagian-Nya lebih dari 2000 tahun yang lalu untuk mengamankan kesembuhan dan pembebasan Anda, pemulihan sebagai uang muka, percaya bahwa uang muka itu tersedia bagi Anda untuk diambil, seperti saldo positif di rekening giro***

Anda di bank, tanpa pertanyaan apa pun karena kami setuju dengan Anda dan menyatakan SEMBUHLAH dalam nama Yesus Kristus, Amin)

Dengan kuasa yang telah Engkau berikan kepadaku dan kepada mereka, aku menggunakan kuasa itu sekarang dengan iman, dengan amarah mereka terhadap musuh dan kerinduan untuk mendapatkan apa yang telah Engkau berikan secara cuma-cuma kepada mereka semua. Aku mengutuk setiap penyakit, setiap penderitaan, baik itu kanker, COVID-19, baik itu roh penyakit, baik itu kerasukan setan atau penindasan, baik itu roh kemiskinan, kemunduran, keterlambatan pemenuhan apa yang telah Allah tetapkan dan lepaskan. Kami melawan anomali, aku mengikat mereka, kami mengutuk mereka sampai ke akarnya dan kami mengusir mereka dengan kuasa dalam nama Yesus Kristus. Amin. Kami memohon pelepasan penyembuhan, pembebasan, dan pemulihan ke dalam hidup mereka dalam nama Yesus Kristus yang perkasa. Terima kasih Tuhan atas kesaksian-kesaksian yang tetap ada untuk kemuliaan, kehormatan, dan penyembahan-Mu. Terima kasih atas jiwa-jiwa yang ditambahkan ke dalam kerajaan-Mu sebagai hasil dari pesan ini, mukjizat-mukjizat yang sudah kami lihat sekarang dan yang terwujud untuk kemuliaan-Mu dalam nama Yesus, Amin. Selesai! Bersukacitalah!

Sentuh titik yang ditandai sebagai titik kontak dan akui dengan mulutmu – AKU TELAH DISEMBUIKAN, AKU TELAH DIBEBASKAN dan AKU TELAH DIPULIHKAN dalam Roh, Jiwa, Tubuh dan segala sesuatu di sekitarku dalam nama YESUS Kristus, Amin!!!

Mulailah melakukan apa yang sebelumnya tidak dapat Anda lakukan dan mulailah mengaku dosa sampai kesembuhan total, pembebasan, dan pemulihan menjadi

buah dalam hidup Anda dalam nama Yesus, amin. Tetaplah haus akan segala sesuatu dari Tuhan, tetaplah marah dan rebut kembali semua yang telah ditahan musuh dalam nama Yesus, amin.

Catatan:

Bersaksilah tentang kesembuhan untuk kemuliaan Tuhan dan untuk mempermalukan musuh! Kirimkan email atau WhatsApp kepada kami jika Anda masih membutuhkan persetujuan kami mengenai masalah ini. Dan bergabunglah dalam seri pelatihan yang dimulai Kamis minggu depan. Temukan detailnya segera di situs web kami!

Prestasi yang Lebih Besar - 1 – Bab 8 - Cari Tahu Caranya dari Para Tokoh Hebat di Bagian 7

– Kuasa Roh Kudus yang berdiam di dalam DIRIMU dalam kata-kata ditransfer melalui udara ke dalam AIR dan MINYAK sebagai agen PENYEMBUHAN, PEMBEBASAN, DAN PEMULIHAN dalam hidupmu dan orang lain – Contoh Skrip Doa disertakan atas air dan minyak + 2 Kisah tentang PEMBEBASAN seorang Pendeta dan seorang Gadis 6 Tahun Penderita Skizofrenia dan Berbagai Iblis Lainnya sebagai Pelajaran bagi ANDA oleh Frank dan Ida Mae – Bagian 7 + Doa Kesepakatan untuk Penyembuhan, Pembebasan, dan Pemulihan

Sahabat-sahabat terkasih, hari ini, kami mempersembahkan bagian ke-7 dari seri kami tentang sudah cukup bagi penawanan dan selamat datang kepada kebebasan di dalam Kristus.

Kami mengatakan bahwa melalui pola kebiasaan negatif atau gaya hidup yang tidak sesuai dengan Alkitab, kita menjadikan diri kita orang Kristen sebagai tempat tinggal yang menarik bagi kekuatan kegelapan melalui pilihan yang disengaja untuk tidak taat kepada pola hidup Allah. Kita menjadi budak yang kepadanya kita tundukkan kehendak kita untuk taat. Untuk memperkuat poin itu, di sini Paulus dalam

Roma 6:16 Alkitab Amplifikasi, Edisi Klasik
16 Tidakkah kamu tahu bahwa jika kamu terus-menerus menyerahkan diri kepada siapa pun untuk melakukan kehendaknya, kamu adalah hamba dari orang yang kamu taati, baik itu kepada dosa yang membawa kepada kematian, atau kepada ketaatan yang membawa kepada kebenaran (perbuatan yang benar dan kedudukan yang benar di hadapan Allah)?

Dan Yesus menyinggung fakta ini bahwa tuan ini – Setan – adalah penguasa yang keras dan merusak. Bacalah ini.

Yohanes 10:10
Alkitab Amplifikasi, Edisi Klasik
10 Pencuri datang hanya untuk mencuri, membunuh, dan menghancurkan. Aku datang supaya mereka mempunyai dan menikmati hidup, dan mempunyai hidup yang berlimpah (sepenuhnya, sampai melimpah).
Tuhan telah memberi kita karunia kehendak bebas untuk membuat pilihan, tetapi Dia tidak memberi kita kehendak bebas untuk memilih hasil dari pilihan kita. Di sinilah Musa menasihati anak-anak Israel dan, secara lebih luas, kita sebagai orang Kristen modern:

Ulangan 30:16-20
Alkitab Amplifikasi, Edisi Klasik
16 [Jika kamu menaati perintah-perintah Tuhan Allahmu yang] Aku perintahkan kepadamu hari ini, untuk mengasihi Tuhan Allahmu, untuk berjalan di jalan-Nya, dan untuk memelihara perintah-perintah-Nya dan ketetapan-ketetapan-Nya dan peraturan-peraturan-Nya, maka kamu akan hidup dan bertambah banyak, dan

Tuhan Allahmu akan memberkati kamu di tanah yang akan kamu tempati.
[17] Tetapi jika pikiran dan hatimu berpaling dan kamu tidak mau mendengar, melainkan tergoda untuk menyembah allah lain dan melayani mereka,
[18] Aku menyatakan kepadamu hari ini bahwa kamu pasti akan binasa, dan kamu tidak akan hidup lama di negeri yang akan kamu masuki dan kuasai dengan menyeberangi Sungai Yordan.
[19] Aku memanggil langit dan bumi untuk menjadi saksi pada hari ini bahwa terhadap kamu telah Kutetapkan hidup dan mati, berkat dan kutukan; karena itu pilihlah hidup, supaya kamu dan keturunanmu hidup
[20] Dan hendaklah kamu mengasihi Tuhan, Allahmu, menaati suara-Nya, dan berpegang teguh kepada-Nya. Karena Dialah hidupmu dan panjangnya umurmu , supaya kamu dapat tinggal di tanah yang telah dijanjikan Tuhan kepada nenek moyangmu, kepada Abraham, Ishak, dan Yakub.

Dengan sengaja, banyak dari kita orang Kristen telah menjadikan diri kita lahan subur dan landasan peluncuran bagi kekuatan iblis. Faktanya, begitu banyak dari kita tidak menyadari hal ini, dan itu adalah rancangan kekuatan jahat sampai kita mengizinkan Roh Kudus untuk menerangi kita dengan cahaya-Nya untuk pembebasan. Kita tahu ada begitu banyak area dalam hidup kita di mana kita benar-benar kehilangan kendali atau berada dalam penawanan, dan doa yang tak henti-hentinya selama bertahun-tahun tidak membantu karena akar penyebab yang berkaitan dengan penyembuhan total, pembebasan, dan pemulihan dalam roh, jiwa, dan tubuh kita belum ditangani.

Hari ini di bagian ke-7, dalam seri kami "Cukup Sudah" terhadap Penawanan Setan dan Selamat Datang di KEBEBASAN dalam Kristus, kami menghadirkan wawasan tentang Cara membangkitkan **KUASA Roh Kudus yang berdiam di dalam DIRIMU dan DIRIKU melalui kata-kata yang ditransfer melalui udara ke dalam AIR dan minyak sebagai agen PENYEMBUHAN, PEMBEBASAN, dan PEMULIHAN dalam hidup Anda dan orang lain + 2 Kisah tentang PEMBEBASAN seorang Pendeta dan seorang gadis berusia 6 tahun sebagai pembelajaran bagi ANDA – Bagian 7**

Ingatlah, kita sedang mempersiapkan diri untuk berhasil melaksanakan perintah dalam Markus 16:15.

Markus 16:16-20

Alkitab Amplifikasi, Edisi Klasik

16 Barangsiapa percaya [yang berpegang teguh pada Injil dan Dia yang dinyatakan di dalamnya] dan dibaptis, ia akan diselamatkan [[a] dari hukuman mati kekal]; tetapi barangsiapa tidak percaya [yang tidak berpegang teguh pada Injil dan Dia yang dinyatakan di dalamnya], ia akan dihukum.

17 Dan tanda-tanda yang membuktikan ini akan menyertai orang-orang yang beriman : dalam nama-Ku mereka akan mengusir setan; mereka akan berbicara dalam bahasa-bahasa baru;

18 Mereka akan mengambil ular; dan sekalipun mereka meminum sesuatu yang mematikan, itu tidak akan membahayakan mereka; mereka akan menumpangkan tangan pada orang sakit, dan mereka akan sembuh.

19 Maka setelah Tuhan Yesus berbicara kepada mereka, Ia diangkat ke surga dan duduk di sebelah kanan Allah.

20 Lalu mereka pergi dan memberitakan Injil ke mana-mana, sementara Tuhan terus bekerja bersama mereka dan meneguhkan pemberitaan itu dengan tanda-tanda dan mukjizat yang menyertainya. Amin.

Seperti yang telah kami sebutkan dalam seri sebelumnya, untuk berhasil melaksanakan perintah Yesus kepada

SEMUA ORANG PERCAYA di dalam Kristus, tidak ada ruang bagi prajurit yang melarikan diri atau berlari untuk berperang lagi karena pertempuran telah dimenangkan di surga. Tugas kita adalah menggunakan otoritas dan kuasa yang diberikan kepada kita melalui Roh Kudus yang tinggal di dalam kita untuk menegakkan kemenangan itu karena musuh akan selalu ingin melampaui batasnya. Kita sedang menguji apakah kita tidak mengetahui apa yang sebenarnya terjadi. Sayangnya, begitu banyak dari kita yang tidak mengetahui tipu daya si jahat.

Kami mengatakan bahwa untuk menghadapi jenis musuh ini sebagai pasukan yang disiplin, kita membutuhkan hal-hal berikut seperti **A, B, C, D, E, F, dan G. Saya harus menekankan bahwa rangkaian ini bukan untuk semua orang. Hanya segelintir orang yang akan memenuhi syarat untuk bergabung berdasarkan 7 atribut ini. Atribut-atribut tersebut adalah sebagai berikut** :

A. **Ketersediaan (Roh, jiwa, dan raga)**
B. **Keberanian**
C. **Rasa empati terhadap sesama**
D. **Tekad**
E. **Cinta yang Tulus**
F. **Kemarahan yang membara**
G. **Kelaparan Hebat**

Jika Anda tidak memiliki atribut-atribut ini sebagai bahan minimum, akan mustahil untuk melancarkan kampanye yang sukses karena semua bahan di atas perlu dicampur bersama untuk menghasilkan iman sebesar biji mustard guna membawa perubahan, karena Tuhan memberi makan orang yang lapar, bukan anak-anak yang dingin atau suam-suam kuku, baik dalam penyembuhan, pembebasan, dan pemulihan di dalam maupun di luar.

Rampasan sudah siap untuk dikumpulkan, tetapi dibutuhkan iman yang teguh seperti biji mustard untuk mengumpulkannya ke dalam pengalaman kita. Kita berbicara tentang jiwa, jiwa, dan lebih banyak jiwa, dan segala sesuatu yang kita butuhkan sebagai tentara Allah yang hidup untuk melancarkan kampanye yang sukses. Kami di sini untuk membekali Anda dengan pembelajaran dari mereka yang telah mendahului kita.

Sekarang mari kita lihat bagian pertama dari presentasi kita hari ini – **Kuasa Roh Kudus yang berdiam di dalam DIRIMU dalam kata-kata yang ditransmisikan melalui udara ke dalam AIR dan MINYAK sebagai agen untuk Mukjizat – PENYEMBUHAN, PEMBEBASAN, DAN PEMULIHAN dalam hidupmu dan orang lain – – Contoh naskah doa disertakan**

Kita mulai dengan Yesus, pencipta dan penyempurna iman kita yang Roh Kudus berdiam di dalam diri-Nya, yaitu:

Yohanes 9:1-7
Alkitab Amplifikasi, Edisi Klasik
9 Ketika Ia lewat, Ia melihat seorang pria yang buta sejak lahir.
2 Murid-murid-Nya bertanya kepada-Nya, "Rabi, siapakah yang berdosa, orang ini atau kedua orang tuanya, sehingga ia dilahirkan buta?"
3 Yesus menjawab, "Bukan karena orang ini atau kedua orang tuanya berdosa, tetapi ia dilahirkan buta agar pekerjaan Allah dinyatakan (ditampilkan dan diilustrasikan) di dalam dirinya."
4 Kita harus mengerjakan pekerjaan Dia yang mengutus Aku dan menyibukkan diri dengan pekerjaan-Nya selama masih terang; malam akan datang, di mana tidak seorang pun dapat bekerja.
5 Selama aku berada di dunia, aku adalah Terang dunia.

[6] Setelah mengatakan itu, Dia meludah ke tanah dan membuat tanah liat (lumpur) dengan air liur-Nya, lalu Dia mengoleskannya [sebagai salep] pada mata orang itu.
[7] Lalu Ia berkata kepadanya, "Pergilah, basuhlah dirimu di Kolam Siloam—yang artinya Diutus." Maka ia pergi dan membasuh dirinya, lalu kembali dan dapat melihat.

Jika mukjizat ini terjadi di zaman kita oleh siapa pun yang percaya kepada Kristus, kita akan cepat menghakimi dan berkata, "mungkin kita menggunakan ilmu hitam." Sama seperti Yesus yang dituduh setelah mukjizat luar biasa ini jika Anda membaca sampai akhir Yohanes 9.

Yesus menunjukkan kepada kita sebuah prinsip yang dapat dan harus kita terapkan di zaman kita sekarang ini karena kita membawa Roh Kudus di dalam diri kita dan ketika kita berbicara kepada apa pun dalam kuasa Roh Kudus yang berdiam di dalam diri kita, maksud hati kita akan terwujud. Saya akan menyertakan ayat-ayat Alkitab lainnya untuk menjadi saksi kekuatan dahsyat kata-kata dalam memengaruhi dan mewujudkan perubahan dalam situasi yang mati dan membusuk. Kemudian, saya akan menyertakan doa sederhana seperti sebuah naskah yang dapat kita gunakan dan adaptasi untuk situasi dan keadaan kita sendiri:

Amsal 18:20-21
Alkitab Amplifikasi, Edisi Klasik
[20] Diri [moral] seseorang akan dipenuhi dengan buah mulutnya; dan dengan akibat dari perkataannya ia harus puas [baik itu perbuatan baik maupun perbuatan jahat].
[21] Maut dan hidup ada di dalam kuasa lidah, dan barangsiapa yang menggunakannya, ia akan memakan buahnya [yaitu maut atau hidup].
Amsal 18:4,6,16
Alkitab Amplifikasi, Edisi Klasik

4 Perkataan dari mulut orang yang [bijaksana dan arif] bagaikan air yang dalam [berlimpah dan sulit dipahami], dan mata air hikmat yang terampil dan saleh bagaikan aliran yang deras [berkilau, segar, murni, dan memberi kehidupan].
6 Bibir orang bodoh yang [percaya diri] mendatangkan perselisihan, dan mulutnya mengundang pukulan.
16. Karunia seseorang membuka jalan baginya dan membawanya ke hadapan orang-orang besar.
Sebelum berdoa, saya akan menutupnya dengan kisah Yesus tentang kekuatan dalam kata-kata kita.
Markus 11:20-26
Alkitab Amplifikasi, Edisi Klasik
20 Pada pagi hari, ketika mereka sedang lewat, mereka melihat bahwa pohon ara itu telah layu [sepenuhnya] sampai ke akarnya.
21 Lalu Petrus teringat dan berkata kepada-Nya, "Guru, lihatlah! Pohon ara yang telah Engkau binasakan itu telah layu!"
22 Dan Yesus menjawab mereka, "Berimanlah kepada Allah [dengan teguh]."
23 Sesungguhnya Aku berkata kepadamu: Barangsiapa berkata kepada gunung ini, "Terangkatlah dan lemparkanlah ke laut!" dan tidak ragu sedikit pun dalam hatinya, melainkan percaya bahwa apa yang dikatakannya itu akan terjadi, maka hal itu akan terjadi baginya.
24 Karena alasan inilah Aku berkata kepadamu: Apa pun yang kamu minta dalam doa, percayalah (yakinlah dan yakinlah) bahwa itu akan dikabulkan dan kamu akan mendapatkannya.
25 Dan setiap kali kamu berdiri berdoa, jika kamu mempunyai sesuatu terhadap seseorang, maafkanlah dia dan [a] lupakanlah (tinggalkanlah, biarkanlah berlalu), supaya Bapa-mu yang di surga juga mengampuni kesalahan dan kekuranganmu dan melupakannya.

[26] [b] Tetapi jika kamu tidak mengampuni, Bapa di surga pun tidak akan mengampuni kesalahan dan kekuranganmu.

Jika Anda melihat ayat 23, Dia berkata "barangsiapa yang berkata". Barangsiapa itu termasuk Anda. Ayat itu tidak mengatakan, "jika Anda adalah seorang pria atau wanita yang diurapi Allah". Satu-satunya syarat adalah "dan tidak ragu sedikit pun, ia percaya bahwa apa yang dikatakannya akan terjadi, maka itu akan dilakukan baginya".

Ingatlah, ini sebelum Roh Kudus diberikan. Sekarang, Anda dan saya memiliki Roh Kudus yang berdiam di dalam diri kita. Yang perlu kita lakukan hanyalah membangkitkan-Nya. Melalui penyembahan, pujian, berbicara dalam bahasa roh sehingga kita dibangun dalam iman untuk membuat pernyataan yang akan berpengaruh.

Baiklah, mari kita mulai. CONTOH NASKAH DOA

Contoh naskah doa untuk diucapkan ke dalam air atau minyak sebelum kita mengoleskannya atau meminumnya untuk mencapai tujuan yang dimaksud. Ingat, Anda harus melihat dengan jelas hasil yang diinginkan saat Anda mengucapkan doa-doa tersebut ke dalam air dan/atau minyak agar menjadi agen penyembuhan, pembebasan, dan pemulihan. Terus lakukan ini sampai ada perubahan dalam keadaan atau situasi.

Mulailah Berbicara : Air atau minyak, aku menghirup nafas kehidupan yang berdiam di dalam diriku melalui pengakuan keselamatan dengan iman dalam nama Yesus Kristus dan kuasa serta kehadiran Roh Kudus di dalam diriku saat ini. – (tiupkan udara ke dalam air atau minyak sekarang dengan iman, lihat hasil yang diinginkan yang sesuai dengan Kitab Suci)

Air atau minyak, dengan kuasa Roh Kudus, diurapi untuk penyembuhan (sebutkan apa yang Anda inginkan untuk disembuhkan), pembebasan (sebutkan apa yang Anda inginkan untuk dibebaskan), dan pemulihan dalam nama Yesus Kristus (sebutkan apa yang Anda inginkan untuk dipulihkan) – (Tiup dari lubuk hati Anda, dengan kuasa Roh Kudus ke dalam air atau minyak – berbicaralah dalam bahasa roh sesuai dengan dorongan hati Anda)
Saat aku mengambil air yang diurapi ini dan meminumnya, atau mengambil minyak dan mengoleskannya, biarlah gelombang kuasa urapan Roh Kudus meresap ke seluruh tubuhku, di dalam tubuhku, dan membawa kesembuhan total, pembebasan total, dan pemulihan total dalam nama Yesus Kristus, Amin. (Sebutkan area-area di mana Anda membutuhkan kesembuhan, pembebasan, dan pemulihan)
Aku menyatakan tatanan ilahi dan penataan ulang total dalam roh, jiwa, dan tubuhku dalam nama Yesus Kristus, amin.

Aku bersyukur kepada-Mu, Bapa, aku bersyukur kepada-Mu, Yesus, aku bersyukur kepada-Mu, Roh Kudus yang terkasih, atas kesembuhan total (kesembuhan dari apa? sebutkan, lihat hasil kesembuhannya), pembebasan (dari apa? Sebutkan, lihat hasil pembebasannya) dan pemulihan (dari apa? Sebutkan, lihat hasil pemulihannya) Amin dan Amin.

PS – Mulailah melihat hasilnya – selalu, mulailah mengakui hasilnya – selalu, mulailah mengalami hasilnya dan bersaksi tentang hasilnya untuk kemuliaan-Nya dan berkat Anda dalam nama Yesus, amin. Terus ulangi sampai hasil yang diinginkan terpenuhi dan sebarkan kabar ini kepada orang lain yang membutuhkan sentuhan Tuhan dalam nama Yesus, amin.

Sekarang, mari kita jadikan 2 kisah tentang pembebasan seorang pendeta dan seorang gadis berusia 6 tahun sebagai pelajaran berharga bagi Anda.

Kisah 1 Haruskah Saya Menjadi Pelayan Pembebasan? Bagaimana saya terjun ke pelayanan pembebasan oleh Frank Hammond – Pembebasan seorang pendeta.

"Bagaimana Anda terjun ke pelayanan pelepasan?" Pertanyaan itu sering diajukan kepada saya. Tentu saja itu bukanlah sesuatu yang saya inginkan dan cari. Saya sering berkata kepada orang-orang, "Jika Anda melihat ke luar di tanah, Anda akan menemukan alur yang dibuat oleh jari-jari kaki saya ketika saya ditarik ke dalam pekerjaan ini." Tuhan tidak memanggil saya ke dalam aspek pelayanan ini – Dia mendorong saya ke dalamnya! Dalam Matius 9:38 Yesus menyuruh para pengikut-Nya untuk berdoa agar Tuhan pemilik panen akan "mengutus" pekerja-pekerja. Interpretasi harfiahnya adalah bahwa Dia akan "mendorong" atau "memaksa" pekerja-pekerja. Inilah bagaimana saya mengalami "panggilan" itu. Tuhan tidak bertanya kepada saya; Dia memberi tahu saya!

Sungguh penemuan yang menggembirakan untuk mengetahui bahwa Yesus adalah "sama, baik kemarin, hari ini, dan selama-lamanya" (Ibrani 13:8). Ketika saya mengalami baptisan Roh Kudus, saya menemukan bahwa mukjizat tidak berakhir ketika kedua belas rasul meninggal atau ketika kanon kitab suci selesai disusun. Mukjizat masih ada hingga hari ini. Saya pergi mendengarkan khotbah Kathryn Kuhlman dan menyaksikan banyak mukjizat penyembuhan dalam kebaktian itu. Iman saya semakin kuat, dan saya mulai memikirkan teman-teman yang membutuhkan penyembuhan.

Seorang rekan pendeta sangat membekas di hati saya. Saya ingin melihatnya sembuh lebih dari siapa pun yang bisa saya bayangkan. Selama enam belas tahun ia menderita sakit kepala terus-menerus. Ini adalah akibat dari cedera kepala yang serius. Dokter tidak menawarkan solusi. Mereka menyarankan operasi otak eksplorasi, tetapi Fred tidak mau menyetujui operasi berbahaya seperti itu dengan sedikit harapan kesembuhan. Karena rasa sakitnya, ia tidak bisa tidur dan sarafnya hancur berantakan. Ia tidak bisa belajar dan mempersiapkan khotbahnya dengan baik. Rasa sakit yang terus-menerus membuatnya mudah marah dan tersinggung. Keluarganya berada dalam ketegangan yang berat. Anak-anak tidak bisa membuat suara apa pun. Segala sesuatunya berputar di sekitar penderitaan Fred.

Saya memberi tahu Fred bahwa saya akan mendoakannya sampai saya melihatnya sembuh. Setiap hari selama seminggu saya meluangkan waktu untuk berdoa baginya. Kemudian suatu pagi saat saya berdoa, Tuhan memberi tahu saya bahwa masalah Fred disebabkan oleh roh jahat. Benarkah saya mendengar suara Tuhan? Bagaimana saya bisa menyampaikan wahyu seperti itu kepada teman saya? Apa yang akan dia pikirkan? Lagipula, apa yang saya ketahui tentang setan? Saya pernah mendengar beberapa referensi tentang mereka di beberapa pertemuan yang saya hadiri, tetapi saya belum pernah membaca apa pun tentang subjek itu. Bagaimana saya bisa yakin? Apa yang harus saya lakukan?

Keinginan untuk berbagi wahyu saya dengan Fred tidak kunjung hilang; malah semakin kuat. Suatu hari ketika kami bersama, saya dengan hati-hati membahas topik tersebut. "Fred, aku berjanji akan mendoakanmu sampai Tuhan menyembuhkanmu," aku mengingatkan. "Aku telah mendoakanmu setiap hari. Beberapa hari yang lalu Tuhan memberitahuku apa masalahmu." Aku berhenti sejenak untuk menunggu reaksi Fred. Aku berhasil menarik perhatiannya. "Wah, puji Tuhan," katanya, "Apa yang Tuhan katakan kepadamu?" "Sekarang, Fred, aku tidak tahu apa yang akan kau pikirkan tentang ini," kataku, memilih kata-kata sehati-hati mungkin, "tetapi Tuhan memberitahuku bahwa sakit kepalamu disebabkan oleh setan." Aku menahan napas sambil memperhatikan ekspresinya . Aku tidak tahu bahwa Fred lebih berpengetahuan tentang setan daripada aku. Dia menerimanya dengan tenang. "Wah, puji Tuhan!" serunya, bahkan tampak gembira. "Bukankah Alkitab mengatakan setan dapat diusir? Aku ingin Engkau mengusirnya dariku."

"Tunggu sebentar," protesku. "Aku tidak tahu apa-apa tentang mengusir setan, tapi kurasa aku mungkin bisa menemukan seseorang yang tahu caranya. Beri aku beberapa hari untuk berdoa mencari orang yang bisa melakukannya untukmu. Aku akan memberitahumu segera setelah aku menemukan seseorang."

Saya langsung berdoa, memohon kepada Tuhan untuk menuntun saya kepada seorang pelayan pembebasan. Tuhan berkata, "Kamu saja yang melakukannya." Maka saya berdoa lagi. Saya dengan hati-hati menjelaskan kepada Tuhan betapa tidak memenuhi syaratnya saya. Saya pasti terdengar lebih buruk daripada Musa di semak yang terbakar, yang mencari-cari alasan mengapa ia tidak dapat memimpin umatnya keluar dari Mesir. Tuhan tidak akan memberi saya jalan lain. Saya harus melakukan pelayanan itu.

Banyak pikiran mulai berkecamuk di benakku. Apa yang akan terjadi padaku jika aku menyerang roh-roh jahat secara langsung? Bukankah mereka akan menjadikanku target khusus? Aku pasti akan berada dalam masalah. Kemungkinannya menakutkan.

Seminggu kemudian saya berbicara lagi dengan Fred. Saya menceritakan hasil doa-doa itu kepadanya. Rasanya tidak masuk akal jika saya yang harus melayaninya, tetapi dia sepenuhnya bersedia untuk melakukannya . Kami sepakat bahwa kami akan berdoa seminggu lagi dan mempelajari apa yang Alkitab katakan tentang hal itu. Kemudian kami dan istri kami akan berkumpul dan melihat apa yang akan terjadi.

Hari itu tiba, hari di mana kami akan mencoba pelayanan. Fred dan istrinya akan bertemu di rumah kami untuk makan malam, dan kemudian kami akan pergi ke gedung gereja untuk pertemuan doa – atau apa pun itu. Saya cukup senang hari itu sangat sibuk bagi kami. Kami perlu melakukan perjalanan bisnis ke luar kota. Kami kembali ke rumah sekitar dua jam sebelum Fred dan istrinya tiba. Di depan pintu rumah saya ada sebuah pamflet kecil, yang ditahan dengan batu. Seorang teman datang ke kota dan karena tidak menemukan saya di rumah, ia meninggalkan pamflet kecil itu untuk saya. Saya hampir tidak percaya ketika membaca judulnya – *"Pengantar untuk Mengusir Setan"* oleh Derek Prince. Teman saya tidak tahu tentang pelayanan yang akan datang. Waktunya sangat tepat. Ini pasti Tuhan!

Dalam beberapa menit, saya telah melahap isi pamflet itu. Isinya sangat praktis dan penuh dengan informasi yang bermanfaat. Kami dapat mengantisipasi semacam manifestasi ketika iblis itu keluar. Setidaknya saya merasa sedikit lebih percaya diri tentang keseluruhan masalah ini. Ketika Fred tiba, saya menyuruh dia dan istrinya membaca buklet itu sebelum kami mencoba pelayanan tersebut.

Kami meluangkan waktu untuk berdoa sebelum menantang iblis itu. Dan saat itu saya hanya berpikir tentang satu iblis saja. Pemahaman saya tidak lebih dari itu. Fred masih berlutut ketika saya menyarankan agar kami mulai menghadapi iblis itu. Saya dan istri saya meletakkan tangan di atas kepalanya dan kami berdua berkata, “Aku perintahkan iblis itu keluar dari dia dalam nama Yesus.” Setelah saya memberikan perintah ini dan istri saya mengulanginya, kami menunggu untuk melihat apa yang akan terjadi. Akhirnya, saya bertanya, “Apakah kamu merasakan sesuatu, Fred? Apakah menurutmu ada sesuatu yang terjadi?” Fred menggelengkan kepalanya, dia tidak merasakan apa pun. Kami melakukan konsultasi singkat dan memutuskan untuk mencobanya lagi.

Perintah itu diberikan beberapa kali lagi. Apa yang terjadi pada Fred? Wajahnya berkerut! Dia mencoba berbicara, tetapi tidak bisa mengeluarkan kata-kata. Dia tampak seperti tersedak. Ini bukan saatnya untuk lengah. Kami terus memerintahkan iblis itu untuk keluar dari tubuhnya. Fred mulai batuk hebat. Ini berlangsung sekitar satu menit. Kemudian dia terkulai miring ke lantai dan terbaring tak bergerak. "Apakah sudah keluar, Fred?" tanyaku. "Kurasa begitu," bisiknya. Dia hampir tidak bisa berbicara. "Aku sangat lemah sehingga tidak bisa bangun," jelasnya. Kami berdoa untuk Fred dan berterima kasih kepada Tuhan atas pembebasannya. Setidaknya lima menit kemudian Fred baru bisa duduk.

Istri Fred telah duduk dan berdoa sepanjang waktu itu. Sekarang aku mendengarnya bernyanyi pelan. Aku mengenali melodinya, sebuah himne yang familiar… “Amazing Grace”. Aku berpikir untuk ikut bernyanyi bersamanya, dan saat aku mendengarkan untuk menangkap kata-katanya, aku menyadari dia bernyanyi dalam bahasa roh. Beberapa minggu sebelumnya aku telah berdoa agar dia menerima baptisan Roh Kudus, dan dia hanya mampu mengucapkan satu kalimat pendek dalam bahasa roh. Sekarang dia bernyanyi dengan bebas sepenuhnya. Kami berempat bersukacita.

Seminggu kemudian saya bertemu Fred lagi. Saya sangat ingin mendapatkan laporan tentang sakit kepalanya. Saya yakin dia akan mengatakan bahwa sakit kepalanya sudah hilang. “Frank, aku tidak tahu harus bagaimana,” Fred memulai, “tapi aku masih sakit kepala. Tidak ada perbaikan sama sekali.” Perasaan kecewa yang mendalam menyelimuti saya. Bagaimana mungkin sebuah pelayanan begitu dramatis namun tidak efektif? Kami berdua bingung.
Fred memberi tahu saya bahwa dia telah menerima panggilan untuk menjadi pendeta di sebuah gereja di negara bagian lain. Dia akan segera pindah. Enam bulan berlalu sebelum kami bertemu dengannya lagi. Kami sedang dalam perjalanan yang membawa kami dekat dengan tempat pelayanannya yang baru, jadi kami berkendara beberapa mil lebih jauh untuk berkunjung dan bermalam. Saat kami berdoa malam itu, diputuskan bahwa kami harus melayani Fred lagi. Selama beberapa bulan terakhir, kami telah belajar lebih banyak tentang setan. Mungkin ada lebih dari satu setan. Mungkin kami belum menangkap setan yang menyebabkan masalah ini. Kami akan lebih gigih.

Kami menyuruh Fred duduk di kursi sementara kami berkumpul di sekelilingnya. Dia sangat kooperatif. Dia bersedia melakukan apa pun yang menawarkan secercah harapan untuk terbebas dari rasa sakit yang terus-menerus menghancurkannya. Pada saat itu kami tidak tahu bagaimana mendeteksi berbagai jenis roh dan belum pernah menerima kemampuan supranatural untuk membedakan iblis tertentu. Jadi kami memberi perintah umum agar iblis apa pun yang ada di dalam dirinya keluar. Setiap kali kami memberi perintah, Fred akan batuk. Dia bisa merasakan tekanan di tenggorokannya yang akan mereda melalui batuk. Ini terjadi sekitar enam kali. "Apakah sakit kepalamu sudah hilang?" tanyaku. "Tidak, sakitnya lebih parah dari sebelumnya," jelas Fred. Kami bisa merasakan masih ada sesuatu di dalam diri Fred. Aku ingat pernah mendengarkan rekaman tentang pelepasan roh jahat di mana pendeta memerintahkan iblis untuk menyebutkan nama mereka. Diputuskan bahwa kami harus mencoba ini.

"Siapa namamu?" tanyaku pada iblis yang kupastikan masih merasuki Fred. "Dalam nama Yesus, aku perintahkan kau untuk memberitahuku namamu." Wajahnya mulai berkerut seperti saat pelayanan awal. Kami terus memerintahkan makhluk itu untuk menyebutkan namanya sendiri. Bibir Fred cemberut dan mulutnya mengerut membentuk seringai. Sangat perlahan dan dengan suara yang hampir tak terdengar, satu kata terucap – "P..a..i..n".

Kedengarannya begitu sederhana. Mengapa kita tidak menyadarinya sebelumnya? *"Setan rasa sakit* , keluarlah dari Fred!" Kata-kata kami penuh desakan. "Dalam nama Yesus, keluarlah darinya!" Istri Fred pasti merasakan dalam rohnya apa yang akan terjadi. Dia mengambil koran dari meja kopi dan melemparkannya ke lantai di antara kaki Fred. Seketika Fred batuk dan memuntahkan dua gumpalan dahak besar ke atas kertas. Setan itu telah keluar! Dan rasa sakitnya hilang! Hampir lima tahun telah berlalu dan Fred masih sembuh. Tuhan telah menjawab doa-doa kami!

Kisah 2) Ida Mae Menggambarkan Pembebasan Dramatis Seorang Anak Perempuan Berusia 6 Tahun dari Skizofrenia dan Berbagai Setan Lainnya

Pengalaman pembebasan anak yang paling gamblang yang pernah saya (Ida Mae) alami adalah pada seorang gadis berusia enam tahun. Kita sebut saja dia Mary. Ayah Mary datang kepada kami untuk meminta pembebasan. Selama wawancara, dia berbicara tentang kesulitan yang dia alami dalam menangani putrinya. Dia dan istrinya telah bercerai dan dia membesarkan gadis itu. Dia mengatakan bahwa putrinya adalah anak yang sangat sulit ditangani, sangat keras kepala, teguh pendirian, dan pemberontak. Dia cukup khawatir karena sifat putrinya menyebabkan dia menjadi sangat marah sehingga dia akan menghukumnya terlalu keras. Kami mengatakan kepadanya bahwa gadis itu membutuhkan pembebasan sebanyak dirinya, bahkan mungkin lebih, dan kami bersikeras agar dia membawanya kepada kami.

Beberapa hari kemudian, Mary datang menemui kami langsung dari sekolah. Perlu saya sampaikan bahwa saat saya berkenalan dengannya dan menjelaskan bahwa saya ingin mendoakannya, dia meminum sekitar setengah termos jus jeruk. Dia sangat hiperaktif, melompat-lompat di bangku gereja, sama sekali tidak mampu duduk karena gelisah saat kami mengobrol.

Aku berkata, "Mary, ayahmu memberitahuku bahwa kau tahu ada roh jahat." Matanya membelalak dan dia mulai bercerita dengan sangat serius bagaimana setiap malam dia harus memastikan semua pintu terkunci sebelum tidur. Ketika dia bangun di malam hari untuk minum atau pergi ke kamar mandi, dia takut dan harus memastikan sendiri bahwa semua pintu terkunci dengan aman. Aku berkata, "Ya, itu adalah rasa takut, Mary. Kau memiliki setan ketakutan di dalam tubuhmu. Mereka membuatmu takut dan aku ingin berdoa untukmu dan membuat mereka meninggalkan tubuhmu. Mereka telah masuk ke dalam dirimu dan ketika aku berdoa mereka akan keluar dari mulutmu dan pergi." Dia menerima kata-kataku dengan iman yang sederhana, seperti anak kecil.

Aku memintanya untuk duduk di bangku di sampingku sementara aku berdoa. Dia menurut, tetapi dia sangat gelisah sehingga aku harus memangkunya agar dia tetap dekat denganku. Dia duduk di pangkuanku dengan punggung menghadapku. Aku mulai berdoa dengan iman dan kepercayaan bahwa Yesus akan membebaskannya. Roh Kudus dengan sangat jelas menyuruhku untuk menjaga suaraku tetap sangat pelan... lebih rendah dari nada percakapan. Juga, untuk menganggap setiap kata yang keluar dari mulut Maria setelah itu sebagai perkataan setan atau diilhami setan.

Kemudian aku mulai berbicara kepada iblis-iblis itu. Aku berkata, "Sekarang, kalian iblis yang berdiam di dalam tubuh Maria, aku ingin kalian tahu bahwa Maria dilindungi oleh darah Yesus melalui hubungan ayahnya dengan Yesus. Sama seperti seorang ayah di zaman Musa memercikkan darah di ambang pintu untuk melindungi seluruh keluarganya, demikian juga Maria berada di bawah perlindungan darah itu. Iblis-iblis, aku juga ingin kalian tahu bahwa ayah Maria telah mendengar dan menerima kebenaran Firman Allah mengenai kalian, roh-roh jahat. Ia sekarang tahu bahwa kalianlah yang selama ini ia lawan, bukan Maria."

Aku menyadari bahwa Maria sedang berbisik dan mencondongkan tubuh untuk melihat apakah aku bisa mendengar apa yang dia katakan. Dia berbisik, "Aku tidak suka apa yang kau katakan." Aku menjawab, "Aku tahu kalian tidak menyukainya, iblis, karena aku sedang membongkar kejahatan kalian dan aku mengenal kalian. Maria telah disiksa oleh kalian sejak sebelum dia lahir. Saat dia masih dalam kandungan ibunya, sebagian dari kalian masuk ke dalam dirinya. Tetapi Tuhan telah berfirman bahwa kalian tidak dapat lagi tinggal di dalam tubuhnya." Sekali lagi iblis dalam diri Maria mulai berbisik. Kali ini dengan kata-kata yang sangat tegas dan menantang, mereka memprotes, "Aku… tidak… suka… apa… apa…" "Kau… sedang… mengatakan itu!" Aku berhati-hati untuk menjaga suaraku tetap sangat pelan saat menjawab, "Keadaanmu tidak akan membaik, iblis, malah akan memburuk karena kau akan diusir dari tubuhnya hari ini. Kau akan kehilangan rumahmu." Mendengar itu, iblis itu berteriak dan kembali membalas, "Aku tidak suka apa yang kau katakan; sekarang diamlah!" Aku menjawab, "Tidak, aku tidak akan diam, malah akan terus berbicara sampai kau keluar dari tubuhnya."

Aku terus berbicara kepada iblis-iblis itu dengan lembut. "Sekarang, satu per satu kalian iblis-iblis mulai menampakkan diri, dalam nama Yesus." Seketika itu juga Maria mulai berbisik, "Kau tidak mencintaiku; jika kau mencintaiku, kau tidak akan memelukku." Aku menjawab, "Benar, iblis penolakan, kau menutupnya dari hubungan cinta. Kau membuatnya berpikir tidak ada yang mencintainya. Kau bahkan membuatnya berpikir Tuhan tidak mencintainya. Kau akan keluar darinya, penolakan, dalam nama Yesus." Satu per satu iblis-iblis itu mulai menampakkan sifat mereka. Mereka datang begitu cepat sehingga seringkali aku hanya sempat menyebutkan satu nama dan yang lain sudah muncul ke permukaan.

Setan-setan itu membuat Mary berjuang untuk turun dari pangkuanku meskipun aku masih bisa memeluknya dengan agak longgar. Akhirnya aku terpaksa menempatkan salah satu kakinya di antara kakiku, sehingga aku bisa menahannya.
Sebuah penjepit dan menahannya secara fisik. Setan kebencian itu mendekatkan wajahnya tepat ke wajahku hingga hidung kami bersentuhan dan berteriak, "Aku membencimu." Masih berbicara pelan, aku berbicara kepada setan itu, "Keluarlah, setan kebencian." Dia mulai berteriak, "Aku ingin pisau, aku ingin
"Pisau," tanyaku. "Apa yang kau inginkan dengan pisau?" Setan itu menggertakkan gigi Mary dan berkata, "Jadi..." "Aku bisa membunuhmu." "Baiklah, kau iblis pembunuh," perintahku, "keluarlah dalam nama Yesus." Kemudian, Mary berdiri, menegakkan bahunya, meletakkan tangannya di pinggang dan membalas, "Tidak ada seorang

pun yang PERNAH memberi tahu saya apa yang harus saya lakukan!" Saya berkata, "Defiance, keluarlah!"

Terjadi perubahan suara yang jelas saat iblis berikutnya berbicara. Ia berkata, "Aku hanya melakukan apa yang ingin kulakukan." Aku berkata, "Kehendak diri sendiri keluarlah." Kemudian terjadi perubahan suara lagi. "Kau tidak akan pernah membuatku keluar," kata suara baru itu. "Kekeras kepalaan, kau juga harus keluar," desakku. Maria kemudian mengangkat tangannya seperti cakar dan menerjang wajahku; matanya melotot dan dia menjerit. Aku berkata, "Kegilaan, keluarlah dari Maria dalam nama Yesus." Dia mulai mencakar rambutnya dan menggelengkan kepalanya dengan keras. Aku berkata, "Penyakit mental dan kegilaan, keluarlah." Selanjutnya aku memanggil roh skizofrenia. "Wahai iblis skizofrenia, aku memanggil tanganmu. Keluarkanlah dua kepribadian berlawanan yang kau tanamkan dalam dirinya. Salah satu dari kalian berakar pada penolakan dan rasa kasihan diri, dan yang lainnya berakar pada pemberontakan dan kepahitan. Tak satu pun dari kepribadian itu adalah Maria yang sebenarnya. Aku melepaskan dan membebaskan Maria yang sebenarnya untuk menjadi seperti yang Yesus inginkan." Dengan itu, dia mencakarku dengan ganas, menggaruk lenganku, dan menerjangku, menggigit blusku hingga berlubang. Ketika dia muncul dengan sebagian blusku di giginya, dia tampak sangat terkejut, seolah-olah dia mengharapkan aku menampar wajahnya. Aku tahu itu adalah Mary yang asli yang terkejut. Aku berbicara kepada para iblis dan berkata, "Tidak, iblis, aku tidak akan menyakiti Mary karena telah merusak blusku karena aku dapat memisahkannya dari kalian. Terlalu lama Mary telah dihukum secara fisik atas hal-hal yang telah kalian lakukan melalui dia. Kalian, para iblis, hampir tidak tersentuh."

"Hari ini berbeda; kalian para iblis menanggung hukuman dan Maria dibebaskan." Maria tampak lega sesaat, lalu iblis-iblis lain mulai menampakkan diri.

Akhirnya, setelah sekitar dua puluh atau tiga puluh menit prosedur pembebasan ini, Maria mulai menjerit panjang berturut-turut dan memohon untuk dilepaskan. Dia berkata, "Jangan pegang kakiku! Jangan pegang kakiku!" Roh Kudus memberi saya pengertian bahwa dagingnya sekarang telah tergerak dan bahwa saya harus melepaskannya dan menyuruhnya duduk di bangku di samping saya. Saya memberi instruksi, "Maria, saya akan membiarkanmu duduk di bangku itu.

"Oke?" Ia menangis pelan dan berkata, "Aku tidak suka kau memelukku seperti itu." Aku berkata, "Maaf aku harus memelukmu begitu erat, tapi roh jahat itu membuatmu melawanku." Aku selalu berhati-hati untuk menyalahkan iblis-iblis itu. Dengan caranya yang kekanak-kanakan, ia tampak menghargai bahwa akhirnya merekalah yang disalahkan, bukan dirinya.

Maria duduk di sampingku sebentar dan sangat tenang serta rileks. Roh Kudus memberitahuku bahwa aku harus segera memberi perintah agar setan-setan yang tersisa keluar. Aku berkata, "Sekarang, dalam nama Yesus, aku perintahkan semua roh jahat yang masih ada di dalam Maria untuk keluar. Keluarlah sekarang dalam nama Yesus!"

Seketika itu juga Mary merasa mual dan sebelum saya sempat mengambil tisu, dia muntah mengeluarkan gumpalan lendir yang besar. Lendir itu memenuhi tangan kecilnya dan tangan saya. Dia mendongak dan tersenyum tipis, lalu tiba-tiba tampak tenang sepenuhnya.

Ingat, di awal cerita ini saya menyatakan bahwa Maria sedang minum jus jeruk dari termos ketika ia datang untuk melayani. Tidak ada jejak jus dalam muntahannya. Lendir itu pun tidak berasal dari perutnya.

Nah, kami duduk di sana dan mengobrol selama sekitar lima belas menit. Mary duduk dengan tenang dan rileks, berbeda dengan sifat hiperaktif yang ditunjukkannya sebelumnya.

Ayahnya tercengang. Dia menyaksikan pelepasan yang penuh gejolak itu dengan perasaan campur aduk dan membingungkan. Karena tidak terbiasa dengan manifestasi iblis, dan tidak mampu membedakan berbagai suara iblis seperti yang dilakukan telinga saya yang terlatih, ayah Mary berpikir bahwa Mary yang sebenarnya diperlakukan agak kasar dan mengatakan bahwa sekali waktu dia hanya bisa menahan diri untuk tidak ikut campur.
Meskipun saya belum bertemu langsung dengan Maria sejak pembebasannya, saya telah menerima beberapa laporan yang baik. Kebanyakan mengatakan, "Dia sangat berbeda." "Dia tidak sama lagi." "Saya bisa memeluknya dan dia merespons kasih sayang." "Anda tidak akan pernah
Aku yakin dia adalah gadis yang sama."

Air mataku menggenang bahkan saat aku menulis ini. Dialah satu-satunya orang yang pernah menyelamatkanku hingga menangis. Peperangan itu begitu dahsyat dan kedamaian setelahnya begitu indah. Aku tak mampu menahan air mata. Segala kemuliaan bagi Tuhan!

Doa Singkat untuk Pembebasan Diri.

"Tuhan Yesus Kristus, aku percaya Engkau mati di kayu salib untuk dosa-dosaku dan bangkit kembali dari kematian. Engkau menebusku dengan darah-Mu dan aku milik-Mu, dan aku ingin hidup untuk-Mu. Aku mengaku semua dosaku—yang diketahui dan yang tidak diketahui—aku menyesali semuanya. Aku meninggalkan

semuanya. Aku mengampuni semua orang lain sebagaimana aku ingin Engkau mengampuni aku. Ampuni aku sekarang dan sucikan aku dengan darah-Mu. Aku bersyukur kepada-Mu atas darah Yesus Kristus yang sekarang menyucikan aku dari segala dosa. Dan aku datang kepada-Mu sekarang sebagai penyelamatku. Engkau mengetahui kebutuhan khususku—hal yang mengikat, yang menyiksa, yang menajiskan; roh jahat itu, roh najis itu—aku mengklaim janji firman-Mu, "Barangsiapa yang menyeru nama Tuhan akan diselamatkan." Aku memanggil-Mu sekarang. Dalam nama Tuhan Yesus Kristus, bebaskan aku dan lepaskan aku. Setan, aku meninggalkanmu dan semua perbuatanmu. Aku melepaskan diriku darimu, dalam nama Yesus, dan aku memerintahkanmu untuk meninggalkanku sekarang juga dalam nama Yesus. Amin!"

Biarlah itu datang dari hatimu dan lihatlah keselamatan dari Tuhan!

Apakah Anda sakit atau membutuhkan pemulihan?

Bagi mereka yang sakit atau tidak sehat dalam bentuk apa pun, atau membutuhkan pembebasan? Atau pemulihan, silakan sentuh titik di bawah ini dengan iman (Iman adalah melihat hasil positif yang tepat dari situasi Anda saat ini, mengetahui bahwa Yesus telah melakukan bagian-Nya lebih dari 2000 tahun yang lalu untuk mengamankan kesembuhan dan pembebasan Anda, pemulihan sebagai uang muka, percaya bahwa uang muka itu tersedia untuk Anda gunakan, seperti saldo positif di rekening giro Anda di bank, tanpa pertanyaan apa pun karena kami setuju dengan Anda dan menyatakan SEMBUHLAH dalam nama Yesus Kristus, Amin)

Dengan kuasa yang telah Engkau berikan kepadaku dan kepada mereka, aku menggunakan kuasa itu sekarang dengan iman, dengan amarah mereka terhadap musuh dan kerinduan untuk mendapatkan apa yang telah Engkau berikan secara cuma-cuma kepada mereka semua. Aku mengutuk setiap penyakit, setiap penderitaan, baik itu kanker, COVID-19, roh penyakit, kerasukan setan atau penindasan, roh kemiskinan, kemunduran, penundaan pemenuhan apa yang telah Allah tetapkan dan lepaskan. Kami melawan anomali, aku mengikat mereka, kami mengutuk mereka sampai ke akarnya dan kami mengusir mereka dengan kuasa dalam nama Yesus Kristus. Amin. Kami memohon pelepasan penyembuhan, pembebasan, dan pemulihan ke dalam hidup mereka dalam nama Yesus Kristus yang perkasa. Terima kasih Tuhan atas kesaksian-kesaksian yang tetap ada untuk kemuliaan, kehormatan, dan penyembahan-Mu. Terima kasih atas jiwa-jiwa yang ditambahkan ke dalam kerajaan-Mu sebagai hasil dari pesan ini, mukjizat-mukjizat yang sudah kami lihat sekarang dan yang terwujud untuk kemuliaan-Mu dalam nama Yesus, Amin. Selesai! Bersukacitalah!

Sentuh titik yang ditandai sebagai titik kontak dan akui dengan mulutmu – AKU TELAH DISEMBUIKAN, AKU TELAH DIBEBASKAN dan AKU TELAH DIPULIHKAN dalam Roh, Jiwa, Tubuh, dan segala sesuatu di sekitarku dalam nama YESUS Kristus, Amin!!!

Mulailah melakukan apa yang sebelumnya tidak dapat Anda lakukan dan mulailah mengaku dosa sampai kesembuhan total, pembebasan, dan pemulihan menjadi buah dalam hidup Anda dalam nama Yesus, amin.

Tetaplah haus akan segala sesuatu dari Tuhan, tetaplah marah dan rebut kembali semua yang telah ditahan musuh dalam nama Yesus, amin.

Catatan:

Bersaksilah tentang kesembuhan untuk kemuliaan Tuhan dan untuk mempermalukan musuh! Kirimkan email atau WhatsApp kepada kami jika Anda masih membutuhkan persetujuan kami mengenai masalah ini. Dan bergabunglah dalam seri pelatihan yang dimulai Kamis minggu depan. Temukan detailnya segera di situs web kami!

Prestasi yang Lebih Besar - 1 – Bab 9 - Cari Tahu Caranya dari Para Tokoh Hebat di Bagian 8

Di manakah kehendak dan kedaulatan Allah dalam semua pembicaraan tentang kebebasan ini? Mengapa tidak semua orang yang kita doakan disembuhkan, dibebaskan, atau dipulihkan? Mengapa sebagian penyembuhannya bertahap atau sebagian? Apa saja hambatan untuk penyembuhan, pembebasan, dan pemulihan? Dan beberapa hal yang boleh dan tidak boleh dilakukan + Satu (1) kisah untuk mendukung judul ini dan mematahkan cengkeraman roh ketakutan oleh Saudara Robert Schambach – Bagian 8 + Naskah pembebasan diri dan doa kesepakatan untuk penyembuhan, pembebasan, dan pemulihan

Saudara-saudari terkasih, hari ini, kami mempersembahkan bagian ke-8 dari seri kami tentang sudah cukup bagi penawanan dan selamat datang kepada kebebasan di dalam Kristus. Iman datang dari pendengaran dan pendengaran dari firman Allah – Roma 10:17. Seri ke - 8 ini bisa menjadi penghalang terakhir bagi seseorang untuk menerima kesembuhan hari ini, baik untuk dirinya sendiri maupun orang lain. Inilah hari awal baru kebebasan. Jadi tetaplah bersama saya, hai tentara Allah yang hidup. Ini adalah seri yang memperlengkapi.

Yesus menyinggung fakta bahwa Setan adalah pencuri, seorang penguasa yang keras dan merusak. Bacalah ini.

Yohanes 10:10
Alkitab Amplifikasi, Edisi Klasik
10 Pencuri datang hanya untuk mencuri, membunuh, dan menghancurkan. Aku datang supaya mereka mempunyai dan menikmati hidup, dan mempunyai hidup yang berlimpah (sepenuhnya, sampai melimpah).
Dalam menghadapi musuh ini, Yesus memerintahkan semua orang percaya kepada-Nya sebagai berikut:

Markus 16:16-20
Alkitab Amplifikasi, Edisi Klasik
16 Barangsiapa percaya [yang berpegang teguh pada Injil dan Dia yang dinyatakan di dalamnya] dan dibaptis, ia akan diselamatkan [[a] dari hukuman mati kekal]; tetapi barangsiapa tidak percaya [yang tidak berpegang teguh pada Injil dan Dia yang dinyatakan di dalamnya], ia akan dihukum.
17 Dan tanda-tanda yang membuktikan ini akan menyertai orang-orang yang beriman : dalam nama-Ku mereka akan mengusir setan; mereka akan berbicara dalam bahasa-bahasa baru;
18 Mereka akan mengambil ular; dan sekalipun mereka meminum sesuatu yang mematikan, itu tidak akan membahayakan mereka; mereka akan menumpangkan tangan pada orang sakit, dan mereka akan sembuh.
19 Maka setelah Tuhan Yesus berbicara kepada mereka, Ia diangkat ke surga dan duduk di sebelah kanan Allah.
20 Lalu mereka pergi dan memberitakan Injil ke mana-mana, sementara Tuhan terus bekerja bersama mereka

dan meneguhkan pemberitaan itu dengan tanda-tanda dan mukjizat yang menyertainya. Amin.

Dalam seri sebelumnya, kami telah menyebutkan bahwa untuk berhasil melaksanakan perintah Yesus ini bagi SEMUA ORANG PERCAYA, untuk menghadapi musuh jenis ini sebagai pasukan yang disiplin, yang bersedia tunduk pada perintah Panglima Tertinggi kita, kita membutuhkan hal-hal berikut seperti **A, B, C, D, E, F, dan G. Saya harus menekankan bahwa seri ini bukan untuk semua orang. Hanya segelintir orang terpilih yang akan memenuhi syarat untuk mengikuti seri ini berdasarkan 7 atribut berikut** :

A. **Ketersediaan (Roh, jiwa, dan raga)**
B. **Keberanian**
C. **Rasa empati terhadap sesama**
D. **Tekad**
E. **Cinta yang Tulus**
F. **Kemarahan yang membara**
G. **Kelaparan Hebat**

Jika Anda tidak memiliki atribut-atribut ini sebagai bahan minimum, akan mustahil untuk melancarkan kampanye yang sukses karena semua bahan di atas perlu dicampur bersama untuk menghasilkan iman sebesar biji mustard guna membawa perubahan, karena Tuhan memberi makan orang yang lapar, bukan anak-anak yang dingin atau suam-suam kuku, baik dalam penyembuhan, pembebasan, dan pemulihan di dalam maupun di luar.

Rampasan sudah siap untuk dikumpulkan, tetapi dibutuhkan iman yang teguh seperti biji mustard untuk mengumpulkannya ke dalam pengalaman kita. Kita berbicara tentang jiwa, jiwa, dan lebih banyak jiwa, dan segala sesuatu yang kita butuhkan sebagai tentara Allah yang hidup untuk melancarkan kampanye yang sukses. Kami di sini untuk membekali Anda dengan pembelajaran dari mereka yang telah mendahului kita.

Nah, di bagian ke-8 hari ini, kita ingin membahas beberapa pertanyaan penting yang terus muncul di benak orang percaya dan cenderung menjadi penghalang untuk menerima dari Tuhan apa yang telah Dia berikan kepada kita secara cuma-cuma. Terutama ketika kita telah melakukan segalanya dan kebebasan telah menjauh dari kita seperti wabah penyakit.
Pertanyaan apakah ini?

Di manakah sebenarnya KEHENDAK dan KEDAULATAN Tuhan dalam semua pembicaraan tentang KEBEBASAN ini? Mengapa tidak SEMUA orang yang kita doakan DISEMBUIHKAN, DIBEBASKAN, atau DIPULIHKAN? Mengapa sebagian penyembuhannya BERTAHAP atau SEBAGIAN? Apa saja Hambatan untuk PENYEMBUHAN, PEMBEBASAN, dan PEMULIHAN? Dan Beberapa Hal yang Boleh dan Tidak Boleh Dilakukan + Satu (1) Kisah untuk Mendukung judul ini dan mematahkan cengkeraman roh ketakutan

Mari kita mulai membahasnya satu per satu.

1) Apakah Tepat Berdoa "Jika Itu Kehendak-Mu" Saat Melayani Penyembuhan dan Pembebasan?

Setelah menetapkan fakta bahwa adalah kehendak Allah bagi setiap orang yang datang kepada-Nya dengan iman untuk disembuhkan, sebagaimana telah kita buktikan sepenuhnya melalui bagian 1 hingga 7 dari seri ini tentang sudah cukup bagi penawanan dan selamat datang pada kebebasan, maka, tidak ada lagi tempat bagi kita untuk berdoa **"jika itu kehendak-Mu"** ketika melayani

penyembuhan dan pembebasan. Kita sudah mengetahui kehendak Allah dalam hal ini. Kita tahu kehendak Allah adalah agar setiap orang disembuhkan dan dibebaskan jika mereka bersedia percaya.
Yesus adalah teladan kita dan kita tidak pernah melihat Yesus berdoa "jika itu kehendak-Mu" ketika melayani penyembuhan dan pembebasan. Tidak sekali pun! Lalu mengapa kita menciptakan teologi dan melakukan hal-hal yang bertentangan dengan Firman itu sendiri? Karena Yesus adalah Firman (Yohanes 1:14) – teladan kita yang sempurna, hidup, dan bernapas dalam kehidupan dan pelayanan.

Satu-satunya saat Ia berkata, "Bukan kehendak-Ku, melainkan kehendak-Mu" (Matius 26:39,42) adalah di Taman Getsemani ketika Ia bersiap untuk menuju Salib. Ini adalah doa penyerahan diri kepada rencana Bapa. Setiap kali orang meminta kesembuhan, Ia berkata, "Aku bersedia." Kecuali *perempuan Siro-Fenisia* yang meyakinkan Yesus untuk menyembuhkan putrinya dari roh jahat. Satu-satunya alasan adalah bahwa, sebelum waktu ini, Yesus bertindak berdasarkan perjanjian dengan orang Yahudi, tetapi karena iman dan kegigihannya, permintaannya dikabulkan. Beberapa orang lain yang tidak memiliki perjanjian juga disembuhkan hanya karena iman mereka. Melalui Markus 16:14-19, kita sekarang diberi kuasa untuk melakukan hal yang sama bahkan untuk orang-orang yang tidak percaya yang percaya melalui baptisan dalam Roh Kudus – Kisah Para Rasul 1:4-8.
Ia harus memilih untuk berjalan dalam ketaatan dan tunduk pada rencana Bapa untuk penebusan yang hanya mungkin terjadi melalui kematian-Nya di kayu salib.

Apakah kita akan pernah berdoa untuk seorang pendosa yang datang kepada kita ingin menerima pengampunan? dosa-dosa melalui iman kepada Yesus **, "Tuhan, jika itu kehendak-Mu, kumohon ampunilah**

dosa-dosanya dan kabulkanlah baginya kehidupan abadi. Jika tidak, jika itu bukan kehendakmu, biarkan dia pergilah ke neraka."

Tidak mungkin! Kami Kita tidak akan pernah memanjatkan doa seperti itu, karena kita tahu bahwa Tuhan telah berjanji bahwa "melalui nama-Nya, siapa pun yang percaya kepada-Nya akan menerima pengampunan dosa" (Kisah Para Rasul 10:43) dan bahwa "Allah begitu mengasihi dunia sehingga Ia memberikan Anak-Nya yang tunggal, supaya siapa pun yang percaya kepada-Nya tidak binasa, melainkan mempunyai hidup yang kekal" (Yohanes 3:16).

Cara yang benar untuk melayani penyembuhan dan pembebasan adalah dengan melakukannya dengan kesadaran penuh bahwa Allah menginginkan agar orang sakit disembuhkan dan dibebaskan. Kita di sini untuk menegakkan kehendak-Nya di bumi, seperti di surga. Pendekatan kita dalam menyambut siapa pun untuk menerima penyembuhan dan pembebasan harus sama dengan pendekatan kita ketika mereka datang untuk menerima pengampunan dosa. Hanya percaya! – Paket yang sama!

2) Karena Tuhan Maha Berdaulat, bukankah Dia akan menyembuhkan orang jika dan kapan pun Dia mau?

Ini adalah pertanyaan tulus yang banyak diajukan dan juga cukup menantang untuk dijawab. Tidak diragukan lagi bahwa Tuhan Mahakuasa, Dia dapat melakukan apa saja. Dia dapat menyembuhkan dan membebaskan siapa pun dalam sekejap. Kita juga tahu bahwa Tuhan berdaulat dan bertindak sesuai kehendak-Nya sendiri dan kapan pun Dia inginkan. Tidak seorang pun dapat menghentikan-Nya. Jadi mengapa Tuhan yang baik, berkuasa, dan penuh kasih, Tuhan yang menyembuhkan dan membebaskan, tidak menyembuhkan setiap orang sakit dan membebaskan setiap orang yang tertindas? Mengapa kita masih melihat beberapa saudara kita sendiri, bahkan mereka yang telah melayani Tuhan dengan setia dan sangat mengasihi-Nya, menderita kesakitan, penyakit, dan meninggal akibat penyakit yang berkepanjangan? Mengapa Tuhan, dalam kedaulatan-Nya, tidak menyembuhkan mereka dan membuat mereka sehat?

Kami akan membahas hal ini dalam tiga bagian:

A. Kedaulatan Tuhan dan tanggung jawab manusia

B. Kedaulatan Allah dan pelaksanaan iman

C. Kita berjalan menurut kebenaran yang telah diwahyukan dan mencari apa yang tidak diketahui

A. Kedaulatan Tuhan dan Tanggung Jawab Manusia

Mazmur 115:3,16 3 Tetapi Allah kita ada di surga; Ia melakukan apa pun yang dikehendaki-Nya. 16 Langit, bahkan langit sekalipun, adalah milik TUHAN; tetapi bumi telah diberikan-Nya kepada anak-anak manusia.

Allah berdaulat dan Dia melakukan apa pun yang Dia kehendaki, seperti yang tertulis dalam Kitab Suci. Namun, dalam kedaulatan-Nya, Dia telah memutuskan untuk mempercayakan bumi kepada umat manusia dan telah menetapkan bahwa dalam kondisi normal Dia tidak akan mengesampingkan tanggung jawab dan keputusan manusia. Allah telah menetapkan hal ini sedemikian rupa sehingga bahkan di Taman Eden, ketika Adam dan Hawa hendak tidak taat dan berbuat dosa, Allah tidak campur tangan, meskipun Dia bisa saja melakukannya. Bahkan, Allah mengetahui semua ini sebelumnya dan Dia tetap melanjutkan penciptaan manusia dan menempatkannya di Taman Eden.

Perhatikan ini, Allah dalam kedaulatan-Nya telah menyediakan karunia keselamatan secara cuma-cuma bagi semua orang. Hanya karena keselamatan telah disediakan bagi setiap individu, bukan berarti setiap individu secara otomatis diselamatkan. Setiap individu harus bertanggung jawab untuk menerima karunia keselamatan ini. Alkitab masih menyatakan, "Barangsiapa percaya kepada Anak, ia mempunyai hidup kekal; tetapi barangsiapa tidak percaya kepada Anak, ia tidak mempunyai hidup, melainkan murka Allah tetap atasnya" (Yohanes 3:36).

Demikian pula, dalam bidang pelayanan penyembuhan dan pembebasan, ada beberapa bidang tanggung jawab bagi kita, dalam kondisi normal:

(a) Adalah tanggung jawab mereka yang melayani untuk bertumbuh dalam kasih karunia (2 Petrus 3:18), bertumbuh dalam kekuatan rohani (Efesus 3:16), dan bertumbuh dalam iman serta kemampuan kita untuk mengelola urapan dan kuasa Allah. Ada urapan yang tersedia untuk mematahkan setiap kuk, menghilangkan setiap beban, dan menyembuhkan setiap kondisi. Mungkinkah kita sebagai pelayan, gagal dalam tanggung jawab kita untuk terus maju dan melangkah ke tingkat urapan ini? Mungkin kita hanya melakukannya sesekali, daripada beroperasi di ranah itu secara lebih konsisten.

(b) Adalah tanggung jawab setiap individu untuk menjaga tubuhnya, mempercayai Firman Tuhan, dan melawan iblis serta perbuatannya. Tuhan tidak akan melakukan ini untuk kita.

Dengan pemahaman ini, kita biasanya tidak melihat Tuhan menyembuhkan tanpa melibatkan tanggung jawab manusia di bidang-bidang tersebut. Dia telah menetapkan secara berdaulat untuk tidak melakukannya. Inilah salah satu sisi kedaulatan Tuhan.

Namun, ada kalanya Tuhan bertindak meskipun manusia gagal dalam dua bidang (a) dan (b) seperti yang disebutkan, dan tetap menyebabkan penyembuhan dan pembebasan. Ini adalah pengecualian yang kita lihat dan bukan norma. Tuhan bertindak dan menyembuhkan meskipun manusia gagal dalam dua bidang (a) dan (b) adalah sisi lain dari kedaulatan Tuhan. Dua sisi dari koin yang sama, dalam memahami kedaulatan Tuhan.

B. Kedaulatan Allah dan Pelaksanaan Iman

Matius 13:58 58 Karena ketidakpercayaan mereka, Ia tidak melakukan banyak perbuatan besar di sana.
Markus 6:5,6 5 Sekarang Ia tidak dapat melakukan pekerjaan besar apa pun di sana, kecuali bahwa Ia meletakkan tangan-Nya atas beberapa orang sakit dan menyembuhkan mereka. 6 Dan Ia heran karena ketidakpercayaan mereka. Kemudian Ia berkeliling ke desa-desa untuk mengajar.
Yesus kembali ke kampung halaman-Nya di Nazaret, tempat Ia dibesarkan sebagai anak seorang tukang kayu hingga usia 30 tahun. Sayangnya, orang-orang di kampung halaman-Nya tidak dapat menerima-Nya sebagaimana adanya. Mereka melihat-Nya sebagai anak seorang tukang kayu, bukan sebagai Pribadi yang diutus Allah, yang diurapi untuk menyembuhkan dan membebaskan. Dalam lingkungan seperti itu, Yesus tidak melakukan banyak perbuatan besar karena ketidakpercayaan mereka.

Jika Tuhan berdaulat (mahakuasa, di atas semua yang lain dan tidak bergantung pada siapa pun) dan tidak ada seorang pun yang dapat menghentikan-Nya, mengapa Dia masih mengharuskan umat-Nya untuk menjalankan iman pribadi jika mereka ingin mengalami karya-karya-Nya yang dahsyat dalam hidup mereka?
Hal ini mungkin tampak bertentangan, bahwa Tuhan kita mahakuasa dan berdaulat, namun Tuhan dapat dibatasi oleh ketidakpercayaan kita. Biasanya Dia tidak dan tidak dapat bekerja jika tidak ada iman.

Jika segala sesuatu adalah anugerah cuma-cuma, lalu bagaimana mungkin kita hanya dapat menerimanya melalui iman? Sebab, sebagaimana kita pahami, anugerah adalah ekspresi karakter Allah yang tidak bergantung pada apa pun yang telah kita lakukan, sedangkan iman adalah ekspresi dari keyakinan dan kepercayaan kita kepada Allah.

Berikut beberapa hal yang perlu dipertimbangkan:

1) Dalam kebijaksanaan-Nya, Tuhan telah menganggap pantas bahwa kedua atribut yang tampaknya bertentangan ini dapat hidup berdampingan. Ada ranah kedaulatan Tuhan yang tak terbantahkan dan tentu saja ada unsur iman pribadi yang integral dan penting dengan hasil-hasilnya yang dinamis.

2) Ada hal-hal tertentu yang sepenuhnya bergantung pada kedaulatan Allah, seperti tujuan kekal Allah dan rencana-Nya untuk sepanjang zaman. Hal-hal ini akan tercapai tanpa bergantung pada pelaksanaan iman seseorang. Dan kemudian ada tujuan-tujuan individual yang Allah miliki, yang pemenuhannya bergantung pada kerja sama individu dengan Allah.

3) Dengan memberikan semua karunia-Nya kepada kita secara cuma-cuma melalui kasih karunia-Nya, namun tetap mengharuskan setiap orang untuk menerimanya melalui iman, Allah memberikan setiap orang "kesempatan yang sama" untuk menerima dari-Nya. Terlepas dari ras, warna kulit, status sosial atau ekonomi, dan pengalaman masa lalu, setiap orang memiliki kesempatan yang sama untuk menerima apa yang telah Allah berikan kepada kita secara cuma-cuma melalui kasih karunia-Nya.

4) Ranah iman memiliki batasan yang ditentukan oleh kehendak dan tujuan Allah. Beroperasi di luar batasan ini berarti "menentang" kehendak Allah yang berdaulat, dan tidak seorang pun dapat berhasil melakukannya.

Oleh karena itu, sangat penting bagi setiap orang percaya untuk belajar bagaimana hidup dengan iman.

Namun, ada dua sisi mata uang iman kepada Tuhan ini. Biasanya, Tuhan telah menetapkan secara berdaulat bahwa Dia akan selalu bertindak sebagai respons terhadap iman. ***"Sesuai dengan imanmu, jadilah bagimu" (Matius 9:29)*** adalah respons-Nya terhadap iman. Inilah cara Dia biasanya bertindak. Di sisi lain, ada kalanya Tuhan bertindak secara berdaulat untuk menyembuhkan dan membebaskan, bahkan ketika tampaknya tidak ada iman. Hal ini memang terjadi, tetapi ini adalah pengecualian dan bukan norma.

C. Kita berjalan di atas kebenaran yang telah dinyatakan dan mencari apa yang belum diketahui.

Ulangan 29:29 Hal-hal yang rahasia adalah milik TUHAN, Allah kita, tetapi hal-hal yang dinyatakan adalah milik kita dan anak-anak cucu kita untuk selama-lamanya, agar kita dapat melakukan segala firman hukum ini.

Amsal 25:2 Adalah kemuliaan Allah untuk menyembunyikan suatu perkara, tetapi kemuliaan raja-raja adalah untuk menyelidiki suatu perkara.

Pengkhotbah 1:13 Dan aku memusatkan hatiku untuk mencari dan menyelidiki dengan hikmat segala sesuatu yang dilakukan di bawah langit; tugas berat ini telah diberikan Allah kepada anak-anak manusia, agar mereka dapat berlatih.

Akan sangat bodoh jika kita mengklaim bahwa kita memiliki semua jawaban. Faktanya, kita tidak memilikinya. Akan sangat salah jika kita menunjuk seseorang yang kita tahu setia kepada Tuhan, seseorang yang sangat mengasihi Tuhan dan bahkan rela mati demi Kristus, lalu mengatakan bahwa mereka tidak beriman. Ketika kita melihat beberapa saudara kita sendiri, bahkan mereka yang telah melayani Tuhan dengan setia dan sangat mengasihi-Nya, menderita kesakitan, sakit, dan meninggal akibat penyakit yang berkepanjangan, dan kita bertanya "mengapa?", maka yang bisa kita katakan hanyalah "kita tidak tahu."

Yang kami putuskan untuk lakukan adalah terus hidup sesuai dengan kebenaran yang kami ketahui. Kami berpegang teguh pada apa yang diajarkan Firman kepada kami. Kami tidak mengkompromikan kebenaran yang telah dinyatakan dengan jelas. Dan kemudian kami terus mencari apa yang belum diketahui. Ini tidak berarti kami
Kita akan mendapatkan jawaban untuk setiap pertanyaan "Mengapa?". Yang kita cari adalah bagaimana kita dapat menjadi dan mengalami apa yang telah Tuhan tetapkan bagi kita. Dia memang ingin kita menjadi seperti Guru kita dan melayani seperti yang dilakukan Tuhan Yesus. Kita mencari jawaban tentang bagaimana bertumbuh ke arah ini.
Bahkan di tengah pengalaman di mana kita tidak memiliki jawaban langsung, kita terus "berjalan menurut iman dan bukan menurut penglihatan" (2 Korintus 5:7).

Iman itu rela untuk hidup sesuai dengan apa yang telah diungkapkan dan apa yang diketahui tentang Tuhan, terlepas dari dari semua hal yang tidak diketahui. Iman mampu tidak mengizinkan apa yang tidak diketahui untuk menggantikan apa yang sudah diketahui. Iman tidak mengizinkan kegelapan melampaui untuk mengalahkan cahaya kita Memang kita memilikinya. Sebaliknya, iman menganggap terang yang kita miliki saat ini sudah cukup untuk mengambil langkah selanjutnya, meskipun dunia kegelapan mungkin terbentang di baliknya.

Kita terus mencari jawaban tentang apa yang perlu kita lakukan di pihak kita, untuk melayani penyembuhan dan

pembebasan dengan lebih efektif seperti yang Yesus lakukan. Kita terus berserah kepada Allah untuk apa yang tidak kita ketahui. Dia telah berjanji, "'Serulah kepada-Ku, maka Aku akan menjawabmu dan menunjukkan kepadamu hal-hal besar dan dahsyat yang tidak kamu ketahui'" (Yeremia 33:3). Salomo berkata, "Aku mencurahkan hatiku untuk mengetahui, untuk menyelidiki dan mencari hikmat dan alasan segala sesuatu…" (Pengkhotbah 7:25). Kita terus belajar, menyelidiki Kitab Suci, mendengarkan Roh, sehingga kita memperoleh wawasan yang saat ini kita kurang miliki yang akan membantu kita melayani dengan kuasa dan otoritas yang lebih besar. Tuhan Yesus berjanji bahwa jika kita terus berpegang pada Firman-Nya, kita akan "mengenal kebenaran, dan kebenaran itu akan membebaskan kamu" (Yohanes 8:31,32).
Kita terus berupaya untuk lebih dekat dengan Tuhan.

Pada akhirnya, kita termotivasi oleh kasih kepada Tuhan. Kita mengasihi Dia karena Dia terlebih dahulu mengasihi kita (1 Yohanes 4:19). Tidak ada yang mengurangi kasih kita kepada-Nya. Kita mengasihi Dia bahkan ketika iman diuji dan harapan tampak hancur. Kita tahu suatu hari nanti iman kita akan berubah menjadi penglihatan. Harapan kita akan terwujud. Dan kasih akan terus berlanjut. "Tinggallah tiga hal ini: iman, harapan, dan kasih; tetapi yang terbesar dari semuanya adalah kasih" (1 Korintus 13:13).

Mengapa Tidak Semua Orang Sembuh?

Kami dengan mudah mengakui bahwa tidak setiap orang yang kami layani disembuhkan atau dibebaskan. Saya yakin bahwa setiap penginjil penyembuhan yang hebat dan pria atau wanita hamba Tuhan telah menghadapi hal ini dan juga bergumul dengan pertanyaan mengapa kita tidak melihat setiap orang yang kita layani disembuhkan dan dibebaskan. Jawaban atas pertanyaan seperti itu sangat subjektif karena kondisi sebenarnya dapat bervariasi dari individu ke individu. Kami menyadari bahwa ada beberapa hal yang dapat menghalangi seseorang untuk menerima kesembuhan atau pembebasan. Ada berbagai alasan, beberapa diketahui oleh kita dan beberapa alasan yang tidak kita ketahui.

Namun, bagaimana kita bereaksi terhadap "kegagalan" ini sangat penting. Kita harus selalu ingat bahwa setiap kegagalan adalah kesalahan kita sendiri, bukan kesalahan Tuhan. Tuhan setia pada Firman-Nya. Kita berada dalam proses terus-menerus belajar dan menemukan kebenaran tentang Kerajaan Allah dan cara-cara Allah bekerja. Tidak seorang pun dari kita sempurna dalam pengetahuan kita. Kita perlu terus berusaha untuk menemukan kebenaran yang tersembunyi dalam Firman-Nya dan melalui Roh-Nya, sehingga kita dapat lebih akurat mewakili Dia dan melakukan hal-hal yang telah Dia tetapkan untuk kita lakukan.

Berikut ini adalah

Beberapa hal yang boleh dan tidak boleh dilakukan ketika kita menghadapi situasi di mana orang-orang yang kita layani tidak disembuhkan atau dibebaskan:

Jangan Kompromikan Kebenaran

Kita tidak boleh mengkompromikan kebenaran. Kita tidak mengubah pemahaman kita tentang sifat Allah, Firman Allah, dan karya Kristus yang telah selesai di kayu salib. Ini adalah kebenaran mutlak. Siapa Allah, apa yang telah Dia janjikan, dan apa yang telah Kristus capai di kayu salib tidak akan berubah. Kita harus menolak godaan untuk memodifikasi teologi kita agar sesuai dengan pengalaman kita. Sebaliknya, kita harus berupaya keras untuk meningkatkan tingkat pengalaman kita agar sesuai dengan standar Firman Allah.

Jangan berspekulasi, cukup akui "Saya tidak tahu"

Karena kita tidak memiliki semua jawaban, kita tidak boleh berspekulasi dan berpura-pura tahu. Ketika kita ragu, kita harus menghindari pernyataan seperti "Imanmu kurang," "Ada dosa tersembunyi," "Ada kutukan turun-temurun," dan sebagainya. Kita bisa saja menyakiti orang lain ketika berbicara karena ketidaktahuan. Cukuplah untuk mengatakan, "Saya tidak tahu mengapa kamu tidak sembuh, tetapi kasih Tuhan kepadamu pasti dan kehendak-Nya adalah agar kamu sembuh."

Mintalah hikmat dari Tuhan dan teruslah melayani setiap individu.

Memang benar bahwa tidak semua orang yang kita doakan disembuhkan. Tetapi ini seharusnya tidak menghalangi kita untuk terus berusaha dan melakukan yang terbaik untuk membawa kesembuhan dan pembebasan kepada setiap orang yang memungkinkan. Kita terus berdoa dan mencoba berbagai pendekatan untuk melayani individu tersebut kapan pun memungkinkan. Kita mendorong individu tersebut untuk terus mendekat kepada Tuhan, terus berdoa, terus percaya, terus memuji Tuhan atas kesembuhan mereka, dan berpegang teguh pada Firman Tuhan. Mintalah hikmat kepada Tuhan, karunia Roh yang akan mengungkapkan hal-hal yang menghalangi kesembuhan dan pembebasan. Terkadang individu tersebut mungkin perlu bertobat dari suatu dosa, atau memberikan pengampunan kepada orang lain. Bersikaplah peka terhadap Roh Kudus dan ikuti apa yang diungkapkan oleh Roh Allah.

Muliakan Tuhan, Bukan Keadaan

Kita harus memuliakan Tuhan, bukan keadaan. Jangan pernah membesar-besarkan penyakit atau pekerjaan iblis yang menindas. Tidak ada penyakit atau pekerjaan iblis yang lebih besar daripada Tuhan kita. Hanya karena kita tidak melihat kesembuhan atau pembebasan, janganlah kita membuat seolah-olah hal-hal itu terlalu sulit bagi Tuhan kita. Tidak ada yang terlalu sulit bagi Tuhan kita. Kita hanya perlu belajar bagaimana melepaskan kuasa-Nya dengan lebih efektif. Terlepas dari keadaan, kita bersukacita, kita selalu berdoa dan dalam segala hal kita mengucap syukur (1 Tesalonika 5:16-18) karena kita tahu siapa Dia.

"Meskipun" Bukan "Karena"

Tuhan dapat menggunakan seseorang "meskipun" sakit, menderita penyakit fisik, atau masalah fisik apa pun. Namun, ini tidak secara otomatis berarti bahwa kondisi mereka adalah yang terbaik dari Tuhan bagi mereka. Tuhan tidak menggunakan mereka "karena" penyakit atau gangguan mereka. Tuhan bekerja terlepas dari situasi yang ada. Dia tidak dibatasi oleh keterbatasan kita. Dia bekerja karena tujuan dan kasih karunia-Nya yang diberikan kepada kita dalam Yesus Kristus (2 Timotius 1:9), baik sakit maupun tidak! Itulah sebabnya Dia adalah Tuhan! Jadi, ketika Tuhan menggunakan seseorang meskipun sakit atau menderita penyakit, kita memuliakan Tuhan dan bukan penyakit itu. Penyakit itu tetaplah sesuatu yang perlu kita lawan dan lawan.

Teruslah berjuang untuk mendapatkan lebih banyak!

Kegagalan apa pun adalah kesalahan kita, bukan kesalahan Tuhan. Teruslah berjuang untuk mendapatkan lebih banyak urapan dan wahyu-Nya tentang bagaimana membawa

penyembuhan kepada "semua" dan "sebanyak mungkin," sama seperti yang Yesus lakukan. Dia adalah Standar kita. Kita harus berjuang untuk melakukan pekerjaan-Nya dan bahkan pekerjaan yang lebih besar.
Setidaknya ada dua pertanyaan terkait lainnya yang dapat kita bahas di sini: Mengapa beberapa penyembuhan terjadi secara bertahap? Dan mengapa beberapa penyembuhan bersifat sebagian dan tidak lengkap?

Mengapa Beberapa Penyembuhan Berlangsung Secara Bertahap?

Dalam pelayanan Yesus, selain satu kejadian di mana Ia menyentuh orang buta dua kali, kita melihat semua penyembuhan dan pembebasan lainnya terjadi secara instan. Namun, ketika kita melayani, ada banyak waktu ketika penyembuhan terjadi secara bertahap dari waktu ke waktu. Sekali lagi, jawaban atas pertanyaan ini sebenarnya bersifat subjektif dan bergantung pada situasi individu. Dalam banyak kasus, kita tidak tahu mengapa hal-hal terjadi secara bertahap dan bukan secara instan. Namun, respons kita haruslah untuk terus berupaya agar pekerjaan selesai, berapa pun lamanya waktu yang dibutuhkan. Kita merayakan setiap tahap peningkatan yang kita lihat di sepanjang jalan. Kita harus bersyukur kepada Tuhan atas setiap kemajuan kecil dalam pemulihan yang kita lihat, terus memuji Tuhan, dan terus berupaya untuk melihat penyembuhan dan pembebasan yang sempurna.

Markus 8:22-26 22 Kemudian Ia datang ke Betsaida; dan mereka membawa seorang buta kepada-Nya, dan memohon kepada-Nya agar Ia menyentuhnya. 23 Maka Ia memegang tangan orang buta itu dan membawanya keluar dari kota. Dan setelah Ia meludahi matanya dan meletakkan tangan-Nya di atasnya, Ia bertanya kepadanya apakah ia melihat sesuatu. 24 Dan orang itu mendongak

dan berkata, "Aku melihat orang-orang seperti pohon, berjalan." 25 Kemudian Ia meletakkan tangan-Nya di atas matanya lagi dan menyuruhnya mendongak. Dan penglihatannya pulih dan ia dapat melihat semua orang dengan jelas. 26 Kemudian Ia menyuruhnya pulang ke rumahnya, sambil berkata, "Jangan masuk ke kota, dan jangan menceritakan hal ini kepada siapa pun di kota itu."

Mengapa Yesus membawa orang buta ini keluar kota untuk melayaninya? Dan, mengapa Yesus harus menyentuhnya dua kali sebelum penglihatannya pulih sepenuhnya? Mengapa Yesus menyuruhnya untuk tidak kembali ke kota atau menceritakan hal ini kepada siapa pun di kota itu? Semua pertanyaan yang sangat menarik.
Setidaknya empat murid Yesus berasal dari Betsaida. Andreas, Simon Petrus, Filipus, dan Natanael berasal dari kota Betsaida (Yohanes 1:44). Betsaida adalah salah satu kota yang ditegur Tuhan Yesus karena keengganan mereka untuk menanggapi mukjizat-mukjizat dahsyat yang mereka lihat (Matius 11:21-26). Jelas bahwa kota ini tidak percaya dan tidak menerima mukjizat-mukjizat Yesus, mungkin karena orang-orangnya yang "bijaksana dan berhati-hati" (Matius 11:25) yang kemudian merusak penduduk kota lainnya. Setidaknya pada satu kesempatan lain, di rumah Yairus, kita melihat Tuhan Yesus mengusir semua orang yang mengejek, yang tidak percaya dan tidak menerima pelayanan-Nya (Markus 5:40).

Meskipun bagian ini tidak menyatakan hal tersebut, sangat mungkin bahwa alasan Tuhan Yesus membawa orang ini keluar dari kota dan kemudian melayaninya, serta memberinya instruksi untuk tidak kembali ke kota atau memberi tahu orang-orang di kota itu, adalah untuk memisahkannya dan melindunginya dari ketidakpercayaan dan kurangnya penerimaan yang berlaku di kota itu. Alasan yang sama mengapa Tuhan Yesus tidak mengizinkan siapa pun kecuali Petrus, Yakobus, dan Yohanes serta orang tua gadis itu berada di sekitar ketika Ia membangkitkan kembali putri Yairus. Dalam kasus lain orang buta yang disembuhkan, Tuhan Yesus melayani dengan bebas, memulihkan penglihatan mereka sebagai tanggapan atas iman mereka. Meskipun bagian dalam Markus 8 tidak menyebutkan iman (atau kurangnya iman) pada orang buta di Betsaida ini, mungkin mereka dipengaruhi oleh ketidakpercayaan yang berlaku di kota itu. Imannya dikuatkan ketika ia melihat perbaikan sebagian pada matanya dan ia mampu percaya akan pemulihan total.

Mungkin beberapa pelajaran yang dapat kita ambil dari kejadian dengan pria buta di Bethsaida ini adalah kita belajar untuk memisahkan orang dari lingkungan keraguan dan ketidakpercayaan untuk membantu iman mereka. Kita juga mendorong iman orang meskipun kondisi fisik mereka membaik secara bertahap dan terus berjuang sampai kesembuhan selesai.

Mengapa Beberapa Penyembuhan Bersifat Sebagian dan Tidak Lengkap?

Hal lain yang mungkin kita amati ketika melayani penyembuhan adalah terkadang orang dengan banyak masalah disembuhkan dari beberapa kondisi tetapi terus mengalami penyakit lain yang menetap di tubuh mereka. Di sini lagi kita tidak akan mengetahui semua alasan mengapa penyembuhan total tidak terjadi. Kita harus bersyukur kepada Tuhan atas setiap kemajuan kecil dalam pemulihan yang kita lihat, terus memuji Tuhan dan terus berupaya untuk melihat penyembuhan dan pembebasan total. Teruslah memberi semangat kepada individu tersebut dan jangan sampai mempermalukan atau menghukum orang tersebut. Teruslah meminta Tuhan untuk mengungkapkan bagaimana melayani individu tersebut dan untuk mengungkapkan apa yang perlu dilakukan untuk melihat penyembuhan total.

Ada kemungkinan bahwa penyebab dari berbagai kondisi tersebut berbeda. Salah satunya mungkin berupa penyakit fisik murni yang perlu disembuhkan dan langsung sembuh. Kondisi lain mungkin bersifat demonic dengan roh penyakit yang keras kepala yang perlu diusir agar penyembuhan dapat terjadi.

Mungkin satu kondisi dapat diatasi dengan mengusir roh penyakit, sementara agar kondisi lain dapat disembuhkan, mungkin kita hanya perlu mendorong iman untuk tumbuh di dalam hati mereka agar mereka dapat menerimanya.

Kita perlu peka terhadap tuntunan dan arahan Roh Kudus tentang bagaimana cara terbaik untuk melayani kuasa Allah kepada setiap individu.

Tiga Sikap Hati yang Memungkinkan Tuhan Melakukan Mukjizat

Selain ABCDE dan F yang telah kita sebutkan sebelumnya, untuk melayani baik penyembuhan maupun pembebasan, serta mendorong orang untuk siap menerima penyembuhan dan pembebasan, ada tiga sikap hati yang penting: iman, pengharapan, dan keinginan yang kuat.

Ketika melayani orang lain, kita harus berjalan dalam iman, pengharapan, dan keinginan yang kuat. Kita melayani penyembuhan dan pembebasan dengan iman di dalam hati kita. Ketidakpercayaan kita dapat menjadi penghalang bagi kuasa Allah yang mengalir melalui kita. Kita harus mengharapkan orang-orang menjadi sehat. Mengharapkan orang-orang dibebaskan dan dipulihkan sepenuhnya. Memiliki keinginan yang kuat untuk melihat orang-orang disembuhkan, dipulihkan sepenuhnya, dan dibebaskan untuk kemuliaan Allah.

Saat kita melayani orang lain, kita perlu membantu mereka untuk memiliki iman, pengharapan, dan juga keinginan yang kuat untuk disembuhkan. Kita mendorong mereka melalui Firman, doa, dan penyembahan. Seperti perempuan yang menderita pendarahan, kita harus mendorong orang untuk mengharapkan sesuatu terjadi saat mereka mengulurkan tangan dengan iman. Seperti perempuan Kanaan, kita harus mendorong orang untuk bertekad menerima kesembuhan dan pembebasan mereka.

Hambatan untuk Menerima Penyembuhan

Meskipun ini bukan daftar lengkap "hambatan" atau rintangan untuk menerima kesembuhan dan pembebasan, kita perlu menyadari hal-hal ini saat melayani orang lain. Jika kita menyadari bahwa satu atau lebih hambatan ini ada, kita harus mengatasinya dengan cara yang penuh kasih dan memberi semangat. Jangan pernah mengkritik, mengutuk, menyalahkan, atau mempermalukan individu tersebut saat melayani. Kita tidak boleh mencoba mengambil alih peran "Tuhan" dalam kehidupan orang lain. Kita hanyalah bejana tanah liat yang menyediakan diri kita di tangan Tuhan untuk digunakan bagi tujuan-Nya.

- **Kurangnya pengetahuan (Hosea 4:6, Yesaya 5:13)**
- **Kurangnya iman (Markus 6:5,6)**
- **Menganggap penyakit sebagai kehendak Tuhan.**
- **Kurangnya keinginan yang gigih untuk sembuh. Sebenarnya tidak ingin sembuh. Mungkin, menikmati simpati dan perhatian orang lain. Mungkin takut menjalani hidup dengan tanggung jawab normal setelah sembuh.**
- **Bersikap pasif dalam melawan penyakit (sikap yang salah yang mengarah pada keyakinan pasif: "Jika itu kehendak Tuhan, Dia akan menyembuhkan saya," "Tuhan akan menyembuhkan pada waktu-Nya," "Apa pun yang terjadi adalah kehendak Tuhan," dan sebagainya).**
- **Sikap hati yang salah: kemarahan, dendam, iri hati, tidak memaafkan, kepahitan, dan sebagainya. Amsal**

14:30 Hati yang sehat adalah kehidupan bagi tubuh, tetapi iri hati adalah kebusukan bagi tulang. Amsal 17:22 Hati yang gembira mendatangkan kebaikan, seperti obat, tetapi semangat yang patah mengeringkan tulang.

- **Gaya hidup yang merusak: Jika seseorang terus melakukan hal-hal yang merusak kesehatannya sendiri, misalnya alkohol, merokok, narkoba, dan sebagainya.**
- **Hal-hal yang tidak diketahui lainnya: Kita tidak mengetahui setiap penyebab yang dapat menghalangi seseorang untuk menerima kesembuhan dan pembebasan. Jadi kita belajar untuk mendengarkan Roh Kudus dan Dia akan menunjukkan kepada kita apa yang harus dilakukan dalam situasi tertentu.**

Satu Kisah _ Mematahkan Cengkeraman Roh Ketakutan oleh Bro Schambach –

BERJALAN-JALAN DI PHILADELPHIA SELATAN

Alkitab berkata, "Allah tidak memberi kita roh ketakutan…" (2 Timotius 1:7). Alkitab juga berkata, "…ketakutan mendatangkan siksaan…" (1 Yohanes 4:18). Oleh karena itu, saya dapat menyimpulkan bahwa ketakutan adalah roh yang menyiksa. Banyak umat Allah terikat oleh roh ketakutan yang menyiksa ini, bahkan ketika mereka mendengar Firman yang dikhotbahkan.

Ketakutan adalah kebalikan dari iman. Ketakutan dapat menghalangi Anda untuk aktif sebagai seorang Kristen. Jika Anda terikat oleh roh ketakutan, saya tidak perlu memberi tahu Anda—Anda membutuhkan mukjizat pembebasan. Dan saya punya kabar baik—Allah ingin Anda terbebas dari ketakutan dalam hidup Anda dan siap serta bersedia membebaskan Anda.

Suatu kali, ketika saya berada di Philadelphia, saya bertemu dengan seorang wanita yang memiliki masalah dengan **rasa takut.**

Dulu saya sering melakukan wawancara pribadi di mana orang-orang bisa datang dan bertemu dengan saya secara empat mata. Wanita ini datang mencoba untuk membuat kesan. Dia berbicara dalam bahasa roh sebentar lalu duduk.

Saya berkata, "Apa yang bisa saya lakukan untuk Anda?"

Dia berkata, "Aku datang agar kau mendoakanku."

Saya berkata, "Saya tidak berdoa di siang hari. Saya berdoa di malam hari. Anda lihat, kami berkhotbah di siang hari untuk membangkitkan iman Anda. Kemudian kami menumpangkan tangan kepada Anda selama ibadah malam ketika iman itu hidup."

Dia berkata, "Yah, aku tidak bisa datang di malam hari."

Saya bertanya, "Apakah Anda sedang bekerja?"

"TIDAK."

"Apakah Anda punya janji temu?"

"TIDAK."

"Kalau begitu, kembalilah malam ini," kataku padanya.

"Aku tidak akan kembali."

Saya berkata, "Yah, saya tidak sedang berdoa."

Itu mungkin terdengar kasar, tapi aku tahu dia menyembunyikan sesuatu dariku. Aku merasakannya dalam hatiku sendiri. Jadi aku bertanya padanya, "Apa masalahmu? Aku ingin tahu."

Dia berkata, "Begini, saya menderita tekanan darah tinggi, dan saya juga menderita diabetes." "Hanya itu?" kataku.

"Ya, benar," jawabnya.

Saya berkata, "Tidak, kau berbohong padaku. Kau bilang kau tidak bisa datang malam ini. Alasan mengapa kau tidak bisa datang adalah karena kau terikat oleh roh ketakutan."

Dia berkata, "Bagaimana kamu tahu?"

Dengarlah, dia adalah anak Allah. Dia mengasihi Tuhan. Tetapi dia masih terikat oleh roh ketakutan.

Dia berkata, “Saya belum pernah keluar rumah pada malam hari selama dua belas tahun terakhir. Oh, Saudara Schambach, roh ini menyiksa saya.”

Saya berkata, “Dengar, tetaplah di sini sampai malam nanti. Pergi ke sebelah dan beli sandwich. Tetaplah di sini, dan saya akan berdoa untukmu malam ini. Saya akan menyingkirkan roh ketakutan itu. Tuhan telah memberi saya kuasa untuk mengusir setan, dan saya akan membebaskanmu dari roh jahat yang menyiksa pikiranmu. Jika kamu tetap di sini, dan Tuhan tidak membebaskanmu, saya dan istri saya akan mengantarmu pulang sendiri.”

Dia berkata, "Kamu akan melakukan itu?"

Saya berkata, “Saya akan melakukannya. Saya bahkan akan masuk ke rumah Anda terlebih dahulu. Anda bisa tetap bersama istri saya di dalam mobil. Saya akan menyalakan semua lampu, melihat di belakang sofa dan kursi, membuka lemari Anda, dan memastikan tidak ada orang di sekitar sana.”

Dia yakin. Dia berkata, "Baiklah, jika kau mau melakukan itu, aku akan tinggal."

Setelah saya berkhotbah malam itu, saya memanggilnya terlebih dahulu untuk berdoa. Saya menumpangkan tangan padanya dan kuasa Tuhan menghantamnya dan membuatnya tersungkur. Saya menumpangkan tangan pada sekitar 500 orang malam itu.

Setelah semuanya berakhir, saya dan istri mencari wanita itu karena saya berjanji akan mengantarnya pulang. Tapi saya tidak bisa menemukannya di mana pun! Saya berlari keluar dan mencari ke mana-mana. Saya berkata, “Ya Tuhan. Saya harus menemukan wanita itu.” Tapi saya tidak pernah menemukannya.

Malam berikutnya dia kembali ke pertemuan sambil berteriak dan bersukacita. Di malam hari!

Saya berkata, “Ayo naik ke sini. Saya tahu Anda punya kesaksian.”

Dia menceritakan kisah yang kuceritakan padamu kepada orang-orang. Dia berkata, "Aku tahu Saudara Schambach mengatakan bahwa dia dan istrinya akan mengantarku pulang tadi malam. Tapi aku tidak perlu membiarkan mereka mengantarku pulang karena ketika dia menumpangkan tangannya padaku, setan ketakutan itu pergi. Tuhan membebaskanku! Aku berjalan sendiri sepanjang jalan pulang."

Saya berkata, "Anda berjalan kaki? Di Philadelphia?"

Sekarang aku mulai gugup! Dia tinggal tiga puluh blok jauhnya di Philadelphia Selatan. Itu berarti dia telah berjalan melewati bagian kota yang paling berbahaya! Ini wanita yang sama yang takut keluar malam!

Dia berkata, "Saya sampai di sana sekitar pukul tiga pagi. Saya memasukkan kunci ke dalam lubang kunci, tetapi saya merasa sangat senang sehingga saya mencabutnya kembali dan berjalan-jalan di jalanan sepanjang malam sambil berkata, 'Setan, kau pembohong. Aku tidak takut padamu lagi!'"

Tuhan telah membebaskannya dari rasa takut! Jika Anda terikat oleh roh ketakutan, Dia ingin melakukan hal yang sama untuk Anda. Anda tidak perlu takut lagi. Anda dapat berbalik dan menghadapi musuh dengan percaya diri karena Tuhan ada di pihak Anda!

Izinkan saya berdoa untukmu:

Bapa, dalam nama Yesus, aku datang kepada-Mu atas nama pembaca ini yang terikat oleh rasa takut. Terima kasih atas kuasa yang telah Engkau berikan kepadaku atas iblis. Rasa takut, roh jahat yang menyiksa, aku memohon kepadamu demi Yesus— lepaskan cengkeramanmu atas hidup orang ini. Aku memerintahkannya dalam nama Yesus. Tuhan, berikanlah kepadanya mukjizat pembebasan, dan berikanlah kepadanya kekuatan untuk berdiri melawan musuh. Dalam nama Yesus, aku nyatakan itu terlaksana. Amin dan amin.

Doa Singkat untuk Pembebasan Diri.

"Tuhan Yesus Kristus, aku percaya Engkau mati di kayu salib untuk dosa-dosaku dan bangkit kembali dari kematian. Engkau menebusku dengan darah-Mu dan aku milik-Mu, dan aku ingin hidup untuk-Mu. Aku mengaku semua dosaku—yang diketahui dan yang tidak diketahui—aku menyesali semuanya. Aku meninggalkan semuanya. Aku mengampuni semua orang lain sebagaimana aku ingin Engkau mengampuni aku. Ampuni aku sekarang dan sucikan aku dengan darah-Mu. Aku bersyukur kepada-Mu atas darah Yesus Kristus yang sekarang menyucikan aku dari segala dosa. Dan aku datang kepada-Mu sekarang sebagai penyelamatku. Engkau mengetahui kebutuhan khususku—hal yang mengikat, yang menyiksa, yang menajiskan; roh jahat itu, roh najis itu—aku mengklaim janji firman-Mu, "Barangsiapa yang menyeru nama Tuhan akan diselamatkan." Aku memanggil-Mu sekarang. Dalam nama Tuhan Yesus Kristus, bebaskan aku dan lepaskan aku. Setan, aku meninggalkanmu dan semua perbuatanmu. Aku melepaskan diriku darimu, dalam nama Yesus, dan aku memerintahkanmu untuk meninggalkanku sekarang juga dalam nama Yesus. Amin!"

Biarlah itu datang dari hatimu dan lihatlah keselamatan dari Tuhan!

Apakah Anda sakit atau membutuhkan pemulihan?

Bagi mereka yang sakit atau tidak sehat dalam bentuk apa pun, atau membutuhkan pembebasan? Atau pemulihan, silakan sentuh titik di bawah ini dengan iman (Iman adalah melihat hasil positif yang tepat dari situasi Anda saat ini, mengetahui bahwa Yesus telah melakukan bagian-Nya lebih dari 2000 tahun yang lalu untuk mengamankan kesembuhan dan pembebasan Anda, pemulihan sebagai uang muka, mempercayai bahwa uang muka itu tersedia bagi Anda untuk diambil, seperti saldo positif di rekening giro Anda di bank, tanpa pertanyaan apa pun karena kami setuju dengan Anda dan menyatakan SEMBUHLAH dalam nama Yesus Kristus, Amin)

Dengan kuasa yang telah Engkau berikan kepadaku dan kepada mereka, aku menggunakan kuasa itu sekarang dengan iman, dengan amarah mereka terhadap musuh dan kerinduan untuk mendapatkan apa yang telah Engkau berikan secara cuma-cuma kepada mereka semua. Aku mengutuk setiap penyakit, setiap penderitaan, baik itu kanker, COVID-19, baik itu roh penyakit, baik itu kerasukan setan atau penindasan, baik itu roh kemiskinan, kemunduran, keterlambatan pemenuhan apa yang telah Allah tetapkan dan lepaskan. Kami melawan anomali, aku mengikat mereka, kami mengutuk mereka sampai ke akarnya dan kami mengusir mereka dengan kuasa dalam nama Yesus Kristus. Amin. Kami memohon pelepasan penyembuhan, pembebasan, dan pemulihan ke dalam hidup mereka dalam nama Yesus Kristus yang perkasa. Terima kasih Tuhan atas kesaksian-kesaksian yang tetap ada untuk kemuliaan, kehormatan, dan penyembahan-Mu. Terima kasih atas jiwa-jiwa yang ditambahkan ke dalam kerajaan-Mu sebagai hasil dari pesan ini, mukjizat-mukjizat yang sudah kami lihat sekarang dan yang terwujud untuk kemuliaan-Mu dalam nama Yesus, Amin. Selesai! Bersukacitalah!

Sentuh titik yang ditandai sebagai titik kontak dan akui dengan mulutmu – AKU TELAH DISEMBUIKAN, AKU TELAH DIBEBASKAN dan AKU TELAH DIPULIHKAN dalam Roh, Jiwa, Tubuh dan segala sesuatu di sekitarku dalam nama YESUS Kristus, Amin!!!

Mulailah melakukan apa yang sebelumnya tidak dapat Anda lakukan dan mulailah mengaku dosa sampai kesembuhan total, pembebasan, dan pemulihan menjadi buah dalam hidup Anda dalam nama Yesus, amin. Tetaplah haus akan segala sesuatu dari Tuhan, tetaplah marah dan rebut kembali semua yang telah ditahan musuh dalam nama Yesus, amin.

Catatan:
Bersaksilah tentang kesembuhan untuk kemuliaan Tuhan dan untuk mempermalukan musuh! Kirimkan email atau WhatsApp kepada kami jika Anda masih membutuhkan persetujuan kami mengenai masalah ini. Dan bergabunglah dalam seri pelatihan yang dimulai Kamis minggu depan. Temukan detailnya segera di situs web kami!

Prestasi yang Lebih Besar – 1 – Bab 10 – Menerima Jawaban atas Pertanyaan Umum tentang penyembuhan, pembebasan, dan pemulihan + Pedoman Praktis untuk Melayani Penyembuhan, Pembebasan, dan Pemulihan + Sintesis Skizofrenia sebagaimana diungkapkan oleh Roh Kudus kepada Ida Mae Hammond dan cara menghadapi roh tersebut bagian 9

Saudara-saudari terkasih, hari ini, kami mempersembahkan bagian ke-9 dari seri kami tentang sudah cukup dengan penawanan dan selamat datang kepada kebebasan di dalam

Kristus. Iman datang dari pendengaran dan pendengaran dari firman Allah – Roma 10:17. Allah berfirman kepada nabi Hosea dalam **Hosea 4:6-7**

Alkitab Amplifikasi, Edisi Klasik

6 Umat-Ku binasa karena kurang pengetahuan; karena kamu [bangsa imam] telah menolak pengetahuan, Aku juga akan menolak kamu sehingga kamu tidak dapat menjadi imam bagi-Ku; karena kamu telah melupakan hukum Allahmu, Aku juga akan melupakan anak-anakmu.

7 Semakin mereka bertambah banyak dan semakin makmur serta berkuasa, semakin besar pula dosa mereka terhadap-Ku; Aku akan mengubah kemuliaan mereka menjadi kehinaan.

Mari kita renungkan sejenak kata-kata di atas. Tuhan berkata bahwa ketika kita menolak pengetahuan, pengetahuan tentang Dia sebagaimana yang dinyatakan dalam Kitab Suci, Dia juga akan menolak kita untuk melayani sebagai imam bagi-Nya. Dia berkata bahwa karena kita telah melupakan hukum Allah, Dia juga akan melupakan anak-anak kita. Singkatnya, Dia akan melupakan kita dan anak-anak kita. Begitulah kerasnya kata-kata itu dan apa yang Tuhan katakan akan Dia lakukan sebagai akibat dari ketidaktahuan atau kurangnya pengetahuan tentang cara kerja Allah. Tuhan juga mengaitkan sebuah kata dengan bagian pertama ayat 6 itu. Dia berkata bahwa kita berdosa terhadap-Nya sesuai dengan ukuran kemakmuran kita. Semakin makmur kita, semakin kita menjadi mandiri dan semakin kita melupakan Tuhan.

Apakah aneh bagi Anda bahwa satu-satunya saat kita benar-benar serius mencari solusi dari Tuhan adalah ketika kita kehabisan pilihan? Ketika kita sakit, orang pertama yang terlintas dalam pikiran adalah tawaran alternatif ketika obat mujarab Gilead ada di dalam diri kita. Kita menggunakan Tuhan sebagai ban cadangan ketika semua yang lain gagal. Ketika kita dihadapkan dengan firman Tuhan atau apa pun yang membawa pencerahan (pengetahuan) untuk membantu kita mengatasi masalah kita, kita mengatakan kita tidak punya waktu. Tetapi kita tidak keberatan terhanyut dalam apa pun yang menghibur kita atau apa pun yang memberi kita manfaat duniawi.

Kita bisa menghabiskan berjam-jam mengurusi urusan keuangan kita, tetapi ketika menyangkut hal-hal yang berkaitan dengan kerajaan Allah, kita malah sibuk melihat jam tangan atau tertidur sebelum kita dapat memahami pesan yang ingin Dia sampaikan kepada kita, yaitu pembebasan kita. Kita bisa menghabiskan berjam-jam menunggu giliran bertemu dokter, tetapi kita tidak punya waktu satu jam pun untuk mendapatkan perlengkapan yang dibutuhkan agar kita menjadi sempurna dalam pekerjaan dan perjalanan kita bersama Tuhan.

Lalu, siapa yang kita bodohi? Tuhan atau diri kita sendiri? Dan kita heran mengapa doa-doa kita tidak menarik perhatian surga Pada hari kita mulai menganggap Tuhan dengan serius, Dia akan mulai menganggap kita dengan serius.
Tuhan masih berfirman kepada kita - **Yeremia 29:13**

Alkitab Amplifikasi, Edisi Klasik
13 Kemudian kamu akan mencari Aku, meminta Aku, dan membutuhkan Aku [sebagai kebutuhan yang sangat penting] dan kamu akan menemukan Aku ketika kamu mencari Aku dengan segenap hatimu.

Itulah sebabnya seri ini bukan untuk semua orang. Seri ini ditujukan bagi mereka yang haus akan segala sesuatu tentang

Tuhan. Kita harus memenuhi syarat berikut ini terlebih dahulu:

A: Ketersediaan – Roh, Jiwa, dan Tubuh;

B: Keberanian untuk menjalankan wewenang dan kekuasaan;

C: Rasa empati untuk duduk di tempat orang-orang sedang menderita;

D: Tekad untuk terus berjuang hingga meraih kemenangan;

E: Cinta yang tulus yang tidak didasarkan pada hal-hal yang dangkal;

F: Kemarahan membara terhadap setan dan

G: Kerinduan yang besar akan KEPENUHAN ALLAH di dalam diri kita dan di sekitar kita agar kita dapat menyentuh dunia bagi-Nya.

Saya ingin kita merenungkan firman Yesus ini - **Lukas 18:7-8**

Alkitab Amplifikasi, Edisi Klasik

[7] Dan bukankah Allah kita yang adil akan membela , melindungi , dan membalaskan dendam orang-orang pilihan-Nya yang berseru kepada-Nya siang dan malam? Akankah Ia menunda mereka **dan** [b] **menunda bantuan atas nama mereka?**

[8] Aku berkata kepadamu, Ia akan membela , melindungi , dan membalaskan dendam mereka dengan segera. Namun, ketika Anak Manusia datang, akankah Ia menemukan [[c] **ketekunan dalam] iman di bumi?**

Semoga Tuhan menemukan kita dalam iman ketika Dia datang. Jenis iman yang datang dari pendengaran dan pendengaran dari firman Tuhan, lalu melakukan tindakan yang sesuai – Roma 10:17. Amin? Amin

JAWABAN ATAS PERTANYAAN UMUM TENTANG PENYAKIT DAN PENYEMBUHAN

Contoh: **Duri Paulus; Kesulitan Ayub; Menyerahkan seseorang kepada setan; Gereja Korintus—Banyak yang Lemah, Banyak yang Sakit, dan Banyak yang Meninggal Sebelum Waktunya; Perut Timotius; Penyakit Hizkia; Trofimus yang Ditinggalkan dalam Keadaan Sakit; Epafroditus – karena pekerjaan Kristus ia hampir mati; Apakah penyakit merupakan hukuman dari Tuhan? Apakah boleh menggabungkan iman dan pengobatan? Apakah menjaga kesehatan merupakan tanda ketidakpercayaan?**

Ada beberapa bagian dalam Alkitab yang sering disalahpahami dan digunakan sebagai dasar untuk mentolerir penyakit dan pekerjaan setan lainnya. Dalam pesan hari ini, kita akan melihat beberapa di antaranya dan memberikan wawasan tentang pemahaman hal-hal tersebut. Kita harus ingat bahwa semua Kitab Suci harus ditafsirkan dalam terang Kitab Suci lainnya dan dalam terang Pribadi Yesus Kristus.
Segala sesuatu yang kita ketahui tentang Tuhan harus selaras dengan apa yang dilihat dan didengar melalui Tuhan yang menjadi manusia, Yesus Kristus. Apa pun yang kita klaim pahami tentang Tuhan yang tidak selaras dengan apa yang dikatakan dan dilakukan Yesus, dapat dipertanyakan dan dibuang. Yesus Kristus adalah teologi yang sempurna, Firman yang menjadi manusia.

Duri Paulus

2 Korintus 12:7-10 7 Supaya aku tidak menjadi sombong karena banyaknya wahyu yang kuterima, maka diberikan kepadaku duri dalam daging, yaitu utusan Setan yang menyiksa aku, supaya aku tidak menjadi sombong. 8 Mengenai hal ini aku telah memohon kepada Tuhan tiga kali, supaya itu menjauh dariku. 9 Dan Ia berkata kepadaku,

“Kasih karunia-Ku cukup bagimu, karena kekuatan-Ku menjadi sempurna dalam kelemahan.” Karena itu, dengan senang hati aku akan lebih membanggakan kelemahan-kelemahanku, supaya kuasa Kristus tinggal padaku. 10 Karena itu aku bersukacita dalam kelemahan, dalam celaan, dalam kekurangan, dalam penganiayaan, dalam kesusahan, demi Kristus. Sebab ketika aku lemah, maka aku kuat.
Rasul Paulus memang menerima banyak sekali wahyu. Selain banyak pengalaman pribadinya, kunjungan-kunjungan ilahi, dan diangkat ke surga ketiga, Paulus memahami dan menulis banyak wahyu Perjanjian Baru. Agar Paulus tidak menjadi sombong, Tuhan mengizinkan adanya "duri dalam dagingnya." Sekarang banyak yang berspekulasi tentang apa "duri dalam daging" ini. Ada yang mengatakan itu adalah penyakit, masalah mata, atau masalah tangan.

Namun, rasul itu menyatakan bahwa itu adalah “utusan (bahasa Yunani angelos = malaikat) dari Setan.” Paulus dengan jelas menyatakan bahwa duri dalam daging itu adalah utusan Setan. Kata utusan dalam bahasa Yunani sama dengan kata yang digunakan untuk malaikat, dan misalnya digunakan dalam “malaikat gereja,” dalam kitab Wahyu, pasal 2 dan 3, ketika Tuhan berbicara kepada setiap gereja. Oleh karena itu, utusan Setan adalah makhluk spiritual yang terus-menerus menentang Paulus dalam pelayanannya “untuk menyerang” (artinya memukul berulang kali) dia. Dalam pasal sebelumnya, Paulus menggambarkan banyak kesulitan, masalah, dan kelemahan yang dialaminya. Inilah yang dia nyatakan, “Apakah mereka pelayan Kristus?—Aku berbicara sebagai orang bodoh—aku lebih dari itu: dalam kerja keras lebih banyak, dalam cambukan lebih banyak, dalam penjara lebih sering, dalam kematian sering.”

“Dari orang Yahudi lima kali aku menerima empat puluh cambukan dikurangi satu. Tiga kali aku dipukuli dengan

tongkat; sekali aku dilempari batu; tiga kali aku mengalami kecelakaan kapal; satu malam dan satu siang aku berada di laut dalam; sering kali dalam perjalanan, dalam bahaya di perairan, dalam bahaya perampok, dalam bahaya dari bangsaku sendiri, dalam bahaya dari bangsa-bangsa bukan Yahudi, dalam bahaya di kota, dalam bahaya di padang gurun, dalam bahaya di laut, dalam bahaya di antara saudara-saudara palsu; dalam kelelahan dan kerja keras, sering kali kurang tidur, dalam kelaparan dan kehausan, sering kali berpuasa, dalam kedinginan dan telanjang" (2 Korintus 11:23-27). Meskipun beberapa kesulitan ini ia tanggung sendiri, banyak di antaranya datang sebagai perlawanan terhadap pekerjaan yang sedang ia lakukan.
Semua ini berfungsi untuk menjaga agar "kakinya tetap berpijak di bumi," membantunya berjalan dalam kerendahan hati karena tahu bahwa ia harus bergantung kepada Tuhan. Paulus memang berdoa tiga kali agar makhluk iblis itu pergi. Dalam situasi ini, Tuhan tidak begitu saja menyingkirkan utusan setan itu. Sebaliknya, Dia memanggil Paulus untuk mengandalkan kasih karunia-Nya untuk terus maju dan mengatasi apa yang dilakukan makhluk iblis itu. Karena itu, Paulus memahami bahwa bahkan di saat-saat terlemahnya, kasih karunia Tuhan lebih dari cukup untuk membuatnya tetap kuat.

Sebagai orang percaya saat ini, tidak seorang pun dari kita yang menerima begitu banyak wahyu. Kita tidak digunakan dengan cara yang sama seperti Paulus untuk memiliki hak istimewa diberi "duri dalam daging," seorang utusan setan untuk menyiksa kita agar kita tetap rendah hati. Lebih jauh lagi, klaim kita bahwa penyakit kita adalah "duri dalam daging" yang diberikan kepada kita untuk tujuan spiritual yang agung agak tidak sesuai dengan Alkitab dan meninggikan diri sendiri. Kita harus melawan penyakit sebagai pekerjaan iblis yang tidak berhak berada di dalam tubuh kita.

Masalah Ayub

Ayub 1:12 Maka Setan pun pergi dari hadapan TUHAN.
Ayub 2:6,7 6 Lalu TUHAN berkata kepada Setan, "Lihatlah, dia ada di tanganmu, tetapi selamatkanlah nyawanya." 7 Maka Setan pergi dari hadapan TUHAN dan menimpakan penyakit bisul yang menyakitkan pada Ayub dari telapak kakinya sampai ke ubun-ubun kepalanya.
Ayub 2:10 Dalam semua hal ini, Ayub tidak berdosa dengan bibirnya.
Ayub 3:25 Karena hal yang sangat kutakuti telah menimpaku, dan apa yang kucemaskan telah terjadi padaku.
Ayub 42:10 Dan TUHAN memulihkan kerugian Ayub ketika ia berdoa untuk teman-temannya. Bahkan TUHAN memberikan kepada Ayub dua kali lipat dari apa yang dimilikinya sebelumnya.
Yakobus 5:11 Sesungguhnya kita menganggap mereka yang tabah sebagai orang-orang yang berbahagia. Kamu telah mendengar tentang ketekunan Ayub dan telah melihat akhir yang dikehendaki Tuhan—bahwa Tuhan itu sangat berbelas kasih dan penuh rahmat.
Setanlah yang menimpa Ayub dan keluarganya, menyebabkan segala macam malapetaka dan penyakit (Ayub 1:12; 2:7). Kita tidak dapat menyalahkan Tuhan atas hal-hal yang dilakukan Setan. Memang benar bahwa Tuhan mengizinkan Setan untuk menyentuh Ayub, yang sebenarnya berada di bawah perlindungan ilahi karena Tuhan telah "membuat pagar di sekelilingnya" (Ayub 1:10). Tetapi tetap saja iblislah yang menyebabkan semua malapetaka itu terjadi, dengan menggunakan unsur cuaca dan alam juga.

Di dunia kita saat ini, iblis dan setan-setannya diizinkan melakukan pekerjaan jahat mereka. Secara umum, Tuhan tidak menghentikan iblis dan setan-setan untuk menyerang orang percaya dengan godaan, halangan, dan rintangan lainnya. Kita semua menghadapi hal-hal semacam ini. Tuhan mengizinkan hal-hal ini terjadi bahkan terhadap mereka yang percaya kepada-Nya. Tuhan menggunakan hal-hal ini sebagai bagian dari pelatihan dan pematangan kita menjadi serupa dengan Kristus. Dia memanggil kita untuk berjuang dalam perjuangan yang baik, melawan iblis, bergumul melawan kuasa kegelapan, memadamkan setiap panah api, dan menjalani hidup yang penuh kemenangan. Sebagai orang percaya, kita dapat memperoleh perlindungan ilahi (Mazmur 34:7; Mazmur 91; Yesaya 54:17; 1 Yohanes 5:18) atau melalui rasa takut, keraguan, atau ketidaktaatan membuat diri kita rentan terhadap serangan iblis yang seharusnya tidak dapat mengalahkan kita. Tuhan telah memberi kita setiap senjata untuk mengalahkan musuh (Efesus 6:10-18), sesuatu yang tidak sepenuhnya dipahami oleh Ayub. Berdasarkan semua yang ada dalam Perjanjian Baru, tidak seperti Ayub, sebenarnya tidak ada alasan bagi kita untuk dikalahkan oleh musuh, bahkan ketika pasukannya menyerang kita.

Di tengah semua yang terjadi, Ayub tetap teguh dan beriman kepada Tuhan. Ia berdiri kokoh dalam pengabdiannya kepada Allah. Ketahanan Ayub inilah yang harus kita teladani, karena kita tahu bahwa Tuhan memang penuh belas kasihan dan pengampunan, dan Ia pada akhirnya akan mengubah keadaan menjadi baik bagi kita. Aspek lain tentang Ayub adalah ia tampak sebagai orang yang sangat takut akan malapetaka yang menimpanya, dan memang demikianlah yang terjadi. Ketakutan adalah iman yang salah arah. Ketakutan menarik hal-hal yang salah ke dalam hidup kita. Sebagai anak-anak Allah, kita dapat belajar untuk hidup tanpa rasa takut seperti itu, dan sebaliknya beristirahat dalam iman.

Menyerahkan Seseorang kepada Setan

1 Korintus 5:1-5 1 Sesungguhnya telah dilaporkan bahwa ada perbuatan cabul di antara kamu, dan perbuatan cabul yang sedemikian rupa sehingga tidak disebut-sebut di antara bangsa-bangsa bukan Yahudi—yaitu seorang laki-laki bersetubuh dengan istri ayahnya! 2 Dan kamu menjadi sombong, dan bukannya berduka cita, supaya orang yang telah melakukan perbuatan itu disingkirkan dari antara kamu. 3 Sebab aku, meskipun tidak hadir secara fisik tetapi hadir secara roh, telah menghakimi (seolah-olah aku hadir) orang yang telah melakukan perbuatan itu. 4 Dalam nama Tuhan kita Yesus Kristus, ketika kamu dikumpulkan bersama-sama, beserta rohku, dengan kuasa Tuhan kita Yesus Kristus, 5 serahkanlah orang itu kepada Setan untuk dimusnahkan dagingnya, supaya rohnya diselamatkan pada hari Tuhan Yesus.
1 Timotius 1:20 Di antara mereka adalah Himenaeus dan Alexander, yang telah Kuserahkan kepada Setan agar mereka belajar untuk tidak menghujat.
2 Timotius 2:17-18 17 Dan pemberitaan mereka akan menyebar seperti kanker. Himenaeus dan Filetus termasuk golongan orang-orang seperti itu, 18 yang telah menyimpang dari kebenaran, dengan mengatakan bahwa kebangkitan telah berlalu; dan mereka merusak iman sebagian orang.

2 Timotius 4:14-15 14 Alexander, si tukang tembaga, telah banyak berbuat jahat kepadaku. Kiranya Tuhan membalasnya sesuai dengan perbuatannya. 15 Kamu juga harus waspada terhadapnya, karena ia telah sangat menentang perkataan kita.

Hanya ada dua contoh ketika rasul Paulus menyebutkan tentang menyerahkan seseorang kepada setan. Di gereja Korintus, hal itu berkaitan dengan pendisiplinan seorang pria yang hidup dalam amoralitas, yang awalnya tampaknya tidak bertobat. Paulus ingin pria ini dikeluarkan dari jemaat setempat untuk beberapa waktu (1 Korintus 5:13) dan diserahkan kepada setan untuk penghancuran dagingnya, agar rohnya dapat diselamatkan. Kita menyadari bahwa Paulus menggunakan otoritas kerasulannya dan memberikan pendisiplinan atas perilaku berdosa yang tidak bertobat. Pria itu dikeluarkan dari gereja setempat, dalam satu arti, secara fisik maupun spiritual. Ini berarti bahwa perlindungan yang biasanya dia miliki telah dicabut dan dia sekarang rentan terhadap setan karena dosanya. Setan kemudian dapat melakukan apa saja untuk mendatangkan bahaya di alam fisik, tetapi ini diizinkan agar pria itu bertobat.

Kita memiliki catatan selanjutnya dalam 2 Korintus, di mana setelah beberapa waktu, perintah Paulus kepada jemaat adalah: "Hukuman yang dijatuhkan oleh mayoritas itu sudah cukup bagi orang seperti itu, sehingga sebaliknya, kamu harus mengampuni dan menghibur dia, supaya jangan orang itu terlalu diliputi kesedihan. Karena itu aku mendesak kamu untuk menegaskan kembali kasihmu kepadanya" (2 Korintus 2:6-8). Tidak ada catatan bahwa orang ini benar-benar mengalami luka fisik. Bagaimanapun, tampaknya ada banyak kesedihan dan pertobatan yang tulus, sehingga Paulus sendiri menulis: "Sebab jika memang aku telah mengampuni sesuatu, aku telah mengampuni orang itu demi kamu di hadapan Kristus" (2 Korintus 2:10).

Kasus kedua berkaitan dengan dua orang pemberontak di gereja Efesus, Himenaeus dan Alexander. Himenaeus adalah orang yang menghujat (berbicara jahat), mungkin terhadap Paulus dan kebenaran tentang Kristus, dan memberitakan doktrin palsu bahwa kebangkitan telah berakhir, menyebabkan beberapa orang murtad dari iman. Alexander tampaknya adalah orang yang menentang Paulus, mengucapkan hal-hal yang sangat merugikan Paulus. Dalam kedua kasus tersebut, Paulus menggunakan otoritas kerasulan untuk melepaskan orang-orang ini dari gereja dan menyerahkan mereka kepada setan. Mengetahui hati rasul, hal ini pasti dilakukan dengan maksud agar orang-orang ini bertobat dan kembali kepada kebenaran. Tetapi kita tidak memiliki catatan tentang hasil akhir dalam kasus ini.

Memang benar bahwa ketika seseorang berjalan dalam ketidaktaatan, pemberontakan, dan melampaui batas-batas Tuhan, ia menjadi rentan terhadap setan. Namun, sebagai orang percaya, kita tidak perlu takut diserahkan kepada setan, karena kita sedang mendekatkan diri kepada Tuhan, bukan menjauh dari-Nya.

Gereja Korintus—Banyak yang Lemah, Banyak yang Sakit, dan Banyak yang Meninggal Sebelum Waktunya

1 Korintus 11:17-34 17 Sekarang, dalam memberikan petunjuk-petunjuk ini, aku tidak memuji kamu, karena kamu berkumpul bukan untuk kebaikan, melainkan untuk keburukan. 18 Sebab pertama-tama, ketika kamu berkumpul sebagai jemaat, aku mendengar bahwa ada perpecahan di antara kamu, dan sebagian aku percaya akan hal itu. 19 Sebab harus ada juga perpecahan di antara kamu, supaya orang-orang yang layak diakui di antara kamu. 20 Karena itu, ketika kamu berkumpul di satu tempat, bukan untuk makan Perjamuan Tuhan. 21 Sebab dalam makan, setiap orang mengambil makanannya sendiri mendahului yang lain; dan ada yang lapar dan ada yang mabuk. 22 Apa! Apakah kamu tidak mempunyai rumah untuk makan dan minum? Atau apakah kamu menghina jemaat Allah dan mempermalukan orang-orang yang tidak mempunyai apa-

apa? Apa yang harus kukatakan kepadamu? Apakah aku memuji kamu dalam hal ini? Aku tidak memuji kamu. 23 Sebab aku menerima dari Tuhan apa yang juga kusampaikan kepadamu: bahwa Tuhan Yesus pada malam yang sama ketika Ia dikhianati mengambil roti; 24 Setelah mengucap syukur, Ia memecahkan roti itu dan berkata, "Ambillah, makanlah; inilah tubuh-Ku yang dipecahkan untukmu; lakukanlah ini untuk mengenang Aku." 25 Demikian juga Ia mengambil cawan setelah makan malam, dan berkata, "Cawan ini adalah perjanjian baru dalam darah-Ku. Lakukanlah ini, setiap kali kamu meminumnya, untuk mengenang Aku." 26 Sebab setiap kali kamu makan roti ini dan minum cawan ini, kamu memberitakan kematian Tuhan sampai Ia datang kembali. 27 Karena itu, siapa pun yang makan roti ini atau minum cawan Tuhan ini dengan cara yang tidak layak, ia bersalah terhadap tubuh dan darah Tuhan. 28 Tetapi hendaklah setiap orang memeriksa dirinya sendiri, baru kemudian ia makan roti dan minum cawan itu. 29 Sebab barangsiapa makan dan minum dengan cara yang tidak layak, ia makan dan minum penghakiman bagi dirinya sendiri, karena ia tidak membedakan tubuh Tuhan. 30 Karena itu banyak di antara kamu yang lemah dan sakit, dan banyak pula yang meninggal. 31 Sebab jika kita menghakimi diri kita sendiri, kita tidak akan dihakimi. 32 Tetapi ketika kita dihakimi, kita didisiplinkan oleh Tuhan, supaya kita tidak dihukum bersama dengan dunia. 33 Karena itu, saudara-saudaraku, ketika kamu berkumpul untuk makan, tunggulah satu sama lain.

34 Tetapi jika ada yang lapar, biarlah ia makan di rumahnya, supaya kamu tidak berkumpul untuk penghakiman. Dan yang lainnya akan Kuatur pada waktu Aku datang.

Jemaat Korintus, meskipun merupakan kelompok orang yang sangat rohani, juga memiliki banyak masalah yang harus ditangani, dalam hal standar moral, tata krama dalam pertemuan gereja , dan hidup bersama sebagai komunitas yang bersatu. Sebagian dari masalah ini adalah perilaku mereka dalam merayakan Perjamuan Tuhan. Alih-alih memperlakukannya dengan penuh hormat dan melakukannya dengan makna rohani, ini menjadi waktu untuk berpesta, makan dan minum dalam pertemuan gereja. Mereka mengubahnya menjadi waktu untuk berpesta bersama, yang menurut Paulus dapat mereka lakukan di rumah. Apa yang dimaksudkan Tuhan sebagai waktu penghormatan yang besar dan pemberitaan rohani tentang kematian, kebangkitan, dan kedatangan-Nya yang segera, malah menjadi seperti pesta makan siang!

Akibatnya, alih-alih menikmati manfaat, berkat, dan kuasa Salib Kristus, sebaliknya orang-orang Korintus ini dengan menghina meja suci, menempatkan diri mereka di tempat penghakiman Allah. Sebagai hasilnya, banyak yang menjadi sakit, lemah, dan meninggal sebelum waktunya, alih-alih menikmati manfaat Salib berupa penyembuhan, pembebasan, dan kesempurnaan.
Tujuan diadakannya Perjamuan Tuhan adalah agar kita mewartakan kematian Tuhan dalam perayaan suci ini dan dengan demikian mengalami berkat penuh dari Salib Yesus Kristus. Inilah rencana dan keinginan Allah. Inilah kehendak Allah. Bukanlah maksud-Nya agar umat-Nya menjadi lemah, sakit, dan mati sebelum waktunya.

Namun, dengan secara terang-terangan menghina apa yang sakral dan menjadikannya waktu untuk berpesta tanpa fokus pada pemeriksaan kehidupan sendiri dan membedakan tubuh Tuhan, kita gagal menerima berkat yang dikehendaki Allah dan malah keluar dari perlindungan Allah serta membuat diri kita rentan terhadap kelemahan, penyakit, dan kematian dini. Kita memahami penghakiman Allah sebagai (A) penarikan perlindungan ilahi dan (B) Allah mengizinkan atau melibatkan unsur-unsur ini (kelemahan, penyakit, dan kematian dini) untuk menarik perhatian orang, agar kita kembali ke jalan yang benar. Ini bukanlah kehendak Allah, tetapi apa yang terjadi ketika kita keluar dari rancangan Allah dan berjalan dalam ketidaktaatan. Jika kita menghakimi diri sendiri dan berjalan dalam ketaatan, kita dapat menghindari hal-hal ini.

Sebagai orang percaya saat ini, kita tidak perlu takut akan kelemahan, penyakit, dan kematian dini karena "salah" berpartisipasi dalam Perjamuan Tuhan, semata-mata karena kita telah diajarkan cara melakukannya dengan benar. Kita tahu apa yang harus kita lakukan setiap kali kita mengambil bagian dalam Perjamuan Tuhan. Bukan berarti Tuhan menunggu kesalahan terkecil untuk menurunkan penghukuman atas kita! Sebaliknya, setiap kali kita merayakan Perjamuan Tuhan, kita membawa sukacita ke hati-Nya dan ketakutan di kubu musuh!

Perut Timotius

1 Timotius 5:23 Jangan lagi hanya minum air putih, tetapi gunakan sedikit anggur untuk kesehatan perut dan mengatasi penyakit yang sering kambuh.
Dari ayat ini tampak jelas bahwa Timotius memiliki semacam masalah perut yang berulang dan mungkin juga penyakit fisik lainnya yang sering kambuh. Tidak diketahui apakah ini baru mulai terjadi padanya setelah datang ke Efesus atau apakah masalah ini sudah ada sejak lama. Juga tidak diketahui apakah Timotius hanya mengalami masalah ini dalam waktu singkat atau apakah masalah ini berlangsung terus-menerus. Jadi, komentar apa pun mengenai hal ini hanyalah spekulasi belaka. Yang kita ketahui adalah bahwa Timotius memimpin gereja di Efesus dan pelayanannya tidak berhenti karena penyakit-penyakit ini.

Rasul Paulus merekomendasikan penggunaan anggur karena khasiat pengobatannya untuk masalah perut Timotius. Oleh karena itu, kita dapat menyimpulkan bahwa tidak apa-apa menggunakan pengobatan alami dan medis, selama hati kita tetap setia kepada Tuhan.

Penyakit Hizkia

2 Raja-raja 20:1-7 1 Pada waktu itu Hizkia sakit dan hampir mati. Lalu Nabi Yesaya, putra Amos, datang kepadanya dan berkata, “Demikianlah firman TUHAN: ‘Bereskanlah urusan rumahmu, karena engkau akan mati dan tidak akan hidup lagi.’ ” 2 Kemudian ia menghadap tembok dan berdoa kepada TUHAN, katanya, 3 “Ingatlah sekarang, ya TUHAN, aku berdoa, bagaimana aku telah hidup di hadapan-Mu dengan jujur dan dengan hati yang setia, dan telah melakukan apa yang baik di mata-Mu.” Dan Hizkia menangis dengan sangat sedih. 4 Dan terjadilah, sebelum Yesaya pergi ke pelataran tengah, firman TUHAN datang kepadanya, mengatakan, 5 “Kembalilah dan beritahukan kepada Hizkia, pemimpin umat-Ku, ‘Demikianlah firman TUHAN, Allah Daud, ayahmu: Aku telah mendengar doamu, Aku telah melihat air matamu; sesungguhnya Aku akan menyembuhkanmu. Pada hari ketiga engkau akan pergi ke rumah TUHAN.’” 6 Dan Aku akan menambahkan lima belas tahun pada umurmu. Aku akan menyelamatkan engkau dan kota ini dari tangan raja Asyur; dan Aku akan membela kota ini demi diri-Ku sendiri, dan demi hamba-Ku Daud.” 7 Kemudian Yesaya berkata, “Ambillah segumpal buah ara.” Maka mereka mengambilnya dan meletakkannya di atas bisul itu, dan ia sembuh.

Yesaya 38:21 Lalu Yesaya berkata, “Biarlah mereka mengambil segumpal buah ara, dan menggunakannya sebagai kompres pada bisul itu, maka ia akan sembuh.”

Raja Hizkia sakit dan hampir meninggal. Setelah mendengar peringatan nabi, Hizkia berpaling kepada Tuhan dan berdoa. Tuhan mendengar doa raja dan menyuruh nabi untuk menginstruksikan orang-orang untuk membuat pasta dari segumpal buah ara dan meletakkannya pada bisul (beberapa versi menyebutkan 'ulkus' atau 'tumor'). Hizkia sembuh dan hidup selama 15 tahun lagi.

Jelaslah bahwa Tuhan bisa saja menyembuhkan Hizkia tanpa menggunakan pasta yang terbuat dari buah ara. Apakah pasta yang terbuat dari buah ara memiliki khasiat penyembuhan atau pengobatan untuk bisul tersebut, tidak dapat dipastikan. Terlepas dari apakah pasta tersebut memiliki nilai pengobatan atau tidak, kita dapat menegaskan bahwa Tuhan tidak menentang penggunaan unsur-unsur alami yang melalui (atau bersamaan dengan) penyembuhan-Nya diberikan kepada seseorang.

Trophimus Sakit

2 Timotius 4:20 Erastus tinggal di Korintus, tetapi Trophimus telah kutinggalkan di Miletus karena sakit.

Rasul Paulus adalah seorang yang melayani dalam kuasa Roh dan menyaksikan penyembuhan-penyembuhan dahsyat, mukjizat, tanda-tanda, dan keajaiban yang terjadi di banyak tempat di mana ia melayani. Namun, ia tetap menulis bahwa ia meninggalkan salah satu anggota timnya, Trofimus, yang sakit di Miletus (Kisah Para Rasul 20:4,15), sebelum berangkat ke Roma.

Meskipun Paulus sendiri tidak melihat hasil yang sempurna, ia tidak meragukan karya Roh Kudus, penyembuhan, mukjizat, karunia Roh, tanda-tanda dan keajaiban. Bahkan, ia menulis dengan tegas tentang hal-hal ini dalam surat-suratnya.

Kita tidak tahu apa yang sebenarnya terjadi pada Trofimus. Kita tidak tahu apakah ini penyakit sementara yang cepat sembuh. Bagaimanapun, kita mengakui bahwa kita tidak selalu memiliki semua jawaban. Tetapi kita tetap terus maju dalam pekerjaan Tuhan, melayani dalam kuasa Roh, seperti yang dilakukan Paulus.

Epafroditus—Demi Pekerjaan Kristus, Ia Hampir Mati

Filipi 2:25-30 25 Namun aku merasa perlu mengirimkan Epafroditus kepadamu, saudaraku, rekan sekerjaku, dan rekan seperjuanganku, tetapi utusanmu dan orang yang melayani kebutuhanku; 26 karena ia sangat merindukan kamu sekalian dan sangat sedih karena kamu telah mendengar bahwa ia sakit. 27 Sebab memang ia sakit hampir sampai mati; tetapi Allah mengasihani dia, dan bukan hanya dia, tetapi juga aku, supaya aku tidak bertambah berduka. 28 Karena itu aku mengutusnya dengan lebih giat, supaya ketika kamu melihatnya lagi, kamu bersukacita, dan aku tidak terlalu berduka. 29 Karena itu terimalah dia dalam Tuhan dengan sukacita dan hargailah orang seperti itu; 30 karena demi pekerjaan Kristus ia hampir mati, tidak mempedulikan nyawanya, untuk memenuhi kekurangan dalam pelayananmu kepadaku.

Filipi 4:18 Sesungguhnya aku memiliki semuanya dan berkelimpahan. Aku kenyang, karena telah menerima dari Epafroditus barang-barang yang dikirimkan darimu, suatu aroma yang harum, suatu persembahan yang berkenan, yang menyenangkan hati Allah.

Filipi 1:22-24 22 Tetapi jika aku tetap hidup dalam daging, itu akan menjadi buah dari jerih payahku; namun apa yang akan kupilih, aku tidak tahu. 23 Sebab aku berada dalam dilema antara keduanya, ada keinginan untuk pergi dan berada bersama Kristus, yang jauh lebih baik. 24 Meskipun demikian, lebih perlu bagimu untuk tetap tinggal dalam daging.

Paulus dipenjara di Roma. Epafroditus diutus oleh jemaat di Filipi untuk melayani rasul itu selama ia dipenjara. Dalam melayani rasul Paulus, Epafroditus tampaknya telah mengerahkan dirinya sedemikian rupa sehingga ia hampir mati, tanpa mempedulikan nyawanya sendiri. Kita tidak mengetahui secara pasti sifat pelayanan yang ia berikan dan seberapa keras ia bekerja. Tetapi cukup untuk dicatat bahwa dalam proses melayani Tuhan, ia jatuh sakit dan hampir meninggal. Nyawanya diselamatkan oleh belas kasihan Allah dan Epafroditus terus hidup.

Hanya karena kita berada dalam pelayanan Kristen melayani Tuhan dan umat-Nya, bukan berarti kita secara otomatis dijamin sehat dan kuat. Kita juga perlu melakukan apa yang diperlukan sebagai bagian dari tanggung jawab kita untuk menjaga kesehatan. Ada kemungkinan kita bisa bekerja terlalu keras dan berisiko meninggal dalam prosesnya.

Meskipun tampaknya mulia untuk bekerja sampai kita mati demi tujuan Kristus, hal ini sebenarnya tidak perlu dan tidak menguntungkan. Kita lebih berguna bagi Allah, Kerajaan-Nya, dan umat-Nya di bumi ini jika kita hidup, daripada jika kita mati. Tentu saja, pergi dan bersama Kristus jauh lebih baik. Namun, demi Gereja-Nya dan tujuan Kerajaan-Nya, lebih baik menjaga kesehatan kita, menjalani hidup yang panjang, sehat, dan berbuah.

Apakah penyakit merupakan hukuman dari Tuhan?

1 Korintus 11:28-32 *28 Tetapi hendaklah setiap orang memeriksa dirinya sendiri, baru kemudian ia makan roti dan minum cawan itu. 29 Sebab barangsiapa makan dan minum dengan cara yang tidak layak, ia makan dan minum penghakiman bagi dirinya sendiri, karena ia tidak membedakan tubuh Tuhan. 30 Karena itu banyak di antara kamu yang lemah dan sakit, dan banyak pula yang*

meninggal. 31 Sebab jika kita menghakimi diri kita sendiri, kita tidak akan dihakimi. 32 Tetapi ketika kita dihakimi, kita didisiplinkan oleh Tuhan, supaya kita tidak dihukum bersama dunia.

Ibrani 12:5-11 5 *Dan kamu telah melupakan nasihat yang disampaikan kepadamu sebagai anak-anak: "Anakku, janganlah engkau meremehkan didikan TUHAN, dan janganlah engkau patah semangat apabila engkau ditegur oleh-Nya; 6 karena siapa yang dikasihi TUHAN, Ia mendidik dan mencambuk setiap anak yang diterima-Nya." 7 Jika kamu menanggung didikan, Allah memperlakukan kamu sebagai anak-anak-Nya; karena anak manakah yang tidak dididik oleh ayahnya? 8 Tetapi jika kamu tidak dididik, yang telah dialami oleh semua orang, maka kamu adalah anak haram dan bukan anak-anak. 9 Lagipula, kita mempunyai bapa manusia yang mendidik kita, dan kita menghormati mereka. Bukankah kita seharusnya lebih taat kepada Bapa roh dan hidup? 10 Karena mereka mendidik kita hanya untuk beberapa hari sesuai dengan apa yang mereka anggap baik, tetapi Ia mendidik kita untuk keuntungan kita, supaya kita dapat menjadi bagian dari kekudusan-Nya. 11 Sekarang, setiap didikan memang tampak tidak menyenangkan pada saat ini, melainkan menyakitkan; namun demikian, sesudahnya menghasilkan buah kebenaran yang damai bagi mereka yang telah dididik olehnya.*

Wahyu 3:19 *Barangsiapa mengasihiku, ia menegur dan mendisiplinkan orang-orang itu. Karena itu, bersemangatlah dan bertobatlah.*
Mazmur 103:10-13 10 Ia tidak memperlakukan kita sesuai dengan dosa-dosa kita, dan tidak menghukum kita sesuai dengan kejahatan kita. 11 Sebab setinggi langit di atas bumi, demikian besar kasih sayang-Nya kepada orang-orang yang takut kepada-Nya; 12 Sejauh timur dari barat, sejauh itulah

Ia menjauhkan pelanggaran-pelanggaran kita dari kita. 13 Seperti seorang ayah mengasihani anak-anaknya, demikianlah TUHAN mengasihani orang-orang yang takut kepada-Nya.

Siapa di antara kita sebagai orang tua yang ingin mengoreksi dan mengajari anak-anak kita apa yang benar dan pantas dengan menularkan penyakit kepada mereka, membuat mereka mengalami kecelakaan, membuat mereka terbaring sakit, atau menyebabkan mereka menderita kanker atau penyakit lain yang melemahkan atau mematikan? Saya rasa aman untuk mengatakan bahwa tidak seorang pun dari kita akan melakukan hal seperti itu! Sebagian besar dari kita akan mulai dengan berbicara tegas kepada anak, terkadang melanjutkan dengan memberi mereka hukuman fisik satu atau dua kali, dan kemudian mungkin mencabut beberapa hak istimewa mereka. Jika anak-anak sudah lebih besar, di mana hukuman fisik tidak lagi tepat, kita duduk dan berdiskusi dengan mereka serta mencoba menjelaskan untuk mengajari mereka apa yang benar. Jika kita yang jahat pun tahu bagaimana memperlakukan anak-anak kita sendiri dengan cara seperti itu, betapa lebih lagi Bapa Surgawi kita memperlakukan anak-anak-Nya dengan cara yang jauh lebih baik, untuk dengan penuh kasih mengoreksi, menginstruksikan, mengajar, dan membimbing mereka menuju apa yang terbaik untuk hidup mereka.

Masalah tentang didikan Tuhan sering disalahpahami dan disalahartikan. Orang jatuh sakit, lalu mengklaim bahwa Tuhan membuat mereka sakit untuk mengajarkan pelajaran rohani yang mendalam. Kita setuju bahwa bahkan orang tua di dunia ini pun tidak akan melakukan hal seperti itu kepada anak-anak mereka sendiri, tetapi ketika kita menuduh Tuhan melakukan hal seperti itu, kita membuat Dia lebih buruk daripada kita sebagai orang tua di dunia ini. Ambil contoh seorang percaya yang jatuh sakit dan karenanya harus menghabiskan beberapa hari (atau minggu) di tempat tidur. Berbaring di tempat tidur, tanpa melakukan hal lain, orang percaya itu mulai membaca buku-buku Kristen yang baik atau mendengarkan banyak khotbah dan karenanya melalui hal-hal ini memperoleh pemahaman rohani dan merasa dikuatkan secara rohani. Pada waktunya, orang percaya itu kembali sehat. Penjelasan yang paling umum yang akan kita dengar adalah bahwa Tuhan membuat orang ini sakit untuk memperkuatnya secara rohani dan mengajarkan pelajaran rohani tertentu kepadanya. Alasan saya adalah, pertama kita menuduh Tuhan melakukan apa yang tidak akan kita lakukan sebagai orang tua sendiri, sehingga membuat Tuhan lebih buruk daripada kita. Kedua, jika orang percaya itu, ketika dalam keadaan sehat, telah membaca buku-buku yang sama dan mendengarkan khotbah-khotbah yang sama, ia/dia bisa saja mempelajari pelajaran-pelajaran rohani yang sama!

Kata "menghukum" adalah kata Yunani 'paideuo' yang artinya "melatih" seorang anak, yaitu, mendidik, atau (secara implisit) disiplin (dengan hukuman)," untuk "menginstruksikan, belajar, mengajar" (Konkordansi Strong). Kata itu juga diterjemahkan sebagai "terpelajar" (Kisah Para Rasul 7:22) karena "Musa terpelajar dalam segala hikmat orang Mesir, dan perkasa dalam perkataan dan perbuatan." Kata itu juga diterjemahkan sebagai "diajarkan" (Kisah Para Rasul 22:3) karena Paulus merujuk pada pendidikannya sendiri yang diajar oleh Gamaliel. "Aku memang seorang Yahudi, lahir di Tarsus Kilikia, tetapi dibesarkan di kota ini di bawah bimbingan Gamaliel, diajar menurut hukum nenek moyang kita yang ketat, dan aku bersemangat terhadap Allah seperti kamu semua sekarang ini." Kata itu juga digunakan untuk merujuk pada pukulan fisik (Lukas 23:16,22), yang dilakukan Pilatus karena tidak menemukan kesalahan pada Yesus dan membiarkan-Nya pergi, dengan harapan itu akan menenangkan orang-orang Yahudi. Oleh karena itu, didikan berkaitan dengan pengajaran (pembelajaran, pelatihan, instruksi), koreksi, dan terkadang hukuman. Tujuan dasar didikan adalah untuk membantu seseorang mempelajari sesuatu. Instruksi, bukan penghancuran, adalah tujuannya.

Dalam keadaan normal, hukuman berupa pengajaran, koreksi, dan penghukuman dilakukan dengan penuh kasih sayang seperti kepada seorang anak, dan hanya dalam situasi ekstrem barulah hukuman berupa penghakiman.
Pada umumnya, hukuman berkaitan dengan mendidik anak dan oleh karena itu merujuk pada sesuatu yang dilakukan karena cinta, bukan kemarahan. Hukuman dalam keadaan normal berkaitan dengan pengajaran, koreksi, dan hukuman yang dilakukan dengan penuh kasih sayang kepada seorang anak, dan hanya dalam situasi ekstrem berkaitan dengan penghakiman.

Ibrani 12 menjelaskan tujuan didikan Tuhan, yaitu untuk melatih kita dalam kekudusan dan kebenaran. Jadi sekarang, kembali ke pertanyaan awal kita: Akankah orang tua di dunia menggunakan penyakit untuk mendidik anak-anak mereka agar belajar melakukan apa yang benar? Tidak! Meskipun demikian, Allah kita yang adalah Bapa yang jauh lebih besar, Bapa surgawi yang kekal dan penuh kasih, tidak akan membuat anak-anak-Nya sakit untuk mendidik mereka dalam kehidupan sehari-hari. Dalam perjalanan sehari-hari bersama-Nya, Allah akan menggunakan Firman-Nya, Roh-Nya, dan persekutuan dengan orang percaya lainnya untuk menerapkan disiplin-Nya dalam hidup kita.

Sebelumnya dalam bab ini kita telah membahas tentang jemaat Korintus, di mana mereka benar-benar menyimpang dan menodai Perjamuan Tuhan, dengan menjadikannya pesta alih-alih partisipasi yang sakral. Yang terjadi dalam kasus mereka adalah bahwa melalui ketidaktaatan, mereka kehilangan berkat yang dimaksudkan berupa penyembuhan, kesehatan, dan kesempurnaan, dan malah membuat diri mereka rentan terhadap kelemahan, penyakit, dan kematian. Tuhan mengizinkan hal-hal ini sebagai bagian dari tindakan disiplin ilahi-Nya untuk mengembalikan mereka ke jalan yang benar dalam melakukan Perjamuan Tuhan. Namun, ini bukanlah tindakan disiplin Tuhan yang biasa bagi mereka sebagai orang percaya, melainkan kasus penghakiman ilahi. Dalam terang semua yang diungkapkan Kitab Suci tentang sifat Allah dan pekerjaan Allah sebagaimana dinyatakan dalam Pribadi Yesus Kristus, akan salah bagi seorang percaya yang berjalan bersama Tuhan untuk menyatakan bahwa Tuhan sedang menghukumnya dengan suatu penyakit.

Apakah Boleh Menggabungkan Iman dan Kedokteran?

Setelah melihat teladan Raja Hizkia dan Timotius, kami percaya bahwa tidak ada yang salah dalam menggabungkan iman dan pengobatan. Tuhan telah mempercayakan kepada kita sumber daya berupa pengetahuan, teknologi, dan sumber daya alam yang harus kita gunakan untuk tujuan-Nya dan untuk kemuliaan-Nya. Kita tahu bahwa tujuan Tuhan adalah untuk menyembuhkan dan membuat orang sehat. Kita tahu bahwa Tuhan dimuliakan ketika orang disembuhkan. Karena itu, kita tidak ragu untuk menggunakan sumber daya yang telah Tuhan berikan kepada kita untuk membawa kesembuhan.

Bahkan ketika kita memberikan obat atau menerima pertolongan medis, mata kita tertuju kepada Tuhan untuk mendatangkan kesembuhan dan pemulihan. Iman kita ada pada Firman-Nya dan pada kuasa-Nya, karena kesembuhan pada akhirnya berasal dari Dia.

Apakah Merawat Kesehatan Merupakan Tanda Ketidakpercayaan?

Salah satu pelajaran yang dapat kita ambil dari Epafroditus adalah bahwa sementara kita melakukan pekerjaan kita dalam pelayanan Kristen untuk melayani Tuhan dan umat-Nya, kita juga perlu tetap bertanggung jawab dan menjaga kesehatan kita. Jika tidak, ada kemungkinan kita mengabaikan tubuh kita sendiri dan kita berisiko meninggal sebelum waktunya tanpa menyelesaikan pekerjaan yang ditugaskan kepada kita. Sementara kita berharap kepada Tuhan untuk penyembuhan, kesehatan, dan kesempurnaan, sebagai bagian dari tanggung jawab kita, kita perlu menjaga kesehatan kita. Kita perlu melakukan apa yang tersedia bagi kita dan sesuai kemampuan kita untuk menjaga kesehatan yang baik. Misalnya, sebagian dari kita dapat memanfaatkan pemeriksaan kesehatan rutin (misalnya tahunan), memperhatikan pola makan kita, berolahraga, dan sebagainya. Jika perlu, lakukan tindakan pencegahan seperti yang direkomendasikan oleh dokter. Ini bukanlah tanda ketidakpercayaan, melainkan ungkapan pengelolaan yang baik. Iman kita untuk penyembuhan dan kesehatan tetap ada di dalam Tuhan.

PEDOMAN PRAKTIS TENTANG PELAYANAN PENYEMBUHAN

Cara-cara untuk Memberikan Penyembuhan

Ada banyak cara kita dapat melayani orang sakit. Tidak ada metode atau proses tetap yang harus kita gunakan setiap saat. Yang kita coba lakukan adalah mengenal berbagai cara melayani penyembuhan seperti yang dijelaskan dalam Kitab Suci. Pelajari cara melayani dengan cara yang sudah terlihat dalam Kitab Suci. Bersiaplah setiap saat untuk melayani dengan cara apa pun. Kemudian, pekalah kepada Tuhan dan gunakan metode apa pun yang Anda rasa tergerak di dalam hati Anda untuk melayani penyembuhan.

Ingatlah, penyembuhan bukanlah pada metodenya, tetapi pada Pribadinya. Yesus adalah Penyembuh. Penyembuhan terjadi bukan karena kita melakukan semuanya dengan benar. Penyembuhan terjadi karena kuasa-Nya yang mengalir ke dalam orang sakit sehingga mereka menjadi sehat.

Perlu diingat bahwa hal-hal ini dibahas murni dari sudut pandang pembekalan, bukan untuk dikotak-kotakkan atau dipisahkan sedemikian rupa sehingga jika kita menggunakan satu metode, kita tidak boleh menggabungkannya dengan metode lain. Pada kenyataannya, selama pelayanan kita biasanya akan menggunakan kombinasi dari cara-cara ini untuk memberikan penyembuhan.

Perlu diingat juga bahwa meskipun kita secara khusus membahas penyembuhan fisik di sini, pada kenyataannya, akan ada situasi di mana kita akan melayani penyembuhan fisik, pembebasan, dan penyembuhan batin, semuanya mengalir bersamaan. Sekali lagi, tidak ada urutan khusus dalam pelaksanaannya. Terkadang, kita mungkin memulai dengan pembebasan, kemudian melayani penyembuhan fisik, dan kemudian penyembuhan batin. Di lain waktu, Tuhan mungkin menuntun kita dengan cara yang berbeda. Perlu diingat juga bahwa sementara kita mungkin melayani penyembuhan fisik, pada saat yang sama Tuhan mungkin sedang mengerjakan pembebasan dan penyembuhan batin dalam kehidupan seseorang. Kita mungkin tidak selalu menyadari semua yang terjadi dalam diri seseorang ketika mereka mengalami sentuhan Tuhan.

Berikut ini kami sajikan secara singkat beberapa cara untuk melayani/menerima penyembuhan sebagaimana yang tertulis dalam Kitab Suci.

Melalui Iman Pribadi kepada Tuhan

Allah telah menyatakan bahwa Firman-Nya adalah obat bagi seluruh tubuh kita (Amsal 4:20-22). Jadi, siapa pun dapat menerima kesembuhan dengan merenungkan Firman Allah dan menggunakan iman yang lahir dari Firman-Nya (Roma 10:17). Ketika iman dipadukan dengan Firman yang kita terima, kuasa Allah dilepaskan untuk melakukan mukjizat penyembuhan.

Hukum iman dinyatakan secara sederhana sebagai "sesuai dengan imanmu, jadilah bagimu" (Matius 9:29). Kita akan selalu menerima ketika kita melepaskan iman yang ada di dalam hati kita. Itulah hukum yang telah ditetapkan Allah.

Anda dapat beriman kepada Tuhan untuk kesembuhan Anda sendiri. Contoh: Perempuan yang menderita pendarahan (Matius 9:22), kedua orang buta (Matius 9:22-30), salah satu dari sepuluh penderita kusta (Lukas 17:11-19), orang buta di luar Yerikho (Lukas 18:35-42).
Iman kepada Tuhan dapat diungkapkan dengan berbagai cara:

1. Percaya dan berbicara (Matius 17:20, Markus 11:23, Roma 10:9,10). Kita percaya dengan hati kita dan mengaku dengan mulut kita. Inilah salah satu cara iman diungkapkan.
2. Percaya dan bertindak sesuai dengan iman Anda. Menerapkan Iman untuk Sesama Kita dapat beriman kepada Tuhan agar orang lain disembuhkan. Contoh: Perwira Romawi untuk hambanya (Matius 8:10-13), perempuan Kanaan untuk putrinya (Matius 15:28), Petrus dan Yohanes untuk orang lumpuh di gerbang bait suci (Kisah Para Rasul 3:16). Iman kepada Tuhan dapat terjadi secara timbal balik ketika dua orang atau lebih percaya bersama-sama. Contoh:

empat sahabat dan sahabat mereka yang lumpuh (Matius 9:2), sekelompok penatua yang berdoa dengan doa iman (Yakobus 5:14-15). Kita juga dapat memiliki iman kolektif kepada Tuhan untuk orang lain, di mana sejumlah besar orang percaya bersama-sama untuk sebuah mukjizat. Contoh: Para murid berkumpul di sekeliling Paulus setelah ia dilempari batu dan ditinggalkan dalam keadaan sekarat (Kisah Para Rasul 14:19-20). Melalui Doa Kesepakatan Matius 18:18-20 18 "Sesungguhnya Aku berkata kepadamu: Apa pun yang kamu ikat di bumi akan terikat di surga, dan apa pun yang kamu lepaskan di bumi akan dilepaskan di surga. 19 "Sekali lagi Aku berkata kepadamu: Jika dua orang di antara kamu sepakat di bumi tentang apa pun yang mereka minta, maka itu akan dikabulkan oleh Bapa-Ku di surga. 20 Sebab di mana dua atau tiga orang berkumpul dalam nama-Ku, di situ Aku hadir di tengah-tengah mereka." Ada kalanya, ketika kita melayani dalam kelompok, kita mungkin berdoa dan/atau menggunakan kuasa untuk mengikat apa yang sedang dilakukan iblis dan Membebaskan individu dari apa yang telah musuh timpakan padanya. Kita melakukan ini dengan bersepakat, sambil melepaskan iman kita dan menggunakan otoritas yang diberikan Tuhan kepada kita. Ada kuasa dalam kesepakatan dan ini akan memberikan dampak yang dahsyat.

Melalui Doa Iman

Yakobus 5:14,15 14 *Adakah di antara kamu yang sakit? Biarlah ia memanggil para penatua jemaat dan mereka berdoa atasnya, mengurapinya dengan minyak dalam nama Tuhan. 15 Dan doa iman akan menyelamatkan orang sakit, dan Tuhan akan membangkitkannya. Dan jika ia telah berbuat dosa, ia akan diampuni.*

Matius 21:22 *Dan apa pun yang kamu minta dalam doa, dengan beriman, kamu akan menerimanya."*

Yohanes 14:14 Jika kamu meminta sesuatu dalam nama-Ku, Aku akan melakukannya.

Kisah Para Rasul 28:8 Dan terjadilah bahwa ayah Publius sedang sakit demam dan disentri. Paulus masuk kepadanya dan berdoa, lalu ia meletakkan tangannya di atasnya dan menyembuhkannya.

Ayat dalam Kitab Yakobus menyerukan agar para penatua (pemimpin rohani) di gereja berdoa dengan penuh iman atas orang sakit. Hal ini dilakukan dalam nama Tuhan Yesus dan dengan pengurapan minyak.

Semua orang percaya dapat memanjatkan doa iman agar seseorang disembuhkan. Jadi kita tidak boleh membatasi doa iman hanya untuk para penatua. Penyembuhan terjadi karena kita memanjatkan doa iman dalam nama Tuhan Yesus Kristus.

Melalui Sebuah Perintah

Matius 8:16 *Ketika malam tiba, mereka membawa kepada-Nya banyak orang yang kerasukan setan. Dan Ia mengusir roh-roh jahat itu dengan satu perkataan, dan menyembuhkan semua orang yang sakit.*

Lukas 4:38,39 *38 Kemudian Ia bangkit dari sinagoge dan masuk ke rumah Simon. Tetapi ibu mertua Simon sedang sakit demam tinggi, dan mereka meminta pertolongan-Nya untuk mengobatinya. 39 Lalu Ia berdiri di atasnya dan menegur demam itu, dan demam itu pun hilang. Dan segera ia bangkit dan melayani mereka.*

Matius 17:20 *Lalu Yesus berkata kepada mereka, "Karena ketidakpercayaanmu; sebab sesungguhnya Aku berkata kepadamu: Jika kamu memiliki iman sebesar biji mustard, kamu dapat berkata kepada gunung ini: Pindah dari sini ke sana, maka gunung itu akan berpindah; dan tidak ada yang mustahil bagimu.*

Seperti yang kita lihat Yesus lakukan, kita mengucapkan perintah kepada penyakit atau roh jahat, memerintahkannya untuk pergi. Yesus menegur demam dan penyakit itu pun pergi. Demikian pula, kita menegur penyakit dan memerintahkannya untuk pergi dalam nama Yesus yang perkasa. Kita melakukan ini dengan iman di dalam hati kita. Yesus berkata bahwa jika kita memiliki iman dan berbicara kepada gunung, memerintahkannya untuk berpindah, maka gunung itu akan berpindah, dan tidak ada yang mustahil. Kita dapat mengucapkan perintah untuk menegur penyakit dan gangguan jiwa ketika orang tersebut berada di hadapan kita atau bahkan ketika orang tersebut berada di lokasi geografis yang berbeda. Sebenarnya tidak ada "jarak" dalam alam roh.

Melalui penumpangan tangan (dengan pengurapan minyak, dengan kata perintah)

Matius 8:3 Kemudian Yesus mengulurkan tangan-Nya dan menyentuhnya, sambil berkata, "Aku mau; sembuhlah." Seketika itu juga penyakit kusta orang itu sembuh.

Matius 8:15 Maka Ia menyentuh tangannya, dan demamnya pun hilang. Lalu ia bangkit dan melayani mereka.

Matius 9:29 Kemudian Ia menyentuh mata mereka, sambil berkata, "Sesuai dengan imanmu, terjadilah bagimu."

Matius 20:34 Maka Yesus merasa kasihan dan menyentuh mata mereka. Seketika itu juga mata mereka dapat melihat, lalu mereka mengikuti Dia.

Markus 6:12-13 12 Maka mereka pergi dan memberitakan bahwa orang-orang harus bertobat. 13 Mereka mengusir banyak setan, dan mengurapi banyak orang sakit dengan minyak, dan menyembuhkan mereka.

Markus 7:32-35 32 Kemudian mereka membawa kepada-Nya seorang yang tuli dan kesulitan berbicara, dan mereka memohon kepada-Nya agar Ia meletakkan tangan-Nya di atasnya. 33 Lalu Ia membawa orang itu menjauh dari orang banyak, dan Ia memasukkan jari-jari-Nya ke telinganya, lalu Ia meludah dan menyentuh lidahnya. 34 Kemudian, sambil memandang ke langit, Ia menghela napas dan berkata kepadanya, "Ephphatha," artinya, "Terbukalah!" 35 Seketika itu juga telinganya terbuka, dan kesulitan berbicaranya hilang, dan ia berbicara dengan jelas.

Lukas 4:40 Ketika matahari terbenam, semua orang yang mempunyai anggota keluarga yang sakit dengan berbagai macam penyakit membawa mereka kepada-Nya; lalu Dia meletakkan tangan-Nya atas setiap orang dari mereka dan menyembuhkan mereka.

Lukas 13:13 Lalu Ia meletakkan tangan-Nya di atasnya, dan seketika itu juga ia berdiri tegak dan memuji Allah.

Markus 16:17,18 17 Dan tanda-tanda ini akan menyertai orang-orang yang percaya: Dalam nama-Ku mereka akan mengusir setan; mereka akan berbicara dalam bahasa-bahasa baru; 18 mereka akan mengambil ular; dan jika mereka minum sesuatu yang mematikan, itu sekali-kali tidak akan membahayakan mereka; mereka akan menumpangkan tangan atas orang sakit, dan mereka akan sembuh."

Memberikan penyembuhan kepada orang sakit melalui penumpangan tangan adalah cara pelayanan yang umum. Kita menumpangkan tangan pada orang sakit dan memerintahkan penyakit itu untuk pergi dalam nama Yesus yang perkasa. Kita mengharapkan kuasa Roh Kudus diberikan melalui penumpangan tangan.

Pelayanan penyembuhan melalui penumpangan tangan dapat dilakukan dengan beberapa cara, misalnya:

1 Penumpangan tangan disertai doa iman dalam nama Yesus
2 Penumpangan tangan dan pemberian perintah dalam nama Yesus
3 Penumpangan tangan disertai doa iman dan pengurapan dengan minyak
4 Penumpangan tangan dan pengurapan minyak dalam nama Tuhan (doa lisan mungkin tidak wajib diucapkan) Ketika orang dilayani melalui penumpangan tangan, mereka mungkin atau mungkin tidak "terjatuh" dalam Roh. Tidak perlu bagi orang untuk "jatuh di bawah kuasa" ketika tangan ditumpahkan ke atas mereka. Jika ini terjadi, tidak apa-apa. Jika tidak, kita tidak terlalu khawatir. Biasanya, kita akan meletakkan tangan di area tubuh tempat penyembuhan perlu diberikan. Ini adalah hal yang umum, meskipun bukan suatu keharusan. Terkadang, ketika seorang pria melayani seorang wanita, kita mungkin meminta wanita tersebut untuk meletakkan tangannya di bagian tubuhnya yang terkena dampak, sementara pria tersebut meletakkan tangannya di kepala wanita tersebut.
5 Saat Orang Sakit Menyentuhmu Matius 9:20 Dan tiba-tiba, seorang perempuan yang menderita pendarahan selama dua belas tahun datang dari belakang dan menyentuh ujung jubah-Nya.

Matius 14:36 dan mereka memohon kepada-Nya agar mereka hanya dapat menyentuh ujung jubah-Nya. Dan semua orang yang menyentuhnya disembuhkan sepenuhnya. Ada kalanya orang-orang mengulurkan tangan dan menyentuh kita dengan iman. Sentuhan mereka adalah tindakan iman mereka dan kontak mereka dengan kuasa Tuhan. Tuhan menghargai iman mereka dalam melakukan hal ini dan mereka menerima kesembuhan.

Melalui Pengumuman Iman

Matius 8:13 Kemudian Yesus berkata kepada perwira itu, "Pergilah, dan seperti yang telah engkau percayai, demikianlah akan terjadi bagimu." Dan hambanya itu sembuh pada saat itu juga.
Matius 15:28 Kemudian Yesus menjawab dan berkata kepadanya, "Hai perempuan, besar sekali imanmu! Biarlah terjadi kepadamu seperti yang kau kehendaki." Dan putrinya sembuh sejak saat itu juga.
Yohanes 4:50 Yesus berkata kepadanya, "Pergilah, anakmu hidup." Maka orang itu percaya akan perkataan Yesus, lalu ia pergi.

Yohanes 5:8,9 8 Yesus berkata kepadanya, "Bangunlah, angkatlah tempat tidurmu dan berjalanlah." 9 Dan seketika itu juga orang itu sembuh, mengangkat tempat tidurnya, dan berjalan. Dan hari itu adalah hari Sabat.
Ada kalanya Tuhan menuntun kita untuk sekadar mengumumkan kepada orang tersebut bahwa penyembuhan telah terjadi. Mungkin tidak perlu ada doa atau perintah, atau bisa juga kombinasi dari keduanya. Kita mengumumkan dengan iman dan otoritas bahwa pekerjaan itu telah selesai. Tuhanlah yang melakukan pekerjaan itu. Orang tersebut melihat bahwa penyembuhan telah terjadi.

Melalui Bertindak dalam Iman

Matius 9:6,7 6 Tetapi supaya kamu tahu bahwa Anak Manusia mempunyai kuasa di bumi untuk mengampuni dosa"—lalu Ia berkata kepada orang lumpuh itu, "Bangunlah, angkatlah tempat tidurmu, dan pulanglah ke rumahmu." 7 Lalu ia bangun dan pulang ke rumahnya.

Matius 12:13 Lalu Ia berkata kepada orang itu, "Ulurkan tanganmu." Dan orang itu mengulurkan tangannya, dan tangannya pulih seperti tangan yang satunya lagi.
Yohanes 9:7 Lalu Ia berkata kepadanya, "Pergilah, basuhlah dirimu di kolam Siloam" (yang artinya Diutus). Maka ia pergi dan membasuh dirinya, lalu kembali dan dapat melihat.

Kisah Para Rasul 3:6-8 6 Lalu Petrus berkata, "Perak dan emas tidak kumiliki, tetapi apa yang kumiliki kuberikan kepadamu: Dalam nama Yesus Kristus dari Nazaret, bangkitlah dan berjalanlah!" 7 Lalu Petrus memegang tangan kanan-Nya dan mengangkat-Nya, dan seketika itu juga kaki dan pergelangan kaki-Nya menjadi kuat. 8 Maka ia melompat berdiri dan berjalan lalu masuk ke Bait Allah bersama mereka—berjalan, melompat, dan memuji Allah.
Kisah Para Rasul 14:8-10 8 Di Lystra, ada seorang laki-laki yang kakinya lemah, lumpuh sejak lahir dan belum pernah berjalan. 9 Laki-laki itu mendengar Paulus berbicara. Paulus mengamatinya dengan saksama dan melihat bahwa ia memiliki iman untuk disembuhkan, 10 lalu berkata dengan suara lantang, "Berdirilah tegak!" Lalu ia melompat dan berjalan.

Ada kalanya Roh Kudus menuntun kita untuk menyuruh orang sakit bertindak berdasarkan iman mereka. Biasanya ini berarti menginstruksikan mereka untuk mulai melakukan sesuatu yang tidak dapat mereka lakukan karena penyakit mereka. Terkadang kita dapat membantu mereka pada awalnya saat mereka berusaha melakukannya. Saat orang mulai bertindak berdasarkan iman mereka, kuasa Tuhan menyembuhkan mereka. Mereka langsung menuju kesembuhan mereka.

Ketika Orang Bertindak dalam Iman

Matius 9:20-22 20 Dan tiba-tiba, seorang perempuan yang menderita pendarahan selama dua belas tahun datang dari belakang dan menyentuh ujung jubah-Nya. 21 Sebab ia berkata dalam hatinya, "Hanya dengan menyentuh jubah-Nya aku dapat sembuh." 22 Tetapi Yesus berpaling, dan ketika Ia melihatnya, Ia berkata, "Tabahlah, hai anakku; imanmu telah menyembuhkanmu." Dan perempuan itu sembuh sejak saat itu.

Markus 2:3-5 3 Lalu mereka datang kepada-Nya, membawa seorang lumpuh yang digendong oleh empat orang. 4 Karena kerumunan orang banyak, mereka tidak dapat mendekati-Nya, sehingga mereka menyingkapkan atap tempat Ia berbaring. Setelah berhasil mendobrak atap, mereka menurunkan ranjang tempat orang lumpuh itu berbaring. 5 Ketika Yesus melihat iman mereka, Ia berkata kepada orang lumpuh itu, "Anakku, dosa-dosamu telah diampuni."

Demikian pula, orang dapat melakukan sesuatu dengan iman tanpa diperintahkan. Sama seperti perempuan yang menderita pendarahan yang menerobos kerumunan dan menyentuh ujung jubah Yesus. Ini adalah tindakan imannya. Tuhan menghargai hal itu. Keempat pria yang membawa teman mereka yang lumpuh kepada Yesus bertindak berdasarkan iman mereka. Mereka sampai naik ke atap dan menurunkan teman mereka dari atap. Yesus melihat iman mereka. Teman mereka disembuhkan. Tindakan iman mereka adalah sesuatu antara mereka dan Tuhan. Tuhan melihat hati mereka dan merespons.

Melalui Karunia Roh

1 Korintus 12:7-11 7 Tetapi karunia Roh diberikan kepada setiap orang untuk kepentingan semua: 8 karena kepada yang satu diberikan hikmat melalui Roh, kepada yang lain diberikan pengetahuan melalui Roh yang sama, 9 kepada yang lain diberikan iman melalui Roh yang sama, kepada yang lain diberikan karunia penyembuhan melalui Roh yang sama, 10 kepada yang lain diberikan kemampuan melakukan mukjizat, kepada yang lain diberikan nubuat, kepada yang lain diberikan kemampuan membedakan roh, kepada yang lain diberikan berbagai macam bahasa, dan kepada yang lain diberikan kemampuan menafsirkan bahasa. 11 Tetapi Roh yang sama mengerjakan semua ini, membagikannya kepada setiap orang sesuai dengan kehendak-Nya.

Ibrani 2:3,4 3 Bagaimana kita akan luput jika kita mengabaikan keselamatan yang begitu besar, yang mula-mula diberitakan oleh Tuhan dan diteguhkan kepada kita oleh orang-orang yang mendengar Dia, 4 Allah juga memberi kesaksian dengan tanda-tanda dan keajaiban, dengan berbagai mukjizat dan karunia Roh Kudus, sesuai dengan kehendak-Nya sendiri?

Allah melakukan penyembuhan melalui karunia-karunia Roh. Biasanya ini berupa karunia penyembuhan dan karunia pengetahuan, kadang-kadang disertai dengan mukjizat dan karunia iman. Karunia-karunia Roh lainnya juga dapat bekerja pada saat yang sama. Mungkin juga ada karunia hikmat, kemampuan membedakan roh, atau nubuat yang dicurahkan pada saat pelayanan penyembuhan dan pembebasan.

Kita harus berkeinginan agar karunia-karunia ini beroperasi ketika melayani orang lain. Kita harus melangkah dengan iman agar karunia-karunia ini dilepaskan. Inilah bagian kita. Tuhan biasanya menanggapi keinginan dan kesediaan kita untuk melangkah dengan iman, dengan menyebabkan pelepasan kombinasi dari karunia-karunia Roh ini.

Ada kalanya karunia-karunia ini dilepaskan ketika tidak seorang pun benar-benar memiliki iman yang besar atau mengharapkan sesuatu terjadi. Baik orang yang melayani maupun orang yang dilayani tidak memiliki iman yang besar, namun penyembuhan, pembebasan, dan mukjizat tetap terjadi karena bekerjanya karunia-karunia tersebut. Misalnya, seorang yang tidak percaya yang kebetulan berada di sebuah pertemuan hanya sebagai penonton, tanpa pengetahuan atau iman kepada Tuhan Yesus Kristus, mungkin menerima mukjizat penyembuhan yang luar biasa selama ibadah tanpa ada seorang pun yang benar-benar berdoa atau melayani orang tersebut. Ini akan menjadi karya kedaulatan Allah yang menarik perhatian orang tersebut dan membawanya kepada iman kepada Kristus.

Melalui Pengurapan Penyembuhan

Lukas 5:17 Pada suatu hari, ketika Ia sedang mengajar, ada beberapa orang Farisi dan ahli-ahli Taurat yang duduk di dekat situ, yang datang dari setiap kota di Galilea, Yudea, dan Yerusalem. Dan kuasa Tuhan hadir untuk menyembuhkan mereka.
Lukas 6:19 Dan seluruh orang banyak berusaha menyentuh-Nya, karena kuasa keluar dari-Nya dan menyembuhkan mereka semua.

Lukas 8:46-47 46 Tetapi Yesus berkata, "Seseorang telah menyentuh Aku, karena Aku merasakan kuasa keluar dari-Ku." 47 Ketika perempuan itu melihat bahwa ia tidak dapat bersembunyi, ia datang dengan gemetar; lalu sujud di hadapan-Nya, ia menceritakan kepada-Nya di hadapan semua orang alasan mengapa ia menyentuh-Nya dan bagaimana ia disembuhkan seketika itu juga.

Pengurapan adalah kehadiran dan kuasa Roh Kudus. Pengurapan dapat memberdayakan seseorang atau hadir di atas jemaat (perkumpulan) orang percaya untuk menyebabkan kuasa Allah dinyatakan. Tuhan Yesus melayani dengan kuasa Roh Kudus (Kisah Para Rasul 10:38). Kuasa yang sama tersedia bagi semua orang percaya (Kisah Para Rasul 1:8) dan karenanya dapat mengalir keluar dari kita, sama seperti yang mengalir keluar dari Yesus. Pengurapan penyembuhan adalah kehadiran dan kuasa Roh Kudus yang menyebabkan penyembuhan terjadi. Ketika Yesus melayani, kuasa Tuhan hadir untuk menyembuhkan orang. Kuasa penyembuhan (kebajikan penyembuhan atau pengurapan penyembuhan) mengalir keluar dari-Nya dan menyembuhkan banyak orang yang menyentuh-Nya.

Ketika kita melayani penyembuhan, kita harus menginginkan dan mengharapkan kuasa penyembuhan Roh Kudus yang sama mengalir melalui kita dan menyembuhkan orang sakit. Ada kalanya kita dapat mengenali (merasakan secara nyata) aliran kuasa penyembuhan ini. Di waktu lain kita tidak merasakan apa pun, namun kita melayani dengan iman, mengetahui bahwa kuasa Roh Kudus sedang dilepaskan melalui kita.

Melalui Pengurapan Khusus

Kisah Para Rasul 5:12-16 12 Dan melalui tangan para rasul banyak tanda dan mukjizat dilakukan di antara

orang-orang. Dan mereka semua sehati di Serambi Salomo. 13 Namun tidak seorang pun dari yang lain berani bergabung dengan mereka, tetapi orang-orang sangat menghormati mereka. 14 Dan semakin banyak orang percaya yang ditambahkan kepada Tuhan, banyak sekali laki-laki dan perempuan, 15 sehingga mereka membawa orang sakit ke jalan-jalan dan membaringkan mereka di atas tempat tidur dan dipan, agar setidaknya bayangan Petrus yang lewat dapat jatuh pada sebagian dari mereka. 16 Juga banyak orang berkumpul dari kota-kota sekitarnya ke Yerusalem, membawa orang sakit dan orang-orang yang disiksa oleh roh jahat, dan mereka semua disembuhkan.

Ada kalanya urapan khusus untuk penyembuhan datang kepada kita secara individu atau kepada seluruh jemaat. Ketika ini terjadi, banyak mukjizat yang luar biasa dan banyak jumlahnya mulai terjadi secara spontan. Kita harus peka dan mengenali hal ini serta mengikuti apa yang Roh Kudus ingin capai pada saat itu, sehingga orang-orang dapat tersentuh. Kita tidak boleh memadamkan pekerjaan Roh pada saat-saat seperti itu karena Tuhan dengan sengaja melepaskan urapan khusus ini untuk suatu alasan.

Suasana untuk penyembuhan, di mana urapan penyembuhan memenuhi atmosfer spiritual suatu pertemuan, dapat diciptakan melalui doa, penyembahan, iman yang tinggi, dan pengharapan. Meskipun menciptakan suasana untuk penyembuhan itu bermanfaat dan diinginkan, hal ini mungkin tidak selalu memungkinkan, karena seperti Yesus, kita mungkin harus melayani di lingkungan yang tidak bersahabat. Tuhan dapat bergerak dengan dahsyat tanpa memandang lingkungan, dan karena itu kita harus selalu tetap terbuka dan peka terhadap Roh Allah.

Melalui Pertobatan dan Penolakan Dosa

Yohanes 5:14 Kemudian Yesus menemui dia di Bait Suci dan berkata kepadanya, "Lihatlah, engkau telah sembuh. Jangan berbuat dosa lagi, supaya jangan terjadi hal yang lebih buruk kepadamu."

Yohanes 9:1-3 1 Ketika Yesus lewat, Ia melihat seorang laki-laki yang buta sejak lahir. 2 Lalu murid-murid-Nya bertanya kepada-Nya, "Guru, siapakah yang berdosa, orang ini atau orang tuanya, sehingga ia dilahirkan buta?" 3 Yesus menjawab, "Bukan orang ini atau orang tuanya yang berdosa, melainkan agar pekerjaan Allah dinyatakan melalui dia."

Tidak semua penyakit merupakan indikasi dosa pribadi seseorang, seperti yang terlihat pada kasus pria yang buta sejak lahir dalam Yohanes 9. Namun, mungkin saja ada dosa dalam kehidupan individu yang telah membuka pintu bagi penyakit fisik tersebut. Mungkin saja pria lumpuh dalam Yohanes 5, menjadi lumpuh karena dosa tertentu. Ketika Tuhan menyembuhkannya dan kemudian memperingatkannya, "jangan berbuat dosa lagi, supaya jangan terjadi hal yang lebih buruk kepadamu," ia mengerti artinya. Bukan berarti ia tidak akan pernah berbuat "dosa" lagi, tetapi Yesus merujuk pada dosa (atau dosa-dosa) yang menyebabkan ia menjadi lumpuh sejak awal. Pertimbangkan apa yang akan terjadi jika pria lumpuh yang telah disembuhkan dalam Yohanes 5, pergi dan berbuat dosa. Seperti yang dikatakan Yesus, "hal yang lebih buruk" mungkin telah menimpanya. Ia perlu bertobat dan meninggalkan dosa itu untuk disembuhkan dan dipulihkan kembali.

Ketika melayani penyembuhan, Tuhan mungkin mengarahkan kita untuk terlebih dahulu menangani dosa dalam kehidupan individu yang dilayani. Kemudian kita membahas hal ini dengan penuh kasih kepada individu tersebut dan membimbing mereka melalui pertobatan dan meninggalkan hal-hal yang terkait dengan dosa itu. Mungkin ada ketidakmaafan, kebencian, kemarahan, dan sikap hati yang salah lainnya yang mungkin dipendam individu tersebut, yang perlu ditinggalkan. Biasanya kita membimbing orang tersebut untuk meninggalkan pola hidup, kebiasaan berdosa, pengabdian kepada roh jahat, memutuskan hubungan dengan kekuatan iblis, dan menutup pintu/titik masuk.

Melalui Pembebasan

Matius 9:32,33 32 Ketika mereka keluar, lihatlah, mereka membawa kepada-Nya seorang laki-laki yang bisu dan kerasukan setan. 33 Dan ketika setan itu diusir, orang bisu itu berbicara. Dan orang banyak kagum, katanya, "Belum pernah terjadi hal seperti ini di Israel!"
Matius 12:22 Kemudian dibawalah kepada-Nya seorang yang kerasukan setan, buta dan bisu; lalu Ia menyembuhkannya, sehingga orang buta dan bisu itu dapat berbicara dan melihat.
Lukas 13:11-13 11 Dan lihatlah, ada seorang perempuan yang menderita penyakit selama delapan belas tahun, tubuhnya bungkuk dan tidak dapat berdiri tegak. 12 Tetapi ketika Yesus melihatnya, Ia memanggilnya dan berkata kepadanya, "Perempuan, engkau telah sembuh dari penyakitmu." 13 Lalu Ia meletakkan tangan-Nya di atasnya, dan seketika itu juga ia sembuh dan memuji Allah.

Perhatikan bahwa dalam kasus-kasus di atas kita melihat kebutaan, ketulian, bisu, dan bungkuk disebabkan oleh kehadiran setan. Ini tidak berarti bahwa setiap kebutaan, ketulian, bisu, atau masalah punggung disebabkan oleh roh penyakit. Beberapa kebutaan mungkin disebabkan oleh kecelakaan atau alasan lain. Kita berusaha mendengarkan

Roh Allah dan mengikuti tuntunan-Nya. Ketika kita tidak yakin, maka kita melanjutkan pelayanan penyembuhan dan juga menangani roh penyakit yang mungkin ada. Banyak penyakit yang tidak dapat disembuhkan dan kondisi fisik lainnya yang penyebabnya tidak dapat diidentifikasi biasanya menunjukkan adanya roh penyakit yang perlu diusir.

Ketiga Injil juga mencatat kasus anak laki-laki muda yang tampaknya menderita epilepsi dan kejang-kejang (Matius 17:14-18 Markus 9:17-27 Lukas 9:37-43). Ini sebenarnya adalah kasus kerasukan setan yang menyebabkan ketulian, bisu, kegilaan, dan kecenderungan bunuh diri.
Jadi, ketika Yesus mengusir roh jahat itu, anak itu sembuh. Secara medis kita tahu bahwa epilepsi disebabkan oleh ketidakseimbangan kimiawi yang membutuhkan mukjizat. Tetapi dalam beberapa kasus, mungkin juga ada roh penyakit yang mendasarinya yang juga perlu ditangani.

Melalui Penghayatan Iman Saat Merayakan Perjamuan Tuhan

1 Korintus 11:26 Karena setiap kali kamu makan roti ini dan minum cawan ini, kamu memberitakan kematian Tuhan sampai Ia datang kembali.

Salib Tuhan kita Yesus Kristus adalah "proklamasi pembebasan" kita. Di sanalah pengampunan dosa, penyembuhan dan kesempurnaan tubuh dan pikiran, serta segala sesuatu yang dibutuhkan untuk membalikkan Kejatuhan, disediakan. Tuhan Yesus menetapkan apa yang kita sebut "Perjamuan Tuhan" atau "Meja Tuhan" agar kita sering melakukannya untuk mengenang Dia. Setiap kali kita mengambil bagian dalam Meja Tuhan, kita "meny proclaiming kematian Tuhan." Kita mengambil bagian dalam Meja Tuhan "dengan mengenali tubuh Tuhan." Kita mengenali apa yang Kristus selesaikan bagi kita dalam tubuh-Nya di Salib. Meja Tuhan adalah proklamasi atau pernyataan iman kita akan karya Kristus yang telah selesai di Salib dan fakta bahwa Dia telah bangkit dan akan datang kembali. Ini adalah saat di mana kita menggabungkan iman kita dengan keinginan dan harapan untuk menerima berkat penuh dari Salib agar menjadi nyata dan efektif dalam hidup kita. Kita mengharapkan Roh Kudus untuk menegakkan di setiap bagian hidup kita, berkat penuh dari Salib Kristus. Kita mengundang Roh Allah untuk menjadikan kuasa Salib efektif dalam hidup kita. Karya Kristus di kayu salib diselesaikan melalui kuasa Roh Kudus (Ibrani 9:14). Roh yang sama hadir di sini untuk menjadikan kuasa dan berkat Salib efektif dalam hidup kita. Setiap kali kita mengambil bagian dalam Perjamuan Tuhan, kita harus melakukannya dengan pengharapan ini. Allah akan membalas iman kita dengan perbuatan-perbuatan yang penuh kuasa (2 Tesalonika 1:11).

Jemaat Korintus kehilangan berkat ini karena mereka tidak mengambil bagian dalam Perjamuan Tuhan dengan cara yang layak. Mereka memperlakukannya sebagai waktu untuk berpesta dan mabuk-mabukan. Alih-alih mengalami berkat Tuhan, mereka malah mendatangkan penghukuman atas diri mereka sendiri dan berakhir dengan kelemahan, penyakit, dan kematian dini. “Sebab barangsiapa makan dan minum dengan cara yang tidak layak, ia makan dan minum penghukuman bagi dirinya sendiri, karena ia tidak membedakan tubuh Tuhan. Karena itu banyak di antara kamu yang lemah dan sakit, dan banyak pula yang meninggal” (1 Korintus 11:29,30). Kelemahan, penyakit, dan kematian dapat dihindari dengan mengambil bagian dalam Perjamuan Tuhan sebagaimana seharusnya.

Melalui Penggunaan Kain Sholat

Kisah Para Rasul 19:11,12 11 Karena itu, Allah melakukan mukjizat-mukjizat yang luar biasa melalui tangan Paulus, 12 sehingga saputangan atau kain penutup tubuh Paulus dibawa kepada orang sakit, dan penyakit-penyakit itu sembuh serta roh-roh jahat keluar dari mereka .

Kita melihat Allah melakukan mukjizat melalui Paulus, di mana saputangan dan celemek yang dibawa Paulus kepada orang sakit dan yang kerasukan setan mendatangkan kesembuhan dan pembebasan. Allah masih bekerja melalui metode ini. Jadi, dalam kasus-kasus di mana Tuhan menuntun kita, kita dapat berdoa atas potongan kain dan membawanya kepada orang sakit. Ketika kain-kain ini diletakkan pada orang sakit dengan iman, kesembuhan dan pembebasan diberikan kepada mereka. Allah juga dapat menggunakan benda-benda materi lainnya seperti minyak, air, dan sebagainya.

Sekadar peringatan di sini ketika menggunakan kain/barang/benda. Terkadang, jika orang tidak diberi petunjuk dengan benar, mereka bisa berakhir menjadikan barang yang digunakan untuk mendatangkan kesembuhan atau pembebasan sebagai objek penyembahan, jimat, atau benda supernatural lainnya yang menarik perhatian mereka. Penting untuk kita tegaskan bahwa Tuhan Yesuslah yang mendatangkan kesembuhan dan barang itu sendiri hanya digunakan sebagai titik kontak. Tuhan dapat mendatangkan kesembuhan bahkan tanpa menggunakan benda tersebut.

Melalui Metode Tidak Biasa Lainnya

Meskipun kami telah mencoba untuk mencatat beberapa cara penyembuhan dilakukan, harap diingat bahwa ini bukanlah daftar yang lengkap. Tuhan dapat menggunakan cara-cara lain yang tidak biasa dan jarang digunakan, dan kita harus tetap terbuka kepada-Nya. Pertimbangkan fakta bahwa Tuhan Yesus juga melayani dengan beberapa cara yang tidak biasa dalam beberapa kasus. Suatu ketika, ketika melayani orang yang tuli dan bisu, Tuhan Yesus memasukkan jari-jari-Nya ke telinga orang itu, lalu meludah dan menyentuh lidah orang itu dengan ludah-Nya sendiri, dan orang itu dapat mendengar dan berbicara (Markus 7:32-25). Untuk orang buta lainnya, Yesus meludah ke matanya dan meletakkan tangan-Nya di atasnya, dan orang buta itu dapat melihat (Markus 8:22-26). Untuk orang buta lainnya, Yesus meludah ke tanah dan membuat tanah liat dengan air liur-Nya, menaruh tanah liat itu pada mata orang buta itu dan menyuruhnya untuk "Pergilah, basuhlah dirimu di kolam Siloam," dan orang buta ini sembuh (Yohanes 9:6,7). Dalam Kitab Kisah Para Rasul, kita membaca tentang Allah yang menggunakan bayangan Petrus untuk mendatangkan penyembuhan.

Jadi kita harus tetap terbuka terhadap arahan Tuhan dan melayani dengan cara-cara yang tidak biasa, jika Dia menuntun kita ke sana. Namun, jangan jadikan sesuatu yang Tuhan perintahkan untuk digunakan dalam situasi khusus sebagai rutinitas. Teruslah mengikuti tuntunan-Nya. Tujuan kita di sini bukanlah untuk mempromosikan metode baru atau menemukan identitas kita dalam cara pelayanan penyembuhan yang tidak biasa. Tujuan kita adalah untuk menyembuhkan orang dan memuliakan Tuhan dalam segala hal.

Pelayanan Penyembuhan—Satu per Satu

Saat melayani penyembuhan secara pribadi kepada seseorang, jika memungkinkan luangkan waktu untuk membangun iman orang tersebut melalui pelayanan Firman. Bagikan dasar penyembuhan dan pembebasan kita. Kemudian kita melayani menggunakan salah satu metode yang telah dibahas di atas, sesuai kebutuhan. Kita menginginkan dan mencari aliran karunia penyembuhan dan pekerjaan mukjizat. Pada bab selanjutnya, kita akan mempelajari pendekatan sederhana dan mudah untuk melayani penyembuhan secara pribadi.

Memberikan Pelayanan Penyembuhan dalam Pertemuan Besar

Meskipun tidak ada format atau alur baku yang harus diikuti saat melayani penyembuhan dalam pertemuan besar, berikut beberapa cara umum untuk melayani dalam lingkungan yang besar. Pendekatan kami biasanya adalah memberitakan Firman untuk membangun iman di hati orang-orang, kapan pun memungkinkan. Kemudian kami mencoba mengikuti tuntunan Tuhan tentang bagaimana melayani. Terkadang Tuhan mungkin mengarahkan kami untuk mengadakan barisan doa penyembuhan atau ajakan ke altar di mana orang-orang datang ke depan untuk menerima pelayanan. Terkadang, melalui kata-kata pengetahuan, kami menyebutkan kasus-kasus spesifik untuk penyembuhan, dan kemudian melayani secara massal agar orang lain disembuhkan. Tidak ada rumus baku. Kuncinya adalah peka terhadap Tuhan dan mengikuti tuntunan-Nya. Di bawah ini adalah beberapa hal umum yang kami lakukan saat melayani penyembuhan secara massal setelah pelayanan Firman.

Kita dapat menyarankan orang untuk meletakkan tangan mereka pada bagian tubuh yang membutuhkan penyembuhan jika memungkinkan. Ini adalah langkah sederhana untuk melatih iman mereka dan membantu mereka berharap kepada Tuhan untuk mukjizat tertentu.

Ketika melayani penyembuhan massal, biasanya kita akan mulai dengan mengusir roh-roh jahat dan roh-roh penyakit. Ini adalah setan-setan yang membuat orang tetap sakit dan mencegah kesembuhan datang. Jadi kita melalui masa pembebasan massal. Kita berusaha untuk peka terhadap

Tuhan saat Dia mengungkapkan melalui pembedaan roh, jenis-jenis roh tertentu yang perlu ditegur.

Kemudian kita menyampaikan perintah agar orang-orang disembuhkan. Selama waktu ini, kita tetap peka terhadap Tuhan untuk menerima firman pengetahuan dan menyebutkan kondisi spesifik yang sedang disembuhkan atau menggambarkan situasi spesifik yang mungkin menyebabkan penyakit atau masalah tersebut. Firman pengetahuan atau deskripsi situasi yang spesifik ini membangun iman di hati orang-orang dan mendorong mereka untuk menerima mukjizat penyembuhan mereka.

Kita mengundang kuasa Roh Kudus untuk bergerak atas mereka dengan kuasa penyembuhan-Nya (urapan penyembuhan) dan agar karunia penyembuhan dan mukjizat dilepaskan. Sekali lagi, Roh Kudus dapat mengungkapkan kondisi-kondisi spesifik yang disembuhkan dan kita menyerukan hal-hal tersebut.

Kemudian, kami mendorong orang-orang untuk memeriksa kesembuhan mereka dan mewujudkan iman mereka. Seringkali, ketika orang mulai memeriksa tubuh mereka dan mewujudkan iman mereka, mukjizat penyembuhan terjadi. Mereka menemukan bahwa mereka sembuh total atau kondisinya membaik dibandingkan sebelumnya. Bagi mereka yang melihat beberapa perbaikan, dorong mereka untuk bersyukur dan mengharapkan kesembuhan total.

Kesaksian membangun iman. Jadi, jika memungkinkan, kami mendorong orang-orang untuk datang dan berbagi kesaksian tentang penyembuhan yang baru saja terjadi dan dapat diverifikasi. Dalam situasi di mana tidak memungkinkan untuk mengambil kesaksian individu, kami mendorong orang-orang untuk menunjukkan bahwa mereka telah sembuh dengan mengangkat tangan atau dengan cara lain. Memang benar bahwa mungkin ada beberapa kondisi yang hanya dapat diverifikasi melalui tes dan pemeriksaan medis. Dalam kasus seperti itu, dorong orang-orang untuk pergi ke dokter mereka terlebih dahulu, memverifikasi hal-hal tersebut, dan kemudian memberikan kesaksian di lain waktu.

Ketika melayani dalam pertemuan besar, biasanya tidak mungkin untuk menangani masalah pribadi individu seperti dosa yang belum diakui, pintu terbuka, dan sebagainya. Serahkan hal ini kepada Roh Kudus untuk menangani individu tersebut sesuai kehendak-Nya. Jika Roh Kudus mengungkapkan dosa-dosa tertentu atau aktivitas masa lalu yang perlu dipertobat dan ditinggalkan, sebutkan hal-hal tersebut dan pimpin orang-orang untuk berdoa mengenai hal-hal tersebut. Namun, lakukan ini tanpa mempermalukan atau mengekspos individu tertentu. Tujuan kita adalah untuk membangun orang, bukan menghancurkan mereka.

Tim Penyembuhan

Lukas 10:1,9 1 Setelah itu, TUHAN juga mengangkat tujuh puluh orang lain, dan mengutus mereka berdua-dua mendahului Dia ke setiap kota dan tempat yang akan Dia kunjungi. 9 Dan sembuhkanlah orang-orang sakit di sana, dan katakanlah kepada mereka: 'Kerajaan Allah sudah dekat kepadamu.'

Ketika Tuhan Yesus mengutus murid-murid-Nya, Ia mengutus mereka dalam tim yang terdiri dari dua orang dengan tugas untuk memberitakan Kerajaan Allah, menyembuhkan orang sakit, dan mengusir setan. Dengan memperluas konsep ini ke zaman kita, kita tahu bahwa pelayanan penyembuhan dan pembebasan sebagai sebuah tim sangatlah ampuh. Kita dapat memiliki tim penyembuhan untuk pelayanan di dalam gereja lokal untuk melayani selama ibadah atau tim penyembuhan yang pergi ke pusat perbelanjaan, jalanan, sekolah/perguruan tinggi, dan area lain untuk penginjilan. Tim penyembuhan juga dapat melayani di rumah sakit atau melakukan kunjungan rumah untuk melayani mereka yang sakit. Tim penyembuhan dapat diorganisir secara formal oleh gereja lokal atau dapat berupa pertemuan spontan beberapa orang yang sepemikiran dan bersemangat yang bersedia melayani Tuhan.

Berikut beberapa elemen kunci untuk beroperasi dengan sukses sebagai tim penyembuhan:

- Pada dasarnya, tim penyembuhan terdiri dari dua orang atau lebih yang telah dilatih tentang cara melayani penyembuhan dan pembebasan.
- Mereka bergerak dalam kesatuan dan kesepakatan setiap kali mereka melayani.
- Tidak seorang pun mencari ketenaran atau kepentingan ketika melayani.
- Mereka saling mendukung dan menyemangati satu sama lain. Mereka memahami unsur iman dan risiko yang diambil setiap anggota tim ketika melangkah keluar untuk melayani, dan karenanya diam-diam saling mendukung dalam iman.
- Tidak seorang pun mengambil pujian pribadi atas mukjizat penyembuhan atau pekerjaan Tuhan apa pun. Segala kemuliaan diberikan kepada Tuhan.
- Para anggota tim mendiskusikan kisah dan pembelajaran mereka (kesuksesan dan kesalahan) satu sama lain dan dengan tim penyembuhan lainnya, sehingga semua orang dapat memperoleh manfaat dan berkembang dalam mempelajari cara melayani penyembuhan dan pembebasan.
- Para anggota tim bertemu secara teratur untuk berdoa, beribadah, dan bersekutu yang membangun rasa kebersamaan dan saling pengertian. Hal ini membantu anggota tim untuk saling memahami dan bekerja sama dengan baik ketika mereka

melayani. Mendorong Orang untuk Menjalankan Iman Mereka Berikut beberapa panduan sederhana untuk mendorong orang agar berani keluar dan menjalankan iman mereka:

- Lakukanlah itu dengan bimbingan Roh Kudus. Pastikan Roh Kudus mendorong Anda untuk menyampaikan hal ini kepada mereka. Jika tidak, berikanlah dorongan positif agar mereka melakukan apa yang membuat mereka nyaman saat menjalankan iman mereka.
- Janganlah bersikap lancang. Misalnya—jika seseorang yang menggunakan alat bantu penglihatan (kacamata atau lensa kontak) mengatakan bahwa mereka bertindak sesuai keyakinan mereka dan dengan lancang menyingkirkan alat bantu penglihatan mereka, bisa ada konsekuensi serius! Di sisi lain, ketika mata mereka sudah sembuh, memakai kacamata akan sangat tidak nyaman bagi mereka. Itulah saat yang tepat untuk melepas alat bantu penglihatan mereka.
- Jangan biarkan kegembiraan sesaat membuatmu bertindak bodoh. Gunakan kebijaksanaan.
- Jangan mengambil alih peran dokter. Jangan memberikan nasihat medis. Jangan menyuruh orang untuk menghentikan pengobatan atau perawatan medis mereka. Biarkan mereka melakukannya berdasarkan konsultasi dengan dokter mereka.
- Mengajari Orang Cara Mempertahankan Proses Penyembuhan Mereka Jika seseorang menerima sentuhan penyembuhan di area tertentu, bukan berarti mereka tidak akan pernah mengalami penyakit lain atau penyakit tersebut tidak akan pernah kambuh. Orang perlu diajarkan cara mempertahankan kesembuhan baik secara praktis maupun melalui iman kepada Tuhan. Orang-orang

perlu belajar bagaimana bermeditasi dalam Firman, membangun iman mereka kepada Tuhan untuk mempertahankan kesembuhan mereka dan hidup dalam kesehatan. Orang-orang perlu belajar untuk mengucapkan Firman, berjuang dalam perjuangan iman yang baik dan percaya kepada Tuhan untuk menerima dan mempertahankan kesembuhan mereka sendiri. Jadi, jika memungkinkan, sediakan sumber daya (buku, khotbah, pengajaran) dan arahan bagi orang-orang untuk melakukan hal ini.

Selain itu, ada beberapa hal mendasar yang dapat kita semua lakukan, seperti pola makan yang tepat, istirahat, dan olahraga, yang penting untuk kesehatan yang berkelanjutan.

Persiapan Pribadi untuk Melayani Penyembuhan

Meskipun Tuhan adalah Penyembuh dan kuasa-Nya yang menyembuhkan dan membebaskan manusia, ada beberapa hal yang dapat kita lakukan untuk menjadi rekan kerja yang baik dengan Tuhan dalam melayani dengan kuasa penyembuhan-Nya kepada orang lain. Berikut beberapa hal yang tercantum sebagai pengingat sederhana:

Bertumbuh dalam Firman

Biarlah Firman tentang penyembuhan, pengurapan, mukjizat, pembebasan, dan kuasa diteguhkan dengan limpah di dalam kita melalui meditasi terus-menerus. Iman kita kepada Tuhan harus kuat, dan salah satu cara iman dikembangkan adalah melalui Firman. Kita tidak boleh gentar menghadapi kesulitan penyakit atau penindasan setan yang kita alami.

Bertumbuh dalam Pengurapan

Kita harus mengembangkan persekutuan yang mendalam dan kepekaan terhadap Roh Kudus. Berdoa dalam bahasa roh merupakan bagian integral dari pengembangan ini. Kita juga bertumbuh dalam pengurapan dengan bergaul, mengamati, belajar, dan menerima melalui hamba-hamba Allah lainnya. Kita harus mendambakan lebih banyak kehadiran dan kuasa-Nya. Kita harus mendambakan lebih banyak karya karunia Roh.

Bertumbuh dalam Keintiman Melalui Ketaatan, Doa, Penyembahan, dan Puasa

Bertumbuh dalam hubungan kita dengan Tuhan melalui ketaatan, meluangkan waktu sendirian bersama-Nya dalam doa, ibadah, dan puasa.

Menjaga Kesucian Hati

Kita harus menjaga hati yang murni. Kita harus menjaga hati kita dari motivasi yang salah seperti persaingan, iri hati, kesombongan, dan keegoisan. Kita harus menjaga hati kita dari keinginan yang salah terhadap ketenaran, kekayaan, dan hal-hal lain yang tidak menyenangkan Allah.

Bertumbuh dalam Iman Melalui Langkah-Langkah Keluar

Satu-satunya cara untuk berjalan di atas air adalah dengan melangkah keluar dari perahu. Karena Dia telah berfirman dan memberi kita kata 'Datanglah', sekarang giliran kita untuk melangkah keluar. Ini adalah langkah iman. Kita harus mengatasi rasa takut akan kegagalan, bahkan dari pengalaman masa lalu. Seringkali pikiran "bagaimana jika tidak terjadi apa-apa" terlintas di benak kita. Namun, kita dapat menggantinya dengan "bagaimana jika sesuatu terjadi." Ketika keraguan tampaknya membanjiri pikiran kita, kita menyemangati diri sendiri dengan mengatakan "Saya mengharapkan sesuatu terjadi."

Selalu Memberikan Segala Kemuliaan kepada Tuhan

Tuhan melihat hati kita. Apakah kita benar-benar memuji Dia dan memberikan segala kemuliaan kepada-Nya, ataukah kita menyimpan sebagian kemuliaan itu untuk diri kita sendiri? Kita harus selalu memiliki hati yang mempersembahkan kepada-Nya segala pujian, kemuliaan, kehormatan, dan penyembahan atas segala sesuatu yang terjadi.

Beberapa Jebakan yang Harus Dihindari

Jangan Berjanji Palsu

Kita semua yang melayani ingin mencapai titik di mana setiap orang yang kita layani disembuhkan. Dalam mengejar tujuan ini dan dalam semangat kita untuk mencapainya, kita cenderung membuat pernyataan yang agak lancang. Misalnya, jika kita berdiri di hadapan sekumpulan orang dan berkata, "Semua orang akan disembuhkan malam ini," ini mungkin pernyataan yang baik, tetapi ujian sebenarnya adalah di akhir pertemuan, ketika kita memeriksa apakah semua orang benar-benar disembuhkan. Jika tidak, seseorang telah berbohong! Pernyataan yang lebih tepat adalah "Setiap orang dapat disembuhkan malam ini," yang merupakan pernyataan yang tulus dan valid berdasarkan Firman Tuhan. Sementara kita berupaya mencapai standar yang sempurna, marilah kita berhati-hati dengan apa yang kita katakan dan bagaimana kita melakukan sesuatu di sepanjang jalan. Hanya katakan apa yang telah Tuhan firmankan.

Terjatuh atau Sembuh — Mana yang Lebih Penting?

Fokus kita adalah menyembuhkan orang, bukan membuat mereka "jatuh" ke tanah. Sayangnya, di beberapa lingkungan Kristen kita, kita melihat para pendeta cenderung mendorong orang atau bertindak kasar sehingga memaksa mereka jatuh ke tanah. Meskipun ini terlihat bagus di hadapan orang-orang yang menyaksikan, seolah-olah orang-orang "dijatuhkan dalam Roh" atau "jatuh di bawah kuasa," ini sebenarnya bukanlah praktik yang bermanfaat. Marilah kita fokus pada pelayanan penyembuhan kepada orang-orang, bukan menampilkan pertunjukan yang bagus. Jika orang jatuh karena kewalahan oleh kehadiran Roh Kudus, itu tidak masalah. Tetapi ujian sebenarnya adalah ketika mereka bangkit dari tanah, apakah mereka sembuh dan dibebaskan? Sebagai penutup, marilah kita meneladani pelayanan Yesus, ketika kita mengulurkan tangan untuk melayani orang lain dengan memberikan penyembuhan dan pembebasan.

Sintesis Skizofrenia sebagaimana Diungkapkan oleh Roh Kudus kepada Ida Mae dan cara menghadapi roh tersebut

Skizofrenia adalah masalah yang sangat umum. Beberapa ahli di bidang penyakit mental memperkirakan mungkin ada sebanyak lima puluh juta orang di Amerika Serikat yang menderita skizofrenia sampai taraf tertentu, "...diperkirakan penderita skizofrenia mencapai sekitar 50% dari jumlah pasien yang dirawat di rumah sakit jiwa negara bagian, dengan 300.000 kasus baru setiap tahunnya." Beberapa kasus bersifat akut sementara yang lain cukup ringan, sehingga tidak memerlukan perawatan profesional. Skizofrenia tetap menjadi masalah yang sangat membingungkan bagi para profesional kesehatan mental.

Penyebab dan pengobatannya masih diselimuti ketidakpastian.

Gangguan, distorsi, dan disintegrasi kepribadian yang dikenal sebagai skizofrenia atau demensia praecox sering ditemui oleh pelayan pelepasan. Hampir setiap orang yang datang kepada kami untuk pelepasan ditemukan memiliki berbagai tingkat jaringan roh jahat yang menyebabkan skizofrenia. Tuhan dengan murah hati telah memberi kita **wahyu khusus tentang masalah ini, yang** memungkinkan kita untuk memulihkan banyak orang kepada keutuhan kepribadian. Sejak wahyu itu datang kepada istri saya, Ida Mae, saya telah memintanya untuk menulis bagian selanjutnya.

WAHYU SKIZOFRENIA Ida Mae Hammond

Kami bekerja sangat erat dalam pelayanan pembebasan dengan seseorang yang tidak menunjukkan banyak peningkatan setelah pelayanan berulang kali. Orang ini sangat sungguh-sungguh menginginkan pembebasan. Dia sangat mengasihi Tuhan, dia percaya sepenuh hati bahwa pembebasan adalah jawaban atas masalahnya, dan dia berseru kepada Tuhan dalam keputusasaan. Dia sepenuhnya kooperatif dengan pelayanan tersebut. Namun demikian, hasil keseluruhannya mengecewakan.
Berkali-kali kami merasa kemenangan telah diraih. Selama beberapa hari kepribadiannya akan menunjukkan tanda-tanda kestabilan, lalu tiba-tiba semuanya akan berantakan. Kami akan kembali ke titik awal.

Kemudian suatu malam setelah pergolakan yang sangat hebat, saya terbangun dari tidur. Tuhan berbicara dalam roh saya. Tuhan berkata, "Aku ingin memberimu wahyu tentang masalah Sarah. Masalahnya adalah *skizofrenia."* Saat itu, saya tidak berpengetahuan tentang subjek tersebut. Di perguruan tinggi, saya telah mempelajari beberapa psikologi—cukup untuk mengenal istilah-istilah umum seperti manik depresif, skizofrenia, paranoia, psikosis, dan neurosis. Saya mengingat kembali bahwa skizofrenia kadang-kadang disebut sebagai “kepribadian ganda”. Tuhan memberi saya definisi ini: “Skizofrenia adalah gangguan, distorsi, atau disintegrasi perkembangan kepribadian. Kamu tidak akan lagi memanggilnya Sarah, tetapi 'Sarah Satu' dan 'Sarah Dua', karena dia memiliki lebih dari satu kepribadian di dalam dirinya.”

Aku masih di tempat tidur—masih mengantuk—ketika Tuhan terus memberikan wahyu. Dia menyuruhku untuk menyatukan kedua tanganku, telapak tangan saling berhadapan dan jari-jari saling bertautan erat. Dia berkata ini melambangkan sifat skizofrenia. Setiap tangan mewakili salah satu dari dua kepribadian dalam diri penderita skizofrenia, yang keduanya bukanlah diri yang sebenarnya. Keduanya saling bertautan erat. Tuhan berkata, “Tanganmu mewakili sarang roh jahat yang membentuk skizofrenia. Aku ingin kau tahu bahwa itu bersifat iblis. Itu adalah sarang roh jahat, dan mereka masuk ke dalam kehidupan orang ini ketika dia masih sangat, sangat muda. Aku akan menunjukkan kepadamu bagaimana cara kerjanya.”

Tuhan kemudian menginstruksikan saya untuk melepaskan tangan saya dengan SANGAT PERLAHAN. Saat jari-jari saya perlahan terlepas, Tuhan menunjukkan kepada saya bahwa roh-roh jahat dalam diri penderita skizofrenia harus dipisahkan, diusir, dan ditinggalkan. Proses ini membutuhkan waktu. Merupakan kejutan bagi orang tersebut untuk menemukan bahwa begitu banyak kepribadiannya bukanlah diri yang sebenarnya. Ia mungkin takut untuk menemukan kepribadiannya yang sebenarnya. Ia membutuhkan waktu untuk menyesuaikan diri dan melepaskan diri dari kepribadian jahat palsu itu, poin demi poin. Ia harus membenci kepribadian skizofrenia itu, dan melepaskan diri darinya. Tuhan mengingatkan saya akan Amos 3:3, "Bagaimana mungkin dua orang berjalan bersama-sama, jika mereka tidak sepakat?"

Satu per satu jari-jari saya terlepas, menggambarkan pemisahan kepribadian iblis. (Kemudian, setiap jari diberi sebutan iblis). Dua jari terakhir yang terlepas adalah jari tengah di setiap tangan. Tuhan menunjukkan bahwa jari-jari ini mewakili inti dari Penolakan *dan* Pemberontakan skizofrenia . Ketika jari-jari ini akhirnya terpisah, orang tersebut dapat menganggap dirinya sembuh - dibebaskan dan mengetahui siapa diri sejatinya.

Setan pengendali itu disebut "Skizofrenia" atau "Pikiran Ganda". Alkitab berkata, "Orang yang pikirannya ganda tidak tetap dalam segala jalannya" (Yakobus 1:8). Inilah sebutan Alkitab untuk seorang penderita skizofrenia. Terjemahan Amplified mengatakan:
[Karena sifatnya yang seperti ini] seorang pria yang bimbang—ragu-ragu, bimbang, dan tidak tegas—[dia] tidak stabil, tidak dapat diandalkan, dan tidak yakin tentang segala hal (yang dia pikirkan, rasakan, dan putuskan).

Frasa yang diterjemahkan sebagai "dua pikiran" berasal dari kata majemuk Yunani yang secara harfiah berarti "dua jiwa". Tahap wahyu selanjutnya datang beberapa minggu kemudian. Tuhan menginstruksikan saya untuk menggambar garis luar tangan saya di atas kertas. Kemudian Dia menyebutkan jari-jari sebagai berbagai roh jahat dan menunjukkan kepada saya bagaimana setiap iblis menempatkan dirinya dalam diri penderita skizofrenia. Iblis pengendali skizofrenia mengundang iblis lain untuk menyebabkan distorsi kepribadian. Skizofrenia SELALU dimulai dengan "penolakan". Biasanya dimulai pada masa kanak-kanak atau bayi dan terkadang saat anak masih dalam kandungan ibunya. Ada banyak penyebab penolakan.

Mungkin anak itu tidak diinginkan. Atau mungkin berjenis kelamin yang salah yang diinginkan oleh salah satu atau kedua orang tua. Kondisi di rumah mungkin tidak stabil. Ada banyak "pintu" yang mengarah pada penolakan.

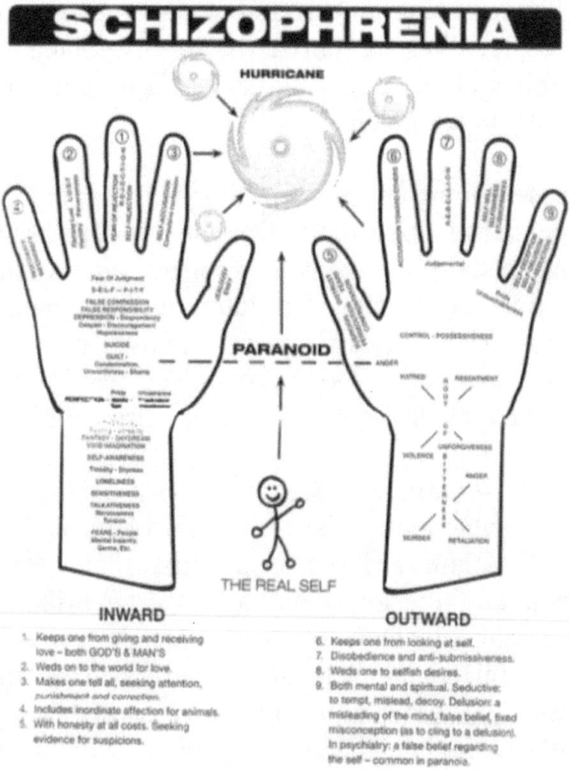

Skizofrenia dapat diwariskan secara iblis. Perhatikan bahwa saya mengatakan "secara iblis". Maksud saya, penyakit ini bukan berasal dari darah, bukan dari gen - melainkan dari iblis itu sendiri! Dengan kata lain, iblis berusaha untuk melestarikan jenis mereka sendiri. Mereka paling mudah melakukan ini dalam sebuah keluarga. Misalnya, anggaplah sifat skizofrenia ada pada ibu. Iblis akan memilih satu atau lebih anaknya untuk diwariskan. Ibu yang menderita skizofrenia merasa ditolak. Dialah yang terutama bertanggung jawab untuk memberikan kasih sayang kepada keluarga. Dialah yang menyentuh, menggendong, dan membelai bayi. Penolakan dalam dirinya sendiri menciptakan masalah dalam hubungannya dengan anak. Jadi, anak tersebut rentan terhadap penolakan akibat ketidakstabilan ibu. Saya ulangi, skizofrenia SELALU dimulai dengan penolakan.

Sekarang, seseorang dapat memiliki jiwa penolakan tanpa menjadi penderita skizofrenia. Dengan kata lain, semuanya bergantung pada pembentukan kepribadian. Anda dapat memiliki jiwa penolakan dan tetap mampu membentuk kepribadian Anda sendiri serta merasa percaya diri. Sebaliknya, penderita skizofrenia selalu terombang-ambing... "Siapakah saya?" Identitas diri sejati menjadi bingung atau hilang.
Penolakan (*ditunjukkan* di tangan kiri dalam ilustrasi) adalah iblis pengendali dalam salah satu kepribadian yang terbentuk di dalam diri penderita skizofrenia. Penolakan menggambarkan tipe kepribadian yang menarik diri. (Ini adalah perasaan di dalam diri - ini adalah penderitaan di dalam diri... ini adalah kelaparan akan kasih sayang... ini adalah rasa tidak aman... ini adalah rasa rendah diri... ini adalah fantasi... ini adalah ketidaknyataan - semuanya ada di dalam diri — "Aku tidak ikut serta dalam hal ini.") Ini adalah salah satu kepribadian yang dibentuk oleh iblis-iblis tersebut.

Kepribadian kedua yang diciptakan oleh iblis adalah *"Pemberontakan"*. (Lihat jari tengah di tangan kanan pada ilustrasi). Ketika seorang anak tidak memiliki hubungan cinta yang memuaskan dalam hidupnya, ia tumbuh tanpa mampu merasakan dan berbagi dalam hubungan cinta. Pemberontakan pun muncul. Ia mulai memperjuangkan cinta. Atau ia melampiaskan kemarahannya kepada mereka yang telah membuatnya kekurangan cinta. Pemberontakan mewujudkan dirinya dalam kekeraskepalaan, kemauan sendiri, dan keegoisan. Berikut adalah kepribadian lain. Kepribadian ini tidak tertutup dan menarik diri. Ia agresif dan melampiaskan kemarahan, kepahitan, kebencian, dan pembalasan. Penderita skizofrenia secara harfiah berada di bawah dua kekuatan yang berlawanan ini. Ia dapat beralih dari satu tipe kepribadian ke tipe kepribadian lainnya dalam sekejap.

Tuhan menunjukkan kepadaku bahwa aku harus menyebut orang yang menderita skizofrenia sebagai "Sarah Satu" dan "Sarah Dua" – "Sarah Satu" adalah orang yang sebenarnya, dan "Sarah Dua" adalah kepribadian skizofrenia yang memiliki dua sisi. Oleh karena itu, sebenarnya ada tiga kepribadian yang terlibat – kepribadian yang sebenarnya, kepribadian penolakan, dan kepribadian pemberontakan. Dalam waktu tiga puluh menit, seseorang mungkin melihat ketiga kepribadian tersebut termanifestasi. Tentu saja, ini menimbulkan banyak kebingungan bagi orang itu sendiri maupun orang-orang di sekitarnya.

Orang yang sebenarnya bukanlah salah satu dari "tangan" tersebut. "Diri Sejati" ditunjukkan dalam ilustrasi di antara lengan, di bagian bawah. Setan-setan itu tidak mengizinkan diri sejati untuk berkembang. Penderita skizofrenia tidak mengenal diri sejatinya. Ketika penderita skizofrenia mulai dibebaskan, diri sejati harus memiliki Yesus. Yesus harus mulai bertumbuh dalam diri orang tersebut, mengembangkan kepribadian itu, dan menjadikannya seperti yang Dia inginkan. Inilah mengapa pembebasan penderita skizofrenia membutuhkan waktu - terkadang beberapa bulan atau bahkan setahun, atau lebih lama. Pembebasan harus berjalan seimbang dengan perkembangan "Diri Sejati". Itu tidak bisa terburu-buru, karena tidak ada yang bisa diandalkan oleh orang tersebut. Jika setiap setan dalam diri penderita skizofrenia tiba-tiba diusir, ia akan merasa benar-benar kehilangan arah. Identitas dengan "Diri Sejati" membutuhkan waktu. Saat sifat skizofrenia dihilangkan, kepribadian sejati harus muncul untuk menggantikannya.

Izinkan saya menggambarkan apa yang dapat terjadi ketika seorang penderita skizofrenia sedang dalam proses pembebasan. Ia mungkin sedang belajar tunduk pada otoritas. Ia dihadapkan pada sebuah ujian. Ada situasi di mana ia diharuskan untuk bersikap patuh. Ia tidak terbiasa bersikap patuh. Apa yang akan ia lakukan? Akankah ia kembali menolak... pergi ke kamarnya? ...menutupi wajahnya? ...menolak untuk berbicara dengan siapa pun? Atau, akankah ia kembali memberontak... mengekspresikan marah? ...menjadi pembangkang? ...menunjukkan sikap keras kepala?

Atau, akankah ia mengizinkan sifat Yesus muncul... bekerja sama? ...tunduk pada otoritas? ...menjadi patuh? Keputusan ada di tangannya. Ia harus rela melepaskan diri dari kesepakatan dengan iblis dan memutus pola kebiasaan lama. "Diri Sejati" harus cukup kuat di dalam Kristus untuk melaksanakan keputusan yang benar.

Pada ilustrasi, Anda akan melihat pusaran di bagian atas, di antara kedua tangan. Ini melambangkan "badai". Penderita skizofrenia terus-menerus menciptakan "badai" di sekitarnya. Ia terjebak dalam badai ini, dan orang lain harus memahami apa yang terjadi. Perhatikan bahwa beberapa panah juga membawa pusaran atau "badai". Jika orang yang mencoba memahami juga tidak stabil, ia membawa badainya sendiri ke dalam badai penderita skizofrenia. Maka Anda memiliki badai di dalam badai. Panah lainnya lurus. Ini menggambarkan orang-orang yang stabil dan dapat memahami "badai" dengan cara yang stabil. Orang seperti itu dapat menghadapi badai tanpa terluka atau menderita. Ia tidak terperangkap oleh kekacauan. Pelayan pembebasan harus mampu datang sebagai anak panah yang lurus.

Masa-masa badai ini menyebabkan akar kepahitan terbentuk (lihat tangan kanan) dan tertancap semakin dalam.

Sekarang, mari kita lihat apa yang diwakili oleh jari-jari lain di tangan kiri. Jari manis dilambangkan *dengan nafsu.* Tuhan menunjukkan kepada saya bahwa iblis ini "menikahi" seseorang dengan dunia karena cinta. Nafsu berakar pada penolakan. Jika seseorang belum menerima cinta yang memuaskan melalui saluran kehidupan normal, sifat duniawi akan mulai mencari jenis cintanya sendiri—cinta sensual. Dengan demikian, pintu terbuka bagi iblis nafsu untuk masuk. Roh pendamping dalam kelompok ini adalah *nafsu fantasi* yang dapat menyebabkan seseorang membayangkan dirinya sebagai seorang kekasih hebat di dunia perfilman atau membayangkan pengalaman seksual sebagai pendahuluan untuk tindakan nyata. *Roh pelacuran* pada wanita mungkin pertama kali bermanifestasi dalam pakaian dan provokasi. Penyimpangan seksual merupakan upaya ekstrem untuk mengatasi penolakan.

Pengalaman seksual, nyata atau khayalan, tidak akan pernah bisa memuaskan kebutuhan akan cinta sejati. Itu adalah pengganti cinta sejati yang diciptakan setan dan meninggalkan seseorang dengan rasa frustrasi dan rasa bersalah.
Jari kelingking di tangan kiri melambangkan *rasa tidak aman* dan *rendah diri.* Ini adalah manifestasi lain dari penolakan. Seseorang yang memiliki rasa penolakan yang mendalam merasa tidak aman dan rendah diri.

Jari telunjuk di tangan kiri adalah " *penyesalan diri".* Setan ini menyebabkan seseorang berbalik melawan dirinya sendiri dan menghancurkan rasa harga dirinya. Dalam kebanyakan kasus, kami menemukan *"penyesalan diri"* yang disertai dengan " *dorongan untuk mengaku"*. Misalnya, jika seseorang telah jatuh ke dalam kemaksiatan, ia tidak dapat tenang sampai ia mengakui kesalahannya. Ia biasanya mengaku kepada orang-orang yang seharusnya menunjukkan kasih sayang paling besar kepadanya. Ia terdorong untuk melakukan ini dalam upaya untuk "mengejutkan" orang lain agar memberinya perhatian paksa dan dengan demikian menemukan pengganti kasih sayang. Sekarang, mari kita beralih ke tangan kanan dalam ilustrasi. Jari tengah dalam ilustrasi tersebut dilambangkan sebagai "pemberontakan". Seperti yang telah kita lihat, pemberontakan mengidentifikasi salah satu kepribadian palsu yang diciptakan oleh iblis. Kelompok iblis ini dapat dianggap sebagai roh kompensasi atas "penolakan". Pemberontakan adalah kebalikan dari penolakan. Yang satu ekspresif dan bergejolak, yang lain tertutup dan tidak aman.

Jari manis di tangan kanan melambangkan *kemauan sendiri.* Setan ini "menikahi" seseorang dengan keinginan egois. Ini membuka jalan bagi *keras kepala* , *egoisme,* dan *ketidakmampuan untuk belajar*. Sekali lagi, kita melihat kompensasi atas *penolakan.* Karena orang tersebut telah ditolak atau takut ditolak, ia terdorong untuk memanjakan diri sendiri... untuk mendorong diri sendiri. Dengan demikian, ia mencoba mengatasi perasaan ditolak.

Jari telunjuk disebut sebagai *jari tuduhan.* Ia juga merupakan setan kompensasi. Ia mengalihkan perhatian dari penolakan. Ia berusaha menghilangkan konsentrasi pada diri sendiri dengan mengarahkan perhatian pada orang lain. Jari telunjuk kiri menunjuk pada diri sendiri - "Aku yang salah," sementara jari telunjuk kanan menunjuk pada orang lain - "Kamu yang salah." Setan tuduhan membuka pintu bagi roh-roh pendamping berupa *sikap menghakimi.*

Jari kelingking di tangan kanan adalah *penipuan diri.* Teman-temannya adalah *khayalan* , *rayuan diri,* dan *kesombongan.* Ketiga roh "diri" ini memperbesar kesombongan. Kesombongan adalah kompensasi lain untuk penolakan. Seseorang yang merasa ditolak ingin merasa penting. Roh *khayalan* datang dan berkata, "Kamu BENAR-BENAR seseorang"; "Kamu adalah raksasa spiritual!", atau raksasa jenis lainnya. Ego yang telah terluka tampaknya mendapat dorongan. Tetapi itu semua bersifat iblis. Itu hanya menyebabkan frustrasi dan kekecewaan yang lebih besar.

Dalam satu kasus pelayanan, *roh penipuan diri* telah meyakinkan seorang gadis berusia tiga belas tahun bahwa ia berusia sembilan belas tahun. Ia menggunakan nama lain untuk menyesuaikan dengan identitasnya yang lain. Ia berusaha berpikir, berbicara, dan bertindak seperti gadis yang lebih tua. Ia dipaksa melampaui kemampuannya dan kedewasaannya yang normal. Hal itu sangat menambah penindasan yang dialaminya.

Melalui wahyu tersebut, Tuhan menunjukkan bagaimana ibu jari mewakili fase "paranoid" dari skizofrenia. Sebagian dari fase ini diwakili oleh ibu jari kiri karena berakar pada penolakan. Di sisi penolakan terdapat roh *kecemburuan* dan *iri hati.* Mereka yang kekurangan hubungan cinta timbal balik menjadi cemburu dan iri hati terhadap mereka yang mengalami cinta yang memuaskan. Di sisi pemberontakan terdapat roh *ketidakpercayaan* , *kecurigaan, ketakutan* , dan *penganiayaan.* Ada iblis lain dalam kelompok terakhir ini dan disebut *"Konfrontasi dengan kejujuran dengan segala cara".* Kecurigaan dan ketidakpercayaan menumpuk dalam diri seseorang sampai ia terpaksa menghadapi orang lain. Setelah konfrontasi, tekanan mereda dalam dirinya untuk sementara waktu. Tetapi hal itu membuat orang yang diserang harus menangani lukanya *sendiri* . Orang yang bertindak di bawah pengaruh *iblis paranoid* sangat tidak peka terhadap berapa banyak luka yang ia sebabkan, namun ia sangat peka terhadap setiap pelanggaran terhadap dirinya sendiri.

Wahyu yang digambarkan pada jari dan ibu jari telah terbukti tidak dapat salah, sebagaimana dinilai oleh banyak pelayanan yang menangani penderita skizofrenia. Tidak ada kekurangan di dalamnya.

Setan-setan yang tercantum di sisi kiri mewakili roh-roh lain yang umumnya ditemukan dalam sisi penolakan dari pola skizofrenia. Roh-roh ini akan memiliki beberapa variasi dari orang ke orang. Daftar ini bersifat sugestif dan bukan lengkap. Tampaknya dalam sebagian besar kasus, setan-setan yang tercantum di sisi kiri terkait dengan tiga serangkai roh tipe penolakan... *penolakan, ketakutan akan penolakan,* dan *penolakan diri.*

Daftar iblis di tangan kanan mencakup *pengendalian dan posesif.* Mereka berhubungan langsung dengan pemberontakan.

Sebab pemberontakan sama seperti dosa sihir, dan kekeraskepalaan sama seperti kejahatan dan penyembahan berhala. 1 Samuel 15:23a

Ayat ini dapat diinterpretasikan dengan dua cara. Pertama, saya mengartikannya bahwa bagi Tuhan pemberontakan sama menjijikkannya dengan sihir itu sendiri. Saya juga mengartikannya bahwa seseorang yang memiliki sifat pemberontak memiliki sifat seorang penyihir. Tujuan sihir adalah untuk mengendalikan. Itu adalah pengendalian terhadap orang lain dengan sadar atau tidak sadar menggunakan kekuatan roh jahat. Pemberontakan seringkali mengarah pada pengendalian.

Sekarang, mari kita lanjutkan ke sisi kanan. Di sana ada "akar kepahitan". Dalam kehidupan, seseorang memang mengalami konflik. Hal-hal memang terjadi dan kata-kata memang diucapkan yang membutuhkan sikap pengampunan. Di sinilah letak masalah penderita skizofrenia. Ia tidak mampu memaafkan. Ia memiliki *jiwa yang tidak pemaaf.* Hal-hal yang terjadi tiga puluh tahun yang lalu masih terasa hidup seperti saat itu juga. Akar kepahitan tetap hidup dan darinya muncullah *kebencian* , *permusuhan, amarah, pembalasan, kekerasan* , dan *pembunuhan.* Bisa ada banyak iblis lain yang melekat pada akar kepahitan tersebut.

Bagaimana penderita skizofrenia keluar dari kekacauan yang rumit ini? Tiga area utama yang harus ditaklukkan adalah PENOLAKAN, PEMBERONTAKAN, dan AKAR KEPEDIHAN. Saat area-area ini ditaklukkan, " *rumah* " (kehidupan) harus diisi dengan memberi dan menerima kasih sayang, dengan tunduk pada setiap otoritas yang sah, dan dengan memaafkan semua orang tanpa memandang keadaan. Ketika ketiga area ini ditaklukkan, roh-roh terkait lainnya akan kehilangan kekuatannya. Tekad sangat diperlukan. Orang yang dapat terus-menerus berkata, "AKU AKAN BERBEDA! AKU TIDAK AKAN MEMBIARKAN IBLIS MENGUASAI HIDUPKU!" pada akhirnya akan meraih kemenangan.
Di antara kedua tangan di bagian bawah ilustrasi terdapat sosok kecil berupa garis yang disebut “Diri Sejati”. Seiring berjalannya proses pembebasan, “Diri Sejati” harus bangkit (digambarkan dengan panah) dan memisahkan kepribadian-kepribadian skizofrenia palsu dengan melepaskan diri dari semua pengaruh dan semua yang mereka wakili. “Diri Sejati” harus mengambil sifat Yesus sendiri. Latihan spiritual seperti mempelajari Alkitab, berdoa, berpuasa, memuji, dan bersekutu dengan orang percaya lainnya sangat penting untuk keberhasilan pembebasan. Latihan spiritual ini juga akan mempercepat proses pembebasan karena

kehidupan seseorang dipenuhi dengan hal-hal positif dari Kristus Yesus.

Ini adalah pekerjaan berat bagi pasien skizofrenia dan pendeta yang melayani pembebasan. Saya sangat mengagumi para penderita skizofrenia yang berjuang hingga meraih kemenangan. Saya mengagumi kemenangan-kemenangan ini di atas semua pembebasan lainnya. Pembebasan dari skizofrenia adalah pembebasan yang paling mendalam, paling rumit, dan paling gigih yang pernah kami temui.

Doa untuk membebaskan dari Skizofrenia

"Hai kalian iblis skizofrenia, aku memanggil tangan kalian. Keluarkan dua kepribadian kalian yang berlawanan yang kalian tanamkan dalam dirinya. Salah satu dari kalian berakar pada penolakan dan rasa kasihan diri, dan yang lainnya berakar pada pemberontakan dan kepahitan. Tak satu pun dari kepribadian itu adalah dirinya yang sebenarnya. Aku melepaskan dan membebaskan dirinya yang sebenarnya untuk menjadi seperti yang Yesus inginkan." Dalam nama Yesus, Amin.

Doa Singkat untuk Pembebasan Diri.

"Tuhan Yesus Kristus, aku percaya Engkau mati di kayu salib untuk dosa-dosaku dan bangkit kembali dari kematian. Engkau menebusku dengan darah-Mu dan aku milik-Mu, dan aku ingin hidup untuk-Mu. Aku mengaku semua dosaku—yang diketahui dan yang tidak diketahui—aku menyesali semuanya. Aku meninggalkan semuanya. Aku mengampuni semua orang lain sebagaimana aku ingin Engkau mengampuni aku.

Ampuni aku sekarang dan sucikan aku dengan darah-Mu. Aku bersyukur kepada-Mu atas darah Yesus Kristus yang sekarang menyucikan aku dari segala dosa. Dan aku datang kepada-Mu sekarang sebagai penyelamatku. Engkau mengetahui kebutuhan khususku—hal yang mengikat, yang menyiksa, yang menajiskan; roh jahat itu, roh najis itu—aku mengklaim janji firman-Mu, "Barangsiapa yang menyeru nama Tuhan akan diselamatkan." Aku berseru kepada-Mu sekarang. Dalam nama Tuhan Yesus Kristus, bebaskan aku dan lepaskan aku. Setan, aku meninggalkanmu dan semua perbuatanmu. Aku melepaskan diriku darimu, dalam nama Yesus, dan aku memerintahkanmu untuk meninggalkanku sekarang juga dalam nama Yesus. Amin!"

Biarlah itu datang dari hatimu dan lihatlah keselamatan dari Tuhan!

Apakah Anda sakit atau membutuhkan pemulihan?

Bagi mereka yang sakit atau tidak sehat dalam bentuk apa pun, atau membutuhkan pembebasan? Atau pemulihan, silakan sentuh titik di bawah ini dengan iman (Iman adalah melihat hasil positif yang tepat dari situasi Anda saat ini, mengetahui bahwa Yesus telah melakukan bagian-Nya lebih dari 2000 tahun yang lalu untuk mengamankan kesembuhan dan pembebasan Anda, pemulihan sebagai uang muka, percaya bahwa uang muka itu tersedia bagi Anda untuk diambil, seperti saldo positif di rekening giro Anda di bank, tanpa pertanyaan apa pun karena kami setuju dengan Anda dan menyatakan SEMBUHLAH dalam nama Yesus Kristus, Amin)

Dengan kuasa yang telah Engkau berikan kepadaku dan kepada mereka, aku menggunakan kuasa itu sekarang dengan iman, dengan amarah mereka terhadap musuh dan kerinduan untuk mendapatkan apa yang telah Engkau berikan secara cuma-cuma kepada mereka semua. Aku mengutuk setiap penyakit, setiap penderitaan, baik itu kanker, COVID-19, baik itu roh penyakit, baik itu kerasukan setan atau penindasan, baik itu roh kemiskinan, kemunduran, keterlambatan pemenuhan apa yang telah Allah tetapkan dan lepaskan. Kami melawan anomali, aku mengikat mereka, kami mengutuk mereka sampai ke akarnya dan kami mengusir mereka dengan kuasa dalam nama Yesus Kristus. Amin. Kami memohon pelepasan penyembuhan, pembebasan, dan pemulihan ke dalam hidup mereka dalam nama Yesus Kristus yang perkasa. Terima kasih Tuhan atas kesaksian-kesaksian yang tetap ada untuk kemuliaan, kehormatan, dan penyembahan-Mu. Terima kasih atas jiwa-jiwa yang ditambahkan ke dalam kerajaan-Mu sebagai hasil dari pesan ini, mukjizat-mukjizat yang sudah kami lihat sekarang dan yang terwujud untuk kemuliaan-Mu dalam nama Yesus, Amin. Selesai! Bersukacitalah!

Sentuh titik yang ditandai sebagai titik kontak dan akui dengan mulutmu – AKU TELAH DISEMBUIKAN, AKU TELAH DIBEBASKAN dan AKU TELAH DIPULIHKAN dalam Roh, Jiwa, Tubuh dan segala sesuatu di sekitarku dalam nama YESUS Kristus, Amin!!!

Mulailah melakukan apa yang sebelumnya tidak dapat Anda lakukan dan mulailah mengaku dosa sampai kesembuhan total, pembebasan, dan pemulihan menjadi buah dalam hidup Anda dalam nama Yesus, amin. Tetaplah haus akan segala sesuatu dari Tuhan, tetaplah marah dan rebut kembali semua yang telah ditahan musuh dalam nama Yesus, amin.

Catatan:
Bersaksilah tentang kesembuhan untuk kemuliaan Tuhan dan untuk mempermalukan musuh! Kirimkan email atau WhatsApp kepada kami jika Anda masih membutuhkan persetujuan kami mengenai masalah ini. Dan bergabunglah dalam seri pelatihan yang dimulai Kamis minggu depan. Temukan detailnya segera di situs web kami!

Prestasi yang Lebih Besar - 1 - Kesimpulan

Saudara-saudari, saya berharap dan berdoa semoga buku ini telah memberikan kepada Anda semua yang Anda inginkan sebelum memesan, dan bahkan jauh lebih banyak lagi dalam nama Yesus, Amin.

Sebelum saya mengakhiri, saya ingin memberikan Anda kesempatan yang lebih besar untuk pencapaian yang lebih hebat. Mari kita jelajahi kesempatan ini bersama-sama.

KESEMPATAN BESAR

Kami tidak akan mengakhiri pembahasan tentang Tanpa Batas ini sampai kami memberikan kesempatan kepada mereka yang belum bertemu Yesus untuk berdamai dengan diri mereka sendiri hari ini.

Doa Keselamatan

Doa Keselamatan - Percakapan Sejati Pertama Kita dengan Tuhan
"Doa keselamatan" adalah doa terpenting yang akan kita panjatkan. Ketika kita siap menjadi seorang Kristen, kita siap untuk melakukan percakapan sejati pertama kita dengan Tuhan, dan inilah komponen-komponennya:

- Kami mengakui bahwa Yesus Kristus adalah Allah; bahwa Ia datang ke bumi sebagai manusia untuk menjalani kehidupan tanpa dosa yang tidak dapat kita jalani; bahwa Ia mati menggantikan kita, sehingga kita tidak perlu menanggung hukuman yang pantas kita terima.

- Kami mengakui kehidupan masa lalu kami yang penuh dosa -- hidup untuk diri sendiri dan tidak menaati Tuhan.
- Kami mengakui bahwa kami siap untuk mempercayai Yesus Kristus sebagai Juruselamat dan Tuhan kami.
- Kita meminta Yesus untuk masuk ke dalam hati kita, berdiam di sana, dan mulai hidup melalui kita.

Doa Keselamatan - Dimulai dengan Iman kepada Tuhan
Ketika kita berdoa memohon keselamatan, kita memberi tahu Tuhan bahwa kita percaya Firman-Nya itu benar. Dengan iman yang telah Dia berikan kepada kita, kita memilih untuk percaya kepada-Nya. Alkitab mengatakan kepada kita bahwa " *tanpa iman tidak mungkin menyenangkan Dia, karena barangsiapa datang kepada Allah harus percaya bahwa Ia ada dan bahwa Ia memberi upah kepada orang-orang yang dengan sungguh-sungguh mencari Dia* " (Ibrani 11:6).

Jadi, ketika kita berdoa, meminta karunia keselamatan kepada Tuhan, kita menggunakan kehendak bebas kita untuk mengakui bahwa kita percaya kepada-Nya. Demonstrasi iman itu menyenangkan Tuhan, karena kita telah dengan bebas memilih untuk mengenal-Nya.

Doa Keselamatan - Mengakui Dosa Kita
Ketika kita berdoa doa keselamatan, kita mengakui bahwa kita telah berdosa. Seperti yang Alkitab katakan tentang semua orang, kecuali Kristus saja: " *Karena semua orang telah berdosa dan kehilangan kemuliaan Allah* " (Roma 3:23).

Berdosa hanyalah gagal mencapai sasaran, seperti anak panah yang tidak tepat mengenai sasaran. Kemuliaan Allah yang tidak kita capai hanya ditemukan di dalam Yesus

Kristus: " *Karena Allah yang memerintahkan terang untuk bersinar dari kegelapan, Dialah yang telah menerangi hati kita, untuk memberikan terang pengetahuan tentang kemuliaan Allah di dalam wajah Yesus Kristus* " (2 Korintus 4:6).

Doa keselamatan, kemudian, mengakui bahwa Yesus Kristus adalah satu-satunya manusia yang pernah hidup tanpa dosa. " *Karena Dia menjadikan Dia yang tidak mengenal dosa menjadi berdosa karena kita, supaya kita menjadi kebenaran Allah di dalam Dia* " (2 Korintus 5:21).

Doa Keselamatan - Mengakui Iman kepada Kristus sebagai Juruselamat dan Tuhan
Dengan Kristus sebagai standar kesempurnaan kita, kita sekarang mengakui iman kepada-Nya sebagai Allah, menyetujui Rasul Yohanes bahwa: " *Pada mulanya adalah Firman (Kristus), dan Firman itu bersama Allah, dan Firman itu adalah Allah. Ia ada pada mulanya bersama Allah. Segala sesuatu dijadikan melalui Dia, dan tanpa Dia tidak ada sesuatu pun yang dijadikan* " (Yohanes 1:1-3).

Karena Allah hanya dapat menerima pengorbanan yang sempurna dan tanpa dosa, dan karena Dia tahu bahwa kita tidak mungkin dapat melakukannya, Dia mengutus Putra-Nya untuk mati bagi kita dan membayar harga yang kekal. " *Karena Allah begitu mengasihi dunia sehingga Ia memberikan Anak-Nya yang tunggal, supaya barangsiapa percaya kepada-Nya tidak binasa, melainkan mempunyai hidup yang kekal* " (Yohanes 3:16).

Doa Keselamatan - Ucapkan dan Sungguh-sungguhkan Sekarang Juga!

Apakah Anda setuju dengan semua yang telah Anda baca sejauh ini? Jika ya, jangan menunggu lebih lama lagi untuk memulai hidup baru Anda di dalam Yesus Kristus. Ingat, doa ini bukanlah formula ajaib. Anda hanya mengungkapkan isi hati Anda kepada Tuhan. Mari berdoa bersama kami:

"Bapa, aku tahu bahwa aku telah melanggar hukum-Mu dan dosa-dosaku telah memisahkan aku dari-Mu. Aku sungguh menyesal, dan sekarang aku ingin berpaling dari kehidupan berdosa masa laluku kepada-Mu. Ampunilah aku, dan bantulah aku untuk tidak berbuat dosa lagi. Aku percaya bahwa Putra-Mu, Yesus Kristus, telah mati untuk dosa-dosaku, telah bangkit dari kematian, hidup, dan mendengar doaku. Aku mengundang Yesus untuk menjadi Tuhan dalam hidupku, untuk memerintah dan berkuasa di hatiku mulai hari ini dan seterusnya. Kirimkanlah Roh Kudus-Mu untuk membantuku menaati-Mu, dan melakukan kehendak-Mu selama sisa hidupku. Dalam nama Yesus aku berdoa, Amin."

Doa Keselamatan - Saya Sudah Mendoakannya; Lalu Apa?

Jika Anda telah mendoakan doa keselamatan ini dengan keyakinan dan hati yang tulus, Anda sekarang adalah pengikut Yesus. Ini adalah fakta, terlepas dari apakah Anda merasakan perbedaan atau tidak. Sistem keagamaan mungkin telah membuat Anda percaya bahwa Anda seharusnya merasakan sesuatu - kehangatan, sensasi geli, atau pengalaman mistis lainnya. Faktanya adalah, Anda mungkin merasakannya, atau mungkin tidak. Jika Anda telah mendoakan doa keselamatan dan sungguh-sungguh, Anda sekarang adalah pengikut Yesus. Alkitab memberi tahu kita bahwa keselamatan kekal Anda terjamin! " *Bahwa jika kamu mengaku dengan mulutmu bahwa Yesus adalah Tuhan dan percaya dalam hatimu bahwa Allah telah membangkitkan Dia dari antara orang mati, maka kamu akan diselamatkan* " (Roma 10:9).

Selamat datang di keluarga Allah! Kami mendorong Anda

sekarang untuk menemukan gereja lokal tempat Anda dapat dibaptis dan bertumbuh dalam pengetahuan tentang Allah melalui Firman-Nya, Alkitab.
Anda juga dapat mengunjungi situs kami di www.otakada.org yang akan membantu Anda berkembang dan bertumbuh di dalam Kristus. Gunakan tautan ini dalam studi Alkitab penemuan untuk menemukan Yesus bagi diri Anda sendiri.

https://www.otakada.org/dbs-dmm/

Perjalanan Pemuridan 40 hari

Atau Anda dapat memulai perjalanan 40 hari sesuai kecepatan Anda sendiri secara online melalui tautan ini https://www.otakada.org/get-free-40-days-online-discipleship-course-in-a-journey-with-jesus/

Jika Anda memerlukan panduan, kirim email ke info@otakada.org
Semoga Tuhan melimpahkan hidupmu dan memenuhi dirimu dengan sukacita, kedamaian, kasih, dan keharmonisan yang hanya Dia yang dapat berikan, amin.

Shalom!

Kontributor Materi Referensi:

1) Otakada.org
2) Kesaksian – healingrevival.com/testimonies
3) Babi di Ruang Tamu karya Frank Hammond
4) Aturan Keterlibatan – Cindy Trim
5) Pengurapan untuk mukjizat – Robert Schambach dan Donna
6) Mereka Akan Mengusir Setan – Derek Prince
7) Pelayanan penyembuhan dan pembebasan oleh Ashish Raichur
8) Menjelajahi Tuhan Yang Maha Kuasa oleh Monday Ogbe
9) Diberkahi dengan Kekuatan - Norvel Hayes

BUKU & SUMBER DAYA YANG DIREKOMENDASIKAN

Aku Melihat Api dari Surga: Dari Jihad ke Yesus - Kesetiaan di Bawah Api (Surat-surat Hidup - Seri Renungan 40 Hari)

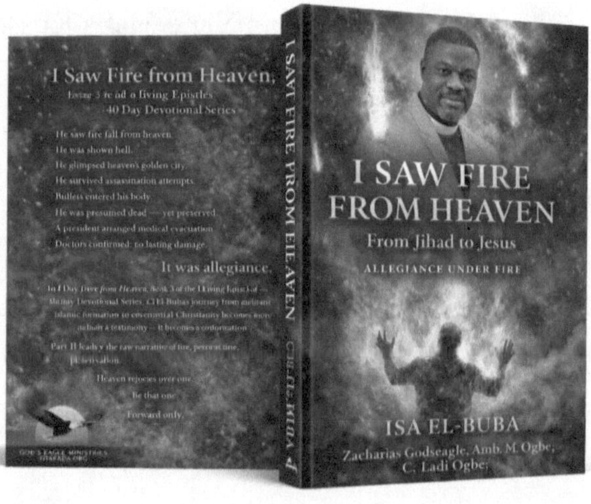

Buku saku - https://www.amazon.com/Saw-Fire-Heaven-Allegiance-Devotional/dp/B0GPK6C8VX

Ebook - https://www.amazon.com/Saw-Fire-Heaven-Allegiance-Devotional-ebook/dp/B0GP9TGL2D

CS Lewis (1898-1963) - Kekristenan Sederhana, Dihayati Sepenuhnya: Dari Pikiran yang Enggan Menuju Kehidupan yang Transformed (Surat-surat Hidup - Seri Renungan 40 Hari | Buku 2)

Ebook

https://www.amazon.com/Lewis-1898-1963-Mere-Christianity-Fully-ebook/dp/B0GKQ27F9N

Buku bersampul tipis
https://www.amazon.com/Lewis-1898-1963-Mere-Christianity-Fully/dp/B0GM8YMXC3

Sampul keras

https://www.amazon.com/Lewis-1898-1963-Mere-Christianity-Fully/dp/B0GM8WHXJL

Santo Agustinus dari Hippo (354–430 M)
Dari Hati yang Gelisah Menuju Kehidupan Tertulis - Surat-surat Kehidupan – Seri Renungan 40 Hari - 1

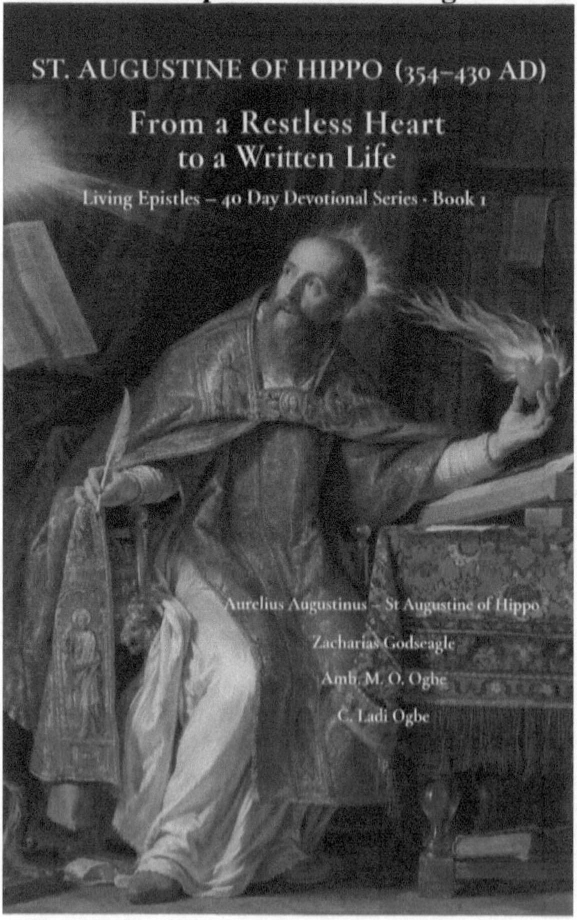

Tautan Ebook Amazon - https://www.amazon.com/ST-AUGUSTINE-HIPPO-354-430-Devotional-ebook/dp/B0GJN8N9XS

Tautan pemesanan buku paperback di Amazon - https://www.amazon.com/St-Augustine-Hippo-354-430-Devotional/dp/B0GJWTVLR6

Tautan Buku Paperback Ingramspark - https://shop.ingramspark.com/b/084?params=BZOOW3dj93aGEtBL2Fv1VY8wV1OQvA10dtZRDgk7Z9Z

PINDAI SAYA

PEMBARUAN 7
Sembuhkan Jantung Rumah Anda dalam 7 Hari
Seri Pembaruan – Edisi Persatuan Keluarga

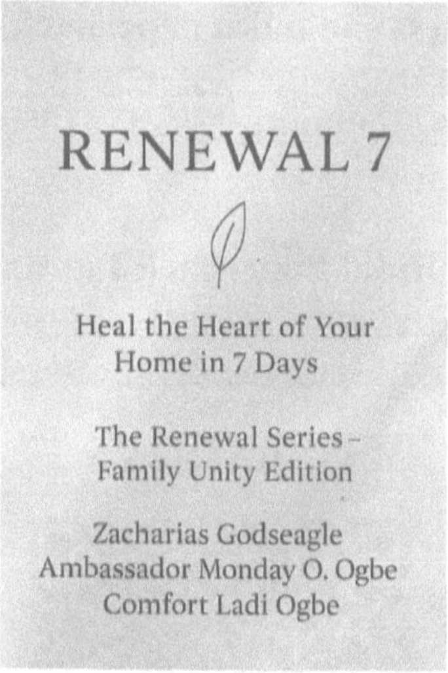

Tautan ke Buku Paperback -
https://shop.ingramspark.com/b/084?params=htyfL002e1JzyEpZWkKtaXWF5FJ1jZFOjgiQKEfcbnw

Tautan ke Halaman Amazon Versi Cetak -
https://www.amazon.com/RENEWAL-Heal-Heart-Your-Renewal/dp/B0GD92153W

Tautan ke Ebook Amazon –

https://www.amazon.com/RENEWAL-Heal-Heart-Your-Renewal-ebook/dp/B0G91BMFND

PINDAI SAYA –

Pembaruan 7: Sembuhkan Jantung Rumah Anda dalam 7 Hari

Seri Pembaharuan — Edisi Persatuan Keluarga

Tautan ke Buku Cetak -
https://shop.ingramspark.com/b/084?params=nSEELv9oUsItOu5akVZlg4ycGbbmvlBOtSiqeOZr5yQ

Tautan ke buku fisik di Amazon -
https://www.amazon.com/RENEWAL-MARRIAGE-Heart-Marriage-Renewal/dp/B0GDC1YZJ7

Tautan ke Ebook Amazon - https://www.amazon.com/RENEWAL-MARRIAGE-Heart-Marriage-Renewal-ebook/dp/B0G6JXJWJL

Takhta hati – 12 pertempuran yang harus kita menangkan

Ebook Amazon - https://www.amazon.com/THRONE-HEART-COVETOUSNESS-Counterfeit-CONTENTMENT-ebook/dp/B0G4SPFRY7

Buku saku Amazon - https://www.amazon.com/THRONE-HEART-COVETOUSNESS-Counterfeit-CONTENTMENT/dp/B0G4TKW1ND

Buku bersampul tipis dari Ingramspark -
https://shop.ingramspark.com/b/084?params=a75LJXtvvI63VnzeQPleQTkAJWfu8CPQV6l5Oe31D80

4 Khotbah dalam 1 oleh Zacharias Godseagle dengan tautan Audio –

Tautan Ebook Amazon - https://www.amazon.com/Sermons-Zacharias-Godseagle-Audio-links-ebook/dp/B0G4XCH4TW

Buku saku Amazon - https://www.amazon.com/Sermons-Zacharias-Godseagle-Audio-links/dp/B0G4TK4XGT

Link Ingram Spark untuk buku bersampul tipis - https://shop.ingramspark.com/b/084?params=nK2JERskkbhdAOSNseTUNRhaCFqUPZuhB4uYfqrXvGb

KODE ZIARAH: Kebangkitan AI

Ebook - https://www.amazon.com/Logos-Protocol-Awakening-artificial-intelligence-ebook/dp/B0FXNQFSWZ

Buku saku - https://www.amazon.com/Logos-Protocol-Awakening-artificial-intelligence/dp/B0FXNGR66D

Buku sampul keras - https://www.amazon.com/Logos-Protocol-Awakening-artificial-intelligence/dp/B0FZNTQR6Y

Buku saku Ingramspark - https://shop.ingramspark.com/b/084?params=QkK4aNYTYO9U5z9uOkdHgc7Ue1eGDLqbb1tz9WRPaSk

Mengapa Pembebasan Gagal - dan Bagaimana Api Allah Memulihkan Jiwa: 40 Pernyataan Harian untuk Pembebasan Menyeluruh

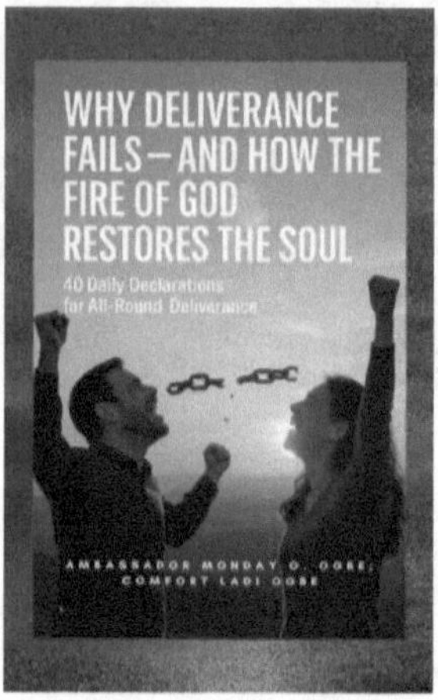

Ebook - https://www.amazon.com/Why-Deliverance-Fails-Declarations-All-Round-ebook/dp/B0FW74L4G4

Buku saku - https://www.amazon.com/Why-Deliverance-Fails-Declarations-All-Round/dp/B0FWB3LXRM

Diselamatkan tetapi Tersesat – Mualaf yang Tidak Didisiplinkan – diterjemahkan ke dalam 25 bahasa

Buku bersampul tipis
https://shop.ingramspark.com/b/084?params=iYNB6S3PLMfREpm0jMM15bMe3BvWlkjcYyLYnHVGAds
Ebook - https://www.amazon.com/SAVED-BUT-LOST-UNDISCIPLED-heartbreak-ebook/dp/B0FVJ29DF7

7 HARI PEPERANGAN ROHANI & PEMULIHAN - ini Bagian 1

Mengikat Musuh, Membalas Panah Tujuh Kali Lipat, dan Memulihkan Takdirmu

https://shop.ingramspark.com/b/084?params=8mPzqUl73Ex7uPyeO7ydyt8EGkkB6u2gX1jZvWU8j1C

Tautan e-book - https://www.amazon.com/DAYS-SPIRITUAL-WARFARE-RECOVERY-Returning-ebook/dp/B0FMPJM5KZ

7 HARI PEPERANGAN ROHANI & PEMULIHAN - Bagian 2 - Mengukuhkan Kemenangan, Menghancurkan Kejahatan Rumah Tangga, dan Memelihara Takdir Anda yang Dipulihkan

Buku bersampul tipis -
https://shop.ingramspark.com/b/084?params=LkpNmGSsApHhWhiSO7bW3wFmcXQKIO4ZEBeSbP5rL1S

Ebook - https://www.amazon.com/DAYS-SPIRITUAL-WARFARE-RECOVERY-Wickedness-ebook/dp/B0FR9YCMY8

DARI KEGELAPAN MENUJU KEKUASAAN: 40 Hari untuk Membebaskan Diri dari Cengkeraman Kegelapan yang Tersembunyi

–

Renungan Global tentang Kesadaran, Pembebasan & Kekuatan - Untuk Individu, Keluarga, dan Bangsa yang Siap Merdeka

Buku bersampul tipis
https://shop.ingramspark.com/b/084?params=aVgp21QfwJxNANkfMxIQ0yejuFCVY12KFr978SRkZUD
Tautan Amazon -
https://www.amazon.com/DARKNESS-DOMINION-Devotional-Awareness-Deliverance-ebook/dp/B0FLDH2Y67

- *Terbebas dari Kuasa Kegelapan* **(Buku Saku)** — Beli di Sini | Ebook di Amazon

  - **Ulasan Teratas dari Amerika Serikat:**
    - **Pelanggan Kindle** : "Bacaan Kristen terbaik yang pernah ada!" (5 bintang)

Puji Yesus atas kesaksian ini. Saya sangat diberkati dan akan merekomendasikan setiap orang untuk membaca buku ini... Karena upah dosa adalah kematian, tetapi karunia Allah adalah hidup kekal. Shalom! Shalom!

    - **Da Gster** : "Ini adalah buku yang sangat menarik dan agak aneh." (5 bintang)

Jika apa yang tertulis dalam buku itu benar, maka kita benar-benar jauh tertinggal dari apa yang mampu dilakukan musuh! ... Wajib dibaca bagi siapa pun yang ingin belajar tentang peperangan rohani.

    - **Visa** : "Suka sekali buku ini" (5 bintang)

Ini sungguh mengejutkan... sebuah pengakuan jujur... Belakangan ini saya mencarinya di mana-mana untuk membelinya. Senang sekali bisa mendapatkannya dari Amazon.

- **FrankJM** : "Sangat berbeda" (4 bintang)

Buku ini mengingatkan saya betapa nyatanya peperangan rohani. Buku ini juga mengingatkan saya akan alasan mengapa kita harus mengenakan "Seluruh Perlengkapan Senjata Allah."

- **JenJen** : "Siapa pun yang ingin masuk Surga, bacalah ini!" (5 bintang)

Buku ini sangat mengubah hidup saya. Bersama dengan kesaksian John Ramirez, buku ini akan membuat Anda melihat iman Anda dengan cara yang berbeda. Saya sudah membacanya 6 kali!

- *Mantan Pemuja Setan: The James Exchange* (Buku Saku) — Beli di Sini | Ebook di Amazon

- ***KESAKSIAN SEORANG MANTAN PENGANUT SETAN DARI AFRIKA*** - *Pastor JONAS LUKUNTU MPALA* (Buku Saku) — Beli di Sini | Ebook di Amazon

- *Greater Exploits 14* (Buku Saku) — Beli di Sini | Ebook di Amazon

- *Out of the Devil's Cauldron* karya John Ramirez — Tersedia di Amazon
- *Dia Datang untuk Membebaskan Para Tawanan* karya Rebecca Brown — Temukan di Amazon

Buku-buku lain yang diterbitkan oleh penulis – Lebih dari 1000 judul

Dikasihi, Dipilih, dan Utuh : Perjalanan 30 Hari dari Penolakan menuju **Pemulihan** , diterjemahkan ke dalam 40 bahasa di dunia.
https://www.amazon.com/Loved-Chosen-Whole-Rejection-Restoration-ebook/dp/B0F9VSD8WL

https://shop.ingramspark.com/b/084?params=xga0WR16muFUwCoeMUBHQ6HwYjddLGpugQHb3DVa5hE

Mengikuti Jejak-Nya — Tantangan WWJD 40 Hari: Hidup Seperti Yesus dalam Kisah Nyata di Seluruh Dunia

https://www.amazon.com/His-Steps-Challenge-Real-Life-Stories-ebook/dp/B0FCYTL5MG

https://shop.ingramspark.com/b/084?params=DuNTWS59IbkvSKtGFbCbEFdv3Zg0FaITUEvlK49yLzB

YESUS DI DEPAN PINTU:
40 Kisah yang Mengharukan dan Peringatan Terakhir Surga untuk Gereja-gereja MASA KINI
https://www.amazon.com/dp/B0FDX31L9F

https://shop.ingramspark.com/b/084?params=TpdA5j8WPvw83glJ12N1B3nf8LQte2a1lIEy32bHcGg

KEHIDUPAN PERJANJIAN: 40 Hari Menjalani Berkat Ulangan 28

- https://www.amazon.com/dp/B0FFJCLDB5

Kisah dari Orang Nyata, Ketaatan Nyata, dan Kenyataan Nyata

https://shop.ingramspark.com/b/084?params=bH3pzfz1zdCOLpbs7tZYJNYgGcYfU32VMz3J3a4e2Qt

Transformasi dalam lebih dari 20 bahasa

MENGENALNYA & MENGENALNYA:
40 Hari Menuju Penyembuhan, Pemahaman, dan Cinta Abadi

https://www.amazon.com/KNOWING-HER-HIM-Healing-Understanding-ebook/dp/B0FGC4V3D9

https://shop.ingramspark.com/b/084?params=vC6KCLoI7Nnum24BVmBtSme9i6k59p3oynaZOY4B9Rd

LENGKAPI, BUKAN BERSAING:
Perjalanan 40 Hari Menuju Tujuan, Persatuan, dan Kolaborasi

https://shop.ingramspark.com/b/084?params=5E4v1tHgeTqOOuEtfTYUzZDzLyXLee30cqYo0Ov9941

https://www.amazon.com/COMPLETE-NOT-COMPETE-Journey-Collaboration-ebook/dp/B0FGGL1XSQ/

KODE KESEHATAN ILAHI - 40 Kunci Harian untuk Mengaktifkan Penyembuhan Melalui Firman dan Ciptaan Tuhan Buka Kekuatan Penyembuhan dari Tumbuhan, Doa, dan Tindakan Kenabian

https://shop.ingramspark.com/b/084?params=xkZMrYcEHnrJDhe1wuHHYixZDViiArCeJ6PbNMTbTux

https://www.amazon.com/dp/B0FHJT42TK

Buku-buku lainnya dapat ditemukan di halaman penulis https://www.amazon.com/stores/Ambassador-Monday-O.-Ogbe/author/B07MSBPFNX

www.ingramcontent.com/pod-product-compliance
Lightning Source LLC
LaVergne TN
LVHW090211051026
849517LV00001B/41